U0518132

经济发展中的收入分配与贫困系列丛书   主编/陈宗胜 周云波

财智睿读

中国精准扶贫实践
与总体效果及方向

The Practices, Overall Effects and Future Direction of
Targeted Poverty Alleviation in China

陈宗胜 张小鹿 黄云 ◎ 著

中国财经出版传媒集团
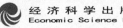
经济科学出版社
Economic Science Press

图书在版编目（CIP）数据

中国精准扶贫实践与总体效果及方向/陈宗胜，张小鹿，黄云著．—北京：经济科学出版社，2021.5

ISBN 978 - 7 - 5218 - 2572 - 5

Ⅰ．①中…　Ⅱ．①陈…②张…③黄…　Ⅲ．①扶贫 - 研究 - 中国　Ⅳ．①F126

中国版本图书馆 CIP 数据核字（2021）第 096025 号

责任编辑：宋　涛
责任校对：齐　杰
责任印制：范　艳　张佳裕

中国精准扶贫实践与总体效果及方向

The Practices, Overall Effects and Future Direction of
Targeted Poverty Alleviation in China

陈宗胜　张小鹿　黄　云　著

经济科学出版社出版、发行　新华书店经销

社址：北京市海淀区阜成路甲 28 号　邮编：100142

总编部电话：010 - 88191217　发行部电话：010 - 88191522

网址：www. esp. com. cn

电子邮箱：esp@ esp. com. cn

天猫网店：经济科学出版社旗舰店

网址：http://jjkxcbs. tmall. com

北京季蜂印刷有限公司印装

710 × 1000　16 开　18.5 印张　370000 字

2021 年 8 月第 1 版　2021 年 8 月第 1 次印刷

ISBN 978 - 7 - 5218 - 2572 - 5　定价：75.00 元

（图书出现印装问题，本社负责调换。电话：010 - 88191510）

（版权所有　侵权必究　打击盗版　举报热线：010 - 88191661

QQ：2242791300　营销中心电话：010 - 88191537

电子邮箱：dbts@ esp. com. cn）

丛 书 总 序

经济发展中收入分配和贫困历来是经济学研究的重点和热点，也是政府和社会公众关注的焦点。经济发展涉及的是如何把蛋糕做大，收入分配研究的是如何适当地分配蛋糕，贫困则更多地关注社会弱势群体。

改革开放四十多年来，中国在经济发展方面取得了举世瞩目的成就，同时在收入分配与贫困领域也存在一些值得关注的现象：一方面收入分配差距近年来已经越过最高点，出现了下降的趋势，但总体上差别程度仍然较大，中国目前依然是世界上收入差距较大国家之一；另一方面中国在减贫方面取得了令世界瞩目的成就，是世界上减贫最成功的国家。但是，如果按国际通行的更高标准，中国仍然存在大量相对贫困人口。因此，未来如何在经济发展中改善收入分配，减少贫困人口，保持经济持续增长是摆在社会各界面前的重大课题。

国内外学术界近年来就经济发展中的收入分配与贫困问题，进行了大量富有成效的研究。南开大学经济学科也做出了积极的探索和贡献。南开经济学科自20世纪初创立后，就形成了利用现代经济理论分析解决中国现实问题的特色和传统。改革开放以后，南开经济学科持续开展对中国经济理论与现实问题的深入研究，取得了一系列产生重大影响的学术成果，其中关于公有主体混合经济理论、商品经济价值规律理论、按要素贡献分配理论、公有经济收入分配倒"U"理论、经济体制市场化程度测度等等，对中国改革开放实践的推进发挥了重要指导作用，提出的很多建议写入了中央文件变成了指导我国经济发展与体制改革的政策方针。

我们编辑这套《经济发展中的收入分配与贫困丛书》，主要目的就是要汇集国内外学者关于经济发展中的收入分配及贫困治理方面的重要研究成果，包括最新的理论和研究方法等，呈现给国内同行以供研究借鉴和参考。

陈宗胜
周云波
2020 年 12 月 22 日

前　言/Preface

　　2020 年是中国全面建成小康社会的收官之年，也是脱贫攻坚决战决胜之年。中国的扶贫减贫工作为世界减贫事业作出了重大贡献，也成为人类社会发展历史上的又一奇迹。中国先前于 2010 年提前 5 年完成了联合国千年发展目标的减贫任务，即以 1990 年水平为标准的贫困程度在 2015 年之前降低一半，而我国贫困人口从 1990～2011 年减少了 4.33 亿人，是全球最早实现这一目标的发展中国家；又于 2020 年提前 10 年实现联合国 2030 年可持续发展议程的减贫目标，即"到 2030 年时消除极端贫困"。尤其在 2012 年党的十八大以来实施"精准扶贫"方略后，我国将脱贫攻坚作为全面建成小康社会的标志性任务，在全国范围开展起史无前例的脱贫攻坚战，并在减少农村贫困人口数量和提高贫困群体发展能力方面，取得了巨大成就。截至 2020 年末，按中国贫困标准，全国农村贫困人口 9899 万人全部脱贫，年均减贫人口超过 1000 万人；832 个贫困县全部摘帽，12.8 万个贫困村全部出列，区域性整体贫困得到解决，如期完成了消除绝对贫困的任务。总之，经过改革开放四十多年来持续奋斗和艰苦努力，如果按照世界银行的国际贫困标准（每人每天 1.9 美元），则中国共有 8 亿多贫困人口脱贫，对世界减贫贡献率超过 70%，是对联合国《可持续发展议程》中倡议减贫目标的重大贡献，而对内则将一个低收入贫穷经济体，提升到全面建成小康社会的中等收入发展中国家。

　　中国实施的令世人瞩目的"精准扶贫"战略，在力度、规模和范围上都是史无前例的，在助力大量贫困人口摆脱贫困的同时，大大提高了脱贫群体发展的内生动力，极大地降低了返贫风险，确保了脱贫成果的持续性和有效性，从而使中国的脱贫减贫工作进入一个全新的阶段，由消除绝对贫困转变到减少低收入人口，即减小相对贫困度。因此，需要认真总结我国的扶贫工作措施和有效经验，尤其是精准扶贫的各项具体措施和经验做法，以及我国农村整体上扶贫减贫工作的演变和政策效果，以为今后新阶段高水平解决相对贫困问题提供基础，也或许有可能将其中包含的大量一般性做法，转化为其他发展中国家完成脱贫任务时做参考，为世界减贫事业提供借鉴。这就是笔者撰写本书的根本目的和宗旨。

本书主要分为三大部分，全部内容所包含的观点和建议，均为南开大学中国财富经济研究院（以下简称"财富院"）的相关田野调查和理论研究的相关成果，其中主要涉及中国特色精准扶贫的各种相关做法、机制和经验等的总结，以及相关战略性政策建议，对中国的精准扶贫减贫工作从具体现实工作做法层面，以及制度基础、发展阶段和宏观时代背景上，进行了多角度的解释和说明。

本书第一篇注重案例分析，主要包括多个扶贫实践案例的调研报告，是研究团队直接到扶贫现场田野调查取得的大量一手资料的整理、分析与总结，确保了经验做法总结提炼的可靠性和实用性。当然，书中推介的精准扶贫战略举措和具体做法，是多次对多个地区的实际调研进行的总结，基本能够反映全国各地关于产业扶贫、易地搬迁扶贫和劳动力转移扶贫等方面的一般经验和做法的总结。2017～2018年，南开大学中国财富经济研究院团队成员，依托天津市根据国家的统一安排，对新疆和田地区和河北承德市贫困县开展的帮扶工作，进行了十多次实地专题调研，并完成了多篇调研报告，相关成果主要围绕精准扶贫方略规定的"五个一批"的战略措施展开，重点涉及帮扶过程中侧重的少数民族扶贫、教育扶贫、医疗扶贫、产业扶贫、易地搬迁扶贫，以及劳动力转移扶贫等方面所形成的可操作、可持续的措施、模式及效果。在第一篇的最后，还结合2020年初开始蔓延的新冠肺炎疫情，分析了新冠肺炎疫情冲击下确保我国能够如期完成脱贫攻坚任务的具体做法。这些就是本书第一篇的内容。

本书第二篇从乡村整体的扶贫历程及效果进行分析，以更系统和全面地理解和总结中国扶贫减贫工作。首先，从农村总体层面，整理了我国的扶贫减贫历程和一些战略性举措的减贫效果。具体而言，总结了我国农村的扶贫工作阶段性过程、农村现行绝对贫困线与经济发展中的持续减贫，以及到2020年底消除绝对贫困的成就，并专门讨论了经济增长及收入差别与消除贫困的关系，证明了中国经济增长的涓滴效应及收入差别扩大对贫困状况的正负影响，并对下阶段可能侧重关注的相对贫困即减小中国农村低收入群体的长期任务等进行了讨论。其次，依据国际反贫困领域流行的多维贫困理论和方法，对我国减贫实践及效果进行了对照，说明我国形式上只公布收入标准，而推行的扶贫攻坚与精准扶贫方略的实际内容，比如"两不愁三保障"（即不愁吃、穿，保障住房、教育和医疗）等，实际上都是多目标、多部门、多侧面的多维扶贫实践，并将多维贫困理论的应用与我国的精准扶贫实践相关联，测算出我国全国、农村、城镇甚至少数民族及其他群体的多维贫困指数，证明我国在多维扶贫领域实际上走在了世界前列，并且为下一步更好地应用多维贫困方法提出若干建议和意见。本篇还在附录中探讨了我国公有经济中的减贫理论和实践，作为今后新阶段的参考。

本书第三篇，是关于未来新阶段如何减小相对贫困的方向设想和主要对策方略。我国目前消除农村绝对贫困后，包括防止返贫的过渡巩固期在内，即从全面小康社会迈向减少低收入群体即减小相对贫困，逐步过渡到共同富裕的新阶段。在过去阶段我国重点全力关注消除农村中大量存在的极端贫困问题即绝对贫困，而对相对贫困即对在经济发展中收入提高相对缓慢群体的状况改进没有作为重点，然而在经济社会转入新阶段后，关于相对及多维贫困问题的理论和实践却一定是新阶段减贫工作的重点。因此，第三篇首先对未来共同富裕的大目标进行了框架式分析和分解，探讨了我国进入新时代的具体任务和实施方略，确定了下一步的奋斗方向和标准；其次集中讨论了继续推进经济增长与发展，努力达到初步发达国家的富裕经济水平，以为提高全体居民整体收入水平奠定基础；再次讨论了减小相对贫困率即减少低收入群体比重、扩大中等收入阶层比重的政策；最后就减小相对贫困所涉及的初次分配与再分配的政策，提出了相关建议。总之，我国所实行的特色社会主义制度能够保证，我国全体人民在不断提高经济增长实绩的过程中，一个阶层、一个地区、一个民族、一个人也不能少的情况下，一起迈向共同富裕的美好社会。当然，这并不意味着也不可能是平均富裕和同步富裕，而一定是在差别缩小中分步骤分层次地逐步最终实现共同富裕。

总之，本书的主要内容是近些年来南开大学中国财富经济研究院的各位同仁及部分研究生，主要是陈宗胜带领的"扶贫脱贫攻坚调研组"成员，开展实地调查和理论研究的结果，全部贡献者包括国内外多所大学的研究人员，其中有耶鲁大学牟巴乐（Mobarak Mushific）、文霁月（Jaya Wen），南开经济学院周云波，天津工业大学秦海林，天津师范大学张庆，天津市委党校吴婷，天津调研咨询公司经理张国华、骆磊，南开经济学院研究生史乐陶、张小鹿、张杰、黄云、尚纹玉和李富达等，大家积极参与调查，不辞辛苦，走村串户，访贫问苦，组织访员，安排行程，收集材料，记录数据，精心研究，撰写调查报告和学术理论文章，从而使本书得以顺利完成，书中每一章均对笔者和参与者的努力和贡献做了明确介绍；其中张小鹿和黄云两位，既是本书相关章节的撰写者，又参与整理了部分研究成果，帮助我编辑整理了大部分文稿，付出大量辛苦和努力。本书还收入并改编了部分以前的有关研究论文，其中合作者包括南开大学经济学院钟茂初、天津大学曹桂全、北京师范大学沈杨杨、国务院发展中心金融所于涛、国务院扶贫中心李伟等，在书中有关章节中均做了说明。在本书即将付梓之际，我特别感谢这些合作者的贡献与努力。

另外，需要特别说明的是，本书是南开大学中国财富经济研究院的重大专题科研项目，田野调研经费均由财富院科研基金支持（文飚、王树山出资）；本书也是国家社会科学基金重大项目（项目号：19ZDA052）和国家自然科学基金面上项目（项目号：71874089）的阶段性成果。本书出版费用得到中国特色社会主义经济建设协同创新中心资助。

最后，尽管笔者做出了极大的努力，但本书一定还有不少错误和不足，敬请读者不吝批评指正。

陈宗胜

2020 年 12 月 22 日于南开园

目 录 / Contents

第一篇　案例分析：中国精准扶贫的
　　　　经验做法与战略举措

第二篇 乡村总体：中国精准扶贫的 总体过程及成效

第三篇 未来方向：在相对及多维贫困
治理中实现共同富裕

第一篇　案例分析：中国精准扶贫的经验做法与战略举措

　　本篇通过案例分析，总结了中国精准扶贫工作中取得的主要经验做法与一些战略性举措。从 2017 年起，南开大学中国财富经济研究院（以下简称"财富院"）专门组织国内外研究发展经济学的著名学者与有丰富调研经验的专业咨询公司，带领研究生学生组成专门调研团队，积极争取有关政府部门支持，围绕"精准扶贫"组织开展了多次实地调研，走访了我国东部"环京津贫困带"中的河北承德地区的若干贫困县市，以及列为西部国家深度贫困"三区三州"的新疆和田地区的几个县乡。调研内容主要涉及产业扶贫、易地搬迁扶贫及劳动力转移就业扶贫等重要方面，形式上包括参观各种扶贫工程项目，与当地政府及项目负责人组织座谈，以及直接深入贫困户进行面对面的访谈等，也运用了随机控制实验（RCT）等前沿方法，获取大量一手资料和数据，结果形成了若干总结性的考察报告，包括针对个别问题的专题报告，针对个别项目的详尽案例分析，以及针对一个县市的全面总结报告。因此，这些调研报告都能够从一个侧面或多个侧面，直观、具体和深刻地反映中国近年来"精准扶贫"中实施的扶贫减贫政策、做法和效果。这些调研报告，首先都以"中国财富经济研究院智库报告"的形式，分别提交至有关省份政府领导、政府相关部门，如合作交流办、相关省份扶贫援助前方指挥部、国家机关相关扶贫办，以及政府有关研究咨询部门、学术研究机构和大学有关智库部门等，几乎每份报告均获得相关领导批示，有的得到多个批示。此外，有多份报告经调整资料口径后，在相关刊物上公开发表，有多份得到省"高校智库优秀决策咨询研究成果奖"及研究机构学术奖励。本篇共收录 6 份调研报告，每份调研报告独立为一章；其中有四章涉及西部新疆贫困地区，另外两章涉及京津附近的承德地区贫困县市。

　　本篇中各章节集中表明，我国"精准扶贫"战略实施过程中创造了很多成功的经验和做法，从而能够确保如期打赢脱贫攻坚战，并为今后实施"乡村振兴"战略提供了条件。"精准扶贫"成功做法的核心是，相关政府部门主导、动员全社会力量参与、注重因地因村施策、多方多措并举、全面推动扶贫脱贫。具体包括如下若干方面，一是地方各级政府在各种精准扶贫工作中发挥主导性作用，作为"一把手工程"提供多方面指导与支持，不论是产业扶贫、搬迁扶贫还是其他扶贫方式的成功实施，都是以相关政府部门提供信用支持、信息支持、资金支持等为前提的，都是各级政府部门牵头并多管齐下，制定各种优惠政策，比如鼓励贫困户参与土地流转，将劳动力、贷款权、补助款等权宜投入到脱贫工程项目的股份安排之中。二是注重选择并发挥当地成熟的、有实力的企业的引领作用，以带动各种精准扶贫项目的实施。这对产业扶贫项目的成功几乎是必备条件，而对搬迁扶贫项目的实施往往也有关键作用，搬迁项目的整个实施过程都需要有实力企业的密切参与和配合，从而带动和弥补贫困户的生产资料匮乏、信息渠道闭塞等劣势，并帮助贫困户积累经营经验，提升人力资本水平，减少和抵御经营风险。三是要注重发动全社会各方协同力量，共同参与各种扶贫脱贫项目的实施和完成。京津附近承德地区某县市的"政企银户保"扶贫项目建设模式，就是各方成功协同参与的范例。当地政府牵头组织各方并提供了基本的贴息保障，有实力的乡镇企业发起相关产业扶贫项目，银行发放本金贷款并收取财政贴息，保险公司提供担保扩大贷款规模，贫困户入股贷款权宜并参与劳动，各方协力形成了风险共担机制和激励约束机制为一体的稳定运行共赢局面，值得认真总结或推介。四是注重实现农村最重要生产资料土地的高效集约使用，克服了前期包干到户土地分散导致规模效应降低。一些主要的扶贫建设项目都通过促进土地流转达到了规模集中扩大，既有利于统一管理及机械化，从而减少总成本增加规模收益，也利于提高土地单位产出，如种植经济作物，提高土地产出附加价值等。

少数民族贫困地区的扶贫工作值得专门总结。我国是汉族和50多个少数民族构成的国家。由于历史原因少数民族聚居地区往往是深度贫困地区。因此解决少数民族贫困地区的扶贫脱贫工作不仅具有通常的社会经济意义，也具有明显的、特别的政治意义。一些省份在新疆和田地区开展的精准扶贫工作，可能为全国少数民族地区开展扶贫脱贫工作提供一些借鉴。本书作者在调研中发现，在少数民族地区开展扶贫工作必须充分考虑其宗教、语言等方面特殊性，以有针对性地提高少数民族贫困地区扶贫工作效果。新疆南疆贫困地区扶贫工作的经验是：一是应注重在建设新乡镇中实施多民族混居，以实现居住搬迁扶贫与民族融合、社会稳定相统一；二是应注重通过与内地和东部省份联系，加大少数民族异地劳务扶贫输出，实现少数民族劳动力迁移融合与扶贫相统一；三是应加强教育扶贫，提高文化水平和知识积累，从而为少数民族贫困群体的经济社会发展提供人力资本积累；四是应注重结合少数民族宗教信仰特点创新扶贫减贫措施，培育脱贫的内生动力和扶贫稳定性；五是应促进汉族干部与少数民族贫困人口广交朋友，密切民族关系，转变政府职能，加强县乡援助干部同少数民族地区基层组织及农户的密切联系等。

易地搬迁扶贫是一项特殊扶贫措施。易地搬迁的目的是从根本上解决"一方水土养不起一方人"地区贫困问题。易地搬迁是所有扶贫措施中任务最繁重、难度最大、情况最复杂的一项扶贫工作。针对易地搬迁扶贫项目的实地调研，为此类项目的有效实施提供了参考：一是应注重因地制宜设计搬迁方案，以最小化搬迁成本、最大化群众满意度来实施安置计划，形成各具特点的易地搬迁扶贫方案；二是应注重将易地搬迁扶贫与当地城镇化集中发展即经济长远发展的趋势相结合，既利于贫困迁移人口建立与原世代居住地的联系，记得住情感"乡愁"，也要利于降低搬迁成本和实施可行性；三是应注重解决搬迁人口迁移后的就业发展问题，这是易地搬迁能否实现稳定脱贫并可持续发展的关键；四是应注重当地配套产业的招商引资，适应当地贫困劳动力需求来选择和布局产业项目，以适当处理农业与非农产业、农用地与开发建设用地、农民向产业工人转变的关系，以及生态环境与产业发展的关系；五是应注重发挥各级地方政府包括村集体的主导作用，吸引社会各方共同参与易地搬迁项目，也应防止政府包办代干，要保护贫困群体的内生脱贫积极性等。

增加就业是最有效最直接的脱贫方式。所谓"一人就业，全家脱贫"的说法就道出了就业脱贫的重要性。对一些地区劳动力转移就业的实地调研，也证明了增加就业对脱贫工作的重要意义，但是各地经验表明仅靠市场力量很难将就业作为脱贫措施。以新疆维吾尔族地区开展少数民族群众转移就业扶贫为例，其中最重要的是充分发挥政府部门的引导作用：一是政府通过相关部门以计划规划直接组织和协调劳务输出；二是政府购买公益岗位或以相关政策引导鼓励和激发劳动力转移；三是政府牵头成立内地劳动需求信息机构，或鼓励市场主体设立中介机构扩大劳动需求；四是政府支持和资助（免费受训、减费食宿、免费交通等）劳动力专业培训教育；五是注重劳动力输出及管理上的模式创新，比如多采取规模型"组团式"输出方式并进行统一管理；六是政府部门安排行政干部专门带队并负责秩序；七是注重协调用人单位针对性地专门安排民族特色伙食/夫妻宿舍/特色休闲等；八是政府干部专门驻场管理、担任翻译、提供保安等，形成"双语干部驻厂配合管理"特色模式；九是政府提供往返交通费用及奖金鼓励外出人员持续稳定就业；十是政府自身或补贴社会组织安排免费或优惠托儿所、托老院，牲畜托养户及土地集中置换等，解除劳务输出人员的后顾之忧；十一是支持和资助建立当地中小微企业吸纳更多就近就地就业等。

总之，本篇通过多篇调研报告，具体生动地总结了我国近十年来实施精准扶贫的重要经验和主要做法。本篇最后一章，分析了在新冠肺炎疫情蔓延条件下，如何加大精准扶贫措施的落实，并对确保如期完成脱贫攻坚任务提出建议。为保持各种案例的可操作性和有用性，本篇整理归纳过程尽可能地保留了调研报告的原始用语和资料口径。

第一章　多措并举、综合施策，
全面推动精准扶贫脱贫

　　本章主要是总结和分析了对天津市援疆扶贫脱贫工作的考察。[1] 新疆和田地区是国家级深度贫困地区，由天津等省市对口进行帮扶。天津市的援疆扶贫工作重点是"助推受援地如期实现脱贫目标"，"实现全面小康"。天津市具体对口支援和田地区的三个县，包括策勒县、于田县和民丰县，为当地的扶贫脱贫做了大量工作。比如在实业援疆扶贫方面，有培育特色产业、重视平台招商、优化环境营商等加大招商引资引产业；在特色扶贫方面，有创新项目帮扶、落实结对帮扶及加强社会帮扶等；在教育援疆扶贫方面，包括开创性提升基础教育和职业教育软硬件条件、延续在学教育与补贴离岗在岗培训等；在医疗援疆扶贫方面，有"组团式"医疗师带徒、"院包科"式医疗单位帮扶等；在加强日常交流和献爱心方面，包括促进天津与和田两地人员互动、推动全社会各层面帮扶、援疆干部入户走访、爱心捐赠帮扶、特色产品帮扶销售等救急或常态方式等。

　　在此次扶贫脱贫调研中，限于时间，调研组主要集中考察了若干个产业扶贫、易地搬迁扶贫及劳务输出扶贫等项目。比如，关于产业扶贫项目主要考察了几个布局集中、规模较大的设施农业项目，以及以"劳动密集型为招商重点，政策、基建配套齐全"的策勒县天津工业园区；关于易地扶贫搬迁项目主要考察了几个县的"两居工程"，以及若干个扶贫搬迁安置点，特别是以"产城融合"发展为特点的策勒县"新城区"；关于劳务输出扶贫项目主要了解了"双语干部驻厂配合管理模式"，是劳动密集型的劳务输出模式。这些项目是天津帮扶和田地区的重点扶贫项目，已经取得相当的成就和成功。

　　天津在新疆和田地区若干年的扶贫工作中所以能够做出如此成绩，得益于天津援疆前与和田地区在工作中实施的若干成功做法，具体为：一是援疆单位支持当地和田政府部门并与之一起，在扶贫减贫工作中发挥主导性、支持性作用。在产业扶贫和搬迁类扶贫过程中，各级政府提供了多方面的支持，体现在脱贫攻坚

　　① 本章执笔人为陈宗胜、张小鹿，核心内容在 2018 年第 3 期《理论与现代化》发表。参加调研的南开大学中国财富经济研究院扶贫调研组成员有陈宗胜、周云波、牟巴乐、文霁月、尚纹玉、史乐陶、张小鹿和李富达等。

工作的各个环节和方面，包括具体的政策制定、资金支持、产业配套、就业引导、技术支撑等，为脱贫攻坚工作做出了重要贡献。二是充分结合当地少数民族集居区的实际情况开展卓有成效的扶贫工作。和田地区是少数民族聚居区，由于特殊文化传统和习俗，当地就业比例低，女性较少工作。天津等扶贫援疆单位针对这些特点采取了一系列有效措施，如开辟旅游产业新渠道；引导少数民族走向东部就业；引资纺织企业增加维吾尔族妇女就业，提高普通话教育水平等。三是创新"产城融合"扶贫减贫工作思路，将天津的成熟经验用于和田地区扶贫脱贫实际，尝试将贫困人口的生活、生产和发展在空间上实现一体化，注重整合并优化各种援疆资金使用，同时引入社会资本和天津企业，既解决了扶贫基础设施资金不足问题，又引导社会资本等多方参与扶贫工作，使扶贫攻坚的近期任务能够在长期内产生更加深远的经济社会效应。四是面对和田地区存在的多维贫困和深度贫困，近些年推动的扶贫工作已不再是简单的"输血式"扶贫，所实施的产业扶贫、搬迁类扶贫及扶贫劳务输出，都更关注扶贫"造血机制"的建立，旨在针对深度贫困地区的多维致贫原因施策，一起解决就业岗位、工资性收入、住房问题、思想观念问题等，从更加基础和根本的层面上解决多维贫困，缓解深度贫困。五是注重将脱贫扶贫工作同地区经济发展和社会政治稳定相结合。天津等援助扶贫单位与和田地区政府进行了较好的探索。比如在移民搬迁安置点上安排多民族混合居住，加强了民族交流；在发展产业提高当地就业率的同时，有管理有组织地向东部地区输出劳务等，增加了贫困人口的收入，生活居住有了保障，有助于促进民族团结和政治社会稳定。以下为考察报告具体内容。

第一节　和田地区扶贫调研目的与行程

2017年8月3~5日，南开大学扶贫调研团队专程前往新疆和田地区，就近年来天津援疆扶贫工作进行了调研。调研工作得到天津援疆前方指挥部与和田当地政府的大力支持。此次调研主要考察全国援疆开展的扶贫工作及其取得的成效，集中调研了天津负责帮扶的新疆和田地区东三县（策勒县、于田县及民丰县）的多个项目点位，个别也涉及其他地区帮扶的项目。

此次调研重点，是关注天津帮扶的产业扶贫和搬迁扶贫项目的进展与效果。天津援疆干部在和田地区扶贫实践中，坚持提高政治站位、以当地需求导向、以制度管人管事、强化目标责任、创新援疆模式、高标准严要求、注重内外宣传、加大督查力度等原则，为当地扶贫脱贫做了大量工作，这些都值得认真考察和总结，比如在特色扶贫方面，有创新项目帮扶、落实结对帮扶及加强社会帮扶等；在实业援疆扶贫方面，有培育特色产业、重视平台招商、优化环境营商等加大招商引资引产业；在教育援疆扶贫方面，包括开创性提升基础教育和职业教育软硬件条件、延续在学教育与补贴离岗在岗培训等；在医疗援疆扶贫方面，有"组团式"医疗师带徒、"院包科"式医疗单位帮扶等；在加强日常交流和献爱心方面，包括促进津和两地人员互动、推动全社会各层面帮扶、援疆干部入户走访、爱心捐赠、帮扶和田特色农产品销售等救急或常态方式等。但是限于时间，调研组在两三天中只能从以上多种扶贫项目中有取有舍，集中考察了若干个产业扶贫和易地搬迁扶贫等项目，而其他一些帮扶措施则通过阅读材料来认识和综合。

按照调研方案，2017 年 8 月 4 日上午，调研团队考察了策勒县"产城融合示范区"（以下简称"示范区"）。示范区是天津援疆干部将多种扶贫方式集中于同一空间的体现，其中策勒县天津工业园（以下简称"工业园区"）是示范区的产业载体，而新疆丝绸之路服装有限公司则是工业园区重点企业。其间，调研团队还考察了扶贫搬迁项目及其配套建设的设施农业，通过设施农业实现搬迁人群的季节性甚至全年持续就业。8 月 4 日下午和 5 日上午，调研团队分别考察了于田县和民丰县的搬迁扶贫项目和设施农业项目。两县的搬迁项目有"两居工程"（安居富民工程、牧民定居工程/定居兴牧工程）和易地扶贫搬迁项目，设施农业项目通常同搬迁项目同时实行，作为搬迁项目的配套产业，为搬迁群体搬迁后实现就业，确保脱贫效果稳定和可持续。8 月 5 日晚，调研团队就和田地区劳务输出问题，同有关项目负责人进行了交流。8 月 6 日调研组返回天津。以下为调研组在和田地区"东三县"的考察工作。

第二节 产业扶贫项目的做法、条件及意义

一、产业扶贫项目介绍

1. 规模较大的设施农业项目

设施农业旨在充分利用和田地区充足的劳动力资源，改善农业生产条件，实现农业高附加值，促进农民增收。和田地区"东三县"的扶贫项目，均涉及设施农业；设施农业也是天津援疆的传统项目，每批援疆干部均会投入一定资金支持此类项目的建设，其中第九批天津援疆干部在三个县分别新建设施农业标准化农业大棚 700 个，每座成本为 15 万元，包含补助 4 万元。

为通过设施农业更好实现扶贫减贫工作，设施农业选址统一由政府确定出资兴建，统一规划，集中布局；每座农业大棚均配有存放农业生产工具及进行管理的仓储室；配套安装先进的灌溉设备，采用较为节水的滴灌技术；各农户自行按

照用水量缴纳灌溉用水费用，水费支出较低。大棚建成后在贫困户中按照优先建档立卡户，优先边缘贫困游牧民的原则进行分配，由各贫困农户具体负责对大棚的管理运营。大棚作物种植品种无统一规定，农户具有较大的自主决定权。结合当地沙质土壤特点，大棚种植作物多以西红柿、辣椒等蔬菜为主，兼有无花果等当地优势经济作物；每座大棚均标有内部种植作物的标示牌。由于和田地区农民种植蔬菜经验相对匮乏，政府还组织专业技术人员对蔬菜及经济作物种植者给予具体的技术支持，也选派和田当地农业技术人员至天津进行农业技术的学习交流，帮助其解决在蔬菜种植过程中遇到的技术问题。总体来看，种植大棚蔬菜等作物的 2500 户贫困户，均能够解决生活问题，同时年收入平均能够达到 18000元，有助于脱贫减贫。

2. 策勒县天津工业园

天津工业园是天津实施产业扶贫援疆的重要载体，也是促进脱贫内生化的重要途径，还是策勒县尝试"产城融合示范区"的依托。工业园区于 2009 年 3 月正式启动，规划用地 10.67 平方千米，位于策勒县城南约 3 千米处。园区分为综合配套服务区，农副产品加工区，特色产品加工区，新型建材、矿产加工区，仓储物流区五大功能区。服装产业园区位于策勒工业园区西部，规划总用地面积52.54 公顷，其中目前可用地面积为 34.24 公顷。园区一期建设始于 2014 年 5月，12 月竣工验收并投入使用，总投资 1 亿元，建设面积 22.5 公顷，包括标准化厂房 11 栋、管委会科研办公楼 1 栋，并且实现了水、电、路、气、邮、网络、亮化、绿化"七通一平"配套工程。二期建设项目始于 2016 年，建设 4 万平方米的标准化厂房。

策勒县工业园区重点发展纺织服装产业，入驻企业涉及纺织服装、地毯加工类等行业，为带动当地劳动力的就业打下基础。截至 2017 年 6 月底，工业园区入驻企业近 60 家；2017 年新入驻企业达 22 家，固定资产投资总额超过 7 亿元，多以劳动密集型企业为主，共招收员工约 8000 人。一方面使和田地区的劳动力资源得到充分应用；另一方面降低了劳动密集型企业的成本、延长了劳动密集型企业的生命周期。

调研组专门调研了天津援建的新疆丝绸之路服饰有限公司（以下简称"丝绸之路公司"或"公司"）。丝绸之路公司成立于 2015 年 4 月，是工业园区入驻最早的企业之一，注册资本达 1500 万元，聂志新、陈耀强和林志明三人分别出资600 万元、600 万元和 300 万元。其中聂志新为法定代表人和执行董事，陈耀强为监事，林志明为经理；公司的经营范围涉及服装、防静电服装、鞋、帽、皮带、衬衫、领带、内衣、手工编织、手绣、地毯等的生产、加工、销售及一般货物与技术的进出口业务、生产及培训服务等。和田地区政府为公司入驻产业园区提供了便利的条件，包括提供了免费的厂房，给予一定的税收及其他政策优惠，例如对于纺织企业的优惠包括固定资产投资补助、用工补助、培训补助政策、用电优惠价格、运费补助等，同时给予一定奖励，目前各项政策处于落实中；而公司用工主要考虑和田当地劳动力，目前就近吸收当地劳动力 1500 人，其中贫困人口 1050 人，每位员工平均基本工资为 1500 ~ 1800 元/月，基本能够保障"一人就业，全家脱贫"。

二、两种产业扶贫模式的条件、意义及问题

上面提到的两种具体的产业扶贫模式得以成功实施的条件，一是援建地区和当地政府在其中发挥了主导作用的资金支持，包括提供建设费用或补贴、出台优惠政策，硬件设施的建设及维修、招商引资等。二是两种模式均以当地较为充裕的劳动力资源为切入点，使具有劳动能力的贫困人口参与到劳动市场中，通过就业解决贫困。三是两项产业扶贫模式均是多种扶贫政策集合中的一个环节，设施农业项目和产业园区的兴建均同贫困人群的易地扶贫搬迁及"两居工程"相结合、互为配套，因而能够更好地发挥效应。

（1）设施农业实现了土地流转规模经营和劳动密集型使用，并且有效地同资本和技术结合，有助于改善和田地区贫困劳动力的效率与收益。相较于露天农业，设施农业生产精细化程度确实有了很大提高，种植作物的多元化也是设施农业的一个重要特征，丰富了和田地区少数民族的"菜篮子"，在蔬菜产量、收益方面都有所提高，人均年收达到 5000 ~ 6000 元。

（2）产业园区适应于当地少数民族就业特点。和田地区是维吾尔族及其他少数民族聚集区，由于语言、生活习惯及其他民族传统，导致和田地区劳动力较少向外地流动。因此增加就业的主要途径就是要增加当地就业。策勒县县域内设立产业园，正好便于劳动力在当地实现就业，同时相较于外出到其他省份就业而言，当地就业降低了社会排斥程度，可更加提高劳动就业的效率，降低在开展就业宣传中的阻力，如"丝绸之路公司"从业人员基本来自周边地区，上下班均较为方便。工业园区 2017 年新入驻或签约企业，预计为策勒县提供 2000 个以上的就业岗位，人均收入达到 1.8 万 ~ 2 万元。

（3）两种产业扶贫模式均有利于消除就业市场性别差异，更有利于吸纳女性劳动力就业。少数民族女性劳动力占贫困人口的一半，提高女性就业是提高和田地区少数民族就业率的重要措施和特点。受民族习俗影响，和田地区女性劳动力就业率仍较低，这也是和田地区贫困的重要表现。但是天津援疆干部发现，和田地区女性普遍在纺织行业具有比较优势，因此在招商引资过程中有意识地突出了纺织企业的比重，从而为和田地区女性参与劳动提供了可能，同时也因比较优势而降低培训总成本。近些年维吾尔族女性进入劳动力市场已经越来越普遍，特别

在维吾尔族女性具有比较优势的纺织行业就业比重更高。在新疆丝绸之路服饰有限公司内，很多女性工人从事鞋子的生产加工，生产服饰等纺织品等，甚至有听力残疾人员被雇用从事生产。女性工人的平均工资可达到 1500 元/月，与男工平均工资很接近或者处于一样的水平。

另外，调研组也在调研中发现两种产业扶贫措施仍存在需要改进的一些问题。比如：（1）设施农业项目中，一茬儿作物收获结束后，一些设施农业大棚往往处于废弃状态，这无疑加大再生产的投资成本，也说明设施农业在生产技术和管理上都需要加强指导和监管，尤其是如何增加轮作及设备维护和休耕期内设施管理等。（2）工业园区项目中，入驻企业能够凭借政府提供的免费或低价厂房、政策优惠及各种奖励，短期内可能降低成本实现利润；但长期看政府补贴可能会逐步减少甚至取消，因此企业在市场上是否具有竞争力值得认真研究，从而产业扶贫及劳动力就业能否确保长期持续也是值得分析的大问题。有个别入驻企业存活的原因主要在于政府的高额补贴及其他政策优势，这必然使脱贫效果大打折扣，也使脱贫效果的稳定可持续受到质疑。（3）当地部分员工时间观念较为淡薄，不能较好地遵照公司规章制度，或者工资发放后几天内旷工人员会明显增加等，这些对企业的正常生产经营活动都会产生重要负面影响。这些问题都不是短期内开展岗前及在岗培训能够完全解决的，需要结合并尊重当地少数民族地区的特点及传统习俗，通过教育等措施逐步解决处理。

第三节　易地搬迁扶贫项目的做法、条件及意义

一、搬迁类扶贫措施项目

调研团队在"东三县"调研的各点位均包括移民搬迁扶贫项目，形式多样，如易地扶贫搬迁项目、安居富民工程、牧民定居工程/定居兴牧工程、震后重建工程四类项目。易地扶贫搬迁旨在从根本上解决"一方水土不能养活一方人"的问题；项目实施过程中，严控建设成本，强调"保基本"；资金由中央专项拨款、援疆地区和当地政府配套出资共同解决，贫困农户无须自筹款项。

和田地区实施搬迁类项目的主要做法：一是政府出资兴建安置房且配套公共基础设施。策勒县按照人均 59728 元标准进行补贴，其中中央预算 10000 元/人，中央专项基金 5000 元/人，地方债券 9728 元/人，农发行低息贷款 35000 元/人，政府财政进行贴息。按照人均不超过 25 平方米、户均不超过 80 平方米的标准建设房屋，同时配套修建公路、幼儿园、卫生室和文化生活设施等，安装和提供电

灯、自来水、暖气、天然气等公共基础设施和服务；并规划留有相关土地用于居民发展庭院经济。二是安置点房屋分配实行多民族混居"嵌入"模式。为了增加维吾尔族与其他民族的融合与沟通，安置点房屋分配均为多民族混合居住。三是各安置点都配套相关产业。如在一些搬迁点周边配套了设施农业，或安置在临近产业园区就业。策勒县易地扶贫搬迁安置点同"两居工程"安置点，统一布局在天津工业园周围，距离县城中心 2~3 千米，其中一些配套了设施农业项目。四是实行分批次兴建、分批次入住。因为资金投入规模大，建设周期长，因此各安置点建设实行按规划分步骤建设、分批次入住。民丰县计划新建住房 240 套，第一期建设并搬迁入住 80 户，剩余部分仍在持续建设中。

二、搬迁类扶贫措施的条件、意义及问题

"易地扶贫搬迁"项目是"十三五"期间我国实施的重要扶贫专项措施，也是天津援疆的规定项目之一，其显著特点是投资大、周期长，对于缓解特定贫困人群具有根本性的影响。和田地区搬迁类扶贫措施比较成功实施的条件有多项，一是各级政府发挥着主导作用，从规划动员、财政出资及产业配套，各级政府都直接参与，发挥了关键作用，为搬迁实施提供了物质基础和可能。二是当地群众有摆脱贫困的迫切需求。由于搬迁工程是脱贫的关键步骤，所以当地贫困人群能够克服传统的"安土重迁"观念及背负"背井离乡"的情感成本，比较积极地配合搬迁工程的实施。三是各有关安置工程都较全面地考虑了搬迁对象的后续发展，相应配套了设施农业或其他非农业等产业，解决了增加就业和收入的持续脱贫减贫的疑虑。四是和田地区土地资源充裕，地广人稀，具有充沛的土地资源供建设各种搬迁类扶贫项目。

和田地区的搬迁扶贫项目，比较广泛动员了社会各方参与，也有效解决了资金问题。首先，搬迁类项目投资巨大，仅靠财政资金压力较大，动员各方引入社会资本，使其在获得适当利润前提下投资于基础设施项目或配套项目的运营，是缓解资金紧张的重要措施。例如，和田地区产业园的主体项目，都是天津援疆干部从天津帮助引进的，既解决了资金问题也增加了贫困人口的就业机会。其次，各搬迁安置项目均较好实现了人口、产业的适度集聚，尝试了新型乡镇模式。人口集聚有利于社会提供各类公共产品和服务，有助于实现地区内部公共服务均等化，是弥合城乡差距、解决"大城市病"有效途径。再次，和田地区的搬迁扶贫项目较好实现了各民族间的融合发展，有利于安定团结。各搬迁项目的房屋分配均采取多民族混合居住的方式，这有利于加强民族间的交往，便于民族间技术、文化交流，实现经济增长收益提高及民族融合。

当然，和田地区的搬迁扶贫项目也有一些需要改进的方面。调研中发现，相

当多的贫困户已经安置入住到新安置点上，但同时仍保留原有住房，未实现原有住房的复垦工作。可能的原因是当地土地资源丰富且地力贫瘠、贫乏，复垦成本又高，结果导致土地复垦效率低。因此，如何处理好原居住地复垦与保留之间的关系值得认真研究。另外，易地扶贫搬迁政策是在"脱贫攻坚"阶段实施的特定扶贫政策，几乎完全是政府直接推动的项目，在实现贫困人口"住房安全有保障"之后，如何保证各级政府不因扶贫而负债，如何切实实现贫困人群的脱贫减贫内生化，以及减贫效果的长期持续性都是值得研究的。

第四节 "产城融合"型扶贫新模式的做法及意义

"产城融合示范区"项目的实施方案，最早是由天津援疆第九批干部提出的，旨在解决"两居工程"存在的居住分散、规划凌乱且占用大量援疆资金等问题。"产城融合模式"的核心是以聚焦精准扶贫为主线，围绕社会稳定和长治久安的目标，将多个扶贫减贫项目和多项扶贫资金进行整合，借鉴天津市将产业与城市化发展相融合的成熟理念，推动易地搬迁、产业扶贫，与当地经济发展和小城镇建设相结合的综合新模式。

一、产城融合模式的做法

策勒县是天津援疆实施"产城融合"模式的试点县。策勒县选择在距县城东3千米、距策勒天津工业园北2千米的区域内，集中建设了产城融合示范区，名称为策勒县"新城区"。"新城区"项目总投资1.4亿元，由天津市规划设计院提出规划方案，由天津援疆干部与策勒县政府进行协调，通过招投标进行施工建设。"新城区"内定居点、县城和工业园连成一片，将生活区、休闲娱乐区及工作区连成一片，形成了人口、产业集聚，提高了城市交通设施、管网设备、公共文化休闲广场及娱乐设施等公共基础设施的使用效率。"新城区"搬迁安置房按贫困人口免费配给，并从三个方面对其发展产业及就业进行了配套安排：一是为各迁移安置贫困户免费配套了设施农业大棚，并对大棚蔬菜种植给予技术指导，体现了人才援疆、技术援疆与创新设施农业相结合；二是鼓励农户发展庭院经济，包括支持贫困户在预留庭院土地上种植蔬菜、农作物及养殖家禽；三是在临近的策勒县天津工业园区内，为有就业意愿和就业能力的迁移人口，提供适宜工作岗位。

二、"产城融合"扶贫模式的条件及意义

作为易地搬迁类扶贫措施的创新模式，"产城融合"发展模式除了具备搬迁类扶贫措施的通常条件外，其更加强调各种扶贫减贫措施的配套结合、整体性和统一性，对于资金需求也更大，不仅涉及住房与就业，还涉及公共设施和城市发展的方方面面，是一种更加具体和明确的小城镇化模式。

首先，是将产业扶贫与小城镇融合发展。"产城融合"模式将"两居工程"等迁移扶贫或住房保障等扶贫措施，同设施农业、工业园区建设等产业扶贫项目相结合，即将"两居工程"、庭院经济、设施农业、旅游开发、物流经济、工业园建设、小城镇建设相融合，嵌入一个整体进行发展，从而提高了公共基础设施和公共服务效率，有利于发展第三产业等服务业；多种功能建筑物的集中、人口的集聚及公共服务设施的完善，都有力地推动了新型小城镇化，有助于推进城市化进程；通过产业就业配套，扩展了贫困群体及全部人口在内的就业选择，提升了贫困农户的生活水平，使农户实现或增加了工资性收入，人均工资收入达到2万元，脱贫减贫效果显著。总的来说，是一种扶贫脱贫与产业经济发展、城市建设相融合的新模式，是新型小城镇化模式。

其次，整合项目资金，引入社会资本。"产城融合示范区"能够解决原有援疆资金分散、安置点缺少规划、配套产业不足的缺点。但该模式无异于一个小型城市的建造，往往需要大量资金投入，仅靠政府财政投入难以全部完成，因此天津援疆干部整合各种扶资金，用以引导并撬动各种社会资本进入，结果缓解了当地财政扶贫资金的不足，也为盈利性社会资本进入新领域开辟了通道，是一种政府与社会资本合作的新模式。

诚然，"产城融合示范区"是将天津援疆干部将天津城市化与产业发展的经验在和田地区的推广应用，因此可能存在一些仍需改进的地方，该模式需要资金规模大，因此资金短缺及如何解决可能是长期存在的问题；另外，作为一个新型城镇的建设，其选址规划、城市建设、产业规划等多个方面，都需要及时整合与协调，唯此才能真正实现"扶贫资金真扶贫"。

第五节　和田地区扶贫劳务输出的做法及意义

和田地区是简单劳动过剩地区，简单过剩既是和田这类少数民族地区贫困的原因，也是脱贫减贫的重要抓手。如何使用这些过剩劳动，既涉及脱贫任务的完成，也涉及社会政治安定。因此，除了通过产业扶贫增加当地就业外，面对紧迫

的"脱贫攻坚"任务，采取向外省份的扶贫劳务输出是一个重要途径。尤其是在少数民族地区，通过劳务输出而实现脱贫减贫，可能是既有利于社会安定又能够比较快地实现脱贫的一项值得考虑的措施。

在天津援疆方案中计划 2018 年从和田地区向外输出劳动力 3000 余名。该项目已经在 2018 年初启动，首批 102 人和第二批 150 人于田县少数民族群众已经输往山东青岛相关区县，后续批次也在安排中。安徽省计划 2017 年安排和田地区向安徽各地输出劳动力 1000 人，截至 8 月已经成功输出劳动力 500 余人，积累了一定的经验，形成了"双语干部驻厂配合管理模式"。在劳务输出过程中，每 50 人以上就配备一名副科级干部驻厂同吃同住，白天配合厂方管理并兼做翻译，晚上则组织培训普通话。目前，这些维吾尔族贫困群众主要安排在安徽省巢湖市、淮北市及铜陵市的多个企业，多为纺织类企业，包括雅戈尔这样的著名服装企业，这些人的主要输出地集中在和田地区皮山县（即安徽省对口援建地区）。具体做法包括：安徽援疆工作人员首先对安徽企业（其中多为服装生产企业）等进行用工需求调研，调研信息包括年龄、性别、学历、待遇、用工人数等；然后联合和田当地的人力资源与社会保障局、扶贫办等部门，将收集到的用工需求信息在皮山县进行发布和宣传，宣传方式包括在各村设立专门招工点、村集体动员、干部入户宣传、外出成功人员现身说法等；进而对于有意向且符合条件的劳动力进行集中培训，在疆培训内容主要包括安全生产基本知识、日常生活用语、公司规章制度等；培训合格后，根据劳务输出人数选派若干名干部陪同，共同前往安徽用人单位，在企业进行专业技能培训，合格后入职。用人单位考虑到少数民族群众的实际情况，在厂区开建清真餐厅、鼓励夫妻同时输出等。为鼓励外出劳动力能够实现稳定就业，安徽援疆干部及和田当地政府在细节上进行创新，如若能实现稳定就业，则由政府部门提供从用人地区到户籍地的一次性往返车票，并对实现一定期限稳定就业的劳动力提供额外奖金等。对于劳务输出的使用者也可采取较为灵活的方式，比如，对于用工需求较大且不易一次性足额招聘的企业，可分批次进行招聘、培训和输出等；而对于报名超标的批次，可做好记录，下次招聘同等条件下优先考虑等。

扶贫劳务输出工程，将启动南疆地区有组织有成效地向发达沿海地区转移就业的序幕，这对于新疆少数民族贫困人口和家庭都将产生积极影响，不仅是收入增加，对其思想观念也是一个重大改变从而提升，大大有利于促进各民族各地区的长期稳定，实现经济与社会目标的统一。当然，在进行劳动力转移就业的同时，短期内也可能给接受劳务转移的地区带来一些协调问题，各地要务必做好一些必要衔接措施。

劳务输出是涉及当地一定数量贫困群众的长距离迁移，是一项变动较大但效果明显的扶贫减贫措施，必须谨慎做好决策并进行细致严谨的衔接工作。另外，在当前情况下，劳务输出对接收地区的经济及社会等方面的具体影响，也有待进一步通过科学的方法和手段进行有效的评估和研究。

第六节　简单总结及建议

和田地区是南疆四地州之一，该地区是全国集中连片特困地区，是扶贫攻坚的主战场之一。2017 年经国务院扶贫办委托第三方检查，全国首批 26 个贫困县摘帽（其中江西省井冈山市、河南省兰考县于 2017 年 2 月率先摘帽），和田地区民丰县位列其中，是全疆首批 5 个"摘帽"县之一，也是南疆四地州 24 个重点县中唯一一个摘帽县，这是对民丰县及援建单位脱贫攻坚工作的充分肯定，也是对和田地区和援疆单位扶贫减贫经验的肯定。

我们的考察发现，和田地区的扶贫脱贫工作注重结合地区实际情况，尤其是结合其少数民族情况和深度贫困现实，改变以往"输血式"扶贫方式，充分利用"援疆"这一特色举措，打破贫困循环，尤其重视多种扶贫方式结合，重视发挥社会资本在扶贫中的作用，扶贫成效比较显著。在脱贫攻坚阶段，当地政府及天津"援疆"干部主动出击，敢于创新"造血式"扶贫思路和扶贫方式，优化劳动力、土地、资金等资源配置，更加注重多种扶贫方式的结合，比如易地搬迁扶贫配套产业扶贫和设施农业项目等，提高贫困主体的参与性，激发脱贫自主性，培育和提高了贫困主体的自生能力，保障了脱贫的持续性和稳定性，将脱贫、发展同社会稳定结合在一起，有助于实现经济、政治与社会目标。

因此，天津援疆工作及和田地区脱贫攻坚工作，取得了比较显著的效果，从而对于少数民族和深度贫困地区的脱贫减贫工作具有借鉴意义和推广价值。其成功做法主要如下：

一是充分发挥当地政府部门及天津等地援疆单位在扶贫减贫工作中主导性、支持性作用。在产业扶贫和搬迁类扶贫过程中，各级政府提供了多方面的支持，体现在脱贫攻坚工作的各个环节和方面，包括具体的政策制定、资金支持、产业配套、就业引导、技术支撑等。可以说，当地政府部门及天津援建单位，尤其是基层组织和干部在这一轮的扶贫脱贫工作中积极努力，为脱贫攻坚工作做出了重要贡献。

二是充分结合当地少数民族集居区的实际情况开展卓有成效的扶贫工作。和田地区是少数民族聚居区，由于特殊文化传统和习俗，当地劳动力就业比例低，维吾尔族女性较少参加工作，普通话普及程度低等成为普遍现象。天津等扶贫援疆单位针对这些情况，采取了一系列有效措施，如开辟适合维吾尔族当地群众就业的旅游项目；引导少数民族贫困劳动力走向发达地区工作就业；有目的地招商引资纺织企业进疆为增加当地维吾尔族妇女就业创造条件；强化技能培训特别是普通话教育等。这些颇具针对性的措施，效果看来还是很明显的。

三是敢于创新"产城融合"扶贫减贫工作思路，注重引入社会资本，实现多方共赢。第九批天津援疆干部从以往扶贫减贫工作中总结经验，将天津的成熟经验用于和田地区扶贫脱贫实际，尝试将贫困人口的生活、生产和发展在空间上实现一体化的"产城融合"新模式，为此注重整合并优化各种援疆资金使用，同时引入社会资本和天津企业，既解决了扶贫基础设施资金不足问题，又引导社会资本等多方参与扶贫工作，使扶贫攻坚的近期任务能够在长期内对少数民族地区的彻底脱贫，产生更加深远的经济社会效应。

四是面对和田地区存在的多维贫困和深度贫困，多措施联合施策，注重脱贫工作的内生性、可持续性和稳定性。天津援疆队伍及和田地区当地政府近些年推动的扶贫工作已不再是简单的"输血式"扶贫，包括产业扶贫、搬迁类扶贫及扶贫劳务输出，已经都更关注扶贫"造血机制"的建立，是一种立体的、综合的且有针对性的扶贫减贫措施，旨在针对深度贫困地区的多维致贫原因施策，分别解决了就业岗位、工资性收入、住房问题、思想观念问题等，从更加基础和根本的层面上解决多维贫困，缓解深度贫困。

五是注重将脱贫扶贫工作同地区经济发展和社会政治稳定相结合。天津等援助扶贫单位与和田地区政府将扶贫脱贫工作与保持社会安定和谐结合起来，将减贫扶贫、促进发展作为维护社会稳定的措施，进行了较好的探索。比如在移民搬迁安置点上安排多民族混合居住，加强了民族交流；在发展产业提高当地就业率的同时，有管理、有组织地向东部先进地区输出劳务等，增加了贫困人口的收入，生活居住有了保障，有助于促进民族团结和政治社会稳定。

总的来看，和田地区的产业扶贫、搬迁扶贫及劳务输出扶贫工作做法和经验，有利于提高少数民族群众的收入，有助于改善少数民族地区及深度贫困地区的居住环境，减小地区间特别是不同民族之间的收入差距，从而更多地吸引贫困人群参与到当地发展和自身生活改善中去，增强各民族间的交流和文化认同，使少数民族贫困群众摆脱贫困并实现发展。因此，这些做法和经验有着重要价值和意义，值得在具备类似条件的地区推广和试行。

第二章 政府主导、市场协调，全力推动劳动转移就业扶贫

本章主要介绍新疆和田地区（天津等省市对口支援地区）维吾尔族劳动力转移就业扶贫工作。[①] 新疆南疆和田地区是维吾尔族等少数民族聚居的贫困地区，是天津、北京、安徽等省市结对帮扶实施扶贫协作地区，其下辖的皮山县、墨玉县、策勒县等7县均为国家级贫困县。近年来，和田地区在国家精准扶贫战略的指导下，在对口帮扶省份的支援下，各贫困县在精准扶贫工作上取得了显著成果，特别是在劳动力转移就业、劳务输出扶贫工作上取得了积极的进展。

和田地区劳动力转移就业的基本做法与经验有三：一是由政府部门直接组织协调，向疆外和北疆地区输出较大规模的劳动力；二是在政府引导下由劳务公司和培训学校教育培训后，向外转移和输出一批劳动力；三是由政府支持在当地创办更多中小微企业，吸收接纳一批就近就地就业人员。总之，和田地区的三个县通过推动劳动力转移就业扶贫工作，已经形成比较完善的机制和做法，具体包括以下十一条：

一是政府通过相关部门直接组织和协调劳务输出；二是政府购买公益岗位或以相关政策引导鼓励和激发劳动力转移；三是政府牵头成立内地劳动需求信息机构，或鼓励市场主体设立中介机构扩大劳动需求；四是政府支持和资助（免费受训、减费食宿、免费交通等）劳动力专业培训教育；五是劳动力转移多采取规模型"组团式"（少者30~50人一组、多则上百人同行）输出方式；六是政府部门安排行政干部专门带队并负责保安；七是协调用人单位专门安排维吾尔族清真伙食/夫妻宿舍/特色休闲；八是安排政府干部驻场管理、翻译、安保等，形成特色"双语干部驻厂配合管理"模式；九是提供往返交通费用及奖金鼓励外出人员持续稳定就业；十是大量安排免费或优惠托儿所、托老院，牲畜托养户及土地集中置换（"四托"政策：托儿、托老、托养牲畜、托种土地）等，解除劳务输出

---

① 本章内容执笔人为陈宗胜、张杰、史乐陶，核心内容发表于《理论与现代化》2019年第4期。中国财富经济研究院劳动力转移就业扶贫调研组成员有陈宗胜、周云波、史乐陶、张小鹿、张杰、黄云等。

人员的后顾之忧；十一是支持和资助建立当地中小微企业吸纳更多就近就地就业等。

如此这些做法和措施是在实践中逐步摸索实行的，简单易行，行之有效，效果较佳，值得认真提炼总结并坚持下去。

第一节　调研目的及主要考察项目

在我国近些年的精准扶贫工作中，通过劳动力转移就业、异地就业或劳务输出等等方式开展扶贫工作，同产业扶贫、搬迁扶贫等方式相结合，构成精准扶贫的重要途径，而且就扶贫效果和所付成本相比较，也是一种更为有效的扶贫方式，得到全国各有条件的贫困地区越来越大的重视。本章重点分析和研究新疆和田地区维吾尔族贫困地区的劳动力转移就业扶贫工作情况。

我们扶贫调研团队重点关注了其中皮山、墨玉及于田三个县的劳动力转移就业扶贫工作情况。首先，重点了解了由各区县政府直接协调的劳动就业计划、目标、政策，以及实际完成的劳动力转移规模、数量、效果等；其次，特别集中考察了几个以"培训促输出"的劳动力转移培训项目，如"市场/政府结合"模式的皮山县福农劳务有限公司，"政/学结合"模式的皮山县职业培训中心，以及"政/企结合"模式的于田县新业转移就业职业技能培训学校；最后，考察了几个直接接收劳动力就业的中小微企业，如以吸纳"就近就地就业"为主的乡镇企业乔达乡图玛丽丝手工羊毛地毯加工有限公司，以"小规模零散灵活就业"为主的木吉镇萨依村个体企业阿尔祖手工业发展有限公司和木吉镇阿萨尔村制席厂，以"政府劳动资料补贴"形式扶持的木吉镇阿萨尔村养殖合作社，以"政府订单/企业加工"为主的墨玉县龙头企业和田霸丽穆商贸有限责任公司，以及内地入疆企业鑫祥服装有限公司等。此外，调研组还对有关县区的典型农户进行了入户访谈，了解劳动力外出务工家庭和劳动力本地就业家庭的情况。

总体看来，和田地区在相关省市支持下，采取政府主导，市场协调，企业运作，推动劳动力转移就业扶贫工作取得很好的效果，已经形成比较完善的机制和做法。以下为调研组的扶贫考察工作报告。

第二节　政府在劳务输出中的主导作用

政府有关部门直接组织安排，内外协调解决劳务输出各环节问题，制定政策促进劳动力转移就业大发展。新疆和田地区是国家级深度贫困地区，在对口支援省市的支持下，在扶贫脱贫路上做了大量工作。其中产业扶贫、易地搬迁扶贫及劳务输出扶贫等，是近些年精准扶贫工作的重点方式，而在各种扶贫方式和途径中，投入少、见效快、操作相对简单些的扶贫途径，就是劳务输出扶贫，或者叫劳动力转移就业扶贫。

新疆和田地区简单劳动力严重过剩。简单劳动力过剩既是和田这类少数民族地区长期贫困及社会不安定的原因，但也是这些地区的重要社会资源，处理得当也可能是脱贫减贫的重要抓手。在几年的扶贫实践中人们认识到，如何使用或激发这些过剩劳动力资源，既是涉及脱贫扶贫任务能否及时完成的大事，也是涉及新疆地区社会秩序长治久安的大课题。一方面，促进这些过剩劳动力实现稳定就业，则取得工资后很快就可以持久地实现脱贫；① 另一方面，闲散青年、过剩劳动力的比较充分就业，也是实现社会安全稳定局面的重要举措。因此，除了通过产业扶贫增加当地就业外，面对紧迫的脱贫攻坚任务，采取各种办法向需要劳动力的地区输出劳务是一个重要的扶贫途径。

和田地区作为国家级的少数民族贫困地区，通过劳务输出可以较快改变贫困人群的观念、环境，并较快实现生活水平提高，从而既有利于长久实现社会安定，又能够比较快而稳定地实现脱贫攻坚任务。和田地区政府部门在这方面采取了大量积极措施：

（1）地区政府领导直接挂帅并制订实施劳动转移计划。在自治区成立的"十部一办"统一领导下，② 和田区政府领导与各地州、区县的领导一样，都是直接负责组织劳动力转移就业的相关工作。和田地区共有人口252万人，80多万户，有70.53万户建档立卡贫困户，全部劳动力130万人左右，有60万富余劳动力，计划于2019年前实现"跨区就业"和"就近就地就业"两个"五万人"的目标。分别看，自2014年开始计划向内地外省市逐步转移5万人，其中已经有6000多人转移到湖北、江西、安徽、山东等地；在疆内计划于2017~2019年向北疆劳动力需要地区转移5万人，其中2017年已经转移了2.2万人，2018年计划转移1.5万人。总之，经近几年劳务输出后，仍富余劳动力35万~36万多人。

---

① 例如，2017年前往湖北孝感的电子厂做工的皮山维吾尔族工人，通常可以得到月工资平均为3500~5000元，相比较在北疆企业就业的平均月工资为3000~3200元，而就地就近就业平均月工资是1500~2800元。可见，到疆外企业就业一月收入即超过贫困线，即使在北疆或就近就地就业也只需两月即可脱贫。其脱贫减贫效果是既快又明显的。

② "十部一办"统一领导分别是：市发改委、市司法局、市民政局、市农牧局、市广电局、市文化局、市教育局、市地震局、市体育局、市民宗委10个部门，依据中共中央办公厅、国务院办公厅印发的《关于深入推进审批服务便民化的指导意见》，提出优化提升各级政务服务大厅"一站式"功能，进一步推动审批服务事项进驻大厅统一办理。将部门分设的办事窗口整合为综合业务窗口，完善"前台综合受理、后台分类审批、综合窗口出件"工作模式，实行一窗受理、集成服务，实现"一窗通办"。

（2）相关援疆省市承担相应的转移就业任务。为了通过稳定就业（就业6个月以上）实现扶贫、脱贫工作，和田区政府也与相关援助省市协商制订了支持转移就业的计划。如天津援疆方案中计划2018年从和田地区向外输出劳动力3000余名。该项目在2018年初启动，首批102人和第二批150人于田县少数民族青年劳动群体已经组织输往了山东青岛相关区县。安徽省计划2017年安排和田地区向安徽各地输出维吾尔族贫困劳动力1000人，截至当年8月已经成功输出劳动力500余人，主要安排在安徽省巢湖市、淮北市及铜陵市的多个企业，多为纺织类企业，包括雅戈尔这样的著名服装企业等。

（3）形成了一套联结劳动力输出地与输入地的转移就业机制与制度，积累了较大规模安排劳务输出的做法。新疆当地政府各有关部门与接收劳动力的省市共同协作，经过几年的努力工作，在劳动力转移就业方面形成了一系列逐步规范的运作机制，具体做法包括，一是劳动力输出地与输入地都经过认真对接联系：和田地区政府有关部门，比如皮山县政府，与安徽等援疆省市，首先对目标市场，比如安徽省某些服装生产企业等，进行用工需求调研，调研信息包括年龄、性别比例、学历要求、工种类型、待遇多少、用工人数、什么企业、什么时间需要等；二是认真宣传推介：在获得用工相关信息后，即联合和田当地的人力资源与社会保障局、扶贫办等部门，将收集到的用工需求信息在皮山县进行发布和宣传，宣传方式包括在各村设立专门招工点、村集体动员、干部入户宣传、外出成功人员现身说法等；三是建立并实施严格的考核制度；四是对符合条件者全部进行专业培训：在疆培训内容主要包括社会常识教育、社会发展形势、安全生产基本知识、日常生活用语、公司规章制度等；五是均采用组团方式派出：培训完成并体检合格后，根据劳务输出人数组团出行，少则30~50人一起，多则上百人同行，新疆当地政府选派若干名政工干部带队陪同，实施安全管理，共同前往劳动力输入地的用人单位；六是形成"双语干部驻厂配合有效管理"的模式：即在劳动力入驻当地企业后，企管人员组织劳动力先在企业进行专业技能培训，培训合格并正式入职后，通常由输出地政府按每50人左右配备一名副科级干部驻厂同吃同住，白天配合厂方管理并兼做翻译，晚上则组织培训普通话。由此就形成了所谓"双语干部驻厂配合有效管理"的模式。

（4）因地制宜地制定一系列政策措施引导和鼓励贫困劳动力转移就业。一是为鼓励外出劳动力能够实现稳定就业，"安徽援疆"及和田当地政府在细节上进行创新，比如若能实现6个月持续就业，则由政府部门提供从用人地区到户籍地的一次性往返车票，保证来去自由自愿等，并对实现一年以上期限持续就业的劳动力提供额外奖金等。二是由新疆各地安排随队维吾尔族伙食厨师，安排厂区内独立食宿及专门的休闲外出时间等。三是鼓励和允许夫妻相伴同时输出，同住同劳动等。四是对于劳务输出的使用者也可采取较为灵活的方式，比如，对于用工需求较大且不易一次性足额招聘的企业，可分批次进行招聘、培训和输出等；而对于报名超标的批次，则做好记录，下次招聘同等条件下优先考虑等。五是为创造外出人员安心工作的条件，新疆当地政府组织各种免费或低费托儿园、托老院，解决有些劳动群众有外出工作意愿，但是家中有孩子和老人需要照顾的牵绊。六是创新大型牲畜托养和土地委托耕种机制，由个体畜牧养殖大户集中托养或代养牛羊，而由牛羊所有者交出一定托管费，通常每头牛羊每年交300~500元不等，而年终牛羊仍归所有者；而土地则集中委托给大户耕种，每亩每年交付500~800元不等委托费，地上作物收获后仍归土地经营者。① 由此，既实现了牲畜及土地的集中规模化经营，提高了效率和收益，又从根本上解除了外出打工人员的后顾之忧及各种限制条件，大大促进了劳务输出工作进展。

总之，劳动力输出扶贫工作及各种相关劳务工程的推动，主动促进了南疆地区有组织地向东部沿海地区的大规模转移就业。这对于新疆少数民族贫困人口和家庭都产生积极影响，对其收入是一个重大增加、对其思想观念是一个重大提升，大大有利于促进各民族各地区的长期稳定，实现政治、经济与社会目标的统一。虽然在进行劳动力转移就业的同时，短期内也会给接受劳务转移的地区带来个别协调问题，但各地经验表明，只要做好一些必要的应对措施，问题是可以解决的。

劳务输出是涉及少数民族困难群众的长距离迁移，是一项变动较大但效果明显的扶贫减贫措施，和田地区政府坚持启动阶段直接组织、协调和引导，大胆谨慎作出决策，并细致严谨地逐步实施，始终与劳务接受地区有关政府部门，如交通安全部门、社保部门、发展改革委等，保持沟通和协调。因此，和田地区的劳动力转移一直是地区政府的主导行为，前几年转移就业的主要部分都是政府按计划完成任务，但是随着转移就业的意义和优势的显现，和田各区县也探索并启动了利用市场机制推动转移就业的新机制。

第三节　重视劳务企业在劳务输出中的推动作用

发挥劳务公司和培训学校的作用，以培训促输出，提高转移就业力度。近些年南疆各区县在劳务转移就业扶贫工作中，在运作方式方面也进行了多种探索，除了政府有关部门直接进行组织和协调以外，也开始在政府指导下尝试通过市场运作来推进，运作主体也是多样化的，有以劳务公司为主，有以培训学校为主，也有混合型的。考察组分别考察了以下几种形式。

---

① 五、六两项措施在和田地区当地被称为"四托"模式：托儿、托老、托养牲畜、托种土地。

一、皮山县福农劳务有限公司的"市场加政府"模式

福农公司是市场化运作的劳务中介公司,是在皮山县劳动和社会保障局指导下,由个体经营的劳务派遣和劳务分包企业,公司利润来源于用人单位比照职工工资额10%的提成收益(直接从用人单位获取,不涉及工人工资扣除)。福农劳务有限公司成立于2017年3月,有正式员工30多人。公司的组织部门较为齐全,包括工程部、派工办、财务处、保安处等,且在疆外东部省份派有专门工作人员负责劳动需求信息的收集和劳动接收工作单位的对接。公司员工中包括政府派驻的参与日常指导工作的14名公职人员,主要职责是协助福农公司与政府对接,并以楼长身份对住宿在福农小区的劳务人员进行管理。

福农劳务有限公司采取的是"政府指导下公司运作"的劳务输出模式,即县政府有关部门在动员劳动力培训,特别是建档立卡贫困户培训,发挥引领作用和政策引导;在培训过程中皮山县政府提供场地,培训完成后提供就业信息和赴岗前的交通补助。福农劳务有限公司具体组织培训报名、免费培训、安排食宿,提供幼儿园等等;完成必要的岗前培训之后经由福农公司派出至疆内外各地岗位就业。初步形成"以政府引导劳动力培训为主,自愿培训为辅;政府提供场地,公司提供免费职业培训;以公司匹配就业为主,政府就业岗位信息为补充"的劳动力"输入—培训—输出"模式。

具体而言,福农公司的劳务输出运作机制如下:第一,劳动力动员的来源,主要是集中于乡镇一级劳保所统计的适龄未就业人员,包括一般富余劳动力和建档立卡贫困户劳动力两部分。第二,在动员过程的启动环节,政府主要宣传动员富余劳动力积极就业,或引导其参与职业技能培训准备就业,并优先考虑建档立卡贫困户的就业及培训;而福农公司主要吸纳社会上一般富余劳动力参与培训并安排就业或自愿就业。第三,在劳动力培训阶段,皮山县政府免费为接受培训人员提供食宿、培训场地,具体采用提供13栋共950套廉租房的形式,可容纳15000名职工;而福农公司根据个人申请或意向就业的岗位需求,对劳动力进行7~20天的免费职业技能培训;培训期间接受培训人员除要支付水电费,以及家庭生活用品需自备外,不需要任何其他支付。第四,在劳务输出阶段,主要由福农公司统一组织输出及个别零散输出,并且负担所需交通费用,而政府统一组织输出并支付交通费用为辅。具体而言,疆外企业的集体用工一般由福农公司组织,在统一通过免费体检审核后,安排管理人员陪同集体输送至用工单位;疆内企业集体用工在经体检及考核合格后,也是统一送往用人单位,但不安排管理人员陪同;而疆内外零散就业通常是在通过免费体检及考核之后,劳动者自行去往用工单位。第五,所有劳务派出人员都由福农公司与用人单位统一签订用工合

同，并承诺保证提供"五险一金"。第六，为了吸引贫困家庭接受培训，实现转移就业脱贫，公司为就近就地就业的劳动力的子女免费提供双语幼儿园及托儿所。第七，从劳务输出地及用人单位分布来看，以疆内就近就地就业为主，也有输往北疆的跨地区就业；输送至东部发达省份，如山东、天津、江苏等地疆外就业相对较少，而东部省份的这类企业较多位于产业园区内，区位集中，易于管理。第八，从转移就业的行业和种类看，用人单位多为劳动密集型行业如制造业、服装加工等行业，劳动者多从事简单的加工组装或体力劳动；在疆内其他地区就业的劳动者多从事农田果蔬地管理，或者从事其他短期的农业生产活动。

目前，通过福农公司这种劳务输出方式已经解决了大量的当地富余劳动力就业问题，有效实现了部分贫困户的脱贫。公司 2017 年培训劳动力 4000 人，实现各种形式就业 2852 人，其中疆外输出劳动力 300 余人。2018 年前 5 个月，进入福农劳务有限公司 1600 人，总就业人数 2019 名，第一季度发放工资总计 444.6 万元，总发放工资 2235.3 万元，人均 1 万多元。

二、皮山县职业技术学校的"政学合作"模式

皮山县职业技术培训学校在当地政府支持下形成了以"政学合作"为特色的劳务输出培训模式，类似于按需求培训的职业高中；学校有 22 个管培人员，其中有 12 个为外聘的职业高中老师，负责业务课程培训；学校可同时容纳 2000 人进行职业技术培训。参与培训的劳动力主要由按需求招收的两部分，一部分是由学校自主招生的劳动力学员，主要通过"下乡宣传引导 + 劳动力自愿参与"的方式招生；另一部分是政府从各个乡镇组织的亟待脱贫的建档立卡贫困户劳动力。凡是进入学校的学员，吃住、培训及后期体检费用全免，都由政府财政专项资金支持。目前，学校已经形成一套合理有序的"招生—培训—输出"流程，有效自主地解决了一定量富余劳动力的就业问题。由于学校容量有限，富余劳动力数量远超岗位需求量，故"自主招生—按需培训—定岗输出"为学校当前的劳务输出培训的主要模式。

具体来看，职业技术学校采取的运作机制可以简单描述如下：第一，从生源看，不同于福农公司，参加职业技术学校培训的劳动力，部分来源于乡镇劳保所的富余劳动力统计信息中的建档立卡贫困户劳动力，而主体为有意向自主就业而自愿参加培训的部分劳动力。第二，招生方式以学校自主为主，由政府人社局相关工作人员配合，在各地进行免费职业技能培训宣讲，动员富余劳动力积极参与培训，然后根据自愿报名的人数及用人单位的劳务需求，由学校控制参与培训的劳动力人数。第三，培训期间学校免费提供职业技能培训课程，食宿、体检费用全由人社局专项基金支持。第四，培训内容主要包括法律法规、安全知识、普通

话教育，以及按需求进行的各种短期岗前职业培训课程等，对一些用人单位有特殊要求的有专门的较长期技能培训。培训完成且合格者，学校为学员统一发放培训结业合格证，并为外出务工人员制定外出务工证。第五，完成职业技能培训后，统一进行免费体检考核，并按照就业的岗位类型及所处地区，由学校统一安排免费派出，并安排管理人员陪同随行，负责各自辖区内学员的秩序。也有部分学员以前有过疆外就业经验，在通过学校的体检和考核之后选择自主择业。

总之，从劳务输出地及用人单位分布来看，职业培训学校的培训人员多为定向定岗劳动力，派出地多在入学前就已经预定，包含疆内外各地并以疆外批量需求为主，如东部发达省份山东、天津、江苏等地食品加工、纺织、服装等劳动密集型企业。2017 年 11 月 6 日至 2018 年 5 月 14 日，共培训 4600 人，实现疆内外就业 964 人，其中疆内跨区派出 352 人。学校当时（2018 年 5 月）有 430 人正在定向培训，其中预定有 150 人前往武汉、113 人前往乌鲁木齐。全年计划培训 3000 人，已经培训了 23 批，都是按岗位需求进行培训；也包含常规培训，学校中有 300～400 人的储备。

据当地劳保部门推算，2018 年皮山全县通过劳务公司和培训学校培训而实现就业的绝大部分劳动力是在疆内就业，其中就地就近就业 6182 人，疆内跨区就业 352 人，而疆外劳动力输出 667 人；从就业工种看，疆内就业中 60%～70% 为建筑工地、农田管理等等，而疆外就业主要在工业企业从事简单体力劳动者居多；各种就业平均月工资在 3000～6000 元不等，年薪在 3 万～5 万元以上，全部就业者都实现脱贫。

三、于田县新业职业技能培训学校的"政企合作"培训就业模式

新业转移就业职业技能培训学校（以下简称"新业学校"），是新疆国资委下属公司新业集团的下辖单位，为落实集团承担的扶贫任务于 2016 年 9 月与于田县政府按 PPP 模式合作建设的职业培训学校。学校重点开展贫困户劳动就业的技能培训，侧重劳动力的短期通用技术培训，如职业技术培训（1～2 个月）、岗前培训（7～15 天）、实用技术培训（农业类）（1～3 天）。

新业学校的劳动力培训与劳务输出运作机制大致可概述如下：培训学员的招募主要通过互联网发布招工信息自愿报名，以及劳务输出办公室、乡镇劳保所等组织的动员宣传。另外，学校相关工作人员也在各地进行免费职业技能培训宣讲及就地培训动员。培训人员通过报名考核后，由政府财政资金提供食宿、体检费用和相应的培训统一用衣物和鞋帽，学校免费提供职业技能培训课程；培训内容主要包括三大类并分班实施：一是职业技能培训，培训内容主要为电工、焊工、挖掘机、美食等，培训期为 1～2 个月；二是岗前培训，通常包括常识教育、安

全教育及与就业特点相关的业务培训，培训期为 7 ~ 15 天，遇到岗位不足或培训结果不佳等情况，会有延期培训；三是农业技术类培训，主要是非在校培训、下村培训，这类培训无确定的就业要求，人数较多，主要培训果蔬种植、畜牧养殖等相关技能，培训期为 1 ~ 3 天。

培训结束并通过考试，学校统一发放培训结业合格证，并为外出务工人员定制外出务工证。然后，根据需要，由学校统一组织输送到工作岗位，并提供相应的交通食宿、陪同带队管理人员、安全保护人员，并与用人单位协商是否配备餐饮服务人员。主要用人需求单位也以疆内为主，去北疆的多数从事工业服务业和一些政府提供的公益性岗位；而赴南疆其他地区的多数在一些国有农场、合作社、园区企业及乡镇微型工厂从事农业、畜牧业的管理工作及采摘劳务；而赴疆外东部发达省份，如山东、天津、江苏等地的，多为从事制造业、纺织、服装等劳动密集型产业。

新业学校的"培训—就业"模式与皮山县职业技术学校的"政学合作"模式相比较，学校规模更大、学员数量更多，培训种类更多并且内容更加丰富，培训课程也更加正规；另外两学校的运作模式也不同，前者为企业运营，后者为事业化单位。但是两校在推动劳动力转移就业方面的特点基本是一致的，都重视培训乡镇中建档立卡贫困户的劳动力，为其加快脱贫提供就业的条件；也都同时采取"下乡宣传引导 + 劳动力自愿参与"的自主招生形式；政府财政资金通过学校对参与培训的学员进行支持，提供免费的食宿、培训及后期体检费用；学员的就业去向以就近就地就业为主，疆内其他地区为辅，而到内地发达省份就业者还是少数，当然趋势是逐步增加的。新业学校自成立以来，培训人数逐步增加，效果也日益明显。2016 年培训劳动力 2400 余人；2017 年培训 1.4 万 ~ 1.5 万人，其中近万人通过建筑类培训，且 80% 以上已就业；至 2018 年 5 月已培训学员 7470人，已就业 3924 人，其中 2314 人是建档贫困人员，占就业人员近 60%，1500人左右未就业，在校有学员 700 人。就业者平均工资每月 3000 ~ 5000 元，年收入远远超过贫困线。

于田县有人口 29 万余人，适龄劳动力 8 万多人，其中有 6 万富余劳动力。2016 年人社局安排就业人数 1.7 万人，自己就业的有 3 万 ~ 4 万人，内地就业为400 ~ 500 人，有 460 多人在校学习。2017 年有 1600 人输送到山东、江苏、湖北、广东；2500 人左右参与季节性外出务工。2018 年 1 ~ 5 月，贫困户中的富余劳动力疆外就业共 7471 人次、管地工 2520 多人次，在本地企业简单劳动者有5370 人次。看来已经取得了一些成绩，但是鉴于于田县的培训就业现实情况需要继续发挥新业转移就业职业技能培训学校的作用，深入推进劳动力转移就业，才能完成实现脱贫任务。

第四节　发挥私营企业积极吸纳劳动力增加当地就业

发展小微企业和民营公司，吸收更多就近就地就业，提高转移就业规模。2018 年 5 月 26 日调研团队考察了皮山县乔达乡和木吉镇的乡镇企业、个体企业及合作社的劳动力转移就业情况；2018 年 5 月 27 日调研组考察了墨玉县霸丽穆商贸有限责任公司。具体可将所有这些吸纳就业的实业项目概括为以下四种模式：一是乔达乡以吸纳"就近就地就业"劳动力为主的乡镇企业图玛丽丝手工羊毛地毯加工有限公司；二是木吉镇萨依村以"小规模零散灵活就业"为主的私人个体企业阿尔祖手工业发展有限公司、阿萨尔村制席厂；三是木吉镇阿萨尔村以"政府劳动资料补贴"扶持的养殖合作社；四是墨玉县霸丽穆商贸有限责任公司的综合型民营公司。

（一）图玛丽丝手工羊毛地毯加工有限公司的特点

图玛丽丝手工羊毛地毯加工有限公司，是乔达乡的就业基地、职工技能培训中心及兴旺农民专业合作社三位一体的农业产业化龙头重点企业，荣获自治区及地区的优秀企业、先进集体等荣誉称号。公司主要从事羊毛地毯加工及丝绸纺织等生产加工业，有专门的地毯丝绸编织设备，其中地毯编织机约 20 台，丝绸织机约 10 台；其产品展销厅，展出并销售规格不等的手工地毯以及丝绸织品，如丝巾、领带等手工制品。劳动生产效率较低。

目前，图玛丽丝公司的生产规模仍较小，吸纳劳动力能力有限，其劳动力来源主要是本乡镇附近村子的一些富余劳动力，包括一些无法参与由乡镇政府组织外出打工的家庭妇女、慢性病患者以及考核无法通过人员等。在丝织品及地毯需求淡季或农忙时节，大部分工人会回归农业生产，而农闲时节再返回工厂继续生产地毯等产品。公司会不定期组织工人进行简单的法律知识学习、普通话培训，有小孩的家庭，可在工作时候将小孩带入工厂照顾，公司提供专门的场地托管儿童。公司可长期吸收劳动力 30 余人，农闲时节及订单需求较大时可吸收更多富余劳动力。有工作时人均工资 80～100 元/天，基本上可以实现就业脱贫。

（二）阿尔组手工业发展有限公司及阿萨尔村制席厂的情况

木吉镇萨依村阿尔组手工业发展有限公司，同时承担了萨依村群众工作服务站的职能。公司主要生产产品为传统服饰、家居用品，如刺绣、十字绣等，拥有展销厅一间，缝纫设备 40 余台，车间生产过程并非流水生产线模式，整件衣服均由一个人缝纫完成，生产效率不高。淡季或农忙时节，工人回归农业生产，农忙之后由市场需求决定用工数量和生产规模。

与阿尔组公司相似的阿萨尔村制席工厂，生产模式也简单单一，工厂拥有 2 台机床，6 名工人同时制席，生产手工和机编两种不同品质的席子。手工编席主要是将原料—芦苇秆人工压扁后，手工编制成席，席子更加精细，但耗费更多劳动；机器编席是将压扁的芦苇秆放上传送带，经机床压制成席。阿尔组制席厂的生产规模较图玛丽丝公司更小，其劳动力来源主要是本村及邻近村子里的一些富余劳动力，以女性劳动力为主，并且以短期零散就业劳动力居多。

（三）阿萨尔村养殖合作社的运作模式

阿萨尔村还设立一个毛驴养殖合作社，主要由入股合作社的股民组成，股民即是政府为其购买生产资料的建档立卡贫困户，年终可按生产资料规模获得分红。该合作社约有 30 余头毛驴，全部由政府出资购买投入到合作社，然后股份化到建档立卡贫困户，政府再提供养殖技术、饲料选配及育种技术，由村里的创业养殖户负责养殖销售。合作社模式下，能较为灵活的吸纳少量农业富余劳动力，以较为灵活的方式参与合作社的日常生产工作，如日常的圈舍清理和牲畜进食，由此工人可以获得生产资料分红以外的工资性收入，从而有效缓解贫困问题。这种合作社模式，鼓励贫困户关心并参与到合作社生产事务中，从事一定的劳作，获取一定的收入和收益，虽然也是政府出资，但是较之直接由政府给贫困户分钱的方式，还是要有效得多，而且更加具有可持续性和再生扩展性，因而也可更有效实现减贫脱贫。

（四）墨玉县霸丽穆商贸有限责任公司的"政府订单/企业加工"模式

2018 年 5 月 27 日下午调研组到达墨玉县调研。墨玉县土地面积 2.5 万平方公里，拥有耕地面积 54 万亩，人口 64 万人，人均耕地 0.8 亩，贫困发生率 38%。为尽快消除贫困，墨玉县 2018 年已向疆外输送劳动力三批次，约 500 人次，主要输出地为山东、广东、安徽、江苏、江西等省份。计划下一步培训更多专业技能型工人外出务工，如职高生、汽车修理、厨师、裁缝等。除了积极推动外出就业外，县政府还特别重视本地转移就业，加大实现扶贫、脱贫工作力度。调研期间选取墨玉县的吸收劳动力转移就业的典型代表——霸丽穆商贸有限责任公司进行了考察。

墨玉县霸丽穆商贸有限责任公司由毕业大学生乌布力江自主创业，2010 年采取专业合作社模式，2012 年转而发起成立有限责任公司。公司业务范围广泛，主营业务为服装加工与销售，以及手工品、建材、五金、农产品等销售以及一些小额贸易，此外也从事职业技能培训等。公司已经建立 24 个微型工厂，其中墨玉县 14 个，和田县 9 个，洛浦县 1 个，共拥有 2000 多台缝纫机。平均每个微型工厂能吸纳 30～100 名员工，目前共有员工 1350 名，其中包括 990 个贫困户。公司参照内地企业的生产和管理模式，采取专业的流水线生产方式，每日生产服装产量可达 4000～5000 套。2017 年产值达 3000 多万元，2018 年计划产值为 1 亿元，截至调研当天已完成 1300 多万元。公司采取计件工资方式，员工每月平均工资能达到 1800 元，最高可达 6000～7000 元。霸丽穆公司自成立以来有效解决了大量本地劳动力的就业，成功实现了他们的就业脱贫。

霸丽穆商贸公司逐步形成了"政府订单/企业加工"模式。即霸丽穆商贸公司在承诺优先解决贫困户劳动就业的前提下，有关政府部门与霸丽穆公司合作，为其提供充足的订单，形成规模较大的服装加工业务，如县教育局统一定制的学生校服，企业员工工作服等，加之一些小规模的境外订单以及其他扩展业务，使霸丽穆公司发展较快，成为墨玉县，甚至和田地区的重点龙头企业。

具体而言，其劳动力转移就业运作机制可概括如下：首先，霸丽穆商贸公司雇佣的劳动力，主要由附近乡镇的建档立卡贫困户及普通适龄未就业人员两部分，包括未受过培训的农民，也有经过职业技能培训的技工，由于工作条件和工资待遇较好，工人数量充足。其次，进入霸丽穆公司以后，公司提供免费食宿进行一个月左右岗前职业技能培训，主要是缝纫技能培训，及根据个人申请或意向工种的技能培训，培训期间提供 600 元/月的工资，并为就近就地就业 3 年以上的不住公司员工提供免费交通工具。最后，经统一培训并体检合格的劳动力，按照工种，由距离最近的公司工厂接收，并都与霸丽穆公司签订用工合同，并承诺提供"五险一金"。

另有鑫祥服装有限公司，是疆外企业进疆建立的服装生产销售工厂，其运作与吸纳劳动力转移就业模式与霸丽穆公司相似，但不同的是霸丽穆公司可以说是以政府订单导向的承包商，而鑫祥服装公司则是市场导向的个体厂商。

诚然，霸丽穆公司与鑫祥服装公司的成功都离不开当地政府的支持，本质上都是一种"政企合作"的模式，但与福农公司的"政企合作"模式不同，福农公司的模式重在劳动力的培训与输出，注重劳动力自身技能的培养，且企业盈利点在于培训和输出劳动力的数量；霸丽穆与鑫祥公司的重点是为劳动力直接提供就业岗位，通过就业而达到使就业者脱贫的目的。二者殊途同归，都是有效解决当地过剩农业劳动力的就业与脱贫问题的一种方法。

第五节　和田地区劳动力转移就业的经验做法与面临的问题

通过对和田地区三县的劳动力转移就业情况调查，我们发现当地的扶贫任务是比较严峻的，但同时其扶贫的力度和广度也是前所未有的，扶贫成效也是较为明显的。和田地区劳动力转移就业的基本路径有三：一是由政府部门直接组织协调，向疆外和北疆地区输出较大规模的劳动力；二是在政府引导下由劳务公司和培训学校培训培育后，向外输出一批劳动力；三是由政府支持在当地创办中小微企业，吸收接纳一批就近就业人员。

分别来看，一方面是在政府的引导下，改进、改善并提高劳动力供给质量和数量，从而形成了和田地区三县经由培训过程的劳务输出运作机制，呈现出明显的相互协调特点，可简单概括为：由和田地区政府人社局根据劳动需求下达各县劳务输出任务→县人社局指导并协同县培训中心、培训学校与用人单位，对接劳务输出计划并在网上进行公布→各乡镇按照劳务输出指标和要求，向培训中心/学校组织劳动力；同时培训中心或学校也接受社会自愿报名，占比在30%左右→由培训中心/学校培训成合格的劳动力，然后部分进入由政府协调和企业搜寻的工作岗位，另外一部分进行劳动储备。

另一方面搜寻并扩大劳动力需求数量和规模。已经摸索出三个方面的劳动力需求途径：分为疆外需求、疆内需求（指在和田地区以外新疆以内实现就业）及就近就地就业（指在和田地区以内实现就业）。疆外需求主要来源于地区人社局、县人社局及疆外派驻的工作组或工作人员搜寻的岗位，较为集中的省市包括湖北省、山东省、江西省等；疆内需求包括自治区规定的北疆国有企业需承担的劳务承接任务，以及南疆区内阿克苏、巴音郭楞蒙古自治州等地的季节性劳务需求，比如采棉花、育苗等农地管理工作。就地就近就业需求主要来自当地成立的建筑企业、纺织企业等，主要针对不能不愿外出、家庭特殊困难及考核不通过等不能外出的群体。

总之，和田地区三县的劳动力转移就业已经形成比较完善的机制和做法，值得认真总结并坚持下去，也值得在其他适宜地区推广借鉴。

当然，问题也是存在的。调研团队通过考察发现，和田地区农村富余劳动力总量仍然很大，仍有部分处于失业或隐性失业状态；劳动力转移的结构性矛盾也很突出，在已转移的劳动力中技能型人才数量短缺，不能满足经济发展需要。下面将所存在的问题罗列如下。

第一，劳动力自身存在文化程度低、观念落后、普通话水平低等问题。大多数农民都是小学文化水平，教育水平平均在6年左右（6~7年），不识字和很少识字的人口数量占比较大，自学能力明显不足。另外，受传统观念的束缚，部分劳动者不愿意背井离乡，安于现状的人生观比较普遍。观念问题需要持之以恒地采取措施。

第二，转移劳动力层次相对比较低、技能单一，主要从事简单体力劳动，以体力为筹码的就业形式，决定了其就业年限可能不会很长，也使得其转移就业不稳定，应当采取措施提高转移劳动力的技术层级。

第三，专业技术人才培训渠道狭窄，现有职业技术学校主要集中在技术含量低的劳动密集型行业培训上（地毯编织、果蔬花卉生产技术、园艺），而焊接技术与应用、计算机应用等仍需要加强；而且培训期较短、培训的针对性有待持续提高。

第四，和田地区农村富余劳动力几乎全是维吾尔族及蒙古族，基本上不能进行普通话正常交流，虽然有定期的普通话培训，但都是为期较短的突击式培训。应当加强常规培训和通识文化教育。

第五，疆外岗位开发仍然不足，劳动力需求信息不充分也不充足。新疆地区各级政府和企业，对内地企业的用工需求信息掌握不全面，内地企业大量存在用工荒，企业想用人，但很难招到新疆的工人。由于与输入地对接不及时，也往往错过了用人机会，甚至也会导致劳务输出亏本及工资拖欠。

第六，劳务输出地政府对当地的丰富劳动力资源等，宣传推介力度不足，致使内地企业和市场对新疆劳动力还不了解，从而使得大量新疆富余劳动力难以输出疆外。

第六节　简短结论及政策建议

总之，调研团队对和田地区推动劳动力转移的情况与机制的考察，以及对其取得的经验的总结表明，和田地区的劳动力转移就业扶贫是一种比较成功有效的扶贫方式，值得总结与提炼、坚持和推广。为了尽快完成脱贫任务，需要认真坚持现有的经验，克服存在的问题，在加大就近就地转移工作力度的同时，继续加大疆内其他地区劳务输出的力度，特别要争取更多地向疆外输出经过技能培训、普通话水平较高的劳动力，实现由就地就近就业为主，向就近就地与跨省就业并重的战略转变，建立和形成劳动力转移的持续稳定机制。为此还需做更大的努力：

一是坚持政府直接协调和政策引导。各级政府相关部门要加强责任制，特别是劳动保障部门和扶贫协调机等相关部门，要根据国家任务制定具体的劳动转移与输出计划，下达指导性分配指标给有关机构和主体，引导其他部门和企业及市场向扩大劳务输出的方向集中资金、人力和信息传播等其他力量；同时要坚持以往的鼓励政策（如"优惠四托"），甚至出台新的优惠政策（如"能托尽托"），给劳动力输出和转移的优秀的单位、企业、个人以资助和奖励，支持全社会关心、关注、参与到剩余劳动力就业工作中，以尽快提高劳动转移和输出的规模和效果。

二是坚定坚持以"培"促"输"劳动力机制。以岗前培训为基础，以专业技能培训为重点，在目前的政府引导就业模式的基础上，逐步推行市场需求与"订单式"培训对接的模式，逐步放松对政府的依赖。在培训对象上突出抓好潜力较大、易于接受技能培训的劳动力，如应届初中和高中毕业生以及有就业意向的青壮年农牧民，争取将这部分劳动力输出疆外。在培训专业上重点放在市场需求量大、易于就业的岗位上，如焊工、车工为主的制造业，木瓦工为主的建筑业，以美容、餐饮、家电维修为主的服务业，以及大大增加以电脑使用为主的新兴产业。还要整合好培训资源，把人社、教育、妇联、农业、扶贫等部门的培训资源整合起来，强化劳动力的技能培训、普通话培训、劳动纪律意识和法律法规意识培训，力争使劳动者能"输得出、稳得住"。

三是建立以市场导向的劳动用工精准对接机制。在政府的引导下，鼓励相关单位、学校和企业主体，在摸排自身劳动力状况的基础上，积极主动到疆内外各地开展劳务对接，搞好就业信息服务、积极牵线搭桥，促进农牧民富余劳动力与企业就业岗位的对接，以实现点对点的精准劳务对接和转移增收。鼓励、支持劳务派遣公司、劳动力转移中介机构参与劳动力转移就业工作，逐步形成"政府政策引导，乡村组织登记，中介主体组织和参与，居民自主实现就业"的机制，进行市场化运作，积极引导劳动力转移由无序向有序流动发展。

四是进一步疏通外出渠道。政府及中介机构建立的各种外地工作站的作用要扩大并加大力度发挥。针对季节性转移相对集中区域，以输出人数规模大小设立工作站，协调和田地区劳务人员在本区域内的服务工作，避免同一区域多头管理、各自为政、资源分散的弊病。通过各级服务机构的组建，及时化解和调处劳动争议，切实维护外出务工人员的合法权益，使他们能够安心在外务工，以实现务工环境和谐有序。

五是新疆地区各级地政府要对疆内丰富的劳动力资源等，加大宣传推介力度，要使东部省份的接收地政府部门、企业界知悉新疆的劳动力特点，从而大量增加新疆富余劳动力输出疆外的规模。另外，东部省份也要从支持和促进新疆地区尽快脱贫大局出发，要从全国完成小康任务帮扶贫困地区尽快脱贫的高度，协助当地政府、企业更多地吸收新疆群众就业，从而帮助解决他们就业中可能遇到的问题和困难。

第三章 和田地区多民族扶贫工作做法与经验

本章内容以天津等援疆单位在和田地区开展扶贫工作为例，概括提出关于少数民族地区扶贫工作做法与经验。① 党的十九大报告及近些年召开的全国"两会"，都明确提出要"坚决打赢脱贫攻坚战""决胜全面建成小康社会"。这就为全国深度贫困地区特别是少数民族贫困地区的脱贫减贫工作，提出了更高更快要求。新疆和田地区是少数民族集聚地区，也是全国重点深度贫困地区。按照国家统一安排，天津、北京及安徽是对口支援新疆和田地区的三省市，其中天津专门对口支援策勒县、于田县和民丰县。天津等三省市援建单位在实际援建工作中结合少数民族特色，积极创新，因地施策，做了大量工作，成效明显。

天津等地在援疆精准扶贫工作中，结合新疆少数民族特点，主要做了如下一些富有实效的工作：一是在建设新乡镇中实施多民族混居，实现居住搬迁扶贫与民族团结、与政治社会稳定的统一。二是通过扶贫劳务输出，实现少数民族地区扶贫与劳动力迁移融合相统一。三是强化教育扶贫的根本性，提升少数民族贫困群体中贫困劳动力的人力资本，为少数民族地区的社会长久稳定提供语言知识保障。四是结合少数民族宗教信仰特点创新扶贫减贫措施，培育脱贫的内生动力和扶贫稳定性。五是与少数民族贫困人口交朋友，密切各民族关系，转变政府职能，加强县乡援疆干部同少数民族地区基层组织及农户联系。六是围绕少数民族地区致贫原因多为多维贫困的特点，调动和利用多种资源多途径实施多维扶贫，实现真脱贫和长期脱贫。

经国务院扶贫办委托第三方评估，由天津对口支援的和田地区民丰县，成为2017年全国首批几个少数民族贫困集聚区"摘帽"的国家级贫困县之一。天津第九期及先后几期援疆干部，始终围绕新疆和田地区少数民族集聚的特点，注重将经济、政治和社会问题一起解决，做到在扶贫促进经济发展的同时，实现民族

---

① 本章执笔人为陈宗胜、张小鹿，核心内容发表于《全球化》2018 年第 7 期，并获提 2018～2019 年度"高校智库优秀决策咨询研究成果奖"。参加调研的中国财富经济研究院扶贫调研组成员有陈宗胜、周云波、牟巴乐、文霁月、尚纹玉、史乐陶、张小鹿和李富达等。

团结、维护并促进政治和社会稳定。这些做法与经验值得认真总结和推广，其对于新疆全疆和全国其他少数民族深度贫困地区的扶贫脱贫工作，必会具有重要的借鉴意义。我国发布的《人类减贫的中国实践》白皮书指出，从 2016 年到 2020年，我国在包括新疆在内的民族地区及多民族省份共减少贫困人口 1560 万人，28 个人口较少民族全部实现整族脱贫。这些都证明，我国在新疆等少数民族和民族地区的脱贫攻坚取得了显著成效，如期完成减贫脱贫任务，保证我国各民族一个不落地一起迈向共同富裕之路。

新疆维吾尔自治区南疆四地州是全疆扶贫工作的重点，而和田地区则是南疆扶贫工作的重点。2013 年，全疆 32 个国家级贫困县，四地州片区 26 个；四地州贫困村 2605 个，占全疆贫困村的 86%，是全国 14 个集中连片贫困地区之一；识别建档立卡贫困人口 219 万，占全疆建档立卡贫困人口的 84%。其中和田地区包括 1 市 7 县，7 个县全部为国家级贫困县；和田地区有 91 个乡（镇）、1388 个行政村、总人口 225.82 万人；"十二五"初期自治区确定的扶贫开发工作重点村1296 个（平原村 1237 个、特困山区试点村 51 个、边境试点村 8 个），占全疆贫困村总数的 33.5%；贫困人口 23.2 万户、92.4 万人，占全疆贫困人口总数的29%，占和田地区农村人口总数的 53%。

和田地区是个多民族聚居的地区，包括维吾尔族、哈萨克族、柯尔克孜族、汉族等 22 个民族，其中维吾尔族占全地区人口的 96% 以上。因此，可以说和田地区是少数民族贫困群体集中区。通常不难理解，少数民族地区因语言、习惯、宗教、文化等差异，其贫困状况及扶贫减贫工作，相对而言要更加特殊和复杂。调研组在几天的考察中发现，和田地区在扶贫减贫过程中，天津等"援疆"省市与当地政府主要就是针对其少数民族集聚区的特点，因地制宜采取了卓有成效的措施，取得了显著效果。2017 年 8 月，和田地区民丰县作为全疆首批 5 个"摘帽"贫困县，接受了国务院扶贫办评估检查工作组的验收，在此之前也已通过了地区初审及自治区核定。2017 年 11 月 1 日，国务院扶贫办召开新闻发布会，公布包括民丰县在内的全国 26 个贫困县"摘帽"脱贫，这是对和田地区及天津市等援疆帮扶单位进行少数民族扶贫工作的充分肯定。

由于和田地区作为少数民族集聚区的特殊民族构成及贫困状况，总结和田地区及天津等"援疆"省市的扶贫工作经验和做法，对于新疆全疆和全国其他少数民族深度贫困地区的扶贫脱贫工作，必会具有重要的借鉴意义。

第一节　扶贫搬迁中的多民族混居安排

新建乡镇中实施多民族混居，实现居住搬迁与民族团结、经济扶贫与社区社会稳定的统一。实践证明，在多民族地区各民族之间的隔离居住，以及地区间和民族间收入差距过大，不利于当地社会稳定发展。如果通过扶贫减贫措施，能够实现不同民族的融合居住和共同生活，并且逐步实现各民族共同富裕，本身就是一个实现民族团结值得追求的社会目标，也有助于维护社会稳定发展。同时，共同生活及生产也必有助于收入差距的逐步缩小。这是一项长期性、系统性工程，和田地区对民族团结与脱贫减贫的同步进行，开展了有益的探索和尝试。

和田地区尝试将扶贫举措与民族团结相结合的首要直接方式，就是在进行易地搬迁扶贫过程中，有目的地消除各民族之间人为的分隔和隔离，按规划实行多民族混合居住。天津市在和田区策勒县援助建设的"产城融合示范区"就是这样做的。具体做法是，在小乡镇居民安置点的新房屋分配上，有目的有意识地安排多民族聚集居住，共同生活。通过这种方式，就将民族混居融入易地扶贫搬迁项目中，实现了各民族的融合生活，加强了各民族间的日常交流及以后的融合生产等。不同民族居民混合居住，不同民族的融合生活，使他们相互认识和实现多民族文化交流，相互理解和尊重；同时也可以实现生产技术的交流。比如，由于生活在一起便于交流，不少同胞把在东部地区成熟的通过合理密植实现规模化种植、生产的技术，为蔬菜治虫、施肥的技术和心得，在日常生活接触中就自然教给了当地少数民族朋友，实现其生产丰收增收益等。

和田地区的实践证明，借助易地扶贫搬迁过程中新乡镇安置点上的房屋分配，实现多民族的混居混合生活，是一项将扶贫工作与实现民族团结相结合，实现少数民族地区减贫脱贫和社会安定的有力措施。

第二节　一举多得的少数民族劳务输出

通过少数民族扶贫劳务输出，实现劳动力迁移与少数民族扶贫、民族团结与更大范围政治社会稳定的统一。导致少数民族地区贫穷及社会不安定的另一重要因素，是当地劳动力过剩。这既使一些社会闲散人员容易扰乱滋事，也使丰富的劳动资源大量浪费，通过扶贫劳务输出可能同时解决这两方面的问题。从空间维度来看，劳动力的地区间流动可以改变各地资源禀赋、纠正劳动力地区间的资源错配，使闲置劳动力得到适当收入及相应的城市生活保障而脱贫，地区间进而民族间收入差距缩小，这本身就是一种减贫措施，而地区间、民族间收入差距的缩小同样有利于实现民族团结。从时间维度来看，劳务输出最起码产生两种效应，短期内或直接效应表现为对输出对象收入水平甚至资本积累状况的改善，也即贫困状况的缓解；而长期内，劳务输出会改变参与流动的贫困劳动力各方面的观念，包括生活方式、生产经营方式及教育观念等，这种改变会伴生更加长远甚至在代际产生影响，从而阻断贫困代际传递，跳出"贫困陷阱"，更有助于从根本上改善民族地区贫困状况，维护民族地区的社会安定状况。

新疆和田地区在扶贫实践中，以此理念为指导，在组织援建单位的扶贫劳务输出过程中，主动为实现多民族的团结生产与一起工作创造条件。具体做法有多个方案。比如，和田地区一方面按照自治区要求在实施北疆劳务输出计划中，安排当地维吾尔族贫困劳动力迁移到北疆其他民族较多的地区，从事劳务劳作，实现南北疆不同民族贫困群体的融合团结；另一方面，借助天津、安徽等外省市援疆单位组织的扶贫劳务输出，结合维吾尔族女性擅长纺织的技术优势，调研外省份用工需求，充分尊重用人单位与新疆工人本身意愿，实现贫困群体人力资源有效配置。按照新疆维吾尔自治区政府计划，天津援疆扶贫劳务输出工程，将主要在于田县进行试点，并逐渐进行推广，向天津等地及新疆北疆地区乃至全国共转移 2000 人次的劳动力。第九批天津援疆干部 2018 年组织实施的第一批劳务输出队伍已经在 2018 年 1 月 1 日成功派出。此次劳务输出，天津援疆干部通过积极主动对接，一次性培训、输出少数民族劳动力 102 人次（第二批次 150 人），实现了劳动力与岗位的有效对接。天津援疆干部已经安排进一步拓宽劳务输出途径和方式，为劳务输出模式的推广实施总结和提供经验。

扶贫劳务输出工程，是南疆地区有组织的向东部沿海地区转移就业，这对于新疆少数民族贫困人群中迁移人口和家庭都将产生积极影响，大大有利于促进各民族各地区的长期稳定，实现经济与社会目标的统一。

第三节　重视教育在少数民族扶贫中的作用

强化教育扶贫的根本性，提升少数民族贫困劳动力的人力资本，为少数民族地区的社会稳定提供长久保障。调查表明，一些少数民族群体长期贫困的原因之一，是他们文化水平很低，没有从业能力。

正如经济学理论阐明的，教育作为阻断贫困代际传递的根本途径，在少数民族地区也必定发挥着更加重要的作用，民族地区及深度贫困地区要"拔穷根"及维护长久稳定、安定，必须重视教育在扶贫工作中的重要作用。教育扶贫是彻底脱贫、持续脱贫的重要手段。提升人力资本不仅可以直接对摆脱贫困产生影响，同时也会通过其他途径对于减贫发挥作用。比如一些研究揭示，在贫困国家和地区的人力资本回报率明显高于发达国家和地区，语言障碍、生活习惯、民族传统及较低的受教育水平，也是形成上面讨论的劳动力流动的障碍，也即市场存在较大的摩擦，使地区间存在的劳动力资源错配不能通过市场本身解决，只能通过政府协调解决。和田地区少数民族受教育程度较低，限制了劳动力大规模自发流出至东部地区。所以提升少数民族贫困群体的受教育及培训水平，对于输出劳动力而言，短期内的正影响在于收入增加和物质生活，长期内的正影响主要体现在精神文化生活的改进和提升，融入现代社会。

经验表明，初等教育和中等教育回报率高于高等教育、农村地区教育回报率高于城市地区，这表明平均受教育水平较低的和田地区教育的边际回报率应当较高。新疆和田地区针对少数民族贫困群体的教育扶贫措施，可以从贫困人口进入劳动力市场之前和之后进行说明。贫困人口进入劳动力市场前，主要通过适龄教育对其进行人力资本投资，这也是"两不愁，三保障"中的"义务教育"有保障的进一步深化。全疆推行的适龄儿童必须入托，推广普通话和少数民族语言双语教学、严格推行十五年义务教育等，都既对实现民族交流、和谐融合具有积极作用，也更有助于贫困人群长期内提高人力资本，增加就业竞争力，实现减贫脱贫。

近些年，和田地区高度重视普通话教学，这是一项有利于减贫和民族团结、社会稳定的长期措施。大量研究表明，语言是文化的重要表现和载体，语言差异在相当程度上即表征了文化差异；在我国这样一个多民族国家里，在少数民族地区推行普通话和其他民族语言即双语通用，是实现民族和谐安定，从而减贫脱贫的重要手段。按国家规定，目前和田地区维吾尔族及其他少数民族已经实施十五年义务教育，在各个教育阶段均安排和实施了双语教学。普通话教学的推广是在尊重各少数民族语言的前提下，为加强各民族交流提供了媒介，有利于实现民族融合，从而必更有利于劳动力实现就业，增加收入，减贫脱贫，同样是一种促进民族团结和减贫脱贫相融合的措施。

和田地区对于能够进入劳动力市场的贫困劳动力的教育，体现在通过技能培训，提升其人力资本和在劳动力市场上的竞争力，客观上为实现居民脱贫提供了条件。天津援疆工作注重从基础层面提升和田地区少数民族群体的人力资本。一是除按通常做法安排援疆教师培养少数民族学生，从而为少数民族劳动力进入劳动力市场，减少了交流障碍，降低了交易成本，提供更加直接有效的交流工具外，天津援疆人员还对当地教师进行"一对一"培训，打造一支即使援疆人员离开也"带不走"的教师队伍，已经有 52 名天津名校名师目前在岗位上发挥重要作用，2018 年又有 485 名援疆教师及组团式管理人员来疆从事教育工作，通过他们的辛勤工作又培训了大量人才。二是天津通过医疗援疆，增强和田地区医疗设备和医务从业者专业技能，在医院组织领导、医学学科建设、临床专业技能等方面取得明显效果，医疗条件的改善，从另一方面也对和田地区人力资本提升起到重要作用。三是为更好地发挥教育在脱贫中的积极作用，天津等各援疆单位还对教育基础设施进行投资，比如天津市投资 4 亿元建立南疆地区第一所现代化的职业技术大学，完善策勒县第一小学、于田县实验中学等教学设施。四是天津市帮扶少数民族贫困群众脱贫，还体现在天津市每年在有限的高考名额中，安排一定名额投放到特定地区进行专项招生，招生专业往往为医学等应用型专业，同时与考生签订协议，完成学业后应回原籍进行一定年限的服务。

第四节　多举措培养发展脱贫内生动力

结合少数民族宗教活动特点，创新适宜当地的扶贫减贫措施，培育并保障脱贫的内生动力和扶贫稳定性相统一。在少数民族地区实施扶贫减贫过程中，由于民族因素和自然因素等导致的长期无条件经济支持，很容易在贫困地区形成"等、靠、要"为特征的贫困文化，要打破少数民族地区扶贫工作中前期形成的"输血"依赖，增强脱贫内生性，是新疆和田地区针对少数民族特点做好扶贫工作的重点。和田地区扶贫措施已经从早期的现金援助为主，转变为结合当地民族特点培育贫困群体自立精神的项目支持为主。和田地区尝试将援疆资金直接投入到与少数民族贫困群体相关的项目中。

比如，天津援疆指挥部结合棚户区改造围绕有近千年历史的当地清真寺进行集中规划，参与从规划、集资到建设、招商引资等的各个阶段，除直接改善生活条件外同时为当地提供相当数量的就业岗位；在政府推动和支持下，新疆昆仑尼雅生态农牧发展有限公司与民丰县签订了昆仑尼雅生态农牧产业园招商引资项目，结合当地尼雅黑鸡养殖传统，用现代农牧科技打造绿色有机种养殖平台，采用"公司＋基地＋专业合作社＋农户"管理模式，同时进行防风固沙与粮食、草业、苗木、林果种植、畜牧业养殖和饲料加工，形成种养殖、产品精深加工、仓储物流、市场销售等生态农牧和旅游观光等为一体的产业链，让当地农牧民在家门口实现就业致富。天津援疆扶贫工程还结合和田当地少数民族的居住地特色，发展庭院经济，推广养鸽子、尼雅乌鸡、尼雅羊养殖等工作方法，同样值得民族地区及深度贫困地区在开展扶贫工作中借鉴。

另外，天津市结合当地群众生活特点，于 2017 年投资新建 200 座蔬菜种植农业大棚，建设"产城融合"工业园区，使贫困劳动力克服劳动力市场上的信息、距离、民族习俗等因素造成的摩擦，实现就地就业。有就业岗位、有工资收入是增强减贫脱贫内生动力的重要条件。在逐渐改变帮扶措施的同时，创造各种条件激发脱贫的自主性、内生性，能够实现扶贫脱贫成效的稳定性。

第五节　加强民族间交流助推脱贫

与少数民族贫困人口交朋友，密切各民族关系，转变政府职能，加强县乡援疆干部同少数民族地区基层组织及农户联系。要落实我们党提出的精准扶贫，真脱贫脱真贫，一定要使贫困人群对政策和措施有理解，并积极配合从而真正完成援助脱贫任务。

天津援疆干部同和田地区政府就围绕"民族团结一家亲"开展了一系列活动，形式多样，效果明显。活动开展涉及经济、工作、技术、文化交流等方方面面，比如，2017 年 10 月在天津举办的全国食品博览会（中国·天津）的和田地区农产品推介会等，有效缓解了和田地区"枣贱伤农"的情况，帮助和田地区销售红枣近万吨，对于脱贫减贫工作产生直接影响；2017 年 12 月 11～15 日，津南区医疗代表队至和田地区策勒县进行了为期 5 天的考察交流，包括学术交流、技术指导、病例讨论及学术讲座等多种方式，有效促进了医疗技术的交流，有助于提升和田地区的医疗水平；9 月 22 日由天津开往新疆和田的"津和号"列车，装载了送到和田的著名书法家的书法、天津各中学为和田地区学生书写的 2400余张明信片，及教育机构捐建的 1200 册图书和价值 7 万元的工具书，促进了两地学生感情联系，加强了教育和文化沟通。

9 月天津援疆人员主动邀请帮扶结对对象 50 多人（其中包括天津政府领导的结对子家庭）来津参观访问，使其更加全面真实了解天津经济的发展现状，激发积极向上的奋斗力。这是天津援助新疆的一个重要举措。具体办法是，安排天津政府有关领导、援疆企业工作人员及企业家同当地少数民族贫困人口结对子，目前已经结成的对子家庭有 700 余户，定期走访，由此形成了消除信息摩擦从而使劳动力和就业职位互相匹配的过程；通过走访及相应的参观培训，有利于帮助贫困群体理解党的政策，理解天津的帮扶措施，以及实现同现代商业伦理接轨，摒弃并阻断贫困文化的代际传递，激发脱贫的内生性等。

通过走访，同样有助于领导干部深入群众，真正了解少数民族贫困人口生活状况，在实现"精准扶贫"的同时，增强扶贫中的责任感。其中，"访惠聚"工作队与挂职第一书记机制相结合，也是少数民族地区扶贫脱贫工作的一种创新型做法，既节约行政成本，也能充分发挥两项机制的优势。"访惠聚"工作队的作业目的就是"访民情，惠民生，聚民心"，要真正实现必须深入群众内部，因此这一举措是新疆维吾尔自治区密切联系贫困群众，服务于贫困群众，践行党的群众路线的具体体现。第一书记制度，指的是为克服某些少数民族村级组织在落实党的精准扶贫政策执行力不足的问题，由县直部门领导干部直接挂职村级第一书记，在帮扶村庄所在乡镇的领导下，指导或配合村两委实际工作，对扶贫减贫工作负有直接责任；这一制度有利于加强民族地区较为薄弱的基层组织工作，在维护基层稳定的同时，有效提高各项扶贫脱贫政策落地的实际效果。因此，"访惠聚"工作队与挂职第一书记两项机制结合，对于加强地方政府同少数民族基层组织及少数民族农户联系、提高农村解读和落实少数民族地区各项扶贫政策工作、提升农村基层管理水平、维护社会稳定、切实改善少数民族地区农村生活状况具有积极作用。同时，挂职第一书记及工作队驻村，有利于利用自身政治、经济资源，帮扶改善少数民族村居基础设施建设。调研中发现，挂职第一书记或驻村工作队往往通过各种途径，将民生项目或个人资金投入帮扶村庄，用于村庄道路交通、文化广场、卫生室、村庄活动室、幼儿园等公共基础设施建设，从而为产业扶贫、教育扶贫、易地搬迁扶贫及人力资本提升等各项扶贫减贫政策的落实，提供了更好的物质基础。

第六节　重视解决民族地区的多维贫困

围绕少数民族地区致贫原因多为多维贫困，调动和利用多种资源多途径实施多维扶贫，实现真脱贫并且持续长期脱贫。扶贫工作一定要针对问题，综合解决导致贫困的主要困难问题。我们知道，经济学理论特别是关于经济增长的各种模型理论表明，资本增长及投资增加，是促进经济增长的重要手段和措施；贫困地区之所以贫困的一个解释性原因，就是长期面临资本匮乏的约束，以至于陷入"低收入贫困陷阱"：即当收入低下导致低的储蓄率，并进而导致资本缺乏投资不足，从而致经济增长长期缓慢，使下期收入更低储蓄率更低，如此便进入贫困的怪圈。但是，也有例外，全球范围内对不发达国家的扶贫援助，以及我国早期的扶贫减贫实践都表明，单纯的资本投入似乎也并未使贫困地区摆脱贫困。就是说，在进行扶贫援助时，要注意采取有差别的多维综合援助方式，必须注意实现多种生产要素的重组，才能够真正提高援助效率，达到援助的实效。

援疆扶贫工作是一种很强的民族支持政策，旨在通过人才、技术、管理、资金等多个方面，全方位援助新疆贫困地区贫困群体贫困人口的有效机制，优先保障和改善民生，帮助新疆各族群众解决就业、教育、住房等多维致贫的基本问题；以及支持新疆各地发展相关特色产业，提高自身持续增长的"造血"功能。

北京、天津和安徽分别对口支援和田地区，其中，天津市对口支援策勒县、于田县和民丰县。天津援疆举措包括产业援疆、项目援疆、教育援疆、人才援疆、社会资金援疆等。和田地区主动加强同援疆单位联系，同援疆单位共同创新援疆举措，例如实施支援单位同建档立卡贫困户"结对帮扶"，开通天津到和田的"津和号"专列输送新疆当地产品，推动"产城融合"项目，探索人才援疆新模式、培育当地教育、医疗团队，支援单位接受劳务输出等。从根本上讲，多维多种扶贫方式旨在借助援疆单位优化和田地区的资源禀赋，实现输入要素同当地要素的有效结合，升级生产模式和业态。比如，天津市针对搬迁户提供的配套设施农业大棚，本质上是资金、技术同和田地区劳动力、土地资源的结合，促进了当地优势经济作物产量提升、居民收入水平提高。新要素的注入会直接改善生活生产条件，同其他要素有机结合从而有效打破贫困循环，长期内优化生产方式，稳定提高生活质量。

此外，和田地区在实施少数民族地区的扶贫工作过程中，对于集中搬迁居住的新型小城镇化模式也进行了有益探索；在严格落实金融扶贫工作等具体扶贫脱贫措施方面，也进行了有成效的尝试。这些都将在另外报告中进行介绍。

第七节　简短结论与建议

以上介绍和分析说明，天津等省份在新疆和田地区推动的各种扶贫措施，是成功的、有效的，值得在其他少数民族地区特别是那些需要加强民族团结的多民族地区的脱贫攻坚工作中推广。

一是可以结合当地民族状况，在实施易地搬迁类扶贫措施时，有针对性地安排各民族混合居住，以方便各民族间的技术、文化交流，同时实现民族团结、安定和谐及经济发展；二是在劳动力过剩的深度贫困少数民族地区，可以借劳务输出实现短期和长期的不同民族群众共同生活和工作，从而短期内实现贫困人口的工资性收入增长脱贫，而长期内通过民族融合提高其子代文化水平，扩展视野，从而使各民族走上共同富裕之路；三是在少数民族地区的扶贫工作中，应充分认识和重视教育投资对人力资本提升的重要性，把教育扶贫作为扶贫脱贫的根本措施，作为摆脱"贫困陷阱"的重要措施，特别是加强普通话教育，把学习普通话作为少数民族地区贫困劳动力自我学习、提升内升脱贫动力的重要举措，也是长期内维护社会稳定的重要举措；四是对少数民族地区的扶贫脱贫工作，必须从直接给钱给物的"输血型"扶贫思路，转变为少数民族地区创造自身脱贫的必要条件和物质基础，即使引进旨在为当地增加就业机会的各种投资企业，也要充分考虑当地较低层次的产业结构和业态，注重充分发挥其劳动力过剩的比较优势，增加其内生脱贫动力；五是在少数民族地区扶贫脱贫工作中，要特别注重与少数民族贫困群众交朋友，交流民族文化和专门技术，密切联系各族群众，宣介好各项政策，保证各民族的团结和谐；六是务必认识并关注少数民族地区的深度贫困多是多维贫困，贫困致因多而杂，程度深且重，从而必须根据当地实际情况制定多途径扶贫减贫方案，才能为少数民族贫困群众真脱贫、脱真贫。

就新疆和田地区按期全部脱贫的成效看，天津等地的援疆工作以及和田地区的自身扶贫工作，都是成功的、效果是明显的，因而和田地区围绕少数民族特点开展的特色扶贫工作，值得认真总结和推广，值得其他少数民族贫困地区在扶贫脱贫工作中借鉴和参考。当然，在各地实践中需要结合当地实际情况，特别要结合民族风俗习惯，不可生搬硬套。

第四章　和田地区国家深度贫困县贫困状况及特征

　　本章内容主要基于对新疆和田地区于田县家户调查数据，对该地区少数民族贫困状况及贫困特征进行分析和概括。① 天津作为对口支援新疆和田地区的三省市之一，在实际援建工作中结合少数民族特色，因地施策做了大量工作。为了更深入全面地了解少数民族地区的贫困状况，弄清楚深度贫困地区的减贫脱贫效果及机理，以更有效地落实精准扶贫脱贫战略，此次调研运用当前经济学界前沿的"随机对照实验"（RCT）方法，通过更加深入的干预试验和对比研究，我们发现于田县的贫困特点主要有：贫困人口收入更低，分配更不均，贫困率更高；收入来源单一，主要依靠农业收入；贫困人口中女性多、未婚人口多，青壮劳动力不足；受教育水平低，普通话水平不高，党员、干部数量少；当地务农较多，外出务工比例偏低；贫困家庭距离学校、交通、通信、城镇等公共设施距离更远，耗时更长；贫困人口固定资产、金融资产少，抵抗风险能力差；贫困家庭的饮水、燃料等生存条件更差、互联网使用率更低；贫困人口间的生产生活互助关系更少，但价值观与生活信心比较积极。据此，本章提出了更加有针对性的精准扶贫重点，以改进和提升当地的扶贫脱贫政策效果，一是切实继续加强基本素质教育和职业技能培训，引导不同民族居民加强融合，拓宽致富途径；二是加强各种公共基础设施建设，提高互联网等现代通信工具的利用率；三是增加农民增收渠道，提升贫困居民脱贫"造血能力"，改善居民生产生活条件等。如此可保证如期圆满完成脱贫攻坚任务。

---

① 本章执笔人为陈宗胜、黄云、张小鹿，文霁月博士对本文的最初图形分析做出了贡献。参与此次调研的中国财富经济研究院扶贫脱贫攻坚调研组成员有，中国财富经济研究院院长陈宗胜，副院长周云波，天津工业大学秦海林，天津师范大学张庆，天津市委党校吴婷，天津调研咨询公司经理张国华、骆磊，以及南开大学博士研究生史乐陶、张小鹿、张杰、黄云等。

第一节　调研目的与简略过程

为了更深入全面地了解少数民族地区的贫困状况，弄清楚深度贫困地区的减贫脱贫效果及机理，以更有效地落实精准扶贫脱贫战略、打赢脱贫攻坚战，南开大学中国财富经济研究院课题组成员多次到新疆和田地区，对当地居民贫困状况进行专项调研。本次调研时间为 2018 年 7 月 9~28 日，加上先期准备和后期整理历时一个月多，基本掌握了和田地区的贫困状况及贫困特征，也对当地脱贫扶贫工作的进展现状与实际效果有了更清晰的认识和了解。调研工作得到了新疆地区各对口支援单位及和田地区人社局、于田县各级主管单位，以及于田县新业培训学校的积极配合和大力支持。

此次到和田地区开展扶贫脱贫调研，是以前两次到此地区开展的精准扶贫调查为基础的，也是前期有关调研的继续，但在方法上有所不同。此次调研课题组安排运用当前经济学界前沿的"随机对照实验"（RCT）方法，通过更加深入地干预试验和对比研究，以选择更加有针对性的精准扶贫方式和运作机制，改进和提升当地的扶贫脱贫政策效果。根据 RCT 调研方法原理，RCT 方法就是通过对类同的考察对象中随机选择的不同部分，控制性地实施不同的某项干预性政策，然后同时收集受干预群体和非受干预群体在此政策实施前后的相关数据，通过科学统计和测算，对比受干预与非受干预对象在考察期前后的数据变化，从而检验和评估此项政策的运行机制和实际效果，为今后扶贫脱贫工作提供指导。因此，本次调研是不同于以往的方法创新型调研，也是比以往规模更大的一次田野实地考察。

按照 RCT 方法的规则、内容、标准程序的要求，课题组经反复商讨拟定了调研问卷并翻译为当地语言，问卷包括家庭样本（问卷）、个人样本（问卷）两大类共 8 个部分，其中家庭样本（问卷）包括家庭成员基本信息、基本活动、资产情况、公共物品、人际关系、健康状况、意外事件 7 个部分，个人样本（问卷）部分包括价值观与生活态度等，涉及家户及个人生活的基本方面。此次调研主要是通过这些问卷来收集 RCT 的第一期数据，也即建立基期数据库。

鉴于此次调研规模较大、方法前沿、时间较长，后期还要再调研并持续收集数据等，为确保整个调研顺利进行并取得预期效果，课题组联合于田县人社局及新业培训学校专门组成"联合调研组"。在"联合调研组"的统一带领下分工协作，制定了工作规划，一是针对调查对象详细制定了调查问卷的具体内容和问答方式等；二是拟订了调研方案和实施计划，包括调研准备期、培训期、预调研、正式调研、问卷初审及数据录入等阶段，每个阶段都对调研区、村、户的顺序、路径等做出预案并依其严格推行。

按照这种思路,课题组多次对和田地区多个区县进行了走访,并以前期摸底为基础最终选定和田地区于田县加依乡、托格日尕子乡、喀尔克乡三个乡,作为实施 RCT 调研的目标地区,而正式调研则更加集中在 3 个乡中剩余劳动力较多的 33 个行政村,并通过预调研确定全部样本涉及农户为 1041 户。

整个实际调研过程前后持续 19 天。① 在课题组全体成员的积极努力下,在相关各方的大力支持和推动下,此次调研共组织 100 余名访员入户集中调研一周多,最终收集了 1041 个家户 4923 个个人样本信息。调研任务和数据收集工作得以顺利完成。

通过此次较大规模、较长时间的深入调研,调研组获得了关于国家深度贫困地区新疆于田县具有代表性的家庭成员的基本信息及家庭成员经济活动详细信息,特别是关于这些少数民族地区贫困家庭的基本情况和特征的许多一手资料。下面我们根据实地调研数据简要介绍调研地区及调研对象的基本情况,并专门对当地居民的贫困状况及贫困特征进行综合性初步分析。

---

① "联合调研组"由陈宗胜教授担任组长,下辖两个小组"于田组"和"南开组",分别由陈宗胜教授和新业学校黄凤祥校长担任小组长。在联合调研组的领导下,课题组调研日程如下:2018 年 7 月 9 ~ 13 日,项目准备期,陈宗胜教授带领课题组先期成员两名博士研究生,于 7 月 9 日按规到达于田县,其余课题组成员于 9 月 12 日、13 日陆续到达和田,准备阶段主要完成了以下工作:(1) 同于田县人社局对接调研项目并获得于田县人社局支持,与新业学校初步达成合作调研意向;(2) 拟出联合调研框架草案和调研初步预算方案并获得相关各方认可,同时还确定了访员数量、培训场地、调研地点、调研对象、交通工具等;(3) 同新业学校负责人交流调研草案及预算,敲定了联合调研方案,为项目的后期顺利开展奠定了很好的实施基础;(4) 由陈宗胜教授向全体课题组成员传达了调研安排,统一了认识和步调;(5) 启动了其他保障工作,如问卷打印、慰问品预订等。

7 月 14 ~ 17 日,项目培训期,在此期间开展了以下工作:(1) 完成了对调研督导及访员的多轮培训事宜;(2) 联系了需要开展调研的乡劳保所负责人及村领导,获得初步拟访人员名单;(3) 调研组负责人与新业学校负责人进一步商谈合作具体事宜,并对后续实施调研进行详细部署并明确分工;(4) 其他保障工作,例如用车、订餐、任务量核算等。7 月 18 日,预调研阶段,选择了于田县加依乡的两个村(把是萨亚拉提村和阿亚克萨亚提拉村)进行了预调研,并根据预调研情况及时调整完善了调研方案。在调研"跑村"过程中发现,从乡劳保所得到的数据、同此前与村领导提前对接的人数和调研现场的人数差异较大,为确保样本人数,迅速调整了跑村策略并继续推进其他村庄的对接工作。

7 月 19 ~ 23 日,为正式调研实施期,是基期数据收集的关键阶段,集中对于田县 3 个乡 31 个村展开了全面的正式调研。其中,7 月 19 日完成对加依乡 8 个村的调研,7 月 20 日调研涉及全部三个乡中的 8 个村,7 月 21 日调研了喀尔克乡的 6 个村,7 月 22 日调研喀尔克乡的 4 个村,7 月 23 日调研了托格日尕子乡的 5 个村。

7 月 24 ~ 27 日,是对所收问卷进行初审阶段,按照不同督导负责任务将问卷进行分组整理,由课题组成员对问卷进行审核,并完成几项后期工作:一是核算劳动量并根据劳动量发放各访员、督导员的劳务费;二是将完成的问卷打包寄回天津南开大学保存待研究;三是再访各乡村负责人,共同商议在下次访问前按政策对受访人员的分类控制规则并落实,为后期再调研铺垫基础;四是就此次调研活动同天津援疆部门进行了简短交流总结。7 月 28 日调研组成员全部返津,调研进入后续的数据录入、清理整理,以及初步的试测算及总结工作阶段。

第二节　和田地区于田县概况及调研对象基本特点

一、于田县基本情况

和田地区于田县是古丝绸之路南道重镇，地理位置重要，人文环境独特。于田县城距新疆首府乌鲁木齐1300千米，距和田地区行政中心城180千米，全县总面积4.032万平方千米，总人口28.95万人，其中维吾尔族人口占全县总人口的98.3%，辖13个乡、2个镇、3个场、2个街道办事处、205个行政村、766个村民小组。① 于田县地理特征、农业生产形式以及经济发展模式等如下。

1. 于田县地理概况及自然资源

于田县隶属于新疆维吾尔自治区和田地区，位于新疆南部，塔克拉玛干沙漠南缘，昆仑山北麓，东连民丰县，北临塔克拉玛干大沙漠与沙雅县接壤，西临策勒县，南与西藏自治区改则县、日吐县相接，是古丝绸之路南道重镇，也是有名的玉石之乡，中外驰名的"和田玉"的产地。沙漠型的自然风土环境影响了当地的生态状况、经济生产方式以及民族气质和风俗习惯等。当地维吾尔族居民具有强烈的地域特点，地方传统民居建筑形态以及建筑材料也独具一格，与当地民间习俗相结合，形成特有的民俗环境。

当地与生产直接相关的自然资源较为贫乏。土地资源方面，可耕地面积全县仅50.37万亩，人均耕地1.74亩，而沙漠、戈壁、裸岩等不能利用或难以利用的土地面积，占总面积的94%，绿洲不足6%。② 水利资源方面，当地河流季节性反差极大，夏季洪涝，秋冬严重干旱，春季极为缺水，4~5月来水量仅占全年来水量的7%。矿产资源方面，全县境内具有多种成矿的地质条件，由于勘测力度不够，矿产资源尚未查清。动植物资源方面，当地已知野生动物达201种，因纬度跨度大，有多种珍贵野生动物，主要有国家级保护动物雪豹、藏羚羊、雪鸡、野骆驼、鹅喉羚（黄羊）等；县域内多数地方植被稀疏、种类简单，植物资源主要是以胡杨和红柳为主的天然荒漠林，总面积达到130.27万亩，主要分布在克里雅河下游沿岸及沿河低阶地上。

2. 于田县农业生产情况

于田县属于温带内陆干旱荒漠气候，四季分明，昼夜温差大，光照充足，降水稀少，春夏多风沙和浮尘等灾害天气。受气候及地理环境影响，当地农业主要

---

① ② 　资料来源：于田县政府官网，http://www.xjyt.gov.cn/Index/tlist/list/10100.html。

包括畜牧业、林果业及种植业，其中畜牧业以养羊、牛、鸡为主，林果业以大枣、核桃、杏、葡萄为主，种植业以小麦、玉米、大芸、棉花、玫瑰、红花、雪莲为主。于田县的农作物耕种机械化程度很高。相关数据显示，2016 年于田县完成机耕面积 35.79 万亩，机耕机械化程度达 99%。小麦机械播种面积 16 万亩，播种机械化程度达 99.9%；棉花机械播种面积 6.47 万亩，播种机械化程度为 95%；小麦机收面积 8 万亩，水稻机收面积 1.2 万亩，玉米机收面积 3500 亩；饲草饲料加工（秸秆粉碎）完成 20.45 万吨。①

二、于田县 33 村作为调查对象的居民的基本情况

1. 居民调查对象的乡村分布与民族构成情况

此次调研共访问于田县 3 个乡、33 个村共 1041 户农户，其中加依乡 201 户，托格日尕孜乡 271 户，喀尔克乡包括 569 户，涉及居民个人总数为 4923 人，占于田县总人口数的 1.7%。② 具体分布如图 4 - 1 所示。

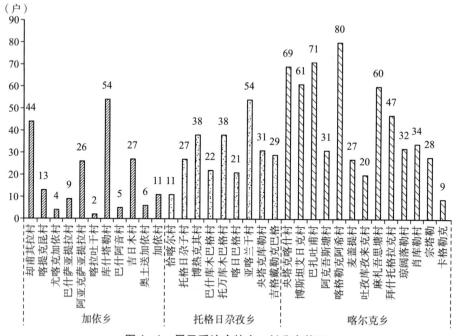

图 4 - 1　居民受访户的乡、村分布状况

资料来源：笔者整理所得。

---

① 资料来源：惠农网，https://news.cnhnb.com/rdzx/detail/337421/。
② 根据于田县统计局官方数据，截至 2017 年底，于田县总人口数为 28.95 万人。

居民调查对象的民族构成：维吾尔族是主体，占比为97.77%，汉族占比0.37%，藏族为0.14%，还有1.73%的样本中民族类别缺失。作为维吾尔族为主要代表的少数民族聚居区，各项特征也更加鲜明地反映出维吾尔族少数民族的情况，①包括其贫困的特征（下面介绍）。比如居民个体掌握的语言类别主要是维吾尔语和普通话，其中57.19%的居民只会讲维吾尔语，而会讲普通话的占比仅为39.68%。

2. 居民调查对象的性别、年龄、户籍、身份等结构状况

男女比例基本持平，男性占比47.72%，女性占比为51.32%（个别访户信息缺失，相加小于100%）；婚姻状况按已婚、未婚分别占比为46.73%、49.61%（见图4-2）；居民年龄分布范围为0~99岁，其中0~23岁青少年群体占48.77%，24~45岁壮年占37.87%，46~65岁占11.9%，65岁以上占1.46%；居民户籍以农业户口为主，占比97.14%，城市户籍只占2.32%；另外，受访居民大多为群众，党员仅有3.33%，村干部占1.25%；居民中外出务工者占7.52%，集中在25~45岁群体中，其中有28.48%可能在外乡镇连续居住一个月以上。

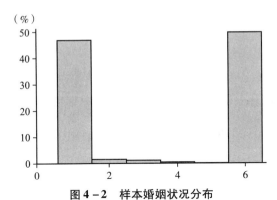

图4-2　样本婚姻状况分布

注：1=已婚，2=丧偶，3=离婚，4=分居，5=被遗弃，6=未婚。
资料来源：笔者整理所得。

3. 居民调查对象的受教育水平较低

其中学前班、小学和初中分别占18%、32.98%和24.66%（见图4-3）；分年龄段考察发现（见图4-4），对于0~23岁在学年龄阶段的人群，受教育水平主要集中在小学、初中、中专和大专，由于该年龄段正处于学龄阶段，教育水平

① 于田县全部人口构成中，维吾尔族占比高达98.3%。参见百度百科，https：//baike.baidu.com/item/%E4%BA%8E%E7%94%B0%E5%8E%BF/2936547？fr=aladdin。

浮动较大；25~45 岁年龄段居民的受教育程度主要集中在初中和中专水平；46~65 岁阶段受教育程度大多是小学水平；对于 65 岁以上群体，受教育程度整体极低。考虑到我国从 1986 年开始推行全国范围内的九年义务教育普及政策，我们认为以样本为代表的于田县整体的受教育水平仍然偏低。

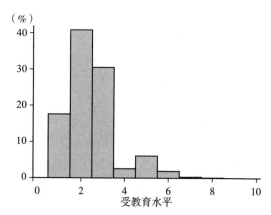

图 4-3　受访居民完成的最高教育水平

注：1 = 学前班，2 = 小学，3 = 初中，4 = 中专，5 = 高中，6 = 大专，7 = 本科，8 = 本科以上。
资料来源：笔者整理所得。

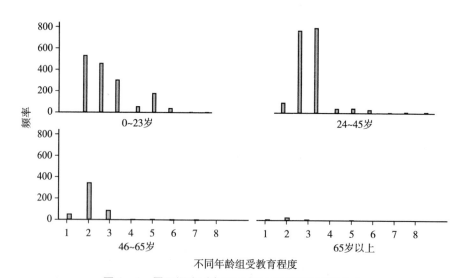

图 4-4　居民调查对象不同年龄段受教育程度分布

注：1 = 学前班，2 = 小学，3 = 初中，4 = 中专，5 = 高中，6 = 大专，7 = 本科，8 = 本科以上。
资料来源：笔者整理所得。

4. 居民调查对象的就业和收入概况

就业情况按类型区分，23.34%的居民在自家义务帮忙工作，9.74%在自家工作领工资，16.23%是无固定工作自由职业者，13.67%受雇于他人企业，4.1%的个体老板或合伙人，个体工商户占2.62%，零工/散工仅占0.98%（见图4-5）；按从事农业、非农业区分，65.28%的在过去一年从事农业，28.52%的未参与农业，而参与农业者中73%的劳动时间超过半年以上。居民中从事兼业活动普遍，但不论从事农业或非农活动其工作天数都在3个月以上，工作时长大多（90.33%）为8~10小时/天；从事农业活动可能面临极端温度天气的危险，从事非农活动中有21.41%可能面临极端温度危险，有2.56%可能面临危险机械的风险。

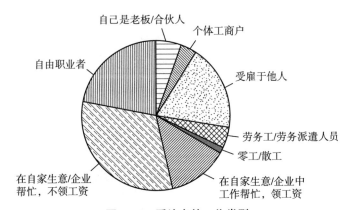

图4-5　受访者的工作类型

资料来源：笔者整理所得。

居民调查对象的收入概况。在全部受访居民4923人中，有2726人有收入数据，按此口径测算，人均总收入为10191.68元/年，其中平均农业收入为2367.701元/年，非农收入为6720.698元/年；居民中领取工资者的平均工资为1448元/月，其中26.49%按月支付，有11.11%按周支付，1.28%的按日支付。按年龄段考察，中年居民收入较高，低龄与高龄人口收入都较低些，即年龄和收入之间呈倒"U"型变化关系（见图4-6）；其中不同年龄段的收入结构也存在差异，老龄居民的收入主要源于农业收入，其他年龄段中非农收入占比较高（见图4-7）。按受教育情况看，收入和教育水平呈正向线性增长关系（见图4-8），其中不同受教育程度与其收入构成也存在异质性，受教育水平越高，非农收入占比越高（见图4-9）。

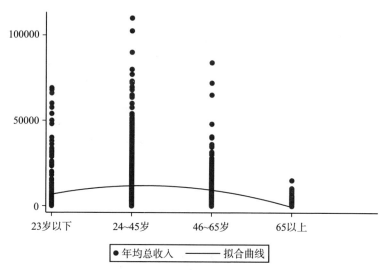

图4-6 不同年龄组居民的收入水平变化

资料来源：笔者整理所得。

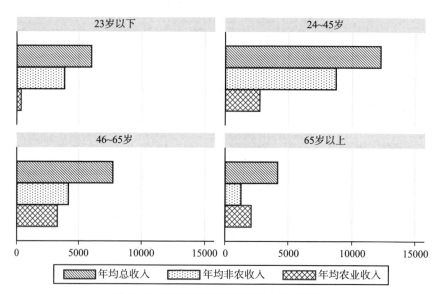

图4-7 不同年龄组居民的收入构成差异

资料来源：笔者整理所得。

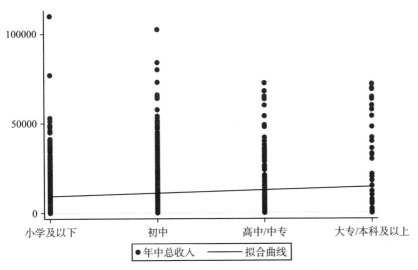

图4-8 不同教育水平居民的收入水平变化

资料来源：笔者整理所得。

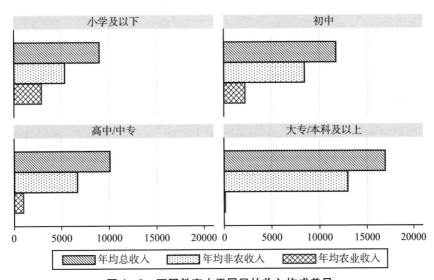

图4-9 不同教育水平居民的收入构成差异

资料来源：笔者整理所得。

5. 居民调查对象的贫困率与收入差别状况

由于收入调查询问的是2017年的收入情况，因此可按2011年的贫困标准即人均年收入2300元（以2010年价格计算），进行折算后得到2017年贫困线为3300元。按此贫困线标准计算得出位于贫困线以下人口为959人，占比为

35.18%，即贫困发生率为35.18%。①

居民调查对象各产业收入的分配差别概况。表4-1中进一步将总收入按收入构成即农业收入和非农收入进行分解后，发现居民收入来源中非农收入占比高达0.74，远高于农业收入占比0.26，即非农收入占总收入构成的主要部分；从分项收入的基尼系数看，非农收入的基尼系数大于农业收入的基尼系数，表明居民间非农收入差距大于农业收入差距，且分项收入对总收入基尼系数的贡献率Share表明，非农收入对总收入基尼系数的贡献率为0.82，农业收入对总收入基尼系数的贡献率为0.18，非农收入差距是构成总收入收入差距的主体部分。具体而言，非农收入每提高1%，总基尼系数会增加0.1434%；农业收入每增加1%，总基尼系数将降低0.1476%。

表4-1　　　　　　　　　　　　收入分解结果

收入来源	Sk	Gk	share	change
非农收入	0.74	0.72	0.82	0.1434
农业收入	0.26	0.63	0.18	− 0.1476

注：Sk 为分项收入占总收入的比例，Gk 为分项收入的基尼系数，Share 为分项收入对总基尼系数的贡献率，change 为分项收入1%的变化对不平等的影响。

资料来源：笔者整理所得。

6. 居民调查家户占有资产情况

各乡、村居民占有土地不等，86.36%的受访居民家庭拥有自己的土地，平均拥有面积为7.47平方米/人，② 其中出租土地比例仅为1.42%，出租土地年均收入为2300元；其他可变农业资产占有情况差异较大：以居民家庭占有的牛、羊、驴、鸡、鸟这类禽畜数量为例，39.22%的家庭至少拥有一头牛，12.82%的家庭至少拥有10只羊，31.87%的家庭至少拥有一头驴，76.84%的家庭至少拥有一只家禽（鸡/鸟）。

居民住房情况整体较佳，人均面积为99.38平方米，自有住房占96.95%，租房仅为0.39%，91.73%家户拥有浴室、卫生间，平均为5个房间。其中家庭使用的厕所类型主要是室外坑式，占比81.68%，室内冲水式厕所类型占比11.99%，室外冲水式厕所类型占比4.64%，公厕占比仅为1.65%（见图4-10）。

---

① 此处的贫困发生率是按有收入值的样本计算所得，即样本量为2726个，删除了收入值缺失的2197个样本（占44.63%）。

② 问卷中询问的土地所有权包括农业用地、农村集体建设用地、国有土地。

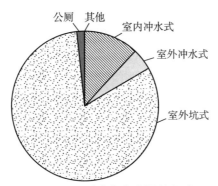

图4-10 受访者家庭厕所类型

资料来源：笔者整理所得。

居民占有通信、交通工具情况。通信方面，96.87%的家庭拥有手机，96.38%的家庭能够使用手机/固定电话联络，57.09%的家庭能够使用互联网；交通工具方面，12.68%家庭拥有燃油驱动的四轮车辆（如汽车/卡车/货车），93.41%的家庭拥有两轮或三轮车辆（如摩托车、三轮车）。居民来往城镇的交通工具主要为摩托车（87.22%），步行（5.98%），汽车（4.72%），公交车（1.75%）；居民距离最近城镇平均为3.68千米，耗时平均为17分钟，但不同农户面临的距离差距及时间差异较大，方差为3.68，真实反映了当地地域之广阔。

居民的金融资产差异：按占有现金资产区分，有5000元以下的家庭占62.71%，有5000~2万元的家庭占16.76%，2万~5万元的家庭占7.76%，5万~10万元的占12.54%，10万元以上的为0.23%（见图4-11）；按银行存款额度区分，91.65%的家庭有银行账户，63.94%的家庭银行存款在5000元以下，14.77%的银行存款为5000~2万元，8.83%的存款为2万~5万元，11.17%的存款为5万~10万元，还有1.29%的存款超过10万元。具体分布情况如图4-12所示。

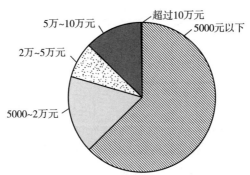

图4-11 受访者家庭现金资产

资料来源：笔者整理所得。

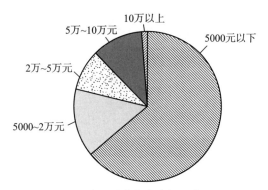

图4－12　受访者家庭银行存款

资料来源：笔者整理所得。

7. 居民调查户使用公共设施情况

居民距离最近医疗机构的平均距离是 7.26 千米，最远的达 700 千米。在去医疗机构采用的交通方式方面（见图 4－13），大多数受访者就医采用摩托车（82.05%），还有 10.81% 采用步行方式，0.51% 采用的是自行车，仅有 3.75% 采用汽车，0.28% 采用公交车。按到达时长计算，居民去最近医疗机构平均耗时为 15 分钟，耗时最长的为 15 小时，平均为 15.45 分钟。

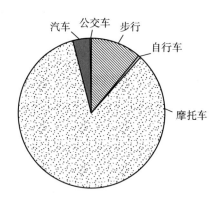

图4－13　去医疗机构交通方式

资料来源：笔者整理所得。

居民在接近学校的通勤方面。79.67% 的家庭中有上学成员，不同家庭的上学成员距离学校距离平均为 160.25 千米，16.82% 的居民离学校的距离超过 20 千米。上学交通工具主要是步行（见图 4－14），占比为 68.05%，其他方式比例相当，自行车（3.52%），摩托车（6.91%），汽车（8.79%），公交（9.35%）。当地适龄儿童的学校通勤率较高，上学学生一周内（以受访日为参考）全勤率为 95.48%。

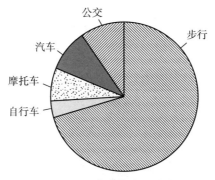

图 4 - 14 去学校交通方式

资料来源：笔者整理所得。

8. 居民调查户的家庭生活条件情况

在饮用水源方面的差异不大，居民家庭饮用水主要来源于未过滤/煮沸自来水，占 90.12%，还有 1.40% 的家庭使用的是未过滤的井水，使用过滤水（自来水、井水）的仅占比 8.48%，没有家庭使用瓶装纯净水（见图 4 - 15）。

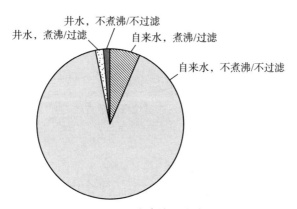

图 4 - 15 家庭饮用水来源

资料来源：笔者整理所得。

在家庭炊事燃料类型方面（见图 4 - 16），大多数家庭采用的是木柴/煤（87.06%），6.7% 的家庭使用的是秸秆，4.7% 的家庭使用的是天然气，1.48% 的家庭使用的是电力资源，还有 0.06% 的家庭使用的是煤油燃料。

在垃圾处理方式方面（见图 4 - 17），90.15% 的家庭将不用的垃圾扔往垃圾箱，7.40% 的家庭将垃圾丢至垃圾堆，还有 2.2% 的家庭将垃圾焚烧，0.25% 的家庭将垃圾随便扔。

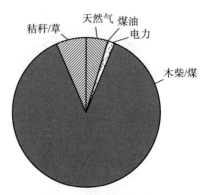

图 4 – 16　家庭炊事燃料类型

资料来源：笔者整理所得。

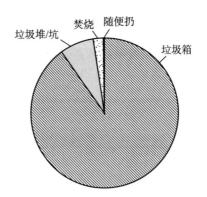

图 4 – 17　家庭垃圾处理方式

资料来源：笔者整理所得。

9. 居民调查对象的身心健康状况

在患病方面，问卷涉及过去一年的情况。其中17.21%的居民在过去一年中患有慢性病或残疾，其中有13.32%接受了治疗，还有3.89%的居民尚未接受治疗。主要的慢性病为当地居民中常见的胃溃疡、慢性哮喘/呼吸困难、慢性关节炎/风湿病、慢性高血压、慢性心脏病。因这些疾病误工的平均时长为20天。但大多数居民的身体健康没有问题。由于当地居民主要是少数民族，多有宗教信仰，其教义不允许吸烟、饮酒，在这方面面临的健康行为风险很低。另外在肉类摄取方面，当地居民以牛肉、羊肉、鸡肉、鱼肉为主，营养充足。

在心理健康方面，问卷涉及过去两周时间的三个方面。在过去两周中（以受访日为参考），71.44%的居民从未有过沮丧、悲伤或无精打采的感受。13.20%的居民有几天出现过这种感受，3.37%的居民超过一半的时间或几乎每天都会感到沮丧、悲伤、无精打采。66.91%的居民在过去两周中从未有过焦虑、紧张或担心的感受，17.69%的居民有几天出现过这种感受，3.78%的居民超过一半的时间或几乎每天都会感到焦虑、紧张或担心。62.84%的居民在过去两周中从未发脾气或变得很生气，16.72%的居民有几天出现过这种感受，8.63%的居民超过一半的时间或几乎每天都会发脾气或变得很生气。此外，在发生意外事件方面，受访居民认为遭受意外事件的概率较低，仅有1.26%的居民反映可能面临失地风险。可见，反映心理健康几种问题的回答结果表明，受访居民大多心理健康状况都比较好。

10. 居民调查对象的人际关系及价值观

在人际互助关系方面，99.95%的家庭在农业工作方面接受过其他家庭的帮助或帮助过其他的家庭，57.32%的家庭在家务或抚养孩子方面接受过别的家庭的帮助或帮助过别的家庭，62.34%的家庭在困难之时向别人借过钱或给别人借过钱。由此可见，当地居民的互帮互助关系是十分融洽的。在慈善捐赠方面，26.11%的居民有过慈善捐赠经历，有62.85%从未进行过慈善捐赠。可见互助关系主要是双方面的，单方进行的较少。这可能涉及社会信任方面，有40.66%的居民认为大多数人都值得信任，而另有14.27%的居民认为大多数人不可信，还有45.07%持中立态度。

涉及价值观的几个方面的情况是，93.38%的居民认为自己可以通过行动和选择来决定自己的未来，仅有0.35%的居民完全不同意这种说法；95.26%的居民坚信只要努力就能提升生活状况，0.26%的居民完全不同意这种说法；94.14%的维吾尔族居民有汉族朋友，1.04%居民认为自己没有汉族朋友；73.40%的居民不同意"女性最好在家里工作"，14.05%的居民认为"女性最好在家里工作"，11.26%的居民对"女性最好在家里工作"这一看法保持中立；94.05%的居民认为在财产继承方面儿子与女儿应该平等地继承父母的财产，1.67%的居民不同意这种看法，还有2.47%的居民对此保持中立；62.16%的居民认为在家庭中夫妻双方的意见有分歧时，应该由丈夫去做决定，13.96%的居民完全反对这种观点，22.74%的居民对此保持中立态度。

11. 居民调查对象对未来的信心信念方面的情况

关于工作稳定状态，63.02%的居民认为自己不会失业或下岗，19.22%的居民认为自己有可能会失业或下岗；关于工作状况变动，86.51%的居民认为在未来一年自己的工作状况会变好，2.6%的居民认为自己的工作状况会变糟，还有8.41%的居民认为自己不会有什么变化。关于收入状况变动，79.65%的居民认为未来一年自己的收入会有所改善，有8.46%的居民认为自己的收入状况会恶化，另有9.46%的居民认为自己的收入不会有什么变化。对于未来一年可能的工作压力，有49.44%的居民认为自己面临的工作压力会减小，33.14%的居民认为自己的工作压力可能更大，另15.02%的居民认为自己不会发生什么变化。对于未来一年可能的家庭生活压力，28%的居民认为自己将面临更大生活压力，59.96%的居民认为自己面临的压力会变小，还有11.58%的居民认为会保持不变。可见，受访居民对自己的未来境况大多都持乐观态度。

三、于田县开展的减贫脱贫工作及效果

通过几次调研我们了解到，新疆当地政府和对口支援省市政府，都能够全面响应中央关于开展精准扶贫的号召，全方位参与并主导了于田县脱贫减贫的各项重点工作，在精准扶贫、因地制宜、"一村一策"理念的指导下，通过对口帮扶实施产业扶贫、搬迁扶贫、劳动转移扶贫、乡村就地就业扶贫，以及教育扶贫、医疗扶贫等各种举措，极大改善了于田居民的生活状况。

比如，天津市作为对口支援省份之一，对和田地区的工业园区倾注了很大心血，为当地居民提供了稳定的工作和收入来源；以"津洽会"为平台、"津和交流季"为载体、"津和号"旅游专列开通为带动，天津援疆前方指挥部成功举办了多层次的两地参观走访和交流活动；积极推动天津市津南区、西青区、宝坻区三区与新疆和田地区于田县以及策勒县和民丰县，开展全方位的"结对子"对口援建、帮扶脱贫合作，建立区、部门、街镇三级帮扶体系，签订实施携手奔小康框架协议书，涵盖基建项目、产业合作、民生建设、旅游开发、劳务协作、人才支援、资金支持等诸多内容，切实增强了结对帮扶的针对性和有效性。

其中，实现多类型、多层次转移就业，已经成为当地政府和贫困人口脱贫的共识和重要举措。调研材料显示，于田县适龄劳动力8万多人，其中有6万富余劳动力。2016年由当地人社局安排就业人数1.7万人，自己就业的有3万~4万人，内地就业为400~500人，有460多人在校学习。2017年有1600人输送到山东、江苏、湖北、广东等地就业；2500人左右参与季节性外出务工。2018年1~5月，贫困户中的富余劳动力疆外就业共7471人次、县外管地工2520多人次，本地企业简单劳动就业者有5370人次。

此外，建立卫星工厂，发展特色产业，让当地群众就近就业，是于田县乃至新疆脱贫攻坚的又一大利器。为确保全面脱贫，政府在当地也新建了多个工厂。无法外出务工的居民可以选择在当地的制鞋厂、服装厂等打工，多劳多得，不仅能获得收入而且离家近，可以同时照顾家人。制鞋制衣技术学习起来并不费力，是非常适合当地群众学习的技术。当地政府通过实施激励性扶贫政策，并结合本地实际资源条件因地制宜，以市场为导向并注重"输血"与"造血"并重，引进激励机制，激发了贫困农户的内生动力。此外，当地还实行了养殖农户专业合作社带动当地居民脱贫致富，将特色养殖做大做强，做成产业，带动更多村民稳定增收。

总之，新疆和田地区于田县作为国家级深度贫困地区，是新疆扶贫工作的重中之重；同时，该地区战略地位极为重要，当地情况也极为特殊复杂，反恐维稳任务繁重。为了实现共同富裕，确保 2020 年农村贫困人口全部脱贫，中央及各级政府实施了一系列精准扶贫、精准脱贫的政策措施，使该地区的经济状况得到了极大改善。

据和田地区统计局官方数据显示，2018 年，全地区 GDP 总值达 305.57 亿元，较上年增长 7.5%；人均 GDP 12094 元，较上年增长 13%。和田地区城镇居民全年人均可支配收入 28610 元，比上年增长 8.0%；农村居民人均可支配收入 8088 元，增长 8.7%。全地区农牧民人均纯收入 8756 元，增长 12.0%；外出劳务人均纯收入 2387.9 元，增长 24.2%。年末全地区从业人员 125.23 万人，比上年增长 7.9%。[①]

伴随着整体经济状况的极大改善，和田地区的脱贫攻坚任务也取得了显著成效，按照现行脱贫标准，[②] 和田地区的贫困发生率由 2014 年初的 37.43% 降至 2019 年底的 4.09%，2019 年和田地区实现减贫 6.6 万户 27.02 万人，其中于田县 2019 年实际脱贫 9192 户共计 31413 人，基本解决了"两不愁三保障"，贫困发生率降至 3.01%。[③] 但仍高于全疆和全国 2019 年的贫困发生率（2019 年新疆全地区贫困率为 1.2%，[④] 全国农村贫困率为 0.6%），2020 年要实现全部当地农村人口脱贫，任务十分艰巨。本章以下部分重点描述一下和田地区于田县的贫困状况及特征。

第三节　和田地区于田县居民的贫困状况及特征
——基于家户调查数据的分析

在上一节中，我们针对整个调查受访居民对象进行了简要的统计描述，得到了关于于田县居民生活状况的总体印象。下面按 2017 年收入贫困线 3300 元/人·年的标准，[⑤] 将有效样本分为贫困和非贫困两大群体，进行对比分析，以期

---

①　具体参见和田政府网，https：//www. xjht. gov. cn/article/show. php？itemid = 279324。

②　按 2011 年贫困标准人均年收入 2300 元（以 2010 年价格计算），折算至 2017 年贫困线标准为 3300 元。

③　资料来源：人民网 2020 年 1 月 9 日要闻：聚焦 2020 新疆两会，人民网专访新疆人大代表、和田地区行署专员艾则孜·木沙，截至 2019 年底的官方数据显示于田县的贫困发生率为 3.01%。

④　资料来源：《新疆日报》，自治区两会特刊——2019 成绩单　新疆脱贫攻坚取得决定性进展，2020 年 1 月 7 日。

⑤　由于受访样本询问的是过去一年的收入状况，即 2017 年的收入情况，因此以下将按 2017 年收入贫困线 3300 元计算贫困群体。

对于田县贫困居民的基本情况及特征有更深入的把握。[①]

一、和田地区于田县贫困特征描述

我们特别制作了表4-2，表中数据全面展示了按以上标准识别的两类不同群体之间的基本异同。

表4-2　2017年于田县贫困与非贫困居民在生活生产各方面的不同特征比较

类别	贫困群体		非贫困群体		样本量
民族					
维吾尔族	945	TS%：34.86%	1751	TS%：64.59%	TS：2711
		P%：99.16%		NP%：99.60%	P：953
汉族	8	TS%：0.29%	7	TS%：0.26%	NP：1758
		P%：0.84%		NP%：0.40%	
语言					
普通话	387	TS%：14.40%	652	TS%：24.26%	TS：2688
		P%：41.04%		NP%：37.36%	P：943
维吾尔语	556	TS%：20.68%	1093	TS%：40.66%	NP：1745
		P%：58.96%		NP%：62.64%	
户口					
农村户口	930	TS%：34.25%	1707	TS%：62.88%	TS：2715
		P%：97.48%		NP%：96.93%	P：954
城市户口及其他	24	TS%：0.88%	54	TS%：1.99%	NP：1761
		P%：2.52%		NP%：3.07%	
收入情况					
收入（元）	1304.542		15014.98		TS：2726 P：959 NP：1767

[①]　该部分主要以有收入登记值的2726个样本为有效分析对象。需要说明是，此次调查问卷中未设计"是否为已定贫困户"的相关问题，因此虽然使用标准相同，并且可以肯定绝大多数的测度结果也是一样的，但可能本文确定的贫困人员不一定同前期明确的国定贫困户完全一致。于是，将本文数据同国家贫困数据进行对比或联合研究，可能恰为相互检验是否存在贫困漏评及错退提供了可能。

类别	贫困群体		非贫困群体		样本量
收入情况					
农业收入（元）	1074.555		3532.656		TS：2708 P：956 NP：1752
非农收入（元）	239.2194		11533.61		TS：2705 P：948 NP：1757
教育					
家中有上学成员	716	TS%：26.27%	1273	TS%：46.70%	TS：2726 P：959 NP：1767
		P%：74.66%		NP%：72.04%	
家中没有上学成员	243	TS%：8.91%%	494	TS%：18.12%	
		P%：25.34%		NP%：27.96%	
小学	405	TS%：15.75%	845	TS%：32.87%	TS：2571 P：882 NP：1689
		P%：45.92%		NP%：50.03%	
初中	314	TS%：12.21%	691	TS%：26.88%	
		P%：35.60%		NP%：40.91%	
高中/中专	127	TS%：4.94%	120	TS%：4.67%	
		P%：14.40%		NP%：7.10%	
大学/大专及以上	36	TS%：1.4%	33	TS%：1.28%	
		P%：4.08%		NP%：1.95%	
外出务工与农业生产参与情况					
外出务工	38	TS%：1.46%	288	TS%：11.06%	TS：2604 P：910 NP：1694
		P%：4.18%		NP%：17%	
过去一年参与农业生产	568	TS%：21.25%	1359	TS%：50.84%	TS：2673 P：917 NP：1756
		P%：61.94%		NP%：77.39%	
农业参与时间超3个月	288	TS%：15.07%	716	TS%：37.47%	TS：1911 P：561 NP：1350
		P%：51.33%		NP%：53.04%	

类别	贫困群体		非贫困群体		样本量
非农工作状态					
自己是老板/合伙人	12	TS%：0.54%	112	TS%：5.08%	
		P%：2.03%		NP%：6.95%	
个体工商户	4	TS%：0.18%	75	TS%：3.4%	
		P%：0.68%		NP%：4.65%	
受雇于他人	30	TS%：1.36%	381	TS%：17.29%	
		P%：5.08%		NP%：23.64%	
劳务工/劳务派遣人员	4	TS%：0.18%	97	TS%：4.4%	TS：2203
		P%：0.68%		NP%：6.02%	P：591
零工/散工	2	TS%：0.09%	28	TS%：1.27%	NP：1612
		P%：0.34		NP%：1.74%	
自家生意，领工资	63	TS%：2.86%	228	TS%：10.35%	
		P%：10.66%		NP%：14.14%	
自家生意，不领工资	337	TS%：15.30%	347	TS%：15.75%	
		P%：57.02%		NP%：21.53%	
自由职业者	139	TS%：6.31%	344	TS%：15.62%	
		P%：23.52%		NP%：21.34%	
性别					
男性	293	TS%：10.80%	922	TS%：33.97%	TS：2714
		P%：30.75%		NP%：52.36%	P：953
女性	660	TS%：24.32%	839	TS%：30.91%	NP：1761
		P%：69.25%		NP%：47.64%	
婚姻状况					
已婚	614	TS%：22.62%	1488	TS%：54.81%	
		P%：64.16%		NP%：84.64%	TS：2715
离异	54	TS%：1.99%	98	TS%：3.61%	P：957
		P%：5.64%		NP%：5.57%	NP：1758
未婚	289	TS%：10.64%	172	TS%：6.34%	
		P%：30.20%		NP%：9.78%	

续表

类别	贫困群体		非贫困群体		样本量
年龄					
平均年龄	35		37		
0~23 岁（人数）	294	TS%：10.8%	125	TS%：4.59%	TS：2722
		P%：30.72%		NP%：7.08%	P：957
24~45 岁	426	TS%：15.65%	1270	TS%：46.66%	NP：1765
		P%：44.51%		NP%：71.95%	
46~65 岁	206	TS%：7.57%	340	TS%：12.49%	
		P%：21.53%		NP%：19.26%	
65 岁以上	31	TS%：1.14%	30	TS%：1.1%	
		P%：3.24%		NP%：1.70%	
健康状况					
患有慢性病	203	TS%：7.67%	292	TS%：11.04%	TS：2645
		P%：22.14%		NP%：16.90%	P：917 NP：1728
严重疾病	127	TS%：4.67%	154	TS%：5.67%	TS：2714
		P%：13.33%		NP%：8.75%	P：953 NP：1761
有心理健康问题（经常沮丧/焦虑/发脾气/生气）	15	TS%：0.6%	14	TS%：0.56%	TS：2498
		P%：1.77%		NP%：0.85%	P：849 NP：1649
党员、干部					
党员	25	TS%：0.92%	126	TS%：4.64%	TS：2714
		P%：2.62%		NP%：7.16%	P：953 NP：1761
村/县/乡干部	4	TS%：0.15%	52	TS%：1.92%	TS：2712
		P%：0.42%		NP%：2.95%	P：950 NP：1762
金融资产					
家中有5000元以上现金	307	TS%：11.75%	681	TS%：26.07%	TS：2612
		P%：33.41%		NP%：40.22%	P：919 NP：1693

续表

类别	贫困群体		非贫困群体		样本量
金融资产					
家中有 5000 元以上银行账户存款	250	TS%：11.46%	530	TS%：24.3%	TS：2183
		P%：33.2%		NP%：37.06%	P：753 NP：1430
农业资产					
牛：1 头以上	368	TS%：13.75%	701	TS%：26.19%	TS：2677
		P%：39.11%		NP%：40.38%	P：941 NP：1736
羊：10 只以上	224	TS%：8.3%	414	TS%：15.36%	TS：2696
		P%：23.70%		NP%：23.64%	P：945 NP：1751
驴：1 头以上	288	TS%：10.88%	552	TS%：20.85%	TS：2648
		P%：30.97%		NP%：32.13%	P：930 NP：1718
家禽：鸡/鸟 10 只以上	530	TS%：19.69%	1007	TS%：37.41%	TS：2692
		P%：56.03%		NP%：57.67%	P：946 NP：1746
农用车：1 辆以上	293	TS%：11.04%	671	TS%：25.28%	TS：2654
		P%：31.44%		NP%：38.97%	P：932 NP：1722
固定资产					
是否拥有土地	859	TS%：32.9%	1525	TS%：56.07%	TS：2720
		P%：89.85%		NP%：86.45%	P：956 NP：1764
人均土地面积在 1 亩以上	842	TS%：36.11%	1479	TS%：63.42%	TS：2439
		P%：99.88%		NP%：99.33%	P：853 NP：1586
拥有住房	853	TS%：31.29%	1586	TS%：58.18%	TS：2726
		P%：88.95%		NP%：89.76%	P：959 NP：1767
住房面积（平方米）	99.83		101.45		TS：2439 P：853 NP：1586

续表

类别	贫困群体		非贫困群体		样本量
公共设施的交通便利情况					
距离最近的城市、城镇距离（千米）	3.75		3.68		TS：2707 P：950 NP：1757
到最近城市、城镇需要的时间（分钟）	18.69		17.36		TS：2700 P：948 NP：1752
距离最近医疗机构距离（千米）	6.95		7.13		TS：2726 P：959 NP：1767
距离最近的医疗机构所需时间（分钟）	16.98		14.00		TS：2726 P：959 NP：1767
学校离家距离（千米）	580.48		102.16		TS：281 P：50 NP：231
上学单程花费的时间（分钟）	655.18		233.14		TS：281 P：50 NP：231
通信工具					
能使用电话	932	TS%：35.14% P%：99.25%	1702	TS%：64.18% NP%：99.36%	TS：2652 P：939 NP：1713
能使用手机	936	TS%：35.24% P%：99.68%	1708	TS%：64.31% NP%：99.48%	TS：2656 P：939 NP：1717
能使用互联网	523	TS%：19.62% P%：55.52%	1014	TS%：38.03% NP%：58.82%	TS：2666 P：942 NP：1724
生活条件（饮用水、厕所、燃料、浴室）					
过滤自来水/井水/瓶装水	60	TS%：2.21% P%：6.3%	150	TS%：5.52% NP%：8.51%	TS：2716 P：953 NP：1763

类别	贫困群体		非贫困群体		样本量
生活条件（饮用水、厕所、燃料、浴室）					
室内厕所/室外冲水式厕所	144	TS%：5.42%	301	TS%：11.33%	TS：2657
		P%：15.30%		NP%：17.54%	P：941 NP：1716
天然气/电力/煤油	37	TS%：1.39%	117	TS%：4.38%	TS：2671
		P%：3.9%		NP%：6.79%	P：948 NP：1723
家中有浴室情况	870	TS%：32.28%	1642	TS%：60.93%	TS：2695
		P%：91.97%		NP%：93.88%	P：946 NP：1749
互助关系					
帮助别的家庭进行农业生产	582	TS%：21.35%	1089	TS%：39.95%	
		P%：60.69%		NP%：61.63%	
接受过农业上的帮助	368	TS%：13.5%	667	TS%：24.27%	
		P%：38.37%		NP%：37.75%	
帮助别的家庭做家务或抚养孩子	259	TS%：9.50%	543	TS%：19.92%	TS：2726
		P%：27.01%		NP%：30.73%	P：959 NP：1767
接受过家务劳动或抚养孩子帮助	232	TS%：8.51%	466	TS%：17.09%	
		P%：24.19%		NP%：26.37%	
向别人借过钱或收到红包	329	TS%：12.07%	627	TS%：23%	
		P%：34.31%		NP%：35.48%	
借给别人或赠送红包	216	TS%：7.92%	72	TS%：17.31%	
		P%：22.52%		NP%：26.71%	
意外事件					
失地*	18	TS%：0.66%	18	TS%：0.66%	TS：2708
		P%：1.89%		NP%：1.03%	P：952 NP：1756
有收入者的意外死亡	3	TS%：0.11%	12	TS%：0.44%	TS：2714
		P%：0.32%		NP%：0.68%	P：940 NP：1764
无收入者的意外死亡	0		10	TS%：0.37%	TS：2714
				NP%：0.57%	P：949 NP：1765

类别	贫困群体		非贫困群体		样本量
意外事件					
失业	50	TS%：1.85%	84	TS%：3.1%	TS：2710
		P%：5.27%		NP%：4.77%	P：949 NP：1761
火灾	3	TS%：0.11%	2	TS%：0.07%	TS：2700
		P%：0.32%		NP%：0.11%	P：948 NP：1752
干旱或其他气象灾害	5	TS%：0.18%	2	TS%：0.07%	TS：2714
		P%：0.53%		NP%：0.11%	P：952 NP：1762
非农劳动面临危险	212	TS%：8.05%	487	TS%：18.48%	TS：2635
		P%：23.71%		NP%：27.97%	P：894 NP：1741
正面价值观（同意这类说法）					
汉族能成为自己的好朋友	906	TS%：33.77%	1702	TS%：63.44%	TS：2638 P：917
		P%：98.80%		NP%：98.90%	NP：1721
招待好来家的客人	931	TS%：34.70%	1723	TS%：64.22%	TS：2683 P：943
		P%：98.73%		NP%：99.02%	NP：1740
儿女应该平等继承父母的财产	903	TS%：34.78%	1648	TS%：63.48%	TS：2596 P：916
		P%：98.58%		NP%：98.10%	NP：1680
夫妻有分歧应该由丈夫做决定	570	TS%：27.89%	1108	TS%：54.21%	TS：2044 P：691
		P%：82.49%		NP%：81.89%	NP：1353
信守诺言	785	TS%：35.30%	1401	TS%：62.99%	TS：2224 P：800
		P%：98.13%		NP%：98.38%	NP：1424
不赞同聊别人的八卦	826	TS%：32.67%	1547	TS%：61.19%	TS：2528 P：884
		P%：93.44%		NP%：94.10%	NP：1644
不赞同女人最好在家工作	681	TS%：28.73%	1299	TS%：54.81%	TS：2370 P：825
		P%：82.55%		NP%：84.08%	NP：1545

续表

类别	贫困群体		非贫困群体		样本量
正面价值观（同意这类说法）					
不赞同赌博	561	TS%：33.45%	1005	TS%：59.93%	TS：1677 P：596 NP：1081
		P%：94.13%		NP%：92.97%	
不赞同诅咒、骂人	802	TS%：33.54%	1420	TS%：59.39%	TS：2391 P：860 NP：1531
		P%：93.26%		NP%：92.75%	
总体而言，大多数人是值得信任的	394	TS%：26.44%	727	TS%：48.79%	TS：1490 P：517 NP：973
		P%：76.21%		NP%：74.72%	
未来生活信心					
可以通过自己的行动和选择决定未来	908	TS%：34.76%	1691	TS%：64.76%	TS：2611 P：911 NP：1700
		P%：99.67%		NP%：99.47%	
只要努力就能提升生活状况	936	TS%：34.85%	1743	TS%：64.89%	TS：2686 P：940 NP：1746
		P%：99.57%		NP%：99.83%	
未来失去工作或下岗可能性不大	777	TS%：29.17%	1408	TS%：52.85%	TS：2664 P：931 NP：1733
		P%：83.46%		NP%：81.25%	
和现在相比未来工作状况会变好	834	TS%：31.28%	1546	TS%：57.99%	TS：2666 P：934 NP：1732
		P%：89.29%		NP%：89.26%	
未来收入会变多	757	TS%：28.41%	1431	TS%：53.70%	TS：2665 P：933 NP：1732
		P%：81.14%		NP%：82.62%	
未来工作压力变小	493	TS%：18.48%	881	TS%：33.02%	TS：2668 P：935 NP：1733
		P%：52.73%		NP%：50.84%	
未来家庭方面的压力变小	572	TS%：21.07%	1070	TS%：39.41%	TS：2715 P：954 NP：1761
		P%：59.96%		NP%：60.76%	

注：（1）＊此处是指依法被征收。（2）表中栏目明确标有计量单位的数值表示平均值；其余未标单位的数值表示样本数或在总样本及贫困群体和非贫困群体中的占比，TS 表示总样本，P 表示贫困群体样本数，NP 表示非贫困群体样本数；相应地 TS% 表示在总样本中的占比，P% 表示在贫困群体中的占比，NP% 表示在非贫困群体中的占比。

资料来源：笔者整理所得。

通过对贫困群体和非贫困群体的相关数据对比分析，可以发现贫困群体或低收入群体与非贫困群体相比的确在一些基本方面存在较为显著的特征，当然在另一些方面大致相同或者说差异并不显著甚至根本不存在。以下以于田县贫困群体样本为例，先就贫困群体不同于非贫困群体的明显特征进行说明。

（一）贫困人口数量多、收入低，贫困率仍然很高

经处理的样本收入值分布如图 4 - 18 所示，可以发现，收入分布基本呈正态分布，这表明从收入角度考量的样本基本符合随机抽样的特征。受访群体的平均年收入为 10191.68 元，有收入登记的样本共计 2726 人，按 2017 年收入贫困线 3300 元计算，高于贫困线的人口有 1767 人，低于贫困线的人口有 959 人，[①] 贫困发生率高达 35.18%。[②] 低收入群体依然偏多，贫困人口占比依然过高。据相关统计资料显示，截至 2017 年底，全国贫困发生率为 3.1%，三区三州[③]的贫困发生率为 46%，新疆地区的贫困发生率为 11.57%，和田地区的贫困发生率为 30.69%，[④] 南疆四地州的贫困发生率为 18.3%。[⑤] 对比可见（存在不可比因素），调研样本的贫困发生率只比三区三州低些，却远高于当年其他地区的贫困发生率。

（二）贫困人口的收入严重低于非贫困人口，收入分配不均

表 4 - 2 中数据显示，高于 2017 年收入贫困线的 1767 人的平均收入为 15014.98 元/人，而低于贫困线的 959 人的年均收入为 1304.542 元/人，仅为贫困线以上平均收入的 1/10，即贫困人口与非贫困人口的收入差别在 10 倍以上。调研样本中有收入登记值的居民人均年收入为 10191.68 元，并不是很低，但方差却高达 12215.56。进一步分析收入差别可知，无论是采用基尼系数还是泰尔指数

---

① 该贫困人口数及贫困发生率是基于剔除收入缺失值后的样本量 2726 个计算所得。

② 本次调研时间为 2018 年，但受访者关于收入的回答涉及的是 2017 年的年收入值。因此，本文计算的是 2017 年的贫困发生率。其中若按家庭人均收入低于 3300 元的标准计算，可得出 2017 年贫困发生率为 34.12%，和按个人计算的相差不大。由于调查中受访样本家庭的成员不全，因此这里计算的贫困发生率是按个人年均收入计算所得。这样计算得出的贫困发生率与当地官方公布 31% 的整体贫困发生率略有差异，但只是略高些即出入不大，是具有代表性的（另外若按常用的相对贫困标准 30% 收入百分位计算贫困人口，则低于 30% 收入百分位（4000 元）的人口数为 1026 人，占比 37.64%）。同时，我们认为，基于个体收入测算的贫困群体，同样有助于我们了解贫困个体的特征。

③ 三区三州是国家层面的深度贫困地区，其中三区指西藏、新疆南疆四地州和四川的藏区；三州指甘肃的临夏州、四川的凉山州和云南的怒江州。

④ 资料来源：克孜勒苏柯尔克孜自治州人民政府：《克州脱贫攻坚基本情况》，2018 年 11 月 5 日，http：//www.xjkz.gov.cn/P/C/22586.htm。

⑤ 资料来源：中国电力新闻网：《南疆四地州：尽锐出战　决胜脱贫》，2020 年 1 月 9 日，https：//baijiahao.baidu.com/s?id=1655233417430258452&wfr=spider&for=pc。

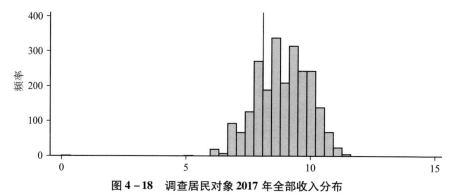

图 4 – 18　调查居民对象 2017 年全部收入分布

资料来源：笔者整理所得。

为测度指标，均表明收入不平等程度较高。而不同的收入百分位数对应的收入绝对值的比值，也进一步说明了受访居民之间的存在较大的收入差距（见表 4 – 3）。

表 4 – 3　　　　　按不同收入差别指标测度的居民调查对象的收入差距

收入差距指标	指标定义	数值
基尼系数	有收入值的样本基尼系数	0.57
泰尔指数	有收入值的样本泰尔系数	0.43
P90/P10	第 90 百分位与第 10 百分位数上的个人总收入比率	27
P90/P50	第 90 百分位与第 50 百分位数上的个人总收入比率	3.6
P50/P10	第 50 百分位与第 10 百分位数上的个人总收入比率	3.75

注：样本量为有收入登记者的 2726 个样本。
资料来源：根据调研数据计算所得。

　　为了直观起见，我们将位于不同收入百分位的人群置于收入百分位金字塔中，如图 4 – 19 所示，从下往上依次标示收入层次的提高。不同百分位上的收入临界值越大，低于该收入临界值贫困人口占比即越高。不同收入分位数处的临界收入值之间也存在较大差距，例如，收入 10% 分位数的收入值为 2000 元，收入 90% 分位数的收入值高达 27000 元，二者差距很大。从收入百分位值来看，位于收入百分位 70%（14000 元）才超过样本平均收入值，从另一种视角再度证实样本中低于平均收入的人口仍占主要部分，也可以反映出居民收入间存在较大差距。

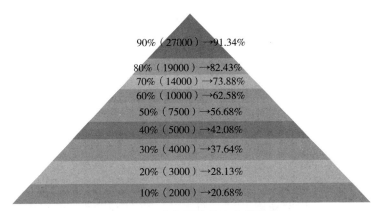

图 4 - 19　收入百分位金字塔分布

注：括号前的百分数表示收入分位点，括号内的数值代表收入百分位对应的收入值，箭头后的百分数表示收入低于与之对应的分位点收入值以下的人口比率。

资料来源：笔者整理得到。

（三）贫困群体主要依靠农业收入，从事非农工作的比例较低

前面进行收入构成分解时我们发现，非农收入是全部样本总收入的主要来源。但分贫困人口与非贫困人口对比考察时则能发现一些显著差异。细分数据表明，对于贫困群体而言，农业收入依然是其主要收入来源（见图 4 - 20），即受访家户中贫困群体的农业收入占比明显高于其非农业收入。具体而言，贫困人群年均非农收入为 239.22 元/人，年均农业收入为 1070.55 元/人，即农业收入多于其非农业收入；而非贫困人口的年均非农收入为 11533.61 元/人，年均农业收入为 3532.66 元/人，即农业收入只占其总平均收入的不足 1/5，非农收入远大于

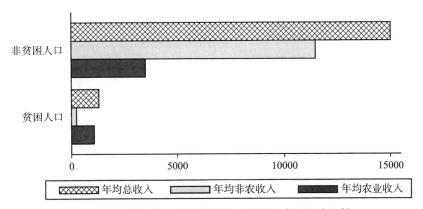

图 4 - 20　贫困人口和非贫困人口的收入来源构成比较

资料来源：笔者整理得到。

农业收入。此外，参与农业生产的贫困群体（568 个贫困人口）有 288 人农业参与时间超过 3 个月，非贫困人口中参与农业生产的 1359 人中有 716 人的农业生产时间超过 3 个月，均超过半数以上。概括而言，非贫困人口以非农收入为主要收入来源，而贫困人口则以农业收入为主要来源，且贫困人口的非农收入和农业收入都远低于非贫困人口的。这表明，收入来源单一或非农收入低是该地区贫困的主要原因。

从表 4-2 中就业方式可看出，① 贫困群体中外出务工人数、非农工作状况都远不如非贫困群体。外出务工有可能是非农收入的重要来源，数据表明，贫困群体和非贫困群体的外出务工比例存在巨大差异，贫困群体的这一比例为 4.18%，而非贫困群体的这一比例高达 17%。进一步考察收入发现，家户中有成员外出务工或从事非农劳动，能够明显改变家庭收入结构，增加家庭收入，如表 4-4 所示，有外出务工人员家庭的人均年收入，高于无外出务工人员家庭的人均年收入；而且无论贫困与否，有外出务工家庭的人均年收入都是无外出务工家庭人均年收入的 1.3 倍左右。

表 4-4　　　　　　　　贫困、非贫困家庭外出务工与否的收入情况比较

务工与否	贫困家庭人均年收入	非贫困家庭人均年收入	整体人均年收入
有外出务工人员（元）	1673.395	18611.33	16636.97
无外出务工人员（元）	1285.169	14406.97	9384.05
有无外出务工收入比	1.3	1.3	1.7

资料来源：笔者整理得到。

从非农工作状况来看，除了在自家帮忙生意不领工资这一项外，贫困人口的非农工作状况都远不及非贫困人口，无论是作为劳务派遣，还是零工、散工、个体工商户、自己是老板、受雇于他人、自家生意等，其数量和占比都极低（具体参见表 4-2 中非农工作状况统计数据）。贫困人口外出务工、农业参与、非农就业占比情况都低于非贫困人口（具体参见表 4-2 中非农工作状态统计数据）。贫困人口的非农工作渠道有限，在很大程度上限制了其增收渠道。

综合上述，贫困人口农业参与时间和外出务工等非农就业方面的数量和占比，都低于非贫困人口，而且为自家生意免费帮忙又是贫困群体非农就业中占比最高的一项，这表明在贫困群体中失业现象较为严重，从而也成为致贫的重要原因之一。

———————————

① 数据显示，所有受访者中 40.44% 在过去一年中参与过农业劳动，17.67% 未参与过农业活动，还有 41.89% 参与情况未知；而参与农业生产活动的居民的参与时间长短不一，少则几日，多则一整年。

再结合耕地面积分析，虽然包产到户体制强调平均分配，贫困人口和非贫困人口的平均土地面积相差不大，贫困人口平均土地面积为 8.598 亩，非贫困人口的平均耕地面积为 7.414 亩，但拥有土地的非贫困人口数量（1525 人）远多于贫困人口数量（859 人）。而耕地质量差且人均耕地面积不足，是新疆南疆四地州贫困的共性根源，也是于田县居民收入提高的重要制约因素；当地日趋恶化的自然环境以及有限的可耕种土地资源，都限制了农业活动收益率。因此，在农业增收潜力不足且可耕土地资源有限的情况下，非农就业应该成为解决当地绝对贫困的重要途径。

（四）贫困群体中女性多、未婚人口多，青壮劳动力不足

由表 4-2 可知，在性别比例方面，贫困群体中女性（660 人）远多于男性（293 人），而非贫困群体中男性（922 人）和女性（839 人）比例差别不大。在婚姻状况方面，贫困群体中未婚、离异的人数（343 人）多于非贫困人口（270 人）。从年龄分布来看，贫困群体在 0～65 岁的不同年龄段人口数量都低于非贫困人口（具体参见表 4-2 和图 4-21），其中，0～23 岁年龄段是以学生为主的未就业群体，而贫困人口中该年龄段人数（294 人）远多于非贫困人口（125 人），贫困群体中有 716 人属于在学状态（占贫困群体人口的 74.66%），换言之贫困群体中没有收入的人口居多。相应地，在 24～45 岁、45～65 岁通常是作为劳动力进入劳动力市场赚取收入的时期，贫困人口的比例远低于非贫困人口，即贫困群体有收入的人口比例远低于非贫困群体。而 65 岁以上没有收入的老年人，贫困和非贫困群体人数差别不大，比例则增大。

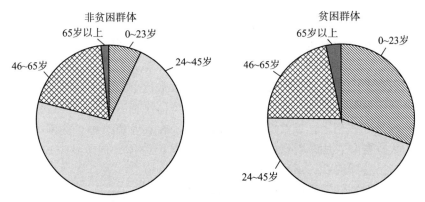

图 4-21　贫困户与非贫困户年龄分布对比

资料来源：笔者整理得到。

（五）贫困群体中干部、党员数量明显低于非贫困群体

根据数据绘制的图4-22可以看出，贫困群体中具有党员、村干部身份的比重远低于非贫困群体。这些正是诸多文献中称之为社会资本的指标。[①] 所谓社会资本即具有党员、干部的政治身份，可以在社会上更为广泛地获取信息，在这些社会组织内部其成员之间的紧密联系，能够增加个体获得各种资源的机会，从而直接或间接地影响居民的收入水平。可见，社会资本占比是影响居民贫富的重要指标之一。

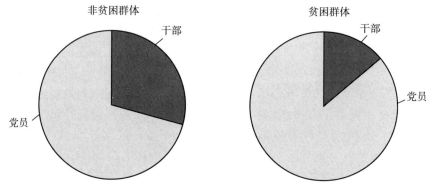

图4-22　贫困群体与非贫困群体党员、干部占比

资料来源：笔者整理得到。

（六）贫困群体金融资产、农业资产少，抵抗风险能力差

大量研究表明，资产的巨大差距是收入分化和收入不平等的重要表现和原因，这一现象在于田县也同样存在。由表4-2可知，贫困群体中占有金融资产（包括家庭现金和银行存款）超过5000元以上的人数占比，仅为非贫困群体的一半。在固定资产方面，贫困群体中拥有土地的人数比例以及土地面积比例大致相当或仅略低于非贫困群体；在住房方面，贫困群体中拥有住房的人口比例和人均住房面积也是大致相当，或略低于非贫困群体。在农业资产中，贫困人口所在家庭拥有的大牲畜和农用车数量的比例远低于非贫困群体，但羊及家禽（鸡、鸟）等大致相当。整体而言，该地区贫困户占有的金融资产、农业资产的脆弱性均较高，很大程度上制约了当地家庭的生产和消费能力。

---

① 帕萨·达斯古普特：《社会资本：一个多角度的观点》，中国人民大学出版社2005年版。

（七）贫困群体接近学校等公共基础设施的可达性较差

由表 4 - 2 可知，在公共设施的交通便利程度方面，贫困群体和非贫困群体对于不同类型的基础设施的可达性表现不同。例如，两个群体到达最近城市、城镇和医疗机构的距离差异并不大，两个群体家庭距离最近城市、城镇的平均距离均在 3.71 千米作用，平均用时 18 分钟左右；距离最近医疗机构的平均距离在 7.04 千米，平均用时在 15.5 分钟左右。但是，两个群体距离最近学校的距离却呈现出巨大差异。具体而言，贫困户家中上学成员距离学校的距离远大于非贫困户，上学途中的耗时也远长于非贫困群体，其中，贫困户距离学校的平均距离长达 580.48 千米，单程平均耗时 11 小时；非贫困户则为 102.16 公里，单程平均耗时 4 小时。

（八）贫困群体占有大致相同的通信工具但互联网使用率略低

就整体而言，无论贫困群体还是非贫困群体，在电子通信方面普及率较高，电话使用率和手机使用率比例均接近 100%，比例很高。但是互联网的使用率贫困群体和非贫困群体的比例分别为 55.52% 和 58.82%，贫困群体略低 3 个多百分点，结合前面关于教育水平等分析，这个差异与受教育程度无关，可能与年龄层次及费用较高相关，即贫困群体中老年人较多，从而导致使用互联网的稍低些。总体看来，都略低于全国 2018 年 60% 的全国水平；但考虑到调研地区多为农村地区，这一水平远高于全国农村 38.4% 的平均水平。① 当然，实地调研中发现，当地居民家中生活设施都极为简陋，访户家中的其他电子设备、家用电器存有量仍然较少。

（九）贫困群体面临疾病痛苦和更高的健康风险

贫困群体和非贫困群体距离最近城镇、医疗机构距离相差不大，在平均耗时上也相差不多（具体参见表 4 - 2），这为居民就业和就医提供了极大便利，保障受访居民群体整体上出行方便和健康状况较好。但两个群体的健康状况却表现出明显差异，总体表现为贫困群体面临更高的健康风险，健康风险表现在多个方面。具体而言，在患有慢性病和严重疾病方面，贫困群体的比例均高于非贫困群体，比如贫困群体中患慢性病、严重疾病和有心理健康问题的比例分别为 22.14%、13.33% 和 1.77%，均高于非贫困群体，非贫困群体对应的数值分别为 16.90%、8.75% 和 0.85%。在医疗基础设施可达性差异不大的情况下，贫困群

---

① 截至 2018 年末，全国互联网普及率达 59.6%，城镇地区互联网普及率为 74.6%，农村地区互联网普及率为 38.4%。具体参见：https：//baijiahao.baidu.com/s？id=1634026710442092318&wfr=spider&for=pc。

体表现出明显的健康问题，说明健康问题可以是导致贫困的重要原因。

（十）贫困群体住房改善但饮用水、燃料、厕所等生活条件较差

在几次调研过程中，调研团队都进行了入户考察，当地居民在住房面积上已得到了极大改善，但在其他生活条件方面依然存在很大问题，安全饮用水源、炊事能源以及厕所卫生、洗浴条件都有待改善。由表4－2可知，在饮用水方面，贫困群体仅有6.3%家中是过滤的安全饮用水，低于非贫困群体8.51%的水平。据国际卫生组织检测表明，未过滤的自来水中含致癌物质多达25种，另有12种结石物质，而污染严重的自来水中最多可含有害物质高达700多种。90%的尿结石、胆结石都是饮用不健康自来水导致的，而这两种结石病正是当地高发疾病之一。在厕所类型方面，贫困户中厕所环境比非贫困群体差，其中贫困群体中采用室内/室外冲水式厕所类型仅为15.30%，非贫困群体中则为17.54%。在炊事燃料方面，贫困户中采用非清洁炊事燃料的现象较为普遍，其中贫困户中采用清洁炊事燃料的贫困群体占比为3.9%，低于非贫困群体的6.79%。所以，生活条件的差异可能是两个群体健康状况不同的一个重要原因。但是，两个群体家中是否有浴室的情况差别不大，贫困群体和非贫困群体占比分别为91.97%和93.88%；如此高的浴室拥有比例，可能得益于政府统一实施的住房项目。

（十一）贫困群体在生产生活互助关系上较非贫困群体稍低

在人际关系方面，由表4－2可知，贫困群体内部和非贫困群体内部在农业生产、家政及资金方面的互助关系上没有显著差异。具体而言，在农业生产方面，贫困群体主动帮助他人进行农业生产、接受他人农业生产帮助的比例分别为60.69%和38.37%，非贫困群体的这一数据为61.63%和37.75%，分别各差一个点。

在家务互助方面，贫困群体帮助他人进行家务劳动或抚养孩子的比例、接受他人这方面帮助的比例相对稍微低于非贫困群体3～4个百分点。有效实行家政互助，为贫困户提供公益岗位，既能解决无法离乡、无业可扶、无力脱贫的"三无"贫困户脱贫问题，又能解决老弱病残贫困户缺人照料的问题。而得到他人帮助的家庭也会同样尽自己所能帮助他人，充分挖掘整合贫困人口的人力资源和爱心资源，这也是抱团脱贫的有效方式之一。

在资金互助方面，贫困群体借入或收纳他人钱财、借给或赠送他人钱财的比例分别为34.31%和22.52%；非贫困群体的该组数据分别为35.48%和26.71%，较贫困群体占比都较高些。"来而不往非礼也""人之有德于我也，不可忘也"是乡土中国礼尚往来的朴素观念，在社会学视野下，互助行为是一种涉及人际关系、人际信任、社会网络等社会性因素的人格化交易。良好的人际关系、信任和社会网络关系能够促进贫困地区资源的有效配置，进而提高农户收入水平。

除了以上各个方面的差异外，于田县的调查资料表明，在教育方面，特别是价值观和信心方面，贫困群体和非贫困群体之间并不存在显著差异。这说明两类群体并非截然不同的两种社会，贫困群体中可能并不存在所谓的"贫困文化"，相反在若干方面存在相同的社会文化基础。这也为扶贫脱贫工作提供了积极条件，即可能通过脱贫攻坚努力，将贫困群体逐步变为具有非贫困特征的群体，或者说使贫困群体逐步一体化融入非贫困群体。具体而言，这些贫困群体和非贫困群体差异不大，或者大致相同的方面如下：

（十二）贫困群体在受教育程度、普通话水平等方面与非贫困群体大致相同，普遍较低

图4-23显示的是调研对象的受教育情况，以及前一部分的总体情况分析都表明，当地全体居民的受教育水平普遍偏低，平均受教育年限仅为5.47年，即小学以下水平，远未达到义务教育水平。其中，图4-24展示了贫困人口和非贫困人口的受教育水平比较，不同于通常认为的贫困群体可能存在特定的"贫困文化"，数据显示，贫困群体在受教育水平方面同非贫困群体不存在特定差异，甚至在更高层次的教育阶段要略优于非贫困群体，具体而言，贫困群体在小学、初中、高中/中专及大学/大专及以上的比例分别为45.92%、35.6%、14.4%和4.08%；非贫困群体对应的比例依次为50.03%、40.91%、7.1%和1.95%。因此总体而言，教育同收入之间的正向联系依然有效，为此我们在图4-25中汇报了受教育水平和收入水平的关系图。

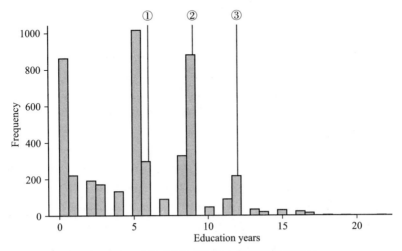

图4-23　居民调查对象个人受教育年限统计

注：图中第①条线表示小学水平，第②条线表示初中水平，第③条线表示高中水平。
资料来源：笔者整理得到。

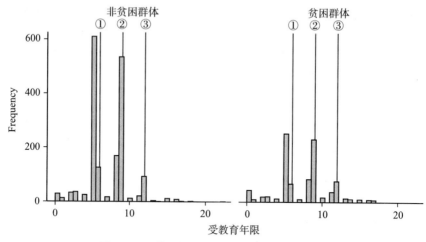

图 4 – 24　贫困与非贫困群体受教育年限对比

注：图中第①条线均表示小学水平，第②条线表示初中水平，第③条线表示高中水平。
资料来源：笔者整理得到。

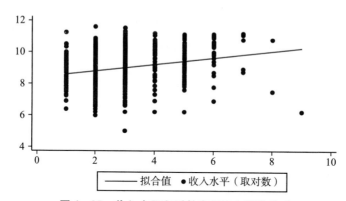

图 4 – 25　收入水平和受教育程度之间的关系

资料来源：笔者整理得到。

　　图 4 – 25 显示，收入和教育水平之间存在正向相关关系，简单拟合曲线表明，受教育程度越高获取收入的能力越强，因此，需要进一步提高包括贫困居民在内的全体居民的教育水平，才能切实脱贫，甚至对阻断贫困的代际传递也可能行之有效。

　　同样教育水平普遍较低相关的是当地居民的普通话普及程度低，这也是该地区普遍存在的问题，可能也是影响劳动力外出就业的重要原因，但在贫困群体和非贫困群体间比较就普通话的掌握程度也不存在显著差异，甚至贫困群体的普通话掌握比例要高于非贫困群体。表4－2数据显示，贫困群体会讲普通话的比例为41.04%，高于非贫困群体的37.36%。但不管哪个群体的如此比例都比较低，主要原因是市场经济冲击下新疆地区多年来在普通教育中片面强调民族差异，而严重忽略了对各民族进行系统的普通话训练，从而导致整体普通话掌握程度逐年降低的。

（十三）贫困群体在价值观和生活态度方面与非贫困群体基本相同

表4－2数据表明，在人生价值观方面，贫困与非贫困群体的价值观大致相同。具体而言，在能够与汉族人员成为好朋友这一问题上，贫困群体与非贫困群体，这方面的认同度都很高；在应该招待好来家里的客人这方面，无论贫困与否同意这一说法的占多数；在儿女应该平等继承父母财产这一问题上，贫困和非贫困群体的认同度都比较高；在夫妻之间出现分歧时，贫困与非贫困群体中都有82%左右认为应该由丈夫做决定，这虽然两个群体之间不存在显著差异，但总体比例略低于其他项目；在信守诺言方面，同意这一说法的贫困群体甚至略高于非贫困群体；此外，无论贫困与否，多数人不赞同聊他人八卦、赌博、诅咒和辱骂他人以及女性最好在家工作，但在这些问题方面，贫困群体的占比略低于非贫困群体；在社会信任方面，大多数人认为是值得信任的，贫困群体占比甚至略高，但总体占比在70%多。

在生活态度方面，两个群体内部同样不存在显著差异。具体就各自内部比例而言，两个群体绝大部分均认为可以通过自己的行动和选择决定未来；认为只要努力就能提升生活状况；在未来工作状况方面，认为未来失去工作或下岗的可能性不大、未来工作状况会变好、未来收入会增加；在对未来工作压力会变小、未来家庭压力会变小方面的乐观程度上，贫困群体则更加积极乐观。

二、和田地区于田县贫困影响因素回归分析

上述分析是直接基于调研数据，从10多个方面对于田县居民贫困特征的描述。为进一步证实和分析不同特征对贫困的影响，本章将上述若干特征作为影响因素，做关于贫困状况的简单回归分析，考察这些因素对贫困状况及其变动的影响方向和影响程度。

表4－5中记录了各变量的统计数据特征，参与回归的最终样本量为1875个，其中剔除了变量缺失值和无效值。

表4-5　　　　　　　　　　　　变量统计数据特征描述性分析

	变量	定义	均值	最小值	最大值
因变量	贫困	收入低于3300元=1,否则=0	0.352	0	1
个体特征	教育水平	受访者受教育年限	7.160	0	22
	语言	会讲普通话=1,否则=0	0.387	0	1
	婚姻状况	已婚=1,否则=0	0.774	0	1
	年龄	受访者实际年龄	36	2	87
	性别	男性=1,女性=0	0.453	0	1
	健康状况	患有慢性病/严重疾病/有心理健康问题=1,否则=0	0.217	0	1
组织成员	党员或干部	是村/乡/县干部或党员=1,否则=0	0.062	0	1
就业	务农	参与农业劳动=1,否则=0	0.723	0	1
	外出务工	外出务工=1,否则=0	0.131	0	1
资产	农业资产	家中牛、羊、驴、鸡/鸟、农用车数量	29	2	35
	金融资产	家中有5000元以上现金或存款=1,否则=0	0.633	0	1
	土地	受访者所在家庭拥有土地=1,否则=0	0.876	0	1
通信工具	互联网使用	能够使用互联网=1,否则=0	0.572	0	1
生活条件	饮用水、炊事燃料、厕所、浴室	家中使用煮沸/过滤自来水/井水、桶装水;炊事燃料采用清洁能源;厕所类型是室内或室外冲水式;家中有浴室,满足上述情形之一=1,否则=0	0.902	0	1
公共设施便利程度	据最近城镇、医疗机构、学校距离	到最近城镇、医疗机构、学校距离在5千米以内=1,否则=0	0.506	0	1
主观态度	价值观*	表4-3中正面价值观得分加总	6.972	0	10
	生活信心	表4-3中未来生活信心得分加总	2.477	0	5
互助关系	互助关系	表4-3中互助关系得分加总	2.843	1	6

注:(1) *由于表4-3中在统计负面价值观、生活信心、互助关系情况时是将符合情况的记为1,因此在此处处理时将符合问题情况的记为1分。(2) 在具体进行回归计量时,价值观、生活信心、互助关系均做了标准化处理。

资料来源:笔者整理得到。

为确保回归结果的稳健性,且被解释变量贫困率属于二值变量,本章主要使用了更适宜二值变量的 Logit 回归和 Tobit 回归,作为对比也采用了 OLS 回归,回归结果如表4-6所示。

表 4 - 6　　　　　　　　　　和田地区于田县贫困影响因素回归结果

变量	模型（1）Logit		模型（2）Tobit	模型（3）OLS
	系数	边际系数	边际系数	系数
教育水平	- 0. 340 ** (0. 164)	- 0. 0601 ** (0. 0287)	- 0. 055 ** (0. 027)	- 0. 055 ** (0. 026)
语言	- 0. 086 (0. 134)	- 0. 0151 (0. 0237)	- 0. 015 (0. 024)	- 0. 015 (0. 024)
婚姻状况	- 0. 306 (0. 195)	- 0. 0541 (0. 0344)	- 0. 061 * (0. 034)	- 0. 061 * (0. 035)
年龄	- 0. 214 *** (0. 040)	- 0. 0379 *** (0. 0068)	- 0. 039 *** (0. 005)	- 0. 039 *** (0. 005)
年龄的平方	0. 249 *** (0. 046)	0. 0439 *** (0. 0077)	0. 045 *** (0. 006)	0. 045 *** (0. 006)
性别	- 1. 128 *** (0. 121)	- 0. 1993 *** (0. 0203)	- 0. 192 *** (0. 021)	- 0. 192 *** (0. 021)
健康状况	0. 446 *** (0. 145)	0. 0788 *** (0. 0255)	0. 083 *** (0. 027)	0. 083 *** (0. 026)
组织成员	- 0. 840 ** (0. 340)	- 0. 1485 ** (0. 0594)	- 0. 116 *** (0. 044)	- 0. 116 *** (0. 042)
务农	- 0. 610 *** (0. 180)	- 0. 1078 *** (0. 0316)	- 0. 105 *** (0. 031)	- 0. 105 *** (0. 031)
外出务工	- 1. 468 *** (0. 240)	- 0. 2595 *** (0. 0408)	- 0. 204 *** (0. 030)	- 0. 204 *** (0. 031)
公共设施便利程度	- 1. 466 *** (0. 429)	- 0. 2591 *** (0. 0753)	- 0. 253 *** (0. 065)	- 0. 253 *** (0. 064)
互联网使用	- 1. 084 ** (0. 422)	- 0. 1919 *** (0. 0743)	- 0. 194 *** (0. 067)	- 0. 194 *** (0. 068)
农业资产	- 0. 023 (0. 361)	- 0. 0040 (0. 0637)	- 0. 001 (0. 073)	- 0. 001 (0. 074)
金融资产	- 0. 332 *** (0. 124)	- 0. 0586 *** (0. 0218)	- 0. 058 *** (0. 022)	- 0. 058 *** (0. 022)
土地	- 0. 654 *** (0. 207)	- 0. 1155 *** (0. 0362)	- 0. 108 *** (0. 035)	- 0. 108 *** (0. 035)

续表

变量	模型（1）Logit		模型（2）Tobit	模型（3）OLS
	系数	边际系数	边际系数	系数
生活条件	-0.442 ** (0.219)	-0.0780 ** (0.0387)	-0.076 * (0.039)	-0.076 * (0.039)
价值观	-0.326 (0.232)	-0.0575 (0.0410)	-0.058 (0.042)	-0.058 (0.043)
生活信心	-0.300 ** (0.135)	-0.0530 ** (0.0238)	-0.055 ** (0.025)	-0.055 ** (0.025)
互助关系	-0.041 (0.096)	-0.0073 (0.0169)	-0.005 (0.017)	-0.005 (0.017)
样本量	1875	1875	1875	1875
模型整体拟合度	Pseudo R^2 = 0.17247 ***	Pseudo R^2 = 0.1724 ***	R^2 = 0.1916 ***	Pseudo R^2 = 0.1865 ***

注：（1）*** 、** 和 * 分别表示1%、5%和10%的显著性水平。（2）括号内的数字为标准误。
资料来源：笔者整理得到。

通过对表4-6中的回归分析结果进行分析发现：提高受教育水平、改进健康状况、谋取正当职业（外出务工或者务农）、当选村干部或党员、提高公共基础设施（学校、医院、交通）、普及现代通信工具（互联网可获得性）、增加金融资产（现金、存款）以及固定资产（土地）、改善生活条件、树立积极的生活信心等，都能够在很大程度上显著降低贫困程度。

以 Logit 模型的估计结果为例，受访者受教育年限每增加一年，可减少贫困概率约6%；若家中有一患病成员（有慢性病、严重疾病或心理健康问题），会增加贫困风险8%左右；增加一名务农成员，可降低贫困概率10%左右；而增加一名外出务工人员，将降低贫困风险25%左右；若家庭中有一干部或党员，可降低贫困概率14%左右。提高公共基础设施（学校、医院、交通）的便利度，可降低贫困风险26%左右；而增加互联网的可获得性降低贫困概率19%左右。在占有资产方面，家中有现金或存款超过5000元，可降低贫困概率6%左右，增加一标准单位固定资产（土地），可降低贫困概率11%左右；在生活条件方面的改进（使用安全饮水、清洁燃料、干净厕卫、有浴室），可降低贫困概率8%左右；树立积极的生活信心，可降低贫困概率约5%。此外，不婚或女性群体陷入贫困的可能性高于已婚群体及男性，年龄和贫困之间呈"U"型关系，即青年、壮年时期贫困风险最小。表4-6中不同模型的估计结果比较，表明差别不大，可进一步说明估计结果的稳健性。

第四节　简短结论与对策建议

根据于田县居民贫困状况基线调查数据，以及相关的计量回归分析，可基本上了解到当地居民的贫困状况及贫困特征是：（1）基本的表现是贫困人口收入很低，收入分配不均，贫困率偏高；（2）表现在人口特征方面主要为贫困人口中女性、未婚人口较多，青壮年劳动力不足；贫困人口中党员、干部数量少，主观能动性和积极性较差；（3）表现在教育水平方面，普遍存在受教育年限过少，义务教育目标没有普及，汉语水平过低；（4）表现在健康方面，贫困群体面临疾病痛苦和更高的健康风险；（5）表现在产业构成方面，主要为从事非农产业的少，外出务工比例过低，主要依靠单一农业收入来源；（6）表现在公共产品可达性方面，主要是贫困家庭距离学校等公共设施距离更远、耗时更长；（7）表现在生产条件方面，主要为贫困人口占有金融资产、固定资产过少，农业资产过低，抵抗风险能力差；（8）表现在生活条件方面，贫困群体除住房改善较大外，厨房、厕所、燃料等条件均较差；（9）表现在互助关系方面，主要为贫困人口助人和接受人助的比例都稍低一些等。但同样，我们还发现基于收入标准划分的贫困群体同非贫困群体间，在另一些方面并无显著差异，比如两个群体在受教育程度低、普通话掌握差，但价值观和生活态度比较向上等方面也都差异不大，甚至某些方面贫困群体表现出更加积极的态度。这对于我们重新认识贫困群体及制定贫困标准和实施反贫困政策都有重要影响。

从基本情况看，贫困群体特有的特征可能是于田地区贫困存在并延续的基本原因。和田地区被作为全疆脱贫攻坚的重点地区，① 被称为"贫中之贫"，加之当地距离边境线外的恐怖主义活跃地区较近，战略地位极为重要，社会情况特殊复杂，反恐维稳任务繁重，使扶贫攻坚难度增加。总之，根据当地居民的贫困特征和致贫因素，也包括贫困和非贫困群体都大致相同的特征，在统筹规划和安排当地安全稳定局势与脱贫攻坚任务前提下，为确保当地贫困人口能够按时有效脱贫，长期脱贫，本章对当地扶贫攻坚工作提出以下政策建议。

---

① 在 2019 年全国还未摘帽的贫困县中，新疆和田地区有 10 个贫困县，其中于田县就是其中之一。

一、切实继续加强基本素质教育和职业技能培训，引导不同民族居民加强融合，拓宽致富途径

上述分析表明，于田县贫困群体的贫困状况及特征同当地贫困居民的人口特征有直接关联，即当地总量很大的农村富余劳动力受教育程度低、普通话水平低，培训渠道狭窄，劳动力技能单一，主要为简单体力劳动者，以体力为筹码，就业年限短且不稳定等。考虑到当地居民都具有大致相同的积极的价值观和未来观等，因此建议，在扶贫工作中要切实加强正规教育、常规培训和知识文化补习教育。

（1）普及初中正规教育、普通话和多民族融合发展历史教育，应当具有长久性；普通话水平高和历史知识好，会大大有利于促进转移外地务工。

（2）技能培训方面不能限定于一些简单技能，需要根据非农业劳动力市场需求整合现有的职业培训力量，适当增加一些复杂的技能培训，按照不同行业、工种确定培训的具体内容，强化培训效果，提高农民的素质技能；培训期限应当适当调整，增加有针对性的培训，不是限于派出之前进行突击培训。

（3）通过系统教育和技能培训，同时转变贫困群众的传统思想，树立男女平等观念，改进婚姻质量，培育积极主动参与精神，打破不同民族、区域之间的隔阂，开阔当地少数民族的思想和视野，提升正面的价值观和乐观的生活信心。

二、加强各种公共基础设施建设，提高互联网等现代通信工具的利用率

（1）在公共基础设施产品供应方面，应当根据人口分布进一步增加学校、医院、交通等公共设施，缩短居民使用公共产品的距离和耗时。这些方面，天津等对口支援省份做出很多努力。增加各类学校、增设交通站点，其意义上面已经叙述。医疗条件的改进则直接提升当地居民健康水平，减少贫困群体罹患的长期疾病和慢性疾病，以及地方病的发病率。比如调研中发现当地儿童中有一种"马蹄足病"，严重影响居民生活健康，患者无法正常生活。但只要及早发现并治疗完全可能治愈。有关省区正在从事这项工作，效果很好。

（2）另一项基础设施涉及农业条件，新疆和田地区地理环境较为恶劣，常年扬沙天气多发，空气质量较差，水资源分布不均，人均占有土地面积少。因此，在进行搬迁转移扶贫的同时，可能条件下要大力发展种林种树绿化工程，改善农村生产和人居环境依然是当地政府需要关注的一项艰巨基础设施任务。

（3）"互联网＋"是精准扶贫的重要策略。当地贫困居民应当更加充分利用

互联网技术，争取与非贫困群体相同的使用率，即接近全国平均的60%多，政府部门应当设法推行方便老年人使用的通信技术及手机模式等，增加通信基站降低通信费用，实现互联网技术"用得上、用得起、用得好"，鼓励和支持当地居民通过互联网等现代通信技术，打造当地的优势农业产品链，发展农村电商，通过网络红利惠及贫困居民。发展互联网技术，也可改进当地文化娱乐设施严重不足问题，让使用电视机、收音机等设施更方便便宜，从而打破贫困户信息封闭，缺乏文化生活，对外部世界不了解，避免陷入文化贫困怪圈，激发自我脱贫自觉性。

三、增加农民增收渠道，提升贫困居民脱贫"造血能力"，改善居民生产生活条件

（1）和田地区由于当地自然环境和农民可耕地面积的限制，鼓励年轻富余劳动力自愿外出务工，扩展非农收入渠道应该成为增收脱贫的重要途径。比较而言贫困居民外出务工的比例还是很低。为了促进贫困居民外出务工，当地已采取了大量积极措施，[①] 如地区政府领导直接挂帅并制定实施劳动转移计划，由相关援疆省市承担相应的转移就业任务等。地区政府主导当地居民转移就业的同时也要利用市场机制，发挥劳动公司和培训学校的作用，提高转移就业的力度和就业人员素质。

（2）政府应继续完善就业信息渠道，积极支持并引导劳务机构和农民经济人，完善就业服务体系和服务措施。建立健全各级网络体系，充分利用互联网等现代传媒工具，及时提供就业信息；提供"四托服务"，[②] 解决外出务工人员的后顾之忧；依法及时处理劳务纠纷，充分保障外出务工人员的合法权益，加强对外出务工人员的法律知识宣传教育，及时提供法律援助和服务。

（3）扶持当地的产业企业发展，实行产业扶贫、企业扶贫，继续发展小微企业和民营公司，建立贫困户与产业发展之间的利益联结机制，让当地居民就地就近就业，是促进贫困地区发展，促进贫困人口增收重要渠道，需要持续进一步加强。

（4）贫困居民陷入贫困状态的风险，还源于贫困居民占有资产基础较弱。通过各种渠道帮助贫困居民积累农业资产、投资固定资产、积蓄现金储备，是防范

---

① 我们多次调研均了解到，各级政府均高度重视劳务输出工作，并创造出很多灵活有效的派出方式。比如，当地外出务工按照时间划分可分为以年为周期的长期务工形式和利用农闲时期季节性的短期务工，按照就业地点分为南疆、北疆和疆外就业等。此外，有过外出务工经历的居民再次外出务工的意愿则更高。但在劳务派出工作中也存在一些问题，本书前面几章已经做过分析，不再详述。

② 四托服务是当地政府创造的支持外出劳务的做法，即为外出打工的家庭提供托幼、托老、托地、托牲畜的低价格服务，为其照顾孩子、老人、代种土地、代养牲畜等，使其安心外出打工劳务输出。

贫困风险的重要条件，有关政府部门可以通过银行、保险及一些储蓄公司，采取无息贷款、资金补贴、奖励等，引导贫困居民积聚各种资产，打实生产生活的基础。

（5）在生活生存条件方面，通过农村安全饮用水工程、厕所革命的推进，多数农户在这方面的问题已得到极大改善，今后应当继续有效开展厕所革命、生活垃圾处理、污水处理、提升文明乡风等一系列战略措施。但是，在清洁炊事燃料方面还有很大继续改善的余地，国家应当在扩大内需过程中，应加大清洁炊具、干净燃料"下乡去"推广运动，既能降低陷入贫困的风险也对环保有利。

第五章 针对穷根、一村一策，创新精准扶贫脱贫模式

本章内容基于河北省承德市（天津对口帮扶）贫困县脱贫减贫工作考察，[①]总结其针对穷根、一村一策，创新精准扶贫脱贫模式。距离首都北京一百多公里的河北省承德市，其下辖 16 区县中有六个属于"国家级贫困县"，包括地处"燕山—太行山区集中连片特困地区"的承德县、平泉市、隆化县、丰宁满族自治县、围场满族蒙古族自治县，以及不属于山区的滦平县。几年来，河北省承德市按照国家的精准扶贫战略，在天津等相关省市的支持和帮助下，承德市各贫困县市的精准扶贫工作总体上做得很好。他们针对穷根，一村一策，因村制宜，特别在产业扶贫、易地搬迁扶贫及利用特色资源扶贫工作上，创新精准扶贫脱贫模式，取得了积极的成效。

本章重点关注了产业扶贫、易地搬迁扶贫和特色资源扶贫的若干项目。关于产业扶贫调研组考察了三个较大的项目，包括以"政银企户保"为特色的隆化县七家镇西道村"草莓公社"，以"三零"模式为特色的平泉市香菇生产企业，以"三金"模式为特色的承德县西瓜生产种植合作社；关于易地搬迁扶贫主要考察了三个项目，有以"整村易地搬迁扶贫模式"为特色的滦平县付营子镇邢家沟门安置点，以"集中小城镇易地搬迁模式"为特色的滦平县两间房乡安置点，以"生态搬迁扶贫模式"为特点的隆化县茅荆坝乡坝底村；关于特色资源扶贫主要考察了两个项目，包括以温泉资源开发为特色的隆化县七家镇"温泉村"，以"光伏产业扶贫"为特色的岗子乡郑栅子村的发展情况。总体看来，这些扶贫项目都取得了很好的效果，应是相当成功的。

主要的成功做法如下：一是各级政府在各种精准扶贫工作中发挥了主导性的、多方面的支持，不论是产业扶贫、搬迁扶贫还是其他扶贫方式的成功实施，都离不开政府提供的信用支持、信息支持、资金支持等；并且各级政府都是多管齐下，创造各种有利政策，鼓励贫困户将土地流转，将劳动力、贷款权、补助款

---

① 本章执笔人为陈宗胜、张小鹿、李富达，核心内容曾发表于《前线》2019 年第 12 期。参与调研的南开大学中国财富经济研究院扶贫调研组成员有，陈宗胜、周云波、牟巴乐、文霁月、尚纹玉、史乐陶、张小鹿和李富达等。

投入脱贫生产和自身素质提升中。二是在各种精准扶贫项目中大多能够选择并发挥当地成熟的、有实力企业的带动作用。这是产业扶贫的必备条件，而搬迁扶贫往往也需要有实力的企业的配合。这些企业的带动能够弥补贫困户生产资料匮乏，信息渠道闭塞的劣势；能够帮助贫困户积累相关经营经验，提升其人力资本水平，还有能力帮助贫困户抵御风险。三是几种主要的精准扶贫模式，都注重发动全社会有关各方的协同力量，如"政企银户保"协同，有实力的乡镇企业发展产业带动脱贫，银行因为有政府的贴息和保险公司的担保扩大贷款发放量，共同形成了共赢的局面。其中包含了一套值得认真总结的风险转移共担机制和激励约束机制，保障其稳定运行。四是主要扶贫模式都能够实现农村最重要生产资料即土地的高效集约使用，其中一方面促进土地集中流转达到规模，有利于统一管理及机械化，从而减少成本增加规模收益；另一方面提高单位土地产出即主要种植经济作物，围绕土地做文章，提高土地使用价值是关键的一环。五是各精准扶贫项目都注重形成一定的量化额度。产业扶贫要求流转土地和人口达到一定的规模额，否则成本会很高；整体搬迁或小城镇化集中搬迁也要求达到一定量，不然达不到规模脱贫和尽快脱贫的效果。形成规模额既可降低扶贫成本，又便于集中动员群众，统一制定后续政策扩大扶贫规模。因此当地各级政府都注重沟通协作，打破行政壁垒，推动小范围内的扶贫联动。本章试图总结这些项目的做法与经验，以有利于推广，相应地也对一些可能出现的问题提出了分析。

第一节 调研目的、行程及主要考察项目

2018年下半年，南开大学扶贫考察组专程赴河北省承德市，实地调研了承德市脱贫攻坚工作的进展与效果。此次调研重点关注承德市及天津等相关省市援承开展的脱贫攻坚措施及扶贫工作成效，以为下一步承德的整体扶贫工作及外省市援助工作提供建议和改进措施。此次调研得到承德市及相关四个县市的大力支持。

考察的主要行程及主要项目如下：在"战斗英雄"董存瑞的家乡隆化县考察了三个项目单位：一是主要采取"政银企户保"模式对贫困户进行扶持的七家镇西道村"草莓种植公社"；二是以得天独厚的丰富温泉资源为基础，打造"温泉村"旅游观光品牌，实现了收入提升和脱贫的七家镇"温泉村"；三是由13户贫穷人家构成，居住在大山深处，位于国家划定的自然生态保护区内、已经规划迁移到保护区外、实施生态扶贫政策的茅荆坝乡坝底村。并在完成山区考察后，在七家镇听取了承德市隆化县随行领导关于整个隆化县扶贫工作的总结，包括劳

务输出、产业/迁移扶贫等的进展情况。在平泉市和滦平县考察了另外两个扶贫点位:一是平泉市卧龙镇主营香菇种植与销售的中润农业发展有限公司,成功探索出的减贫脱贫"三零"模式(让贫困户"零成本投入、零风险经营、零距离就业"方式参与香菇经营公司)。二是滦平县付营子镇邢家沟门村和两间房村的易地扶贫搬迁集中安置区,其中邢家沟门村属于整村易地搬迁扶贫模式,而该县两间房村是动员山区不同村的贫困户,集中搬进镇里成熟小区内进行安置的。在承德市近郊承德县还考察了两个不同的扶贫项目:一个是两家乡超凡农业种植合作社的新品种西瓜种植扶贫项目;另一个是岗子乡郑栅子村的村民屋顶太阳能发电上传电网的光伏扶贫项目。

总的来看,承德市政府及相关支持省市,采取的是针对穷根,一村一策,因村制宜,特别在产业扶贫、易地搬迁扶贫及利用特色资源扶贫工作上,创新精准扶贫脱贫模式,取得了积极的成效。以下为调研组的扶贫考察工作报告。

第二节 "政银企户保"产业扶贫
模式的做法、条件及意义

产业扶贫即通过扶持发展一定的经济产业,来达到扶贫脱贫的目标,是多年来各地扶贫工作都非常重视的基本方法,但各地具体做法又有不同。承德市的做法是"政—银—企—户—保"一体化,相关主体联合推动,取得较好效果,而具体产业的选择则因村而异,多种多样。

一、"草莓公社"扶贫模式

隆化县七家镇西道村"草莓公社",是一个比较成功的产业扶贫项目。草莓公社就是以草莓种植为核心产业,将贫困人口组织成一个草莓种、销的生产企业。由于土地的适宜性,西道村有多家种植草莓的草莓生产合作公司。调研组走访了其中一家草莓合作社。该合作社成立一年,合作社社长为当地居民,之前就职于河北某国有酒厂,在了解到家乡的优惠扶贫政策后,辞去酒厂工作,自筹资金加上六个贫困户可获得的扶贫贷款30万元(贷款为5万/户),承包了10个贫困户流转的50亩种植田,以7万元购置了大棚和灌溉设施及种苗等。

草莓公社作为一种产业扶贫方式,得到当地政府的大力支持,经过整合形成了精准扶贫工作的一种模式,其运作特点被概括为"政银企户保"模式。即"政、银、企、户、保"五个方面主体共同参与,各尽所能地提供必要的条件,支持这种产业扶贫方式。其中,政府方面作为整个扶贫工作的主导,协调其他各

方面共同参与，特别是以财政资金为草莓公社得到的贷款和保险提供贴息；银行方面为公社安排和提供阶段性扶贫贷款及按时收款；草莓公社作为企业，具体组织草莓的生产和销售，组织贫困人口的就业工作，以及收入分配；贫困户将土地流转到公社获得租金，参与土地整理草莓种植等劳务获得月工资，集合扶贫贷款权转作股权并于年底获得分红；保险公司为草莓公社的生产销售提供业务保险支持。所以，草莓公社的"政银企户保"模式，是一个多方面参与支持的产业扶贫方式。

二、香菇生产"三零"模式

与草莓公社类似的扶贫模式，是平泉市香菇生产"三零"模式。"三零"模式是由平泉市卧龙镇中润农业发展有限公司，率先探索出的一种产业扶贫模式。该公司主营业务为香菇的种植与销售，产品远销日韩，销售渠道稳定，企业年销售收入不断增长，且规模较大，抵御风险的能力较强。该公司在政府统一协调下通过实施"三零"模式帮助贫困户脱贫。

"三零"模式的核心特点，是公司在政府主导和支持下，采取让贫困户"零成本投入、零风险经营、零距离就业"的方式，实现了贫困户脱贫致富。其中"零成本投入"是指，对于没有劳动能力的贫困户，通过转让政府给予每户5万元扶贫贷款权，连同政府财政扶持每户资金1.2万元（包括扶贫基金6000元/户和基础设施补贴资金6000元/户），统一在公司入股，连续2年每年享受1万元的利润分红，两年后企业负责还本付息，并将1.2万元扶贫资金退还，贫困户每年增收1.6万元，享受固定分红但没有任何风险。"零风险经营"是指，对有劳动能力和经营能力的贫困户，公司赊给每个贫困户2万袋菌棒进行出菇管理，生产结束后公司收回菌棒及其成本价格，超出收益全部归贫困户所有，每个贫困户可获利4万元左右；在产前的菌棒生产、产中管理技术和产后销售等高风险环节，全部由企业负责和承担，贫困户只按要求做好日常简单技术操作，如因不可抗因素造成贫困户无收入，由企业负责按照正常员工标准付给贫困户工资。"零距离就业"是指，企业为解决部分贫困人口自己或家人体弱多病、难以离家工作的问题，把园区直接建在贫困村，专门留出就业岗位优先录用贫困户，实现就地就近就业，平均月工资可达2500元以上。总之，通过这种"三零"模式，政府组织相关各方共同参与，为银行和保险公司贴息，企业吸纳贫困户的股金贷款，解决了产业发展中融资难的问题，实现企业、银保、贫困户共同受益，互利共赢。这实质上是"政银企户保"产业扶贫模式的另一表现形式。

2016年该公司带动周边9个村，75户贫困户163人，进驻园区参与产业发展，贫困户年均收入近4万元。2017年平泉市全市已建设百亩以上"三零"模式精准扶贫产业园区 125 个，直接吸纳贫困户 8050 户入驻园区，户均年增收 4 万元以上。

三、西瓜生产"三金"模式

承德县两家乡两家村的"超凡农业种植合作社"模式，与以上两产业扶贫项目的特点类似。超凡合作社根据当地土质特点以种植从贵州引进的特种西瓜为主要产业。合作社社长此前在海南种植西瓜，具有丰富的西瓜种植经验和技术，种植的西瓜品种优良，亩产高，且具有无籽、汁甜等特点。由于承德周围山地纬度较高，超凡合作社所种植的西瓜成熟期晚于南方地区的西瓜，因此其上市销售旺季恰恰是南方西瓜供给量不足的夏末，这便保证了销售渠道和上市规模时间差效应，有了产业发展方向。

该合作社采取"三金"扶贫模式。主要指的是农民通过流转土地得到土地"租金"，进入合作社劳动打工得到"薪金"，年末按扶贫贷款权所转股权从合作社利润中分得"股金"。"三金"模式所以能够得以实施，一是政府给予合作社贷款融资和土地流转等方面的贴息等大力支持；二是这一产业项目，通过集中流转土地达到规模效应，种植经济作物提高土地的利用价值和高效益；三是通过采取合作社的形式，贫困户流转了土地，实现了就业并变成小股东，从而可以获得土地租金、薪金和股金。其中，土地租金和薪金相对固定，能够帮助贫困户较好地抵御收入波动风险，有利于稳定脱贫。

目前两家村向超凡农业种植合作社流转土地 500 亩，建设大棚设施，种植无籽麒麟西瓜，预计每年可增加纯收入 400 万元，平均每亩收入为 8000 元。

四、各种产业扶贫模式的条件、意义及问题

以上不同类型的"政银企户保"产业扶贫模式的共同条件，一是财政提供扶贫支持资金，补助贷款利息和保费贴息；二是有利于吸引和安排当地贫困人口参与就业；三是找到一种适合当地村落环境、又有市场有前途的产业形式；四是找到能够牵头发展这种产业的能人和企业；五是有政府的全力主导和有效组织、金融机构参与等。这些条件缺一不可。

在这个过程中，政府—贫困户和银行—企业—保险公司两类五个主体产生了关联。按照机制设计，政府财政代企业向银行、保险公司支付利息，而企业每年需要向贫困户支付定额分红，贫困户的经营风险由企业承担（如果企业具有领先的技术和稳定的销售渠道，风险将会降低），而贷款违约风险则从通常只由银行承担转为由保险公司、政府、银行共同承担，风险共担意味着这三类主体在选

择企业时会更加谨慎，减少了逆向选择和道德风险问题的出现。

在这样的机制设计下，五类主体在一套有效的激励约束机制下运作。政府为了能够推动贫困户脱贫，实现政治目标，必须要谨慎地挑选为其贴息的企业，企业经营不善还需要承担违约风险。贫困户在不承担任何风险的前提下获得分红、土地租金、薪酬和经营管理经验，从而具有较大积极性。企业则利用农民流转的土地扩大规模，使用无息贷款赚取利润，但是需要向贫困户支付定额分红，在其他方面也需要让渡一部分利益。银行在政府和保险公司的担保下得以扩大信贷规模，但也面临企业的违约风险；而保险公司可以获得保费，承担大部分经营风险，但都有政府的大力支持和资助。

几种模式的实践表明，按照党和国家近些年提出的工作任务，政府主导和大力组织扶贫脱贫工作，并且提供财政资金支持，是这几种模式运转的基本保证。此为其一。国家鼓励贫困户自己创业脱贫，但是不是每个贫困户都可以自己兴办企业，由于缺乏生产资料，而且信息闭塞，难以找到合适的商机，因此贫困户将各自承包的土地统一流转进入企业而取得租金，并将鼓励贫困户的无息贷款或补助，集合起来投入到生产经营企业而取得股权及收益，应当是一种有效的安排。此其二。进而，选择一个当地有经验、有能力的能人，由他创办一个有竞争力的企业，从事有市场有销路的产业，就是很重要的环节。所以在这个模式中，选取并选准当地的适当企业是关键和龙头。草莓公社及其（及香菇生产公司）创办人就是这个龙头。此其三。其四，有了这个企业，当地贫困户的土地流转就有了方向和用途，贫困人口就可以就业，政府和金融机构就有了参与支持当地贫困人群减贫脱贫的对象。

几种模式的意义在于：一是贫困户通过参与企业就业劳动，流转土地，让渡贷款权，取得了工资、股金和租金，一举脱贫；二是土地集中使用解决了企业发展用地的困难，也取得了规模效应；三是解决了企业以往在无担保、无抵押条件下难以得到贷款支持的困境；四是解决了在既定扶贫政策前提下，单个贫困户无法有效使用扶贫贷款权、财政贴息，即克服了单个贫困户无力发展的瓶颈；五是解决了当地贫困人口就业，发展了当地经济。总之，这几种模式的优越性在于实现了多方联动，一方面调动了贫困户的积极性，形成不同于以往直接给予贫困户现金和实物补助的被动消极扶贫模式，而是主动积极的扶贫方式；另一方面，解决了当地小微企业和村镇合作社资金贷款难问题，有力地推动了政府扶贫工作的实施，有助于贫困户尽快实现脱贫。

但是，"草莓公社"成立时间短，社长之前并无从事草莓种植销售的经验，且所选草莓品种容易出现品种退化的问题，预期可能面临草莓产量不丰、草莓滞销等风险，也会因品种退化导致后期草莓种苗劣化而生产不好，从而贫困户的分红和工资可能会因为上述问题受到影响，从而导致扶贫效果不明显。此外，政府和保险公司在为企业担保时，可能无法准确评估经营项目所面临的风险，企业也有可能在申请贷款时隐藏信息，导致逆向选择和道德风险问题的出现。政府在主导和组织这种模式的运作时应当注意随时总结经验，改进做法。

西瓜种植合作社依赖种植技术和种植经验，也面临市场风险和自然灾害风险。合作社仅有500亩土地用于种植西瓜，种植规模相对较小，导致议价能力较弱，预期每年的收入波动较大。而且承德夏季容易发生暴雨等自然灾害，可能会使西瓜产量下降。这都是此模式发展中应当考虑解决的问题。

相比较而言，香菇生产"三零"模式的优势较大，中润公司是该市的农业龙头企业，产品销路稳定，且积累了丰富的香菇种植技术和经验，具有较先进的生产管理模式，具有抵御风险的能力，引导农户入股动员能力较强，贫困户的收入得到有力保障，政府和保险公司承担连带担保责任的概率较小。而对于该企业来讲，通过积极响应"三零"模式，企业能够获得土地，建设厂房，扩大经营规模，赚取较好的利润。所以"三零"模式促成了多方共赢的局面。

第三节　易地搬迁扶贫模式的做法、条件及意义

在我国大力度实施"精准扶贫"工作中，通过易地搬迁实现扶贫脱贫，是从根本上解决"一方水土养不起一方人"地区贫困人口长期发展问题的重要途径。但许多地区在易地搬迁扶贫工作中往往存在一些问题，一是搬迁模式单一，不能因地制宜，导致搬迁实施过程中矛盾较多、阻力较大；二是大规模搬迁缺乏有效论证和评估，不能融入当地的长期和整体发展规划，导致易地扶贫搬迁项目成本巨大，并且从长期看社会收益不明显；三是普遍存在"一搬了之"现象，不能确保脱贫效果的稳定可持续，搬迁户的脱贫质量低，返贫率高；四是普遍存在重物质脱贫，轻思想脱贫，"等靠要"思想严重，一些贫困劳动力住房解决后继续提出其他要求。河北省承德市滦平县采取因村制宜方式，通过多种模式，实践了小城镇化的创新模式，实现了生产要素的优化重组，注重激发贫困群体的内生脱贫动力，达到了"搬得出、稳得住、有就业、能致富"，在易地搬迁扶贫方面有效避免了上述问题的发生，较好地实现了脱贫和发展的统一，值得总结和借鉴。①

一、"整村易地搬迁"扶贫模式

滦平县付营子镇邢家沟门村易地扶贫搬迁，是一种整村搬迁集中安置模式。

---

① 按照国家发改委（2016）批准的"十三五"规划，滦平县有152个行政村计划实施易地扶贫搬迁，涉及18714人，其中贫困人口7656人，集中安置点20个，安置搬迁17709人口，集中安置率94%。

该村全村居住在山沟里，平时交通不便，信息闭塞，生活贫困，符合全村整体搬迁的条件。经区镇政府与村民协商，由政府筹集"五通一平"基础费用，给予贫困户人均五万元的建房相关补助，帮助该村在山下村里平坦地区建造了一片现代化的住宅安置区，占地面积 90 亩，建筑面积 3.5 万平方米，建设三层、四层、五层楼房共计二十二栋，户型面积分别为 75 平方米、100 平方米、125 平方米，总投资 10218.57 万元。该住宅小区为一期工程，计划搬迁人口 408 户，共计 1346 人，其中建档立卡贫困人口 1076 人。全村人均 50 平方米分期分批整体搬进，室内装修自付资金统一施工。挑选户型、楼层的顺序以交付自付资金的先后为准，现已同步搬迁 270 人。在解决贫困人口"住有所居"并大大改善的前提下，提供了大量增加收入的机会。由于全村集中居住，增加了服务业的需求，为部分贫困户增加了就业，增添了提高收入的机会；由于新村交通条件得到极大改善，村民可以选择外出务工，或者在本村旅游公司务工，也可选择继续在本村种植经济作物，增加收入；山沟里原来的宅基地出租给旅游公司进行旅游开发，每人每年大约可得 1000 元的分成；承包地流转给旅游公司，还可得到租金。另外，以前接送孩子上下学会占用家长的大部分时间，现在交通条件改善解放了家长劳动力，母亲或者奶奶也可以找一份临时性的工作增加家里的收入。总起来，各项收入总计平均人均可提高 3000 元。

滦平县付营子镇邢家沟门村易地扶贫搬迁，是滦平县唯一一个整村搬迁项目，整村搬迁要求政府进行整体规划，在实际落实时，新住宅区的建造包括选址、选择承包商、施工质量及费用等方面，都有村民的全程参与，通过民主协商的方式来进行决策，保证了公开透明。但是整体搬迁可能会难于顾及村内少数个体的意愿。据了解，目前该村大部分居民已经签署购房合同，但仍有部分居民不愿迁出，其中的确有家庭生活困难者，但也有个别希望等待旅游公司开发后再把宅基地卖个高价者。这可能阻缓后期对村内原住宅区进行整体开发。

二、"集中小城镇"易地搬迁扶贫模式

该县两间房乡易地扶贫搬迁集中安置区的特点，是周围多个山村的贫困户及部分村民，集中搬迁于乡镇所在地已经成熟社区内安置。该安置区所处乡镇位于滦平县南部，距离县城 30 公里，距北京 150 公里，预期能够安置两间房乡周围 6 个行政村搬迁人口 254 户、885 人。一期工程建设安置楼房 1 栋，建筑面积 6060 平方米，楼房为六层，户型分为 75 平方米、100 平方米和 125 平方米，总投资为 1428 万元，计划安置 60 户、238 人，其中建档立卡贫困户 202 人。目前一期搬迁群众已入住，二期工程正在建设中。

这一安置区的基本做法与邢家沟安置区的主要区别在于，由乡镇政府与房地

产开发商联系，购置部分已经建好的成品商品房来进行安置。由于在成熟区内建造，"五通一平"等建安成本均可免除，这样就大大节余了建造成本。再通过政府补贴，使每套房的价格即可控制在贫困户可以接受的范围内。其中，基本的建房及搬迁的政策补贴等与邢家沟安置区的类似，但由于这个安置区的室内装修是镇里统一补贴支付的，所以迁进新居的顺序是通过抓阄实施的。

这种融入小城镇的集中安置，增加了居民对三产服务的需求。因此，贫困户通过政府购买也可以在小区物业公司工作，既改善了生活条件又提高了收入。据两间房乡政府介绍，在小区物业公司工作的贫困户月收入约为 1000 元，全年越过贫困标准没有任何问题。当然该镇计划搬迁贫困户大约 800 人，不可能全部通过政府购买岗位安排到小区物业公司工作。不过由于集中在乡镇，有劳动能力者则更易于在乡镇企业就业，取得收入脱贫。因此，他们目前的主要问题是通过多种渠道安排贫困户就业。

三、"生态搬迁"扶贫模式

滦平县茅荆坝乡坝底村属于"生态搬迁"扶贫模式。该村是由 13 户人口构成的自然村，坐落在大山深处山谷中，冬天日照时间短，屋内采光、取暖条件差，夏天下雨时容易产生滑坡、泥石流等灾害，居住条件恶劣，已经通电但取水困难，居民收入微薄，位于国家规划的森林保护区内，符合国家规定的生态保护易地搬迁扶贫的条件。据介绍，该村 13 户居民中有 3 户为低保户，[①] 年龄较大，基本丧失了劳动能力；还有几户居民实际上已经迁出，仅留下空房屋。因为山区可种植土地较少，所以留守住户多以畜牧业为生，主要收入通过养牛获得，村民们迁出山谷的意愿较为强烈。

当地政府早已与此村村民商讨过脱贫减贫的方式方案，其中镇政府多次与村民协商，通过利用政府规定的生态保护搬迁移民扶贫模式，以给予补助的方式让全村迁出山区。具体地，给予每人 50000 元（贫困户 57000 元/人）的补助，鼓励他们迁到土地平坦的地区，补助款的发放采取事后补助的方式，即迁出的居民先筹钱选址改房，房子建成后向政府申请补助。这样对于政府来讲能够避免居民领到补助款却不迁出的问题，但是购买宅基地、建造住房需要大额支出，对于该村居民是不小的负担，单独进行几乎不可能。另外，迁出后所承包的土地不能转换，仍需要到之前的居住地附近生产放牧，维持生计的问题也较难解决。因此，

---

① 调查组访问了一户人家，夫妻二人育有一子一女，儿子此前在中国石油大学就读，为减轻家中负担，在校就读期间报名前往军队服役；女儿年岁较小，现在一山之隔的内蒙古自治区的洪奇小学借读上学。家中陈设破烂不堪，有老式电视机和冰箱一台，夫妻二人平常所穿衣物多为亲戚好友接济所得，生活条件较为困难。

此生态搬迁扶贫模式仍在协商推进中。

四、易地搬迁扶贫模式的条件和意义

易地搬迁扶贫工作的目的，是通过改变贫困人口居住区域的环境，同时改善其居住水平，并改进贫困户的出行和交通条件，拓宽贫困户脱贫的渠道，努力提升其收入水平。以上三种搬迁扶贫模式各有不同，其中邢家沟安置区和两间房安置区，分别是整村搬迁扶贫模式和融入小城镇扶贫搬迁模式的代表项目，具有较为普遍的推广意义，其成功实施需要有大致相同的条件：

一是政府需要提供搬迁补助款。如果贫困户各自搬迁，需要事先筹集资金购买宅基地并建造房屋，资金压力较大，而政府提供相应信贷支持就能够解决困难。所以，政府提供资金和信贷支持是易地搬迁扶贫工作的基础。

二是易地搬迁扶贫要有利于贫困人口找到工作机会，需要解决搬迁后的就业甚至是脱贫问题。搬迁后，贫困户和其他村民离开了原有的居住地，这样就很可能意味着脱离了以往以种植业为主的生活方式，因此新的就业方向有三：一是通过招商引资吸引外来企业在本地建厂，吸收劳动力就近就业；二是通过与经济发达地区政府和企业建立联系，对搬迁地居民进行培训并鼓励其外出务工实现就业；三是如果部分村民仍以农业为生，则应当鼓励其种植经济作物提高收入。因此，有就业有更好的收入，也是整项工作的关键所在。前两个项目都成功解决了这个问题，后一山村搬迁困难的核心问题也在于此。

三是需要政府主导下与村组织及村民大会反复协商讨论做出方案才可以。一是搬迁之前需要进行广泛的动员和宣传，鼓励贫困户和其他村民共同实施搬迁，其中这对整村搬迁尤为重要；二是住宅小区的招标、建造过程需要保证公开透明，切实保障村民的知情权和参与权；三是还要加强住宅小区的水、电、燃气、供热、排水、消防等基础设施的建设；四是还需要明确房屋产权，完善房产租赁、交易和流转机制，保障村民的相关权益。调研团队了解到，邢家沟和两间房易地扶贫搬迁安置区的房屋和土地均为集体所有制，与城市里面国有土地的住宅小区是有所区别的。

易地搬迁扶贫工作实施的意义重大，首先是大大改善了贫困户和居民的居住条件，对于那些居住在山区和其他交通不便利的居民尤为重要，通过搬迁其住宅面积、采光和通风条件得到极大改善，水电等基础设施也得以完善，抵御自然灾害的能力得以增强，保障了生命和财产安全，有助于村民增加消费，提升生活水平。其次，更加重要的是，通过搬迁，贫困户和其他村民的交通条件得到极大改善，获取信息的渠道也得以拓宽，有助于贫困户增加就业及获得更多收入脱贫。最后，搬迁后原来的土地得以集约使用，通过出租给企业进行建厂或进行旅游开发的方式获取租金，或者集中种植经济作物，土地使用效率和单位产出得到了提升，更有利于支持扶贫脱贫。

第四节　"特色资源"扶贫项目的特点、条件及意义

在所考察的扶贫项目中，还有一类是利用村里存在的自然资源优势开展扶贫的项目。这些资源本就存在着，但在没有整合的情况下很难形成优势，因而也无法使占有者摆脱贫穷。在政府扶贫政策的指导下，经过规划整理整合，与扶贫措施和脱贫方案项目结合起来，就形成了特色资源的优势，从而成为促进贫困村镇摆脱贫困的优势资源。

一、"光伏发电"扶贫模式

承德县岗子乡郑栅子村的光伏发电扶贫项目就是利用了村落的位置优势。郑栅子村主要利用村落位置、光照充足，有利于太阳能发电的优势，通过建设户用光伏发电项目，来进行扶贫攻坚。在各级政府的主导下，该项目由政府补贴资金，由电力公司负责设计实施，鼓励村民在屋顶安装太阳能发电板，每日发电量通过电网传输到供电公司，借此获取收入。

首先，每户安装5kW的屋顶光伏发电系统。其建设成本主要是招标安装成本为2.987万元，由政府补贴1.2万元、农户自筹0.5万元、银行贷款1.287万元，建成后产权归农户所有，发电量采用"自发自用，余电上网"的原则。其次，建成后收益稳定。按单户安装5kW屋顶光伏发电系统计算，前3年年均发电量约为7350度，3年后年均发电量约为6350度；建成3年内标杆电价每度为1.08元，3年后为0.88元。最后，安装屋顶光伏发电系统还可节省家庭电费，假设每个贫困家庭月均用电量为100度，按照现在家庭用电0.53元/度来计算，每年可以节省成本636元。这样整体算下来，前3年年收入约为7278元，3年后年收入约为5168元。

另外，假设银行贷款期限为3年，贷款利率按照5%/年来计算，每年需要偿还贷款和本金为4726元。据了解，屋顶光伏发电系统使用寿命为20年，假设净残值率为5%，按照直线法折旧，每年折旧费用为850元。3年后每年的维修费用支出为200元。这样前3年的净收益为6428元/年，3年后的净收益为4118元/年。

该村有五个村民组、270户、960口人，其中建档立卡贫困户100户、319口人、户均为3.2人。按此规模计算，这样前3年贫困户人均可增加收入2008元/

年，3 年后人均可增加收入 1287 元/年，将持续到 20 年。此项目中，虽然每期回报较低，但回报周期较长且稳定、对于农户的稳定持续脱贫可产生积极作用，一些贫困户安装了太阳能发电板，他们的收入得到提高，该村贫困率也逐步降低。

从实际走访情况看，该扶贫模式的优点在于劳动投入较少，回报周期长且稳定，但是光伏扶贫项目也有一定的局限性，安装光伏发电系统的贫困户多为年龄较大，劳动不便的老年人，这主要是因为安装后仅仅需要简单的日常记录和维护，无须繁重的劳作，十分适合时间充足、劳动能力弱的老年人。但是对于年龄相对较小，具有较强劳动能力的人来讲，由于该系统定期检查与维护需要占用较多时间，这对于那些想外出务工的贫困户可能不是好的选择。而且承德地区多为山区，日照时间短，且夏季易出现暴雨，冬季易出现暴风、大雪等自然灾害，安装该发电系统的风险可能较大。更重要的是，这一扶贫模式并未提升贫困户的技能，也没有拓宽贫困户的信息渠道，也不能帮助贫困户抵御风险。从收益率看来，安装后的前 3 年虽然净收益较高（6428 元/年），但是从现金流角度来看，每户贫困家庭每年现金净流入约为 1900 元，人均约为 630 元。短期内效果不明显。所以，此项目主要适用于年龄较大或者丧失劳动能力的贫困户，不适合大面积推广。

二、"温泉资源"扶贫发展模式

隆化县七家镇利用村里得天独厚的温泉资源，形成了温泉资源扶贫发展模式。该村得天独厚，具备丰富的地热资源，拥有集中热水区域 600 余亩，最高水温达 97.3 度，富含锂、锶、锌、氟、偏硅酸等微量元素，对皮肤病、风湿病、骨痛病有显著疗效，是国家认定的我国华北地区优质温泉资源。近几年当地村民在党组织和政府的带领下，以温泉资源为基础，加强基础设施建设，打造"温泉村"旅游品牌。目前该村是隆化县唯一一个实现集中供热、集中供温泉水、集中供自来水、集中污水管道的"四网合一"行政村。

该村有温泉旅游专业户 100 多个，占全村总人口比例接近 50%，聚集了天域温泉庄园、热河温泉会馆等一批规模较大的温泉开发企业。在暑假、十一期间旅游火爆，吸引了众多观光游客，每年接待唐山、京津、山东、内蒙古等地游客近 10 万人次，实现了收入增长跃升，户均收入 10 万元以上。因此该村已无贫困人口，已经完成脱贫攻坚任务。

隆化县七家镇利用特殊资源实现扶贫发展的实际意义在于，在那些贫困人口较多的其他区域，极有可能存在某种具有独特资源的优势，需要利用扶贫政策的支持，结合扶贫项目进行大规模开发。这种独特的资源经过开发后可以带来较高的经济价值，政府在这些地区开展扶贫工作时，可以充分结合当地特色资源制定扶贫战略。首先，需要建造完备的基础设施。以旅游资源为例，需要提升交通便利度，完善用水、电力、消防、生活废弃物处理等基础设施建设。其次，需要通过招商引资，吸引具有成熟开发经验的公司。因为这些公司具有先进的开发经验和先进的管理模式，贫困户初期可以将掌握的独特资源入股与公司共同运营，还可以抵御相应的风险；后期贫困户掌握相关开发经验后可以尝试独自经营。再次，大规模开发需要进行金融支持，而这正是政府为贫困户提供相应信贷支持的政策指向。最后，还需要加强品牌建设，扩大知名度，并且维护良好的市场环境，促进良性竞争。

第五节　简单总结和建议

通过对河北省承德地区的精准扶贫调研我们发现，我国的扶贫脱贫工作是深入和广泛的，其力度和广度都是前所未有的，扶贫脱贫的效果也是明显的，从而有利于促进 2020 年小康社会的全面建成，实现共同富裕。

承德地区的扶贫工作特点是，注重针对穷根，一村一策，因村制宜，特别是在产业扶贫、易地搬迁扶贫及利用特色资源扶贫工作上，创新精准扶贫脱贫模式，持续提升贫困人口的收入和生活质量，因而各种有针对性的扶贫模式特别注重培养贫困人口自力更生、艰苦奋斗的自生能力，增强贫困人口的可持续发展能力。这些扶贫模式，显然已经不同于前些年直接给钱给物的简单短期扶贫了。换言之，承德的精准扶贫是因地制宜，采用了精准适当的方式，提升了贫困人口参与度，使其脱贫攻坚具有内在的积极性，相应的提升了贫困人口的劳动技能和经验，开阔贫困人口的视野和信息获取渠道，同时还降低了贫困人口在参与项目过程中所面临的相关风险，努力为其建设稳定、可持续的扶贫之路。

承德地区的精准扶贫工作总体上做得很好，值得推广，主要采取了以下一些成功的做法：

（1）各级政府在各种精准扶贫工作中发挥了主导性的、多方面的支持。不论是产业扶贫、搬迁扶贫还是特色资源扶贫等等其他方式的成功实施，都需要政府部门的大力支持，如信用支持、信息支持、资金支持等。并且各级政府都是多管齐下，摆脱以往单纯依靠钱款补助、实物补助的形式，创造各种有利政策，鼓励贫困户将土地、劳动力、贷款权、补助款，投入到脱贫生产过程和自身素质提升中。

（2）在各种精准扶贫项目中大多能够选择当地成熟的、有实力的企业发挥带动作用。这是产业扶贫的必备条件，而搬迁扶贫及特色资源的开发，往往也需要有实力的企业的配合。这些企业的带动能够弥补贫困户生产资料匮乏，信息渠道闭塞的劣势。而且，成熟企业销售渠道广、技术实力雄厚，能够帮助贫困户积累相关经营经验，提升其人力资本水平，还有能力帮助贫困户抵御风险。

（3）几种主要的精准扶贫模式，都注重发动全社会有关各方的协同力量。不同于以往的"输血式"扶贫，承德地区的各种扶贫模式的特色在于，在政府主导下发动了相关各方的共同参与，即"政企银户保"协同，如有实力的乡镇企业发展产业带动贫困户脱贫；银行因为有政府的贴息和保险公司的担保扩大贷款发放量，最后形成了共赢的局面。其中的关键在于设计出一套风险转移和共担的机制。风险共担机制使得各类主体面临的风险减小。与风险转移和共担机制相对应的，是一套完善的激励约束机制，每类主体都能够接受这套机制，保障其稳定运行。

（4）主要扶贫模式都能够实现农村最重要生产资料即土地的高效集约使用。农村扶贫脱贫，一定要围绕土地做文章，提高土地使用价值，是关键一环。一方面，需要土地集中流转，达到规模效应；另一方面需要提高单位土地的产出，即种植经济作物。另外，大规模种植能够进行统一管理，提高机械化水平，从而减少成本增加收益。比如在卧龙镇政府的推动下，村里的土地被承包给香菇种植企业用于香菇的种植，相比于承包给其他农业农户，单位土地上创造的价值更多，支付给村民的地租也就更多。在邢家沟村，村委会集中将搬迁前的宅基地出租给了首旅集团进行旅游开发，每人每年大约能够得到 1000 元收入，相比之前出租给农户用于农业种植有较大提高。

（5）主要的精准扶贫项目都注重形成一定的规模。产业扶贫需要流转规模以上的土地和人口，否则达不到规模效应，成本会很高；整体搬迁或小城镇化集中搬迁，都需要达到一定规模，否则达不到规模脱贫和尽快脱贫的效果。对各种易地搬迁模式来说同样需要形成规模，这既可降低建设扶贫住宅的成本，形成规模效应，又便于动员群众，加快扶贫政策实施的进程；也便于政府统一制定后续政策，努力扩大扶贫规模，形成规模效应。当地各级政府注重了加强区域扶贫的沟通协作，打破行政壁垒，推动相关范围内的扶贫联动。

总的来说，河北省区各级政府及天津等相关援承省市的扶贫主导作用，及金融机构协同提供融资、信息支持等，是各种精准扶贫项目成功实施的基本前提；推动土地流转和集约使用，变革土地利用方式，形成规模效应，提升单位土地的产值，是实施各种精准扶贫模式的基础；选择成熟企业带动进行精准扶贫，降低贫困户风险，从而增强贫困户技能和经验内生力，是产业扶贫、搬迁后就业及特色资源开发扶贫成功的关键；贫困户和贫困群体的积极参与，主动脱贫而不是被动伸手脱贫，是各种精准脱贫模式的持续驱动力；而发动全社会的力量联合参与扶贫脱贫事业，带动社会各方的积极性，是各种精准扶贫项目成功的主要制度保障。

因此，河北承德地区的主要几种精准扶贫模式，有利于改变发展不平衡、不充分的现状，改善不合理、不公平的分配格局，在保障和改善民生，增强弱势群体的获得感，从而保障贫困户按期脱贫，有重要价值和意义，值得在具备类似条件的相关地区进行推广和试行。

第六章 搬得出、稳得住、能致富：
"易地搬迁"精准扶贫脱贫

本章内容对河北承德市（天津对口帮扶）滦平县"易地搬迁"扶贫工作中的几个典型项目进行了考察和总结。[①] 在我国大力度实施"精准扶贫"工作的过程中，易地扶贫搬迁工程，是从根本上解决"一方水土养不起一方人"地区贫困人口长期发展问题的重要途径。但当前易地扶贫搬迁工作中存在一些问题，主要表现为：（1）搬迁模式单一，不能因地制宜，导致搬迁实施过程中矛盾较多、阻力较大；（2）大规模搬迁缺乏有效论证和评估，不能融入当地长期性、整体性发展规划，导致成本巨大的易地扶贫搬迁项目长期来看社会收益不经济；（3）普遍存在"一搬了之"现象，不能确保脱贫效果的稳定可持续，表现为搬迁户的脱贫质量低，返贫率高；（4）普遍存在重物质脱贫，轻思想脱贫的做法，表现为一些贫困劳动力住房问题解决后继续提出其他要求，"等靠要"思想严重。

按照国家发改委（2016）批准的"十三五"规划，河北省承德市（天津对口帮扶）滦平县有 152 个行政村计划实施易地扶贫搬迁，涉及 18714 人，其中贫困人口 7656 人，集中安置点 20 个，安置搬迁人口 17709 名，集中安置率 94%。滦平县在易地扶贫搬迁方面的做法有效避免了上述问题的产生，较好地实现了脱贫和发展的统一，值得总结和借鉴。滦平县在实施易地扶贫搬迁过程中，实践了小城镇化的创新模式，实现了生产要素的优化重组，注重激发贫困群体的内生脱贫动力，在政府主导下注重动员社会有关各方面共同参与，达到了"搬得出、稳得住、有就业、能致富"。

（1）因地制宜，创造多种易地扶贫搬迁模式，较快实现较大规模贫困人口集中脱贫安置。按照《全国"十三五"易地扶贫搬迁规划》和《河北省"十三五"易地扶贫搬迁规划》中的部署，滦平县在实施易地扶贫搬迁工作过程中，总结出三种易地扶贫搬迁典型模式：即整村易地再建新乡镇扶贫搬迁模式（邢家沟门安置点）、联村并建小城镇扶贫搬迁模式（安纯沟门安置点）、集中融入小城镇扶

① 本章执笔人为陈宗胜、张小鹿，基本内容曾以《易地扶贫搬迁：解"一方水土养不起一方人"之困局》为题发表于《国际融资》2018 年第 9 期。参与调研的中国财富经济研究院扶贫调研组成员有：陈宗胜、周云波、尚纹玉、史乐陶、张小鹿及李富达等。

贫搬迁模式（两间房安置点）。各种模式都通过易地搬迁安置，因地施策，在政策允许范围内求变通，减少了搬迁阻力，提高了群众满意度，达到了使贫困人口减贫脱贫的目的，脱贫效果稳定、可持续，社会和生态效益明显。

（2）创新小城镇化脱贫模式，为通过易地扶贫搬迁城镇化实现脱贫减贫，提供了进一步发展的空间和新的做法。滦平县藉易地扶贫搬迁契机，通过整体规划，基本上按照变分散为集中、靠近交通干线、转移至地方性行政中心附近、现有成熟小区扩建等目标，实现人口和基础设施空间上的集聚，降低基础设施分散投资的成本，提高公共设施和服务的使用效率；人口集聚、空间城镇化，又为人的城市化提供了空间及物质载体，是较为有效的小城镇化模式。这种小规模城镇化模式，不同于"趋向大城市"的城镇化，有效解决了迁移群体面临的生活、交流上的社会排斥，缓解了流入城市住房紧张、交通拥挤、就业竞争、环境恶化等问题；也使流出地区面临的土地撂荒、空巢老人、留守儿童及空心村镇等经济社会问题得以解决；"谁来种地"这一基础性、根本性的粮食安全问题也有了部分解答。

（3）通过易地扶贫搬迁，实现贫困村落生产要素优化重组及转变，实现稳定可持续脱贫。农村贫困的一个表现是：生产规模小限制了分工和技术的应用，要素组合表现为劳动力同土地及初级生产资料的结合。滦平县借助易地扶贫搬迁，引入适宜的生产性或服务型企业，为要素优化重组和减贫脱贫提供了条件。表现在：一是贫困劳动力通过土地流转同农业相分离，参与到非农业生产活动中，实现贫困人群与现代资本要素的结合；二是未脱离农业部门的劳动力，从原有低效益的粮食种植转移至有较高经济效益和生态效益的经济作物种植，实现了劳动力与技术的结合；三是村民的土地、房屋等在搬迁后实现了资本化；四是催生当地第三产业，使农民具备了就近兼做服务业的可能，实现了收入多元化；五是在各级政府主导下实现了贫困人口参与金融活动：贫困农户向开发企业让渡优惠贷款权，并转化为企业股权，使贫困人口与金融相结合，是一种"金融扶贫"的具体应用，前述农民土地、房屋的资本化都是金融活动，村民得到的租金收入、承包费、收益分红、"股金"收益等均为资产性收入，可看成是易地搬迁引致金融活动在农村的扩散和传播。

（4）围绕易地搬迁开拓多项扶贫举措，激发贫困人口的内生动力，实现持续扶贫脱贫。"十三五"期间开展易地扶贫搬迁的直接作用，是对符合条件的农村贫困人口实施以住房保障为表现的社会救助。从国际上社会救助的经验来看，现金救助占比趋小，项目救助占比趋高，旨在降低救助对象的福利依赖，激发救助对象的自我发展能力。这与扶贫工作目标一致。滦平县的各种模式都注重在安置点上开发与当地经济社会条件、劳动者技能相匹配的产业；同时对有劳动能力和就业意愿的贫困群体提供技能培训和就业信息、渠道，为搬迁群体提供各种就业机会，从而使搬迁人口的内在脱贫动力与新环境呈现的脱贫条件对接，为主观脱贫提供了客观条件。

（5）通过易地扶贫搬迁整合多方参与，在政府主导下将扶贫搬迁嵌入当地发展规划，实现整体扶贫开发和整体脱贫。贫困是一个涉及多方的经济社会现象。缓解贫困是地方经济发展的任务之一，贫困的缓解也能够促进地区经济发展。扶贫脱贫必须融入地区经济发展，吸引社会各方共同参与并积极互动。滦平县易地扶贫搬迁是在政府主导下成功吸引有关多方参与的结果，是一项系统性社会工程。易地扶贫搬迁项目的组织者主要是当地县、乡政府，及专设的扶贫部门；直接参与主体是符合条件的贫困人口及同步搬迁人口；搬迁实施中做出贡献的主体包括安置区的规划、建设者，银行、保险等资金提供者等；搬迁后续发展的参与者包括各产业项目的开发主体及社会资本协作方。政府的主导作用的核心是协调、扶持、支持贫困人口自主实现减贫脱贫，搬迁前后生产方式及要素组合发生变化时产生的摩擦往往需要政府进行积极协调。

总的来说，滦平县易地扶贫搬迁工程有特色，有成效，应总结，可借鉴。基于此，特建议重视易地扶贫搬迁在精准扶贫中的作用，开展过程中要注意做到：一是注重因地制宜，以最小化搬迁纠纷，最大化群众满意度来设计搬迁方案，实施安置计划，形成各具特点的易地搬迁扶贫方案；二是必须将易地扶贫搬迁与当地经济长远发展即城镇化发展的趋势相结合，要有利于贫困人口建立与原世代居住地方的联系，有利于搬迁居民记得住情感"乡愁"，要考虑到搬迁成本的规模及可行性；三是切实解决搬迁人口迁移后的就业及生产发展问题，这是易地扶贫搬迁能否实现脱贫稳定可持续的内在要求；四是结合当地实际考虑配套产业的招商引资，根据当地贫困劳动力的实际来进行产业选择和布局，处理好农业与其他产业、农用地与开发建设用地、农民向产业工人转变的关系，处理好生态环境与产业发展的关系；五是注重实现贫困户内生发展自生力，实现脱贫稳定可持续的目标；六是发挥各级政府包括村集体的主导性作用，使其吸引社会有关方共同参与易地搬迁项目，这是各种搬迁模式取得成效的关键，当然也要防止政府包办代干，伤害了贫困群体的内生脱贫积极性等。

诚然，滦平县尝试的各种模式还是初步的，有些方面也存在一些值得探讨的问题，比如实施成本及可持续性方面需要深入研究和分析，更有待于时间的检验。因此，各地都要实事求是地结合各地区情况及资源环境约束来借鉴和参考。以下为调研报告的具体内容。

第一节 注重易地搬迁模式的多样性和灵活性

因地制宜，创造多种易地扶贫搬迁模式，较快实现较大规模贫困人口集中脱贫安置。按照《全国"十三五"易地扶贫搬迁规划》和《河北省"十三五"易地扶贫搬迁规划》中的部署，滦平县在实施易地扶贫搬迁工作开展过程中，总结创造出三种易地扶贫搬迁典型模式：即整村易地再建新乡镇扶贫搬迁模式、联村并建小城镇扶贫搬迁模式、集中融入小城镇扶贫搬迁模式。各种模式都通过易地搬迁安置，达到了使贫困人口贫困群体减贫脱贫的目的。三种模式分别对应于三个较为典型的安置点，分别为邢家沟门安置点、安纯沟门安置点、两间房安置点。

一、"邢家沟门安置点"简介

邢家沟门村以全村整体集中搬迁建设新村镇为特色，全体村民分散居住在绵延一公里的狭长山沟里，交通极不方便，符合整体搬迁的条件，而新的安置区位于邢家沟门村河北自然村的平坦地区，与京承旅游公路、京承高速公路相邻，交通环境大大改善。由于采取全村整体搬迁，因此搬迁实施了"新区统一规划，统一建设；旧村打捆包装，综合开发"的具体建设方案。新安置区占地面积 90 亩，建筑面积 3.5 万平方米，总投资 10218.57 万元；共建成 3 层、4 层、5 层楼房 22 栋，户型面积分别为 75 平方米、100 平方米、125 平方米；目前已完成楼房主体建设，正在进行内装修；配套建设了卫生院、幼儿园、村委会、文化活动广场等公共服务设施；规划安置邢家沟门村从山沟搬出的 408 户、1346 人，含建档立卡贫困人口 1076 人，非贫困同步搬迁 270 人。

邢家沟门村全体村民搬出后，位于狭长山沟的旧村采用"打捆包装，综合开发"的具体发展方案。过去交通不便，发展不快，却保护了山沟里面的生态环境，故全村搬出后旧村就可以大力发展观光休闲的生态旅游，也可依托旧村中原有石佛寺的区位优势，发展文化旅游项目，其中重要的是安置贫困村民就业，增加收入脱贫。山沟里的土地，通过流转集中发展效益较高的经济作物，通过发展特种种植产业带动脱贫 272 户、882 人。其中种植金银花 1500 亩，年利润 200 万元，带动搬迁贫困户 109 户、327 人，年人均增收 6116 元；建设休闲采摘园，种植珍珠油杏 2500 亩，年利润 500 万元；种植其他干鲜果品 3000 亩，年利润 200 万元，带动搬迁贫困户 163 户、489 人，年人均增收 14315 元；通过组织贫困户流转土地获得租金、参与劳动获得薪金、转让融资贷款权获得股金，即"三金合一"方式，带动脱贫 218 户、654 人，年人均增收 10300 元。另外，通过技能培训、劳务输出带动脱贫 47 户、125 人，年人均增收 21000 元；最后通过社会保障救济兜底 25 户、69 人，保障标准 3540 元/年/人。

二、"安纯沟门安置点"简介

安纯沟门安置区位于安纯沟门村东侧，以联合多村共同建设新乡镇为特色。区内共建设 6 层楼房 29 栋，占地面积 173 亩，总建筑面积 7.7 万平方米，总投资 20366.51 万元；建筑户型根据需求面积大小有很多种，分别为 50 平方米、75 平方米、100 平方米、125 平方米、150 平方米。安置区内同步配套建设了派出所、村委会、幼儿园、卫生室、活动中心等公共服务设施 4500 平方米。目前，已完成楼房主体建设，正在进行内装修。计划安置全乡 11 个行政村、30 个自然村，713 户、2474 名搬迁群众，其中包括建档立卡贫困人口 1856 人，非贫困同步搬迁人口 618 人。

安纯沟门安置区采取联村并建新城镇的方式，是以联村产业合作综合开发为基础的，该区依托现代循环农业区的优势，成立多村联合发展企业组织，将易地扶贫搬迁与农业产业发展、沟域经济发展相结合。其中东方宏润公司投资 0.5 亿元，建设西双栅子 2000 亩果药间作精品示范园，带动搬迁贫困户 123 户、488 人，年人均增收 7540 元；北京中融蓝天公司投资 4.5 亿元，建设万头毛驴养殖屠宰深加工项目，带动搬迁贫困户 165 户、594 人，年人均增收 14876 元；承德妙莱恩公司投资 0.5 亿元，建设康大洼养殖种植旅游项目，带动搬迁贫困户 82 户、295 人，年人均增收 6210 元；在联合发展中，动员并组织贫困户流转土地、参与劳动、转让融资权利，使其通过获得租金、薪金、股金即"三金合一"方式，带动贫困户 330 户、1188 人，年人均增收 10300 元。总之，通过产业发展措施脱贫 370 户、1377 人。另外，通过技能培训、劳务输出脱贫 88 户、286 人，年人均增收 21000 元；通过保障兜底 31 户、89 人，保障标准 3540 元/年/人。

三、"两间房乡安置点"简介

两间房安置区位于滦平县南部两间房乡镇所在地，距县城 30 公里，距北京 150 公里，以将分散在周围各村贫困人口集中安置在现有小城镇驻地为特色。区内建设了 1 栋 6 层安置楼房，占地面积 6 亩，建筑面积 6060 平方米，总投资 1428 万元；建筑户型面积分别为 75 平方米、100 平方米、125 平方米。计划安置两间房乡 6 个行政村的 254 户、885 人搬迁人口，其中一期搬迁群众已入住，已经安置 60 户 238 人，含建档立卡贫困人口 202 人。二期还在建设中。

两间房乡安置区的迁移居民来自周围多个村落，所以各村采取了不同的开发办法。贫困人口比较集中的村子采取了"美丽乡村综合开发"模式，办法是由政府、集体、农户三方成立合作社，将搬迁后空置房屋收归集体，将原有房屋评估作价统一管理，并引进北京海德公司合作开发民俗旅游项目，按照资产收益扶贫模式，将收益按照政府—集体—农户 3∶4∶3 的比例分成。目前搬迁后空置房屋60 处，按每处年均收入 5000 元计算，房屋使用年限 30 年，共可获得收益 900 万元，政府、集体、农户三方分别可获得 270 万元、360 万元、270 万元的收益，折算为每年人均搬迁贫困人口可增收 400 元。另外，两间房乡还引进承德御龙谷国际旅游区项目，投资 60 亿元。依托"金山岭·唐乡"和山知话茶厂，利用黄芩尖、叶制造养生茶，发展乡村旅游和黄芩产业；引进济世中药茶厂一家，建成采摘园 3 个，带动搬迁贫困户 54 户、202 人脱贫。

四、各搬迁扶贫安置区的政策共性与差异

滦平县不同村镇实施易地扶贫搬迁，是在各级政府的主导下统一推动的，所以各村镇在具体规划过程中使用的优惠政策，都是国家统一的扶贫搬迁政策，即按照《全国"十三五"易地扶贫搬迁规划》和《河北省"十三五"易地扶贫搬迁规划》相关规定，即凡符合条件的搬迁贫困户均享受 5.7 万元/人（非贫困同步搬迁户为 5 万元/人）的补贴，用于易地搬迁住房及配套设施的建设，按照实际建设标准，贫困户的自筹款项一般为 0.3 万元/人（其他同步搬迁户为 1 万元/人）。即基本政策是统一的、相同的。

但在各村镇具体实施过程中，又有结合当地情况的差异创新。比如在"选房分房"顺序等可能产生争议的具体搬迁过程中，邢家沟门安置点由于房屋装修采取各自付费统一施工的方式，故其选房方法主要采取按照自筹款项的上交顺序及标准，即"早交钱早选房"的方式来实施房屋分配。而两间房乡安置点由于装修也由乡镇统一出资完成，故房屋分配主要采取"抽签 + 自愿协商"的方式，即经全体搬迁户确定并同意，全部贫困户均参与符合自家条件的小组，通过抽签来自主决定房屋分配，对抽签结果不满意者则可通过个别协商进行调换，只要调换双方同意即可。这里，不管采取哪种实施方式，一个明显的特点是由村委会组织村民自主协商制订具体方案，各级政府部门只做原则指导，只参与制定选房分房的规则并实施监督，只提"和谐搬迁、群众满意"的大要求，尽可能不直接干预实施过程。此举明显减少了选房分房过程中的纠纷，提高了贫困居民的满意度，使易地扶贫搬迁的各个环节都令群众满意。

再比如，在筹集和安排新安置区建设的"配套费用"时，各乡镇根据各自实际情况也有差异。邢家沟门安置点由于是位于交通干线附近的新建搬迁区，涉及较大规模新建配套设施，需要搬迁户在补偿款或自筹款项中支付一部分配套基础设施建设费用，并且还需自费装修；而两间房安置点是在乡镇成熟小区基础上改建、扩建，故支付配套费用较少，便可将更多款项用于搬迁房屋装修，进一步改

善住房条件。当然，不管是属于哪种情况，均是在政策规定范围内，尽可能保证了搬迁贫困户利益的做法。

此外，在房屋建设的成本及质量标准和各种数量指标上，各乡镇安置点在落实国家有关成本和面积的统一规定之外，都在充分协商的前提下，保留了合理的差异。比如都考虑了多人户与少人户的户型与面积的不同需求，特别是针对贫困人口和同步搬迁非贫困人口经济条件差异，适当考虑到不同群体住房的需求差异。这些差异在不同安置之间，可能更大一些。但整体上，在严格遵循贫困人群"不能因搬迁而负债"的原则下，通过政府指导下的各种内部协商，建设可供选择的多种类型易地搬迁房，较好地满足了各方面需求特别是贫困群体的多种需求。

第二节　重视搬迁扶贫与城镇化建设的有效衔接

创新小城镇化脱贫模式，为通过易地扶贫搬迁城镇化实现扶贫脱贫，提供了进一步发展的空间和新的做法。国际经验表明，快速大型城市化历程引发的房屋和社会服务过度开发、犯罪率上升、污染严重和人满为患等社会成本，正逐渐消解着过去城市化引致的种种好处。世行前行长罗伯特·麦克纳马拉质疑大城市的作用，指出城市规模过大以至于任何位置上的经济性都会被拥挤成本所挤占。改善一个国家城市的交通状况所花费的成本，比维持一个巨型城市体要小不少。在相同情况下，如果工人是流动的，大城市里相对高的收入和高生活费用，使其不会比同等学力、经验、能力和健康状况的小城市里的工人生活得更好，因为虽然后者比前者收入低，但其生活费用也低。世行的研究所表明的思想，即是与其一味扩大城市规模，不如通过发展交通使各小城市相互连接，一方面是可以降低成本；另一方面同等条件下小城市的生活状态可能好于大城市。

滦平县各种易地搬迁扶贫项目的实施证明了这些经济学道理。藉易地扶贫搬迁之契机，滦平县各安置点充分利用国家安排的扶贫搬迁专项资金，整合其他相关资金，通过规划和具体组织和实施搬迁行为，基本上按照变多村为一镇、变分散为集中、靠近交通干线、转移至地方性行政中心附近、融入现有成熟小区而扩建等目标，实现了人口和基础设施在空间上的集聚、集中，降低了公用基础设施分散投资的成本，并同时提高了公共设施和服务的使用效率，促进了资源的优化配置，实现了增收途径多元化，融合了多种扶贫方式，有效地实现了稳定可持续脱贫；进一步分析，人口集聚、空间城镇化，又为人的城市化及更长远的人的现代化，提供了空间及物质载体，从而是一种较为有效的小城镇化模式。

这种小规模城镇化模式，从根本上不同于城乡之间自发地人口流动而形成的

"趋向大城市"的城镇化。在我国过去自计划经济体制中长期形成并持续至今的城乡二元体制下，城乡居民的生产、生活及思维方式均存在较大差异，由此在短期内形成的快速的劳动人口流动必将引发一些社会问题。比如，短期内城乡劳动人口流动可能出现生活方式、文化交流上较大的社会排斥问题，更重要的是在给流入城市带来住房紧张、交通拥挤、就业竞争、环境恶化、高犯罪率等的同时，对作为流出地的农村地区也会产生诸如土地撂荒、空巢老人、留守儿童及空心村镇等经济和社会问题。然而，通过以上介绍的从我国扶贫实践中创造出的各种易地扶贫搬迁项目的实施，完全可能实现人口向县域甚至更小范围内的行政中心、经济中心及交通节点的集聚、集中，即实现小规模城镇化。这种小城镇化，一方面因其距离各自原来的村镇不是很远，留得住"乡愁"，小城镇中相近的生产、生活及思维方式能够减少社会排斥，使流动人口能够更好地融入当地并被当地接纳；另一方面，同样重要的是，可以缓解农村劳动人口过快流向大城市而产生的上述各种"大城市化倾向"的问题，如住房、交通、环境、社会秩序等问题都可能易于解决，同时不同于大城市吸引有能力的劳动力的聚集，县域小城镇则集中的是普通人口特别是贫困人口，所以老人、妇女、儿童孤独问题，土地荒芜及村落荒废问题也不会存在。

另外，从建设成本看，不同规模的城镇，更是不可同日而语。滦平县通过易地搬迁形成的各个小乡镇、城镇中，有多数是借助地方行政中心、交通枢纽地较完备的基础设施，从而可以大大降低城市化的投资成本，提高公用基础设施利用效率，很大程度上扩大了地方公共服务的范围，实现脱贫减贫。

第三节 重视贫困村落生产要素优化重组在脱贫中的作用

通过易地扶贫搬迁，实现贫困村落生产要素优化重组及转变，创造性实现稳定可持续脱贫。传统或落后的村居往往也是传统或落后的生产、生活方式的集聚地。农村落后生产方式的一个集中体现是：狭小的生产规模限制了明确分工和现代技术在生产过程中的应用，生产要素组合简单地表现为劳动力同土地、原材料等初级生产资料的结合，间或也涉及少量的前期资本投入，但局限于单纯的资金"借"与"还"，与现代企业制度中司空见惯的"股份"资本不相关；受限于农村有限的生产规模，许多农村的生产环节涉及"全产业链"，包括最初的原材料投入到中间品的加工（有可能涉及必要生产工具的购买），以及最终产品的产生，往往由一个生产单位（在农村往往以单个家庭或家庭作坊为主）完成，缺乏各个生产环节在不同生产单位之间分工协作，也没有中间商等。这显然有悖于通过分工专业化提高生产效率的经济学理论。

滦平县通过并借助国家实施易地扶贫搬迁这一政策，引入与当地情况相适宜的生产性或服务型企业，使贫困劳动力的就业市场发生了变化或转变，打破固有要素组合方式及生产方式，即打破低收入贫困循环，为生产要素的优化重组和减贫脱贫提供了条件。一是部分贫困劳动力通过土地流转同原来的农业相分离，参与到与农业只有较少关联的非农业生产活动中，从而使贫困人群与现代资本要素相结合。例如，安纯沟门安置点为贫困农民开办了养殖屠宰厂、种养旅游项目，两间房安置点兴办了生态旅游项目及茶、药加工厂，邢家沟门安置点开展生态旅游项目等为贫困人口实现就业等。二是部分仍未脱离农业部门的劳动力，也流转土地与现代技术要素相结合，使其从原有低产量和低效益粮食种植，转移至有较高经济效益和生态效益的经济作物种植。例如邢家沟门为贫困群体开发的金银花、珍珠油杏等经济作物的种植等。三是村民的土地、房屋等资产，搬迁后与资本相结合，变成产生收益的资本。如邢家沟门村规划将村民搬迁后闲置房屋，进行评估作价、统一管理，参与到民俗及旅游项目开发中；两间房乡安置点将贫困户的土地、荒山统一进行流转，投资于海德公司开发的民俗旅游项目及承德御龙谷国家旅游项目，实现土地与资本的结合为贫困户带来股金。四是易地搬迁后当地闲散劳动力与服务业相结合，催生当地第三产业的发展，使农民具备了就近兼做服务业的可能，实现了居民收入的多元化。五是在各级政府主导下实现了贫困人口从事金融活动。贫困农户向开发企业让渡优惠贷款权，并转化为企业股权，这就使贫困劳动力与金融相结合，实际上是一种"金融扶贫"的具体表现；不仅如此，前述农民土地、房屋的资本化都是金融活动，村民得到的租金收入、承包费、收益分红、"股金"收益等都是资产性收入，都超出了旧时农村基于"人情社会"所形成的资金借还关系，可以看成是易地搬迁引致的贫困人口与金融活动相结合的扩散和传播。

第四节　易地搬迁过程中注重激发贫困人口的内生脱贫动力

围绕易地搬迁开拓多项扶贫举措，激发贫困人口的内生动力，实现持续扶贫脱贫。"十三五"期间开展易地扶贫搬迁项目的直接作用，是对符合条件的农村贫困人口实施以住房保障为主导的社会救助。社会救助在社会保障体系中发挥着托底线、救急难的作用。从国际上社会救助的操作经验来看，现金救助占比趋小，项目救助占比趋高，目的旨在通过减少现金救助来降低救助对象的福利依赖，而通过项目救助激发救助对象的自我发展能力。这与扶贫工作目标是一致的。贫困地区和贫困人口在扶贫减贫过程中应该摆脱"等靠要"思想，摒弃"等人送小康"的心态，即应当更多地激发贫困群体的内在脱贫动力。为此就需要有关政府部门充分发挥职能，围绕易地扶贫搬迁的实施而为贫困群体创造多种条件。

滦平县在实施易地搬迁安置工作时，避免了早先"一搬了之"的短期救助做法，注重将"搬得出"与"稳得住""能致富"紧密结合，认为"搬得出"只是初步，"搬得出"还需"稳得住"，否则即前功尽弃；而要"稳得住"就得有活儿干、有就业，从而才能够逐步致富，因此必须利用易地搬迁创造的新环境，开拓多种扶贫举措达到持久脱贫并逐步致富，特别要增加贫困人口的工资性收入或更加广泛的收入多元化，因为这是使贫困人口摆脱贫困的直接动力也是长期途径。滦平县的各种模式中都注重在安置点上开发与当地经济社会条件、劳动者技能相匹配的产业，同时对有劳动能力和就业意愿的贫困群体，提供技能培训和就业信息、渠道，为搬迁群体提供各种就业机会，从而使搬迁人口的内在脱贫动力与新环境呈现的脱贫条件对接，实现稳定可持续脱贫。

滦平县注重将易地搬迁与安置就业及产业配套，并将其作为提升贫困群体自身动力完成脱贫的关键，从而也是脱贫攻坚能否成功的关键。以各个安置点上开发各种旅游项目为例，整个承德市作为京津水源涵养区，必须妥善处理经济发展与生态保护的关系。国家要求，"加快建设京津冀水源涵养功能区，同步考虑解决周边地区的贫困问题。"处理好生态发展与扶贫脱贫的关系，是关系贫困人口持续脱贫并逐步致富的大问题。在这样的限制条件下，很多贫困村民束手无策，没有了脱贫的内在动力。滦平县在实施易地搬迁时，经过专门研究采取了生态保护与扶贫项目相协调的策略，注重选择和引进与涵养水源、森林资源、绿色生态保护相一致的配套产业。比如滦平县各种易地搬迁模式都是围绕生态旅游做文章，为当地居民提供符合比较优势的服务性工作岗位，增加了居民工资性收入，客观上降低了居民返贫风险，提升了贫困人口内生脱贫的动力及稳定可持续性。

例如两间房乡安置点开发了民俗旅游项目、御龙谷旅游项目，引进资金65亿元，建设以当地颇具特点的皇家文化为底蕴的行宫、酒店等服务设施，并围绕新环境体验区建设国内最大的特色木屋、石屋群，吸引北京周边、全国乃至国际高端度假养生人群汇聚于此，提升本地的文化氛围和知名度；建设集吃、住、行、游、购、娱为一体的新服务聚集区，辐射周边金山岭、古北水镇、承德等地区，打造京承高速旅游带的接待中心，促进两间房乡的文化旅游产业发展。预计大量增加贫困人口的就业与收入。邢家沟门村吸引开发公司，对搬迁后闲置房屋进行统一管理、规划，结合当地植被良好的特点，发展融生态保护于一体的特色旅游；安纯沟门安置点发展了循环农业项目、养种旅游项目；想家沟门则开发了石佛寺旅游开发等，都是结合当地既有资源的生态友好型项目，实践了"绿水青山就是金山银山"的理念，又为当地劳动力提供了就业机会和岗位。滦平县在三个安置点均为充分利用当地优势资源，吸引外来企业，带动经济发展，共安置贫困人口就业2565人，增加了收入多元化，其中工资性收入增长幅度最大，有效缓解了贫困甚至脱贫，实现了发展和脱贫的可持续。

第五节　易地扶贫搬迁应嵌入当地整体和长期的发展规划

通过易地扶贫搬迁整合多方参与，在政府主导下将扶贫搬迁嵌入当地发展规划，实现整体扶贫开发和整体脱贫。贫困问题是一个涉及多方面的经济社会现象，不是孤立的个别问题，也不可能与其他问题剥离开来。缓解贫困是地方经济发展中多项任务之一；而贫困的缓解也能够促进地区经济发展。因此，扶贫脱贫必须融入地区经济发展中，吸引社会各方共同参与并积极互动。滦平县实施的易地扶贫搬迁工程，就是在政府主导下成功吸引有关多方面参与的结果。各种易地搬迁扶贫项目的主导组织者主要都是当地县、乡级政府，及其专设的扶贫脱困部门；同时，滦平县在实施易地扶贫搬迁项目过程中，通过各级政府的支持及农户收益分成壮大了集体经济，集体项目既发挥示范效应，也显示了引领作用，还直接支持了各种易地搬迁项目的实施。当然，直接参与主体是符合搬迁条件的各类贫困人口及非贫困同步搬迁人口；搬迁实施中做出贡献的主体还包括安置区的规划、建设者，资金提供者有关银行、保险机构等；而搬迁后续发展的参与者包括各种产业项目的开发主体以及社会资本协作方。很显然，滦平县易地扶贫搬迁不是简单的"被动"项目实施；而是系统的"主动集群优势"的集中体现，其中起关键作用的是当地政府方面的主导作用。

各级有关政府部门，从为人民谋利益的初心出发，把易地扶贫搬迁作为当地经济发展的重要内容，吸引各方面共同参与，实现整体开发与持续脱贫，形成了政府主导下的系统性社会工程。这是滦平县各种搬迁模式的共同做法。政府部门包括村集体参与了从前期宣传员、规划选址，到过程中招标建设、设施配套，以及后期搬迁方案、产业发展等各个实际环节；既要组织贫困群体参与易地搬迁，同时又要代理搬迁人口吸引社会资本参与，各重要环节都发挥了重要作用。当然政府的主导作用不是代替，核心还是扶持、支持贫困人口自主实现减贫脱贫，而只在必要的环节进行必要的导向性支持。

换言之，易地搬迁前原有生产方式及要素组合发生变化及改变时，新生产方式及内部要素重新组合可能成功也可能失败，其间产生的摩擦往往需要政府进行积极协调；而新的生产方式同新的要素组合的结合，更需要政府扮演重要协调角色。

第六节 易地扶贫搬迁的思考与建议

总的来说，滦平县在推进精准扶贫脱贫的过程中，已经因地制宜地创新出多种特点不同的易地搬迁扶贫模式，各种模式都体现出一种新型小城镇化模式，都有利于带来生产要素的重新组合，都注重了激发贫困群体的内生脱贫动力，都是在政府主导下动员社会有关方面的力量实现的结果，因而都是有益且有效的尝试，有利于通过易地扶贫搬迁实现减贫脱贫，以及更长远的脱贫致富。其基本做法如下：

一是开展易地扶贫搬迁工作时必须注重因地制宜，结合地方实际，以最小化搬迁纠纷，最大化群众满意度，来设计搬迁方案，实施安置计划，形成各具特色的易地搬迁扶贫方案；二是必须将易地搬迁扶贫与当地经济长远发展即城镇化发展的趋势相结合，要有利于贫困人口建立与原世代居住地方的联系，有利于搬迁居民记得住情感"乡愁"，还要考虑搬迁成本的规模及可行性；三是必须切实解决搬迁人口迁移后的就业及生产发展问题，这是易地扶贫搬迁能否实现脱贫成效稳定可持续的内在要求，多途径统筹解决就业及收入增加问题，才能真正实现"稳得住"和"能致富"；四是必须结合当地实际情况考虑配套产业的招商引资，结合当地贫困劳动力的实际情况来进行产业选择和布局，处理好农业与后续产业、农用地（包括耕地、原地、林地、牧草地等）与开发建设用地、农民向产业工人（包括二产和三产）转变的关系，处理好生态环境与产业发展的关系，杜绝借扶贫之名行房地产开发之实的行为；五是必须注重实现贫困户内生发展的自生力，实现脱贫稳定可持续的目标；六是必须注重发挥各级政府部门包括村集体经济的主导性作用，使其吸引全社会有关方面共同参与各种易地搬迁项目，融合各方面力量，这才是各种搬迁模式取得成效的关键，当然要防止政府部门全部包办代干，伤害了贫困群体的内生脱贫积极性等。

诚然，滦平县尝试的各种模式还是初步的，仍需进一步总结和探讨，在有些方面也存在一些值得探讨的问题，比如实施成本及可持续性方面需要深入研究和分析，更有待于实践的更加充分进行。因此，各地都要实事求是地结合各地区情况及资源环境约束来借鉴和参考。

第七章 有效应对新冠肺炎疫情冲击 坚决打赢脱贫攻坚战

　　本章主要讨论2020年初暴发并席卷全球的新冠肺炎疫情，对中国扶贫脱贫工作产生的冲击及我们提出的应对之策。2020年的新冠肺炎疫情在全球各国蔓延，对各国各不同地区、不同行业、不同群体都产生了相当程度的严重影响。中国是全球最早控制住疫情的国家之一。我国以举国之力推进的防控措施，成功阻击了新冠肺炎疫情的进一步肆虐，从年中已经进入常规防控阶段，经济社会进入防控与发展同时推进的过程。然而这整个过程犹如一场战争，已经对全社会产生了极大的冲击，其中对贫困群体特别是贫困地区民众的生存状态可能产生更大的冲击，从而可能影响2020年作为重中之重的扶贫脱贫工作任务的完成。本章首先指出了疫情对全国以及湖北地区扶贫工作的影响，然后提出了相应的纾困举措，最后提出了2021年后的扶贫工作重点的一些预测和设想，及可能面临的挑战。对于全国而言，既要保证缓解疫情，也要减少对扶贫工作的冲击，确保扶贫总目标不受大的影响。而湖北地区既要在疫情防控方面持续努力，还必须确保高质量如期完成脱贫攻坚任务，因此必须依靠国家及全国各地的持续全力支援。①

第一节　问题提出：防控疫情与脱贫攻坚

　　新型冠状肺炎（简称新冠肺炎，COVID－19）疫情于2019年底在湖北武汉暴发至今，已蔓延至全国乃至世界多个国家。自2020年1月下旬至今，为了抗击疫情，全国各地陆续启动了重大突发公共卫生事件一级响应，WHO也将此次

　　① 本章作者陈宗胜、周云波、黄云，原以《有效防控疫情同时全面完成2020年脱贫攻坚收官任务》为题目发表于《全球化》2020年第5期，是作者承担南开大学重点科研项目的部分成果，也是国家社会科学基金重大项目（项目号：19ZDA052）和国家自然科学基金面上项目（项目号：71874089）的阶段性成果。

疫情列为国际关注的突发公共卫生事件并具有全球大流行特征。经过一个多月的全力抗疫，全国大部分地区的疫情形势已有所缓解。但封城、隔离、延迟返工复工等一系列防疫措施已对不同地区、行业、群体都产生了不同程度的影响。新冠肺炎疫情的暴发和处置不仅对我国经济发展的基本面构成了较大的短期冲击，也加大了 2020 年完成扶贫攻坚任务的难度。

到 2020 年现行标准下的农村贫困人口全部脱贫，是党中央给予全国人民的郑重承诺，经过 7 年多的精准脱贫、4 年多的脱贫攻坚战，我国的贫困格局发生了巨大演变。主导中国减贫议程的农村绝对贫困问题将从根本上得以解决（李小云等，2020）。习近平主席在 2020 年 3 月 6 日决战决胜脱贫攻坚座谈会上也明确指出，越是最后越不能停顿、不能大意、不能放松，2020 年是脱贫攻坚战的最后一年，收官之年又遭遇疫情影响，各项任务更重、要求更高。2020 年 3 月 12 日，国务院扶贫办领导开发小组办公室主任刘永富指出，绝不能因疫情影响脱贫攻坚目标任务。

近年来，经举国努力减贫工作取得了很大成就，贫困人口逐年大幅度减少，截至 2019 年底，我国贫困发生率已经下降至 0.6%，贫困人口不足 600 万人（见表 7-1）。截至 2020 年 2 月底，全国还有 52 个未摘帽贫困县，2707 个未出列贫困村，在剩余建档立卡贫困人口中，老年人、患病者、残疾人的比例高达 45.7%。[①] 虽然和过去相比总量有所减少，但都是困难很大的硬骨头，现阶段不仅要保证现存贫困人口如期脱贫还要预防已脱贫的 9300 多万人口返贫。而新冠肺炎疫情又可能导致部分人口再度返贫。因此 2020 年作为我国全面建成小康社会的收官之年，完成脱贫攻坚任务仍是艰巨的，明确疫情对目前经济大环境和脱贫攻坚会产生怎样的冲击，以及如何纾解，是高质量如期完成脱贫任务亟须探讨和回答的现实问题。

表 7-1　　　　近 5 年中国全国贫困发生率以及年末贫困人口数

项目	2015 年	2016 年	2017 年	2018 年	2019 年
贫困发生率（%）	5.7	4.5	3.1	1.7	0.6
年底贫困人口（万人）	5575	4335	3046	1660	551

资料来源：笔者根据有关报道整理。

---

① 资料来源：2020 年 3 月 6 日习近平在决战决胜脱贫攻坚座谈会上的讲话，https://www.ccps.gov.cn/xxsxk/zyls/202003/t20200306_138549.shtml。

第二节　新冠肺炎疫情蔓延及防控对全国扶贫工作的影响

新冠肺炎疫情暴发至今，为脱贫攻坚带来了新挑战。政府部门及学界学者们也纷纷提出了新冠肺炎疫情对扶贫的影响以及举措（如刘永富，张琦，汪三贵，陈宗胜，赵皖平，唐任伍，民进中央等，2020）。为全面了解当前疫情对我国扶贫工作的影响，本章将结合现有文件以及学者观点对其进行梳理。目前，新冠肺炎对扶贫工作的影响主要表现为以下几个方面。

一是返岗就业受阻使农民工特别是贫困地区劳务工人收入下降。农民工能否返城就业，不仅能否有效防止因疫情失业而返贫，还关系到决胜脱贫攻坚目标的实现和脱贫攻坚成果的巩固、全面小康如期实现。已有文献也证实了劳动力流动具有显著的减贫效应（岳希明、罗楚亮，2010；方迎风、张芬，2016）。我国农民工群体数量庞大，是主要的流动人口，国家统计局数据显示，2019 年全国 2.9 亿多农民工中，外出农民工达 1.7 亿多人，[①] 即一多半要跨县（市或省）流动，大多分布在城市的建筑、餐饮、服务等行业就业。此外，据国务院扶贫办统计，2019 年我国有 2729 万建档立卡贫困劳动力在外务工，这些家庭 2/3 的收入来自外出务工，涉及 70% 以上建档立卡贫困人口。[②] 贫困户家庭外出务工工资收入占家庭收入的 65%~90%（汪三贵，2020）。受疫情影响不能外出务工，对于农民工群体而言损失严重，收入减少效应明显。若按 2019 年国家统计局公布的农民工月收入标准 3962 元计算，70% 的农民工不能到岗，新冠肺炎疫情彻底得到控制至少需要 3~4 个月，农民工的工资收入损失总计将达到 3 万亿元，再加上农村旅游业、农林牧渔业、交通运输业、文化产业等造成的直接和间接损失，2020 年新冠肺炎疫情对农村全面建成小康社会、脱贫攻坚、消除绝对贫困带来的损失将不少于 10 万亿元（唐任伍，2020）。

疫情期间不少地区实行交通管制、排查隔离和社区管理措施，也有不少村镇采取封村、封路的硬核抗疫措施。整个春节期间全国都积极投身于疫情防护当中，各地的复工时间亦是不断延后。由于近些年扶贫措施之一就是推动贫困地区农民工转移就业，即这部分劳务从本地外出的流动性极大。因此，不同程度的交通管制和隔离防护措施，必然影响了农民工特别是贫困地区农工的就业，从而给贫困农民工的生活造成了极大影响。再者，农民工包括贫困群体中大多没有固定

---

① 具体参见国家统计局于 2020 年 2 月 28 日发布的《2019 年国民经济和社会发展统计公报》，http：//www.stats.gov.cn/tjsj/zxfb/202002/t20200228_1728913.html。

② 资料来源：习近平在决战决胜脱贫攻坚座谈会上的讲话，https：//www.ccps.gov.cn/xxsxk/zyls/202003/t20200306_138549.shtml。

的工资保障，很多是以日结或阶段性完工结算，而疫情及其防控导致复工时间严重推迟，[1] 影响其外出，收入就会受到冲击。[2] 这对于主要收入来自外出务工的贫困户而言，会面临剧增的经济压力。还有一些因疫情无法返乡的贫困农民工，长时间无法开工，日常衣食住行费用不断上升，势必会造成收入下降，贫困程度加剧。

当前，各地也陆续出台了相应的政策措施帮助返乡农民工返岗就业，如"点对点"集中运送务工人员，实行健康码促进安全返岗等。[3] 但农民工返城就业仍然面临难题。虽然各地的防控等级有所下降，农村解除封村，交通逐步恢复正常运营，但不同省份的管理有所差异，农民工跨省出行仍然不便。集中运动主要针对的是大项目、大企业、大工程的大批量务工人员，对于一些需要临时找工作、分散的人员依然面临外出务工难题。此外，一些工地和工厂也未正常开工，餐饮、家政等服务业受疫情冲击，经营困难，而这些都是农民工就业的重要渠道。国内疫情虽然有所好转，但疫情还没有结束，境外疫情呈加速扩散蔓延趋势，防止境外输入又为疫情防控带来新的挑战，农民工就业的热点大城市，疫情防控形势依然严峻复杂。

二是农业发展受影响、农畜牧产品滞销使贫困地区农民收入受到影响。疫情严格防控时间过长，对我国农业发展产生了较大影响，粮食种植业、畜牧养殖业、种业、休闲农业、农产品加工业、蔬菜产业、水果业、花卉业都因疫情受到了一定冲击（蒋和平等，2020），进而影响农民增收。其中，在粮食种业方面，农时耽误、生产资料不足、务农劳动力流动受限，对春耕生产造成了较大影响；在畜牧养殖业方面，由于疫情原因，活禽的交易市场关闭，以家禽业为主的养殖户遭受巨大损失；在种业方面，种子销售、生产、管理都因疫情受到影响；在休闲农业方面，由于休闲农业、乡村民宿、水果采摘等项目因疫情停业，给当地农民就业和增收带来较大影响；在农产品加工业方面，面临着加工缺货、用工缺人、生产缺钱的困境；在蔬菜产业方面，疫情导致蔬菜运输成本增加，存在产区滞销和销区涨价并存现象；在水果业方面，销售渠道不畅，运输成本高，应季水

---

① 新冠肺炎疫情对服务业的冲击降低了对贫困地区的劳务需求。新冠肺炎疫情对不同行业都产生一定冲击，而对中国第三产业，如客运、餐饮、社会服务旅游业，受疫情影响尤为严重。资料证明，已有培训机构、KTV 因受疫情影响遣散在职员工，在这类行业就业的贫困人群又再一次面临失业。另有些地区的贫困居民主要依靠旅游餐饮等服务业创收，而疫情期间采取的必要的防控措施，不仅没有增加收入来源还面临租金成本上升，以致被迫歇业或关门，这势必大量减少贫困劳务工人的需求量，从而影响其收入来源。

② 《2018 年农民工监测调查报告》显示农民工就业行业中第二产业占主要部分，而这都是人员聚集企业，受疫情影响这些企业无法正常开工，农民工无法上班则没有任何收入。具体参见：http://www.stats.gov.cn/tjsj/zxfb/201904/t20190429_1662268.html。

③ 截至 2020 年 3 月 13 日，已外出务工贫困劳动力 1690.12 万人，占去年外出务工总数的 61.93%。具体参见：http://m.people.cn/n4/2020/0318/c1274-13793355.html。

果滞销，线下销售零售商经营受损，时令水果种植户遭受经济受损；在花卉业方面，受疫情影响，市场需求不足，花农经济损失严重。

各地区在脱贫攻坚工作中实施了不同的产业扶贫措施，其中帮助贫困群众提升或安排一系列农产品种养业，是重要脱贫项目，受疫情影响，农产品生产端滞销严重，大量蔬菜、活禽、鸡蛋、水果出现严重滞销，而城市的蔬菜则出现供应紧张，价格上涨情况。农产品滞销一方面是由于贫困户参与特色农产品产业扶贫群体占比大，各阶段还未形成系统化运营，抗风险能力不足。农业农村部发展规划司司长、扶贫办主任魏百刚在接受经济日报记者采访时提到，目前全国有92%的贫困户已参与到贫困地区蔬菜、水果、食用菌、牛羊养殖等特色产业发展队伍中。但贫困地区的扶贫产业总体上仍处于起步阶段，在冷藏保鲜、物流配送方面还很不成熟，对接市场缺乏稳定性。新冠肺炎疫情对贫困地区的农业生产经营秩序影响较大。

另一方面由于农产品的非标性，大宗农产品的线下交易依然占主导地位。据一亩田创始人邓锦宏介绍，自2020年1月下旬至今，全国出现了较大范围的农产品卖难问题，仅一亩田平台就收集到各地政府以及农户反馈的卖难信息5000多条。农产品流通体系受疫情影响遭遇了严峻冲击，而当前生鲜农产品B2C电商平台体量依然很小，从产地到批发市场的大宗交易大多需要面对面完成。受疫情影响面对面交易难，从而导致农产品流通受阻，部分贫困地区农产品都出现了产品滞销现象。农业产业链条长，从种植养殖段、加工、零售、消费，包括商品化、市场化、品牌化的多元专业分工，无论哪个环节出现问题，都会引起连锁反应。

疫情期间，部分地区采取封区、封村、封路等措施，致使扶贫产业原料运不进、产品卖不出。"运不出、卖不掉、价不高"极大地影响了贫困居民的收入预期。尤其是销售时间不耐存或过于集中的农产品，如若不能及时销售，农民将面临极大的损失。同时为防止疫情扩散，多个城市、地区餐饮服务业单位暂停营业，而这些餐饮行业正是多种农产品的重要销售渠道。除去家庭消费的一些常见蔬菜，很多农产品受产业停摆影响很大，① 有效需求不足致使农产品销售受到冲击。贫困地区的养殖业也同样受到交通管制的影响，部分养殖户出现养殖原料匮乏和外销运输问题。如此等等，必然影响贫困农民的收入下降。

三是脱贫攻坚项目复工受阻使扶贫任务完成受到影响。由于新冠肺炎疫情蔓延，全国范围内都出现外出务工受阻、扶贫产业受困、扶贫项目延迟、项目难以按时复工等问题。于是，一方面导致人员难以如期到岗，项目进度迟滞；另一方

---

① 如鲜菇、金针菇、花菜等火锅消费需求量大的农产品，土豆、鸡禽等麦当劳、肯德基等快餐店所必需的农产品，小龙虾等外部就餐农产品。

面导致物资和资金短缺，影响脱贫攻坚项目如期完成。据有关材料表明，截至2020 年 3 月 6 日，全国还有 2/3 的扶贫项目待开工，扶贫车间的复工率仅为6%。截至 3 月 13 日，中西部 22 个省份 28530 个扶贫车间，还有 6825 个待复工。[①] 截至 3 月 18 日，辽宁省 336 家扶贫龙头企业还有 132 家未复工复产，352个扶贫车间中 218 个车间还未复工复产。各项数据表明，扶贫项目复工复产依然是目前急需解决的问题。脱贫攻坚项目中很多是涉及一个地区改善基础设施的关键工程，对地区发展至关重要，这些项目的完成往往直接关系整个此地区的脱贫成效。一些重点扶贫项目带动力强、惠及贫困群众众多。因此，当前针对扶贫项目开工复工问题，需要采取更加积极的措施；近期各地也陆续出台了相应的应对措施，但是需要切实落实之，并且要加大复工复产力度。

四是中小企业难以持续经营支持贫困劳工增收。中小企业是中国经济的中坚力量，关系着经济的健康与平稳，也涉及贫困农民工的工资收入稳定和增长。工信部部长苗圩指出，截至 2018 年底，我国中小企业已经多达 3000 万家，贡献了50% 的税收，60% 以上的 GDP，70% 以上的创新成果，保障了 80% 以上的城镇劳动就业。受疫情影响，各地中小企业面临生存压力，面临融资困难，不能恢复生产。据清华经管院调研显示，疫情暴发以来，约 85% 的中小企业自评无法支撑三个月。此外，有 1/3 的企业自评全年营收下滑超过 50%，近 1/3 的下滑在20% ~50%，还有接近 1/5 的企业甚至无法判断自己的营收下滑程度（卫武、谢彪，2020）。而延迟复工也给许多中小企业带来了生产经营压力，尤其是对餐饮、娱乐、电影行业、文化旅游等行业的影响较大。同时，疫情期间中小企业的生产成本增加，收支不平衡。作为以出口为导向的中小企业更是面临巨大的外部压力。涉及出口的供应链、订单、物流、人口流动、能源价格上涨给中小企业带来了较大经济压力，短期内已经对进出口贸易产生了一定程度的影响，导致中小企业的生产成本上涨。贫困地区中小企业为贫困户的增收发挥重要作用，不仅解决当地居民的就业，还是带动贫困地区发展的重要动力，而中小企业受到重大冲击，必然影响到贫困户的收入减少。

五是疫情对原有扶贫计划产生了极大干扰。由于上述一系列的疫情蔓延及防控疫情措施的限制，原有的扶贫计划不得结合疫情情况进行相应的调整。比如，产业扶贫项目的各个环节已经受到影响，不仅需要帮助贫困户恢复生产，还要考虑资金流动问题，帮助中小企业提高抗风险能力，更多地依靠当地优势产业和地区特色脱贫项目等。相应的扶贫政策也必须进行适当的调整，不仅要保证如期脱贫，还要保证脱贫的质量，减少因疫致贫和因疫返贫现象。这都是极大的挑战，可能影响扶贫计划任务的完成。

---

① 资料来源：央广网，新闻联播报道，2020 年 3 月 22 日。

第三节　新冠肺炎疫情及防控对湖北地区扶贫工作的影响

湖北省作为全国抗击新冠肺炎疫情的主战场，是疫情重灾区，值得特别关注，在疫情防控的同时更要兼顾脱贫攻坚，要打赢疫情防控阻击战也要打赢脱贫攻坚战。当前，在全国各地全力支援下，湖北省和武汉市的疫情已经取得重大进展，但总体形势依然复杂严峻。疫情对湖北地区扶贫工作的影响也更为严峻和特殊。

首先，湖北地区的相关贫困数据表明，近些年湖北省贫困率下降很大，但目前贫困人口仍然较多，且可能因疫情而加剧。2019 年湖北省贫困发生率由 2018 年底的 2.4% 降至 0.14%，剩余 5.8 万贫困人口。表明近些年湖北的扶贫工作很有成效，贫困人口下降很大，但现存仍旧不少，而且都处于困难很大的硬骨头地区。从省内各地的贫困状态考察也不容乐观。如湖北黄冈市地处革命老区，毗邻武汉市，是此次疫情最严重的城市之一，返乡人员基数大，经济发展滞后；孝感地处大别山南麓，也是此次疫情重灾区，受疫情影响严重；十堰地处秦巴山区，全域以贫困山区为主，交通不便，2018 年底十堰贫困发生率为 7.8%，若按年均减贫 16 万人次计算，截至 2019 年底仍然存在较多剩余贫困人口；房县作为秦巴山片区脱贫攻坚主战场，截至 2019 年末贫困发生率为 0.28%；① 郧西县地处秦巴山区腹地，是国家级贫困县、湖北省深 9 个深度贫困县之一，总人口 14.76 万户 50.42 万人，重点贫困村 84 个，建档立卡贫困户 5.014 万户 14.76 万人，截至 2019 年 6 月，贫困发生率仍高达 8.1%；恩施土家族苗族自治州地处湖北省西南部，是湖北省唯一的少数民族自治州，少数民族占比约为 54.67%，生态环境脆弱，交通不便、信息闭塞，是典型的老少、边、穷地区。所以，总体来看，虽然近几年湖北省扶贫脱贫工作很有成效，但目前湖北域内的贫困人口仍旧较多，贫困率也较高。

其次，新冠肺炎疫情引发的"蝴蝶效应"给湖北地区扶贫工作带来了多方面严重影响，可能使域内贫困状况加剧。（1）疫情对经济实业冲击引发连锁效应，已经显现商业衰退、员工失业、企业经营困难的现象。企业经营困难势必会影响到民众就业，尤其是贫困群体的就业。（2）湖北贫困地区劳动力返岗就业严重受阻，贫困群体的就业面临着就业机会不足和出不去的两难境地。此次疫情对湖北

---

① 房县县委书记、县长纪道清于 2020 年 1 月 13 日上午，湖北省"两会"举行"决战脱贫攻坚"记者见面会，http：//www.fangxian.gov.cn/xwzx_31730/fxyw_31731/202001/t20200115_1933298.shtml。

和武汉的形象产生了极大的负面影响，影响了湖北的投资环境，也恶化了湖北籍人员外出就业环境，贫困人群可能尤甚。（3）疫情对贫困人口集中的湖北省农村农业的生产生活造成了巨大影响和损失。湖北省从 2020 年 1 月 23 日以来，全省农村防疫陆续采取严格战时管控，农业生产经营无法正常开展，春耕物资存在缺口，农产品库存挤占了投资资金。3～4 月正是春季作物的最佳生长和生产时间，湖北地区目前仍处于疫情管控阶段，很可能会延误春耕。湖北地区的畜牧养殖也面临困境。截至 3 月 2 日，湖北全省农产品加工企业产值与 2019 年同比减少 23%～25%，全省鱼苗鱼种投放量同比滞后 20%～30%，给农民造成损失，影响贫困群体收入增长。（4）长时间的严格交通管制、排查隔离和社区管理措施，也导致贫困地区农产品销售受滞。湖北作为长江流域冬春季蔬菜主要生产基地，也是多种农产品的优势产区。湖北蔬菜产业对外销售受疫情影响严重。餐饮服务业、学校、企事业单位延迟开工，导致农产品的有效需求减少。交通管制降低了农产品的流通效率，疫情期间农产品供需失衡，导致大量农民收入减少。（5）湖北地区因疫返贫、因疫致贫风险高，需要救助的群体已经增多。中低收入群体受疫情影响，没有基本的收入来源，生活质量可能逐步下降为贫困群体；贫困户的增收渠道受到影响，持续增收不能得到保障，生活成本增加，收入更低；因疫情影响的新失业群体，储蓄不足，抗风险能力差，生活陷入困境，可能成为新的贫困人群；失独、空巢老人、罹患新冠肺炎以及被隔离家庭的儿童老人缺乏照料，也可能加入贫困队列等。总之，湖北的疫情最严重，需要举国之力支持，而由此也导致湖北的扶贫脱贫工作也是最为艰难的，可能也需要举国之力给予支援。

最后，疫情发展已经延误了湖北全省脱贫攻坚工作的进展。截至 2020 年 2 月底，西藏、河北、山西、黑龙江、河南、湖南、海南、重庆、陕西等地，已陆续宣布所有贫困县脱贫摘帽。目前湖北还尚未发布相关消息。按照工作安排程序，2020 年湖北省将开展 2019 年 17 个计划摘帽贫困县退出专项评估，确保 2 月底前完成摘帽程序。[①] 但目前湖北各地，尤其是疫情重灾区，驻村扶贫干部大多下沉抗疫一线，扶贫工作人手欠缺，扶贫攻坚项目受影响，项目评估不得不延后。[②] 疫情关乎群众的生命健康安全，刻不容缓，必需放在首位。但湖北省扶贫工作是全国扶贫脱贫工作的一部分，其进展关乎今年的扶贫攻坚任务能否如期完

---

① 2019 年湖北计划摘帽的 17 个贫困县分别为：十堰市（5 个）：郧阳区、郧西县、竹山县、竹溪县、房县；孝感市（2 个）：大悟县、孝昌县；黄冈市（2 个）：麻城市、蕲春县；宜昌市（2 个）：长阳县、五峰县；咸宁市（1 个）：通城县；恩施州（5）：恩施市、利川市、建始县、巴东县、成丰县。

② 据湖北省扶贫办提供数据显示，全省到岗驻村工作队 18850 支、到岗驻村干部 61485 人；过去一年湖北省共组织驻村工作队 21575 支，驻村帮扶干部 78467 名。即 80% 左右的扶贫工作人员参与抗疫工作。

成的大局，也是不容滞后的。针对疫情对湖北省扶贫脱贫工作造成的影响，湖北省省政府及扶贫攻坚领导小组已经出台了一些应对措施。湖北当地扶贫办以及社会各界学者，已给予了多方面的政策建议。但此次疫情暴发凸显出湖北存在诸多短板，国民经济、农业生产、资源环境、人文社会环境都受到了严重影响，疫情之后湖北经济恢复还需时间，而当下湖北作为全国打赢疫情防控阻击战的决胜之地，武汉胜则湖北胜，湖北胜则全国胜，疫情防控是湖北省的重中之重，但扶贫攻坚也是不能延误的大事。因此，为确保包括全国 2020 年脱贫攻坚任务如期高质量完成，湖北地区扶贫攻坚任务非常艰巨，必须继续加大国家及其他省份的对口帮扶。而如果能够发挥我国的制度优势，举全国之力，协力脱贫；则湖北省及全国整体上如期完成脱贫攻坚目标仍是有保证的。

第四节　在应对新冠肺炎疫情中全力完成 2020 年扶贫工作任务

　　针对新冠肺炎疫情蔓延及其防控过程产生的上述影响，并结合目前现状，我们建议国家可以采取如下各种措施，既保证缓解疫情，也减少对扶贫工作的不利影响。

　　第一，尽快取消"一刀切"的命令，低风险有条件的贫困地区尽快有序恢复交通。这次疫情蔓延，在不同地区疫情严重程度不一，其中许多贫困地区本是边远山区，疫情并不严重，因此不能"一刀切"全部封闭，应当及时根据所在地疫情情况适当恢复正常交通，同时，畅通信息渠道，及时发布各地企业复工通知，并明确必须采取的疫情防护要求，指导复工人员按需安全出行。对于贫困地区规模集中的返岗出行，可实行点对点客运专列，帮助集中返程。

　　第二，较大规模使用贫困地区劳务工的有关各地方政府，要及时制定企业复工标准并尽快实施。对于帮扶贫困地区规模转移劳务的不同行业性质和地区的复工计划，当地政府应当尽快统一制定方案，地方政府和企业协作，指导当地企业为需要外出上班的人群提供防护物资，根据当地要求制定多种举措，在时间上采取单位错峰上班，保障出行安全；能居家办公的采取居家办公，远程会议交流、在线办公、错岗上班、分时到岗、轮流到岗，避免人流的大量聚集，做好清洁和消毒，建立紧急事件防控预案。

　　第三，特别加强贫困地区农产品的互联网销售渠道和宣传力度。各相互帮扶省区的扶贫工作人员，对帮扶地区农业发展部分应特别注重利用新技术积极整合各方面资源，创新农产品的营销模式，充分利用"互联网＋"技术扩宽农产品销售渠道，与各大电商平台合作，充分利用贫困地区的农产品资源，多途径解决农产品产销面临的问题，建立信息发布平台，及时发布农产品贫困地区农产品信息，充分利用信息化手段与大型批发市场和经销商对接，推动医院等企事业单位集中采购贫困地区农产品。也应当与通信和电视媒体合作，通过电视、短信等方式宣传力度。

第四，为贫困地区中小企业提供一定的财政、金融支持。贫困地区多地中小微企业应对风险的能力不足，员工工资支出、房租等成本支出增加，再加上现金流被切断，处于破产的边缘。因此，对于贫困地区的中小企业应建立"一业一策"的精准扶贫机制，在政策层面加大政策支持力度，要及时了解基层工作推进情况，及时协调解决中小企业面临的困难和问题，出台各类财税金融政策，缓解中小企业的经营困难，保住其吸收更多贫困群体就业的岗位。

第五，针对贫困群体，加大医疗、物资和现金救助，保证"两不愁三保障"生活正常运转。要对正式纳入保障体系的低保户、特困户予以收入补助的同时，还应关注因疫情发生而可能处于保障范围的边缘群体。因处于贫困边缘的低收入群体和刚刚脱贫的贫困群体，其收入和就业状况的稳定性都不足，需要给予一定的生活救助。对于患有重大疾病或慢性病的贫困群体要加大医疗救助，避免在疫情期间因医疗资源的紧张而扩大因病致贫、返贫的范围。尤其是感染新冠肺炎的特殊群体，更应予以特别救助和补贴。

第六，强化失业贫困群体的工作技能培训和提高。对于无法及时复工，而目前或近期仍处于失业状态的贫困群体，应当充分利用在家待业时间进行线上技能培训。贫困群体在疫情期间如不能就地就近解决就业，除了做好兜底保障外，还应积极实行线上培训补贴和生活费用补贴政策，鼓励失业或待业不能复工的贫困群体积极参加线上培训。贫困地区电网建设落后，众多学子停课不停学，却可能线上学习受阻。各地区加大建设力度，创造条件充分利用各类新闻媒体平台、微信公众号等新媒体，加大疫情期间开展线上培训政策的宣传力度，积极引导各类贫困群体参加线上技能培训，提高素质水平，为尽快就业脱贫做准备。

第七，全国大力支援是湖北省完成疫情防控与脱贫工作的关键。针对湖北省在疫情暴发与防控过程中的特殊情况，我们郑重建议，应当像全国各地对口支援湖北各地抗击疫情一样，继续按原帮扶关系对口支持湖北各地扶贫脱贫，直到年底与全国各地一样圆满顺利完成 2020 年全国脱贫的历史任务。表 7 - 2 是现在全国各地对口支援湖北各地抗击疫情的双方地区名单，是否一定保持原来的对口关系，可以由中央政府国务院扶贫办及抗击疫情领导小组决定。

表7-2 全国对口支援湖北各地抗击疫情对应名单

全国各相关地区	重庆市、黑龙江省	广东省、海南省	山东省、湖南省	辽宁省、宁夏回族自治区	浙江省、内蒙古自治区
湖北省各地区	孝感市	荆州市	黄冈市	襄阳市	荆门市
全国各相关地区	天津	河北省	江苏省	福建省	江西省
湖北省各地区	恩施土家苗族自治州	神农架区	黄石市	宜昌市	随州市
全国各相关地区	山西省	贵州省	云南省	广西壮族自治区	
湖北省各地区	仙桃、天门、潜江市	鄂州市	咸宁市	十堰市	

资料来源：笔者据有关报道整理。

第五节 新时期针对相对多维贫困及返贫风险

虽然疫情的暴发对2020年扶贫工作进展产生了不利影响，但中央政府从未放松脱贫攻坚的各项工作，各级部门也在尽全力摸清情况、分类施策，转变工作方式，克服疫情对脱贫扶贫工作的影响。各地也正在努力把耽误的时间抢回来，弥补已经造成的损失，截至2020年3月20日，东西协作协议资金已经超计划拨付到位，贫困劳动力外出务工、扶贫项目、扶贫车间、扶贫龙头企业开工复工等工作都在进一步落实当中并逐步提速。相信通过科学及时的相关措施，疫情对扶贫工作的影响是暂时性的，不会改变原计划的脱贫攻坚目标的完成。[①]

但是，中国作为发展中大国，现行标准下绝对贫困的解决并不排除其他经济社会问题的挑战。实际上在2021年后的新时期，中国仍然会存在各种相对贫困问题，也将面临其他一些新挑战。具体表现为：

（1）虽然绝对贫困现象已经消除，但是相对贫困人口会长期存在（陈宗胜等，2013；陈宗胜、于涛，2017），新时代的扶贫事业将从绝对贫困问题转向相对贫困（孙久文、夏添，2019；陈志刚等，2019）。而相对贫困问题隐蔽而又复杂，相对贫困人群分布广泛（张琦等，2020）。关于相对贫困标准目前仍处于探索阶段，还未形成统一的标准。如陈宗胜等（2013）建议将0.4~0.5的均值系数作为农村相对贫困线；孙久文和夏添（2019）提出采用非沿海地区实施绝对贫困线相对化、沿海地区实施基于居民可支配收入的相对贫困线，并每5年上调一

---

① 可喜的是，笔者当时的预测已经成为现实。正如本书开篇时提到的我国到2020年底，包括湖北省在内的全国各省份已经全面消除了绝对贫困。

次。因此 2020 年后需要根据新时期的相对贫困特征确定新的相对扶贫标准。

（2）多维贫困问题凸显，贫困的维度由单维转向多维。收入之外的其他维度的贫困表现突出（王小林、Alkire，2009；周云波、贺坤，2020），研究表明，收入贫困的瞄准存在局限性，难以全面、真实反映贫困的全貌和内涵，而多维贫困识别能够弥补这些短板（周云波，贺坤，2020）。因此有必要将相对贫困和多维贫困纳入同一指标体系当中，构建具有针对性的多维相对贫困识别体系。

（3）贫困人口分布更加趋向特殊类型（王瑜、汪三贵，2016；李小云、许汉泽，2018）。例如，在大规模的贫困问题解决后，一些特殊群体的问题日益凸显，老年人、儿童、妇女、农民工、失业人口、残疾以及严重疾病等脆弱群体的问题依然不容忽视（王春超、叶琴，2014；李静，2020；周云波、贺坤，2020）。脆弱群体获取收入的能力有限，需要创新开发式扶贫方式以解决这类群体问题。

（4）2021 年后返贫人群的贫困治理问题。比如，农村人口由于兜底保障的有限覆盖，绝对贫困线以上群体依然有返贫的风险（邢成举、李小云，2019），已脱贫人口并不能完全保障其脱贫的可持续性。脱贫人口返贫是中国贫困的一个显著特征（周迪、王明哲，2019）。据估计我国有 500 万人存在返贫风险和再致贫风险。[①] 由于此次疫情，不仅边缘人口存在因疫返贫的风险，一些因疫情失业的人口、确诊患者家庭还存在因疫致贫的风险。因此，为保障脱贫的可持续性，需要建立可持续的脱贫机制，多方面进行返贫治理。

（5）还缺乏城乡一体化的反贫困体系。为保障社会发展成果惠及所有群体，需要改变现有城乡二元分立的体系，建立城乡统筹的相对贫困标准和监测机制，实现城乡医疗、卫生、教育等公共服务、社会保障一体化、均等化。

总而言之，当前在新冠肺炎疫情仍然需要持续防控的前提下，全国集中精力、团结一心，共同打好抗疫战，也共同打好脱贫攻坚战，是最重要的和首要的。并且要牢记，在取得这两个战役的胜利后，还要及早把握 2021 年后新时期的相对贫困现状，要针对各种新挑战要予以积极应对，比如如何减缓相对贫困、多维贫困、特殊贫困、退返贫困，以及城乡贫困标准一体化等问题，制定有效的政策，比如开展新时期的乡村振兴等，才能最终实现发展成果共享，达到全民共同富裕。

值得欣慰的是，到 2021 年春季本书出版前夕，笔者于 2020 年及前几年提供的分析和政策建议，已经在实践中产生了效果。据湖北省有关报告及国务院公布的《人类减贫的中国实践》白皮书报告，湖北省这个新冠肺炎疫情早发重发区，也同全国各省份一起，共同取得了控制疫情、按期脱贫的双胜利，这为迎接新时期的各种挑战打下坚实基础。

---

① 资料来源：2020 年 3 月 12 日国务院新闻发布会，国务院扶贫开发领导小组办公室主任刘永富发言内容，https：//baijiahao.baidu.com/s？id=1660927176266973711&wfr=spider&for=pc。

第二篇 乡村总体：中国精准扶贫的总体过程及成效

本篇主旨，是从总体上研究我国农村扶贫工作的具体过程，通过使用国际通用工具和研究方法，结合中国扶贫具体实践和相关数据，客观地评价我国"精准扶贫"工作的进程、效果和成就，并对我国下一阶段的相对贫困治理，收入分配调整工作进行了一些探讨。

我国的扶贫脱贫工作，是按绝对收入标准设定的贫困线启动和展开的。自20世纪80年代全今，伴随着国家整体经济发展水平的上升，依据制约绝对贫困因素的相关理论标准，我国农村居民的绝对收入贫困线先后变动多次，从而农村整体上的扶贫脱贫工作也相应经历若干个阶段。十八大前夕我国确定了精准扶贫阶段彻底消除绝对贫困的较高收入标准，直到2020年底脱贫攻坚任务完成。在这整个攻坚脱贫的过程中，为了完成减贫脱贫任务，我国遵循了让一部分人一部分地区先富起来，从而带动全体人民共同富裕的脱贫道路。即适时适当地调整公平与效率的相互关系，在收入差别扩大中推动经济快速增长，促进全社会摆脱贫穷达到温饱；而在国民经济逐步达到中等收入水平，则相应缩小分配差别，彻底消除绝对贫困状态，达到全面小康社会。所以，我国农村的绝对贫困率及贫困人口数量，是在经济不断增长、人民生活水平不断提高与收入差别逐步相应变动中实现下降，以至归零的。本篇从农村整体上认真总结了我国扶贫脱贫工作的阶段特征，概括了精准扶贫与经济增长、收入分配之间的相互关系，并进一步指出在绝对贫困消除后，与收入分配相关联的相对贫困将更加凸现。

"精准扶贫"方略的提出和实施，为我国在历史上首次消灭绝对贫困提供了保障。近些年，我国农村贫困人口规模和贫困发生率都降到了历史新低。在2013年我国提高农村贫困标准的前提下，中国政府动员全社会参与并实施了"精准扶贫"方略，使农村贫困状况得到极大缓解。这是了不起的成就。其中最近几年实行精准扶贫方略以来的扶贫脱贫力度更大，并且其开发式精准扶贫同时为贫困人口脱贫后的持续发展提供了基础。截至2020年底，全国832个国家级贫困县已经全部脱贫摘帽，区域性整体贫困已经解决。成功实现现行标准下农村贫困人口全部脱贫。依据"精准扶贫"工作打下的坚实基础，再经过几年的过渡期，彻底解决目前尚存的零散贫困和部分返贫问题是可能的，因此，可以合理预期，从2021年开始中国农村将在绝对贫困消除后，进入加快农村振兴和发展、更大幅度提高农村居民收入、以降低相对贫困为重点的全新发展阶段。

本篇还结合国际上通用的多维扶贫理论和方法，总结了中国精准扶贫实践中包含的多维扶贫举措，并测度了中国精准扶贫产生的多维扶贫效果和多维贫困减低程度。总之，通过梳理我国农村整体扶贫工作的阶段进展，本篇对我国新阶段扶贫工作可能出现的变化和调整进行了预测并提出相应的建议和意见。

第八章 中国农村精准扶贫工作过程及减低贫困成就

　　本章主要对中国农村扶贫减贫工作的过程进行描述和分析。[①] 消除贫困是经济发展的重要主题，同时也是缩小居民收入分配差别，改善收入分配的重要措施。改革开放以来，中国在推动经济发展过程中，始终将减少贫困降低贫困率作为重要任务，从而中国农村中的反贫困工作取得了巨大成就。截至 2020 年 11 月 23 日，国务院扶贫办在不同时期确定的 832 个贫困县，已经全部实现脱贫摘帽，即按现行中国农村贫困线标准衡量，这些过去的贫困县居民的收入水平整体上已经超过贫困线标准，从而不再被作为贫困县对待。如果从改革开放初期计算，并且按当年公布的绝对贫困线（中国官方农村贫困线期间变动多次）度量，那么农村贫困人口则由 1978 年的 2.5 亿下降到 2019 年的 551 万人，[②] 四十多年来全国农村有 2 亿多人口从食不果腹的绝对贫困状态中摆脱出来。特别是 2015 年精准扶贫措施实施以来，我国的脱贫攻坚战从力度和范围上都加大了努力，到 2020 年底已经取得决定性胜利，农村中绝对贫困人口全部稳定脱贫。这是了不起的成就。国际社会及世界银行等国际组织称之为"史无前例"的贡献（世界银行，2009）。[③] 当然，贫困标准是动态演进的，因此扶贫脱贫是人类社会发展中的长期任务，中国针对相对贫困的扶贫工作也将持续推动下去。中国作为社会主义公有制度国家，追求公平与平等是永恒的主题。在改革开放与经济发展中，总有某些经济变量会成为抑制贫困减少的要素，从而造成贫困减少幅度放缓，也加剧了国内收入差别程度。

---

　　① 本章内容作者陈宗胜、沈扬扬、周云波，原文发表于《管理世界》（2013 年第 1 期），题目为《中国农村贫困状况的绝对与相对变动——兼论相对贫困线的设定》。

　　② 此处贫困人口的计算均按照当时的贫困线。如果按照 2010 年划定的贫困线，我国农村贫困人口从 1978 年的 77039 万人下降到 2019 年底的 551 万人，农村贫困发生率从 97.5% 降低到 2019 年的 0.6%。

　　③ 世界银行评价说，"如果没有中国的扶贫努力，在 20 世纪最后的 20 年中，发展中国家贫困数量不会有大幅度的减少。"根据世界银行的统计，1980~2000 年，全部发展中国家贫困人口的绝对数量从 15 亿人减少到 11 亿人，其中中国减少了近 5 亿人口。

第一节　关于中国农村居民收入贫困线的确定及演变

一、绝对贫困线的理论内涵

从经济学说史上考察，关于对低收入群体及贫困人口的系统性研究始于 19 世纪末，以英国经济学家关于伦敦贫困问题的研究为开端。早期，学术界对贫困的认识仅局限于物质资料的匮乏，将生计维系以及满足基本生存需要作为脱贫指标（OECD，1976；美国社会保障署，1990）。[①] 20 世纪中期，考虑到贫困者的社会需求（social needs）和人力资本积累的需要，有学者建议在贫困的收入测度中增加诸如公共环境卫生、教育和文化设施等社会保障内容，由此产生了基本需求概念（basic needs），提出所有居民中那些缺乏获得各种食物、参加社会活动和起码生活及社交资源的个人、家庭和群体就是穷困的；世界银行在《1980 年世界发展报告》中提出"当某些人、某些家庭或某些群体没有足够的资源去获取那些社会公认的、一般都能享受到的饮食、生活条件、舒适和参加某些活动的机会，就被认为是处于贫困状态的。"即所谓贫困的大致标准就是，没有足够的收入可以支撑许多人或家庭使之有起码的生活水平。这个起码的生活水平就可以确定为贫困指标，又称为贫困线，作为标尺用于衡量各国的贫困人口的多少及变动。可见，贫困线是度量一国贫困状况的标尺，它代表国家对本国贫困程度的理解，表达了国家对贫困人口的救助意愿。因此，贫困线的选取与确定会关系到贫困程度能否有效度量，以及贫困人口能否合理扶助。

二、中国农村居民贫困线的变动过程

当然，伴随着经济发展人们的收入构成及水平都在不断变化。改革开放初期，能买得起黑白电视机的家庭往往被视为富裕家庭，但 21 世纪以来，许多贫困人口家中都可能不只拥有一台彩色电视机。可见，贫困的内涵应随着经济发展而不断丰富，贫困线的标准也应不断提高。然而，我国农村居民收入贫困线提高的步伐要常常慢于国家经济的发展。1985～2009 年，依名义值计算，我国贫困线约提高 4 倍，GDP 却增长了 41 倍；在 2010 年最新标准的贫困线调整并确定后，

[①] 早期学者对贫困的关注点主要集中于生计贫困方面，因此多数将贫困定义为家庭总收入不足以支付维持家庭成员身体正常功能所需最低数量的生活必需品的状态，包括食品、衣服、住房等必需品。

至 2019 年 GDP 增长 2.67 倍；全国人均 GDP 与贫困线的相对差距由 1978 年的 3.8∶1 上升到 2010 年的 25∶1，即使按 2010 年提高后农村贫困标准，该比值在 2019 年仍达到 17.7∶1。通过观察，大致可以说，1983 年之后，中国农村居民贫困线提高的速度基本上都低于全国人均 GDP 的增速。①

图 8–1 显示了我国官方贫困线（绝对贫困线和低收入线）占全国农村人均纯收入比重的变动情况。可以从相对比较中看出，我国农村居民贫困线水平在相对地持续下降。具体来讲，2000 年我国绝对贫困线和低收入线分别占当年农村人均纯收入的 27.7% 和 38.4%；2005 年该比值均下降到 30% 的极端贫困线标准以下；及至 2006 年，绝对贫困线占比下降到 20% 以下，低收入线占比则一直停留在 30% 以下。② 直到 2008 年"双线合并"，官方贫困线水平才略有提高——占农村人均纯收入的 1/4 左右。到 2010 年新的农村贫困标准提高后，贫困线占农村人均可支配收入的比重再次超过 30%，达到 36.7% 的较高水平；但由于贫困标准的确定及经济的持续增长，这一比重在 2019 年又重新回落到 25% 左右的水平，低收入组的平均收入则同样从原来 30% 的水平重新走低到 2017 年底的 24.6%。这一方面反映出我国整体经济状况，尤其是农村整体经济的快速发展，但从侧面反映出我国在即将消灭绝对贫困的同时应该适时调整扶贫策略，更加关注相对贫困问题的解决。

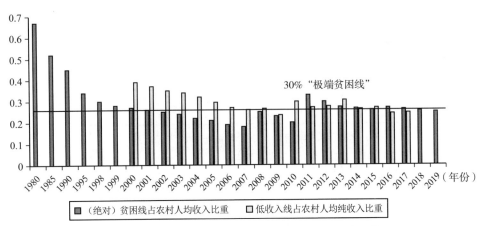

图 8–1　中国农村绝对贫困线与农村人均收入的比较

资料来源：笔者根据相关历年《中国农村贫困监测报告》整理。

---

① 鉴于篇幅有限，我们没能将所有数据处理结果列出；关于我国 20 世纪 80 年代中期之后贫困人口下降速度减缓的判断，学者们达成了较为一致的结论（魏众等，1998；卡恩，1999；国家统计局，1999；世界银行，1995；1997）。

② 以贫困线标准占人均纯收入比重为标准，国际上规定低于 30% 为绝对贫困，低于 40% 为严重贫困。

进一步，通过国际比较可以得出相似的结论。我国官方农村绝对贫困线和低收入线无论从增长速度还是绝对值方面看，均要低于国际贫困标准（见图 8 - 2）。有部分学者认为低收入线较为合理，因为其与"1 天 1 美元"绝对贫困标准十分接近，但这一观点实际上是存在问题的：第一，低收入线主要用于低收入人口数量的监测和国际比较，对扶贫工作具体实践的指导意义不大；第二，2005 年以前我国没有参加过国际测算购买力平价（PPP）的项目，[①] 前期折算成人民币的"1 天 1 美元"标准实际上是偏低的（李实和古斯塔夫森，1996；张全红和张建华，2010）。2008 年，世界银行将国际贫困线标准提高到"1 天 1.25 美元"后，我国官方贫困线较国际标准显得更低。[②] 图中两次国际标准显著提高的区间，第一次发生在 1988 ~ 1989 年，第二次发生在 1993 ~ 1996 年，这两次的变动主要来自汇率的变动。此外，世行在 2015 年将贫困标准调整为"1 天 1.9 美元"，所幸

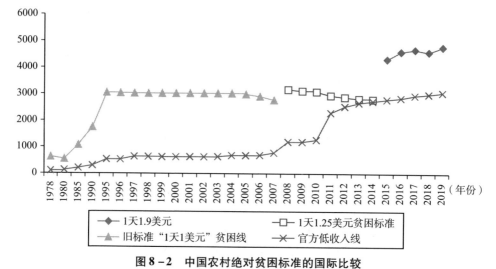

图 8 - 2　中国农村绝对贫困标准的国际比较

注：图中世行标准使用汇率进行折算，若考虑到购买力平价（PPP），由于我国整体较低的物价，则近年来我国的扶贫标准同世行的标准有可能大幅缩小。

资料来源：笔者根据相关历年《中国农村贫困监测报告》及世界银行提供国际贫困标准整理。

---

① 2005 年之前我国没有参加过国际测算购买力平价（PPP）项目，当时世界银行测算中国贫困所采用的 PPP 是将近 30 年前的数据，主要参考了最早研究中国 PPP 学者任若恩的数据，并不是通过正规的 ICP 测算出来的。2005 年中国首次参加了 ICP 项目，世界银行根据此次项目结果，重新测算了中国 2005 年的 PPP，并按价格指数对前后年份的数据进行调整，得到了全新和更加科学的 PPP 数值，取代了旧的 PPP 数值体系（张全红和张建华，2010）。

② 后期，鉴于我国城乡之间、地区之间价格水平差异很大，世行放弃直接利用 PPP 转换的方法，改为由可比贫困线计算城乡贫困线。以 2003 年中国国家统计局与世行有关合作研究的结果为基础，经调整测算的 2005 年我国农村贫困线为 1361 元，这一数值相当于当年官方绝对贫困线的 2 倍。

我国在 2010 年已经调高了贫困线标准，不然这会使得我国同世行标准基本持平的状态下又一次拉开距离。

根据新时期经济发展情况，2010 年我国再次上调农村扶贫标准，这正是我国开始推行"精准扶贫"战略阶段的脱贫标准，实际上大幅度提高了绝对贫困线以及相对贫困线，使更多人口能够享受扶贫政策的帮扶。参照表 8−1 及其他官方数据，按照 1978 年贫困标准，1978 年的贫困人口数量和贫困发生率分别为 25000 万人和 35.7%；按照 2008 年标准，推算 2005 年的贫困人口数量和贫困发生率为 6432 万人和 6.8%；但是，如果将 1978 年及 2005 年的贫困状况转换成 2010 年标准下的数据，对应的贫困人口数量和贫困发生率都有较大变动，分别为 77039 万人和 97.5% 及 28662 万人和 30.2%，这样规模的变动意味着在相应年份里实际帮扶人口将增加 52039 万人和 24230 万人。当然，通常贫困线在一定时期内相对稳定，但是考虑到我国经济在相当长的一段时期内处于（中）高速增长期，导致（相对）贫困线的调整可能还是相对滞后。不少学者都是持类似观点。除了与世界银行公布的国际赤贫标准比较以外，最近十几年有不少学者的研究成果都能够反映这一观点。如王祖祥等（2006）提出如果使用他们所选择的相对贫困线，贫困人口和贫困发生率都将显著提高；张全红（2010）利用"马丁法"测算得到的中国农村实际贫困线是目前官方低收入线的 2 倍；张全红和张建华（2010）分别以中国官方贫困线和世界银行公布的国际贫困线为标准，研究发现基于不同的贫困线测度出的贫困指数数值相差悬殊；顾昕（2011）认为无论从绝对标准还是相对标准来看，中国官方贫困线都相对偏低，如果设以更高的贫困标准测度中国的农村贫困问题，中国的反贫困斗争仍旧具有长期性和复杂性。

三、本章使用的中国农村居民贫困线

无论如何，在考察我国农村居民收入贫困程度及其演变时，必须确定相对固定的贫困线。本章考虑到不同扶贫标准下测算出的贫困变动结果的比较，选用中国政府官方公布的绝对贫困线、官方公布的低收入线以及"1 天 1 美元"国际贫困线作为贫困测度标尺；[①] 为弥补我国统计口径变化带来的数据缺失，有些年份的数据参考世界银行相关数据。其中历年官方贫困线，可以通过国家统计部门出版的《中国农村贫困监测报告》或《农村住户调查年鉴》获得；官方低收入线[②]

[①] 1985 年，我国根据绝对贫困理论制定了第一条官方农村贫困线，起到了积极的反贫困效果。但随着经济的快速发展，这条旨在缓解农村居民绝对贫困现象的贫困线成效渐消，这一农村贫困线标准偏低已经成为学界公认的事实（张全红，2010；池振合和杨宜勇，2012；陈宗胜等，2013）。

[②] 本节没选择官方绝对贫困线测度农村贫困，因为该贫困线依照生存标准制定，水平偏低，会显著低估农村贫困状况（李实、魏众和古斯塔夫森，2000）。通过对比，低收入线比绝对贫困标准高 38% 左右，与以 1993 年 PPP 计算的"1 天 1 美元"贫困线较为接近。

是国家统计局为便于低收入人群的监测和国际比较而制定的较高标准的绝对贫困线，其制定过程参照了国际粮农组织的通用假设，将恩格尔系数超过60%的农户确定为贫困户：首先确定食物贫困线，将1997年食物贫困线按物价指数调整到1998年，得到528元的食物线，然后，将该值除以0.6便可得到1998年的低收入线，1998年后低收入线由国家统计局公布，之前年份数据由我们依据农村消费价格指数推算得到。而国际贫困线是世界银行参照全球10个收入最低国家的贫困线制定的——"1天1美元"，将这一标准应用于不同国家时，需利用购买力平价（PPP）进行转换；比如2005年以1美元合4.09元人民币的PPP折算，[①] 当年国际贫困线约为1600元（1.08×30×12×4.09）；[②] 其余年份数据为作者根据农村消费价格指数处理得到。

第二节　中国农村贫困的变动状况

一、测贫指标的确定与选择

在确定并选用了官方绝对贫困线、官方低收入线以及"1天1美元"国际贫困线作为贫困测度标尺后，还要选用和确定反映贫困的指标，因为不同的贫困指数只能够度量贫困问题的不同侧面，比如贫困的广度即贫困率（H指数）、贫困的深度即贫困者收入与贫困线的差别（PG指数），以及贫困的强度即贫困人群之间的收入差别程度（SPG指数）。幸运的是关于贫困研究的文献，已经为我们提供了一个可以从多方面综合研究贫困问题的指数，即FGT指数。本章则通过选取FGT指数的不同参数（当α分别为0、1和2时）来计算H指数、PG指数和SPG指数，从而可以从多个角度综合考察农村贫困人口数量和贫困程度变动状况。FGT贫困指数的公式为：

$$F_{\alpha} = \frac{1}{n} \sum_{i=1}^{q} \left(\frac{z - y_i}{y_i} \right)^{\alpha} \tag{8-1}$$

其中，n为个人（家户）的样本总量，第i个个人（家户）的收入为y_i。$z(z>0)$为贫困线，$y_i \leqslant z$时，i被视为贫困人口（家户），收入低于贫困线的人口（家户）总量用q表示。式（8-1）中的α为社会贫困厌恶系数（the poverty aversion

---

① 2005年，中国首次参加了ICP项目，项目区域覆盖北京、上海、重庆、大连、哈尔滨、宁波、厦门、武汉、青岛、广州、西安11个城市。世界银行通过分析此次项目结果，测算出中国2005年的PPP为4.09。

② 在实际操作中，一般按照1天1.08美元计算。

parameter），其数值越大，该指数对低收入群体的关注程度越强烈，贫困人口的贫困程度将得到更多反映。[①] 本节主要选用最具代表性的三个 FGT 指数：

（1）贫困发生率指数（$\alpha = 0$）（Head-count Ratio），简称 H 指数。定义为收入水平低于贫困线的贫困人口占总人口的百分比，体现了贫困的广度。计算公式为：

$$H = \frac{q}{n} \tag{8-2}$$

n 为人口（家户）总数，q 为收入低于贫困线的贫困人口（家户）的数量。H 指数简单、直观，但对贫困人口的收入分布及收入转移不敏感，没有考虑到贫困人口内部的收入不平等，违背了单调性和转移性公理。[②]

（2）贫困距指数（$\alpha = 1$）（Poverty Gap），简称 PG 指数，体现了如果把所有贫困人口的收入提高到贫困线水平所需资金比例，计算公式为：

$$PG = \frac{1}{N} \sum_{i=1}^{q} \frac{z - y_i}{z} \tag{8-3}$$

y_i 为贫困人口（家户）i 的收入，$z(z > 0)$ 为贫困线，$z - y_i(i = 1, 2, \cdots, q)$ 衡量了贫困人口 i 的收入与贫困线 z 的差距。PG 指数经济含义直观明了，是政府制定扶贫政策的重要依据，但同样无法度量贫困人口内部收入不平等性且不满足转移性公理。

（3）平方贫困距指数（$\alpha = 2$）（Squared Poverty Gap），简称 SPG 指数，其计算公式为：

$$SPG = \frac{1}{n} \sum_{i=1}^{q} \left(\frac{z - y_i}{z} \right)^2 \tag{8-4}$$

SPG 指数将贫困人口内部收入分配差别考虑进来，反映了贫困的强度。但该指标的直观性较差，经济意义不明显。故我们综合三种指标，从广度、深度和强度方面综合研究贫困问题。

二、农村居民绝对贫困程度不断下降

按这三条不同贫困线测度中国农村贫困状况，我们发现农村绝对贫困程度一直在不断降低。根据贫困下降速度的不同，可将考察期分为三个阶段（见表 8-1）。

---

① 尽管这一指数在形式上很优美，但学术上在 α 的取值上一直未能达成一致。

② 单调性公理（monotonicityaxiom）是指当贫困人口收入提高（或降低）时，贫困指数会降低（或提高）；转移性公理（transferaxiom）是说当较穷的贫困人口的收入转移给较富裕的穷人的时候，贫困指数应该提高。

表 8 – 1　中国农村居民贫困变动状况：1980～2020 年

年份	贫困线			1天1.9美元线	1天3.2美元线		1天5.5美元		低收入线			1天1美元线		
	H指数	PG指数	SPG指数	H指数	H指数	PG指数	H指数	PG指数	H指数	PG指数	SPG指数	H指数	PG指数	SPG指数
1980	25.32	6.14	2.37	—	—	—	—	—	97.5	53.1	32.4	—	—	—
1985	16.12	4.16	1.65	—	—	—	—	—	68.7	24.7	11.8	—	—	—
1990	9.43	2.08	0.71	66.3	90	47.1	98.3	67.3	31.0	8.0	3.1	—	—	—
1995	7.02	2.03	0.91	—	—	—	—	—	20.4	5.8	2.5	—	—	—
2000	4.40	1.26	0.55	—	—	—	—	—	11.2	2.9	1.3	—	—	—
2001	5.20	1.63	0.86	—	—	—	—	—	11.7	3.48	1.66	6.30	1.93	0.99
2002	4.95	1.66	0.97	31.7	57.7	24.2	80.6	43.9	11.1	3.37	1.70	5.85	1.91	1.08
2003	4.45	1.44	0.83	—	—	—	—	—	10.45	3.07	1.50	5.45	1.68	0.93
2004	4.5	1.56	0.94	—	—	—	—	—	10	3.09	1.59	5.15	1.74	1.01
2005	3.45	1.13	0.66	18.5	43.2	15.5	70.5	33.5	8.05	2.37	1.17	3.55	1.15	0.67
2006	3.25	1.36	0.95	—	—	—	—	—	7.00	2.38	1.38	3.20	1.34	0.94
2007	2.8	1.08	0.72	—	—	—	—	—	6.00	1.98	1.10	2.65	1.04	0.70
2008	2.9	1.11	0.74	14.9	34.7	12.4	60.7	27.6	5.05	1.74	1.01	2.05	0.89	0.65
2009	—	—	—	—	—	—	—	—	4.35	1.64	1.04	1.70	0.90	0.71
2010	—	—	—	11.2	28.6	9.7	53.5	23.1	4.00	1.58	1.06	1.60	0.94	0.77
2013	—	—	—	1.9	12.1	2.8	36.4	11.7	4.01	1.28	0.68	1.55	0.52	0.40
2014	7.2	—	—	1.4	9.5	2.1	31.5	9.7	—	—	—	—	—	—

续表

年份	贫困线			1天1.9美元线	1天3.2美元线		1天5.5美元		低收入线			1天1美元线		
	H指数	PG指数	SPG指数	H指数	H指数	PG指数	H指数	PG指数	H指数	PG指数	SPG指数	H指数	PG指数	SPG指数
2015	5.7	—	—	0.7	7	1.4	27.2	7.8	—	—	—	—	—	—
2016	4.5	—	—	0.5	5.4	1.0	24	6.5	—	—	—	—	—	—
2017	3.1	—	—	0.4	3.8	0.9	22	6.0	—	—	—	—	—	—
2018	1.7	—	—	0.3	3.3	0.8	21	5.8	—	—	—	—	—	—
2019	0.6	—	—	0.2	2.5	0.7	20	5	—	—	—	—	—	—
2020	0.1	—	—	0.2	2.5	0.5	18	3	—	—	—	—	—	—

资料来源：1980~2013 年贫困线、低收入线及 1 天 1 美元线的数据为作者根据《中国住户调查年鉴》计算整理；1990~2016 年 1 天 1.9 美元、3.2 美元/3.5.5 美元的数据来自世界银行；2020 年贫困线及 2017~2020 年的其他数据为估计值。

（1）1980~2000年为我国农村贫困程度下降速度较快阶段。改革开放初期（1980年），农村贫困现象普遍，以绝对贫困线为测算标准，贫困发生率（H指数）高达25%，即有1/4农村人口生活在吃不饱穿不暖的绝对贫困标准中。[①] 伴随经济发展，绝对贫困人口数量迅速减少。1985~2000年，贫困发生率（H指数）从16.1%下降到4.4%，贫困人口规模从2.2亿人口下降至2300万人口，年均减少贫困人口985万人；若以更高的扶贫标准（低收入线）度量，H指数从1985年的68.7%下降到2000年的11.2%，贫困人口从5亿多人减少到2000年的6000万人。[②] 再比较不同贫困指数的变动。PG指数呈现与H指数类似的下降趋势，但SPG指数的变动则比较特殊。若以官方绝对贫困线度量，SPG指数绝对水平高于H指数和PG指数，其相对下降趋势也最为明显；以低收入线度量，无论从绝对值还是变化趋势方面，SPG指数的变动幅度均小于其余两项贫困指数。这一现象比较有趣，根据不同FGT指数的定义和特点，SPG指数赋予极端贫困人口更大权重，较高的指数结果意味着以低收入线度量，收入接近这一标准的人口数量较少，而收入水平较低的贫困人口的数量非常之多。当然，这是可以理解的，因为改革开放初期农村居民生活水平普遍较低，通过物价指数平减的低收入线仍旧是偏高的，故出现贫困人口数值更高的情况。

（2）2000~2010年前后农村贫困下降幅度开始趋缓。相比较而言，较前期的下降幅度有所减弱。当然，通常在贫困人口基数变小，因而贫困人口下降空间减少时，即使做同样的努力贫困下降速度也会减弱；另外，这一段时期出现了一些新问题，国家扶贫模式亟待改善。2001~2010年，低收入线下H指数的年均下降幅度为11.3%，低于改革开放初期10年平均12.1%的下降幅度，PG和SPG指数也在同步的、有升有降的变动。比如PG指数从2001年的2.48下降至2010年的1.58，SPG指数从1.3下降至1.06。值得注意的是，十年间三种指数的变动趋势引人注目：①在贫困人口总量下降的过程中，度量扶贫资金投入量的PG指数，以及反映贫困人口内部收入差别情况的SPG指数下降幅度较小，甚至在个别年份有所增加，说明这段时期既有脱贫人口多为较易脱贫的群体，贫困人口中最需要扶助的群体没有得到有效救助，这部分群体的相对（乃至绝对）生活水平出现下降。②从时间维度上看，PG和SPG指数的变动缺乏规律，然而两种贫困指数在相同年份的升降趋势较为一致。这种一致性预示着它们可能共同受到某种特定因素的影响，这种特定因素即为收入差别变动对贫困产生的不利影响。③此

[①] 相关资料显示，1980年初，农村居民的人均热量摄入均小于2100大卡，农民这段时期平均营养水平没能达到维持人体正常功能所需的最低营养标准，且在之前的20年间（1967~1978年），农民食物消费水平都处于零增长状态。

[②] 我们认为，无论低收入线抑或"1天1美元"的贫困标准，对改革开放初期的农村状况而言均属偏高，因此我们将以其作为参照，并不作为主要判定依据。

外，与上一阶段类似的是，绝对贫困线下测度的 SPG 指数处于最高位，但低收入线下的情况正好相反。这体现出那些收入高于绝对贫困线但低于低收入线的穷人收入增长速度更快，最贫困人口的脱贫速度并不乐观。

（3）2014～2020 年底，为彻底消除中国农村绝对贫困阶段。从计算的角度看，由于《农村住户调查年鉴》不再公布分位数下的收入数据，我们选用世界银行相关数据；但是，该系列数据同样不包含国别的 SPG 指数，所以我们通过多个标准下的 H 指数和 PG 指数来说明。可以说，2014 年至今在三个标准下的贫困发生率都出现了显著下降，尤其是在我国 2010 年新划定贫困线、每天 1.9 美元和每天 3.2 美元的标准下，下降幅度大于每天 5.5 美元的标准，这说明贫困人口的降低确实取得了很好的效果。比较可见，同上一阶段的情况不同，2013～2016 年后的 PG 指数也呈现出显著持续下降，下降幅度也较大；而实际上从 PG 指数持续下降的角度来看，这一阶段基本上可以追溯至更早的 2006 年左右，这说明我国在消除绝对贫困上确实取得了显著效果。

第三节　中国农村转入防止返贫和全面振兴的新阶段

在 2020 年底完成全部贫困人口生活水平超过贫困线后，2021 年开始，中国农村即转入全面振兴并防止返贫及治理相对贫困的一个崭新的阶段。图 8-3 展示了我国 1978～2019 年不同标准下农村贫困发生率的变动情况，整体上讲，改革开放的初期 20 年当中，无论以何种贫困标准进行测度，我国农村贫困程度大幅下降。但相对而言，进入 21 世纪以来，随着广大居民生活水平的提升，以及农户内部收入差别程度的拉大，扶贫脱贫难度有所提升，致使贫困下降幅度有所减小。而这期间加强的精准扶贫方略，针对的正是扶贫脱贫工作当中的难点，切实精准加强了对贫困人口的有效扶助，同时缓解了收入差别的上升趋势，大大有效缩小农村贫困状况，为一步一步于 2020 年底彻底消除贫困现象奠定了扎实的基础。

当然，在看到我国扶贫脱贫工作成就的同时，也有不少学者发现目前仍存在一些需要研究解决的问题。除了针对个别地区可能存在返贫风险，需要继续落实各种措施，通过一个过渡期彻底消除系统性返贫现象外，也有学者对我国一些涉及扶贫的个别做法存在疑问。比如，我国采用主要观测贫困指数是否足够，单一借鉴国际贫困标准（如"1 天 1 美元"）意义有多大，是否充分考虑了贫困状况变动与经济发展情况的关系等。于是极力倡导开展"亲贫困增长"研究（阮敬，2007；阮敬和詹婧，2010），结果发现收入差别拉大以及农村贫困居民生活成本的提升，部分抵消了经济增长的减贫效应，即我国经济增长呈现较弱的"亲贫困"

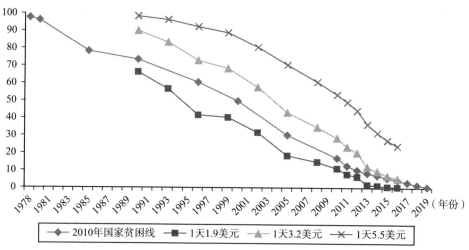

图 8 - 3　不同贫困标准下的中国农村贫困发生率（%）：1978～2019 年

资料来源：《中国农村贫困监测报告 2019》。

效应。此外，还有人（胡鞍钢等，2006）认为我国近期经济增长质量不高，从而产生了贫困人口增收难的不合理现象等。诸如此类的各种问题，有些一定程度上已经解决，有的涉及相对贫困治理，可能属于下一步应当集中研究解决的问题（在后面几章节中研究）。

从总体上看，自从改革开放以来，伴随农村经济水平的提高，我国农村居民收入水平显著提升，农村整体的绝对贫困状况大致呈现逐步消失的趋势。据中国政府公布，到 2020 年底，832 个国家级贫困县全部实现脱贫摘帽，区域贫困已经消除，农村中全部绝对贫困人群在年底归零，从而创造了人类减贫史上的最伟大成就：按照 2010 年的农村贫困标准，1978～2020 年前后四十几年间，在中国共产党的领导下，经过全国人民的共同努力，中国农村共减少贫困人口 76488 万人，年均减少 1865 余万人，贫困率年均降低 2.36 个百分点，大致全部消除，从 2021 年起中国农村扶贫脱贫工作将转入一个崭新的阶段。

第九章 中国农村在增长与分配变革中实现持续减贫

中国农村的扶贫脱贫工作，是从改革开放起始阶段就启动的。最初就是在邓小平"先富后富"理论的指导下启动的，即鼓励一部分人一部分地区通过劳动等智慧先富起来，然后带动全社会消除贫穷，达到共同富裕。在一部分人和地区先富起来的过程中，不可避免的会导致收入分配差别扩大，但差别扩大能够激励更多人推动经济增长和发展，使全社会可供分配的馅饼更大更多，从而在更高阶段收入分配差别可能在共同富裕的基础上反而降低或缩小。因此，这一战略举措的实施中，已经将扶贫减贫与经济增长和收入分配变革机制包含在其中了。即邓小平的先富后富理论及战略举措，正是以学术界关于贫困与经济增长和收入差别的关系的理论为基础的。而中国农村中的持续减贫工作，正是在不断推动经济增长和变革农村居民收入分配体制与政策的过程中实现的。[①]

第一节 减贫同经济增长及收入差别关系的相关理论

综观现有文献，关于如何分析在经济发展中调整收入分配差别并消除贫困，理论界有多种相关理论观点。

（1）生计—剩余比模型同绝对贫困线及相对差别关系。生计—剩余比模型是在讨论"公有经济收入分配倒 U 曲线"理论时（陈宗胜，1991、2000）提出的，旨在将贫困救助标准（生计收入）与收入差别之间建立联系。此模型假设社会中存在无劳动能力者等弱势群体，社会需要给予这部分人口生活补助以维持其生计，于是社会中的劳动人口，则只能分配扣除无劳动能力弱势者生计补贴之外的收入份额，生计剩余。故而全社会劳动者的收入差别是生计剩余的分配差别。该模型在理论上阐述了贫困与差距之间的关系，提出在一定经济发展条件下，生计

① 本章作者陈宗胜、沈扬扬，为陈宗胜教授主持的国家社科基金重大项目"深化收入分配制度改革与增加城乡居民收入研究"（07&ZD045）的阶段性成果。

贫困程度会显著影响社会整体差别水平：假设生计收入补助标准（贫困线）不变，社会的经济增长会拉大贫困人群与非贫困人群之间的收入差别；而在经济增长速度不变的前提下，生计收入（贫困度）越低，收入差别水平越高。此外，该模型还能够说明如果始终以生计收入作为扶助贫困的标准，在较高的经济发展阶段，必然会抑制穷人的收入增长。因为如果将贫困线作为生计收入的替代变量（陈宗胜，1991c），很容易建立起增长、差距及贫困变动之间的联系。

由此可见，剩余—生计比是一个非常重要的理论模型，其核心逻辑是为维系人们的基本生存权益，分配过程中首先进行的是生计收入分配，其覆盖范围是全体社会成员，包括那些未实际发挥劳动能力及无劳动能力者；然后再按照按劳分配原则分配剩余部分（生计剩余）。这里生计收入实际上就是扶助贫困人口的贫困标准，这与贫困线的内涵是相同的。[①] 故剩余—生计比理论概念，考察的即贫困线同经济增长及收入差距的影响关系，或可称为贫困—增长模型。下面对这一模型进行简单的介绍。

假设全社会收入（Y）都用于消费（C）以及分配；经济中的社会成员（M）由具有劳动能力者（L）以及零劳动能力者（N）共同构成，$M = L + N$。社会分配分为两个步骤：一部分用于对每一名社会成员（M）生计收入（V）的分配；另一部分用于按劳分配 S：

$$Y = C = S + V \tag{9-1}$$

用 R 表示人均收入水平，是一个反映经济发展的变量；$\bar{V}$ 表示人均生计收入（$R > V$），将 R 与 V 的差距额 S 定义为人均生计剩余，因此，有：

$$S = R - V \tag{9-2}$$

从而总收入（Y）与生计收入（V）之间的差距（S）可表示为：

$$S = Y - V = RL - \bar{V}L = \bar{S}L \tag{9-3}$$

其中，称 S 为总生计剩余。

由于社会必须保证零劳动能力者的基本生存，考虑到零劳动能力者 N 的存在，按劳分配只能以生计剩余为分配基数，因而收入差别必然受到生计收入（或者生计剩余）水平的制约；同时这也说明总收入差别不能再仅以由劳动能力者的劳动差别为最高限。保持其中一个变量不变，易于看到在经济发展过程中，如若生计收入不变，生计剩余的增加将导致收入差距的扩大，即收入差距表现为生计剩余即经济发展的增函数：

$$G = f(S), \quad \frac{dG}{dS} > 0 \tag{9-4}$$

---

① 对此，陈宗胜（1991）也认为，"通常一社会某一时期的生计收入水平是由社会中处于维持生存水平的人口或阶层的实际收入水平来决定，比如社会贫困线可能是衡量生计收入较接近的指标。"参见《经济发展中的收入分配》，第 138 页。

$$G = f(Y) , \ \frac{dG}{dY} > 0 \qquad\qquad (9-5)$$

如若总收入不变，生计收入的增加将会缩小收入差距，收入差别表现为生计收入的减函数：

$$G = f(V) , \ \frac{dG}{dV} < 0 \qquad\qquad (9-6)$$

或者，

$$G = f(V-S) , \ \frac{dG}{dY} > \frac{dG}{dS} , \ (Y = C) \qquad\qquad (9-7)$$

尽管比较静态的分析结果较为明确，若将经济发展、生计收入和生计剩余三个变量综合起来，考察其间的关系，就必须借助剩余—生计比这个概念。通过研究发现，[①] 影响收入差别的真正原因并非生计剩余或者生计收入的绝对水平，而是两者的比值。剩余—生计比（r）可以表示为 $r = \frac{Y-V}{V}$，进一步整理，则变换为 $r = \frac{Y}{V} - 1$。

后一形式实际上将模型转化成为收入—生计比。收入差距 G 正是受到这一比值的影响：

$$G = f(r) = f\left(\frac{Y}{V}\right) , \ \frac{dG}{d\left(\frac{Y}{V}\right)} > 0 \qquad\qquad (9-8)$$

这种相对比值方法建立了生计剩余即经济增长与生计收入的联动关系。这里，如果将生计收入替换为贫困标准，就可以说明在经济发展过程中贫困线与收入差距之间的关系：当经济增长总收入水平一定时，贫困线越低，贫困与非贫困人口间的收入差别就越大，反之则相反；或者当贫困线不变时，总收入水平越高，收入差别也会扩大，反之则相反；或者当总收入和贫困线同时变动，若总收入上升幅度更大，收入差别就扩大，反之若贫困线提高幅度更大，收入差别就会下降。故由制度和政策影响的贫困线并不是与经济增长无关的变量，当经济增长速度提高，而贫困标准不变时，就极易扩大贫困人口与非贫困人口间，以及非贫困人口即此模型中劳动者之间的收入差距，从而阻碍经济增长的贫困涓滴效应，无法推动贫困的减少。

上述介绍说明，从本章讨论内容看，可将"生计—剩余关系模型"直接称为"贫困—增长关系模型"。阐述了在经济发展过程中贫困线与收入差距之间的关系。

这实际上有助于我们发现如下问题，经济快速增长与扶贫标准缓慢提高之间

---

① 对此，陈宗胜采用了举例法的研究方式，可参见陈宗胜：《经济发展中的收入分配》，上海三联出版社 1994 年版，第 139 页。

的反差会导致剩余/生计比扩大，不利于收入差别的减少；收入差别拉大又会导致贫困人口受益比重下降，穷人获取收入机会的减少，从而出现贫困恶化的现象。这意味着如果在经济增长过程中不适时提高生计收入标准（扶贫标准线），扩大的收入差别可能抵消未来阶段的经济增长产生的减贫效应，即产生收入分配的负向影响。

（2）经济发展中的"涓滴效应"与"马太效应"。另一种比较传统的理论观点认为，经济增长过程中能够产生"涓滴效应"自然且自发的缓解贫困。涓滴效应（Trickle Down Effect）（Ahluwalia，1979；Fields，1984；Demery and Squire，1995；Dollar and Kraay，2002），是指经济增长过程本身就能够提高穷困人口的收入水平，即自发产生减少贫困的效应，或者说增长过程有自发性惠贫效应。该理论的支持者认为，一方面经济增长可以为穷人提供更多就业机会；另一方面，政府可以将在经济发展中获得的高额税收部分转移给穷人，改善其收入和非收入状况，故只要创造一个有利于经济持续增长的环境便可消除贫困。[①] 但人们在实践中发现这种机制并非放之四海而皆准。经验数据显示，一些低收入国家的贫困状况甚至伴随增长而恶化。20世纪90年代后期，随着研究样本的扩大、时序的延长以及数据精确性的增强，涓滴效应受到一些发展事实的挑战。联合国《2005年世界社会状况报告》也总结指出，在诸多国家经历快速经济增长的同时，贫富差距也在不断扩大，世界经济的发展实际上牺牲了一部分穷人的利益，穷人逐渐被甩在了经济发展的后面。一些学者研究发现包括经济环境、文化、风俗习惯及收入分配状况等很多因素，都会影响增长的减贫效果，[②] 并且各要素之间，以及各要素对贫困的影响程度错综复杂。这其中，又以经济增长和不平等扩大对贫困的影响作用最为显著。[③]

一些国家经济发展的事实倾向于认为经济增长不会自发惠及贫困人口。因为增长是市场竞争的结果，富裕人口在优胜劣汰的市场环境中占据资本要素的优

---

① "涓滴效应"（trickle-down effect）指经济发展和增长过程其本身即能够为穷人收入等改善提供机会。这一理论的产生既是基于部分国家的发展经验，同时也受到了当时全球政治经济发展背景的影响：20世纪七八十年代，绝大多数拉美国家陷入长达10余年经济困难时期，通货膨胀暴涨、债务危机频发。为解决这一问题，1990年美国国际经济研究所在华盛顿召开会议并促成了所谓的"华盛顿共识"，倡导新自由主义，主张通过自由化、私有化以及削减社会福利等途径实现发展中国家的发展。华盛顿共识坚信经济增长带来的利益会自发扩散到社会各个阶层，无须通过给贫困阶层、弱势群体、落后产业或贫困地区以特殊优惠。

② 在致贫原因探索方面，学者提出经济结构调整、劳动力人力资本不足、就业的种族和性别歧视、人口迁移、人口的空间不匹配和技术不匹配、穷人缺乏自主创业精神和资金短缺、公共政策实施不当等因素均为影响一国或地区贫困状况的重要因素。

③ 比如，西方学者通过实证研究发现，经济发展初期的不平等现象对贫困程度具有显著影响，即便不平等程度较高的国家和收入差距较小的国家在后期有着相同的增长速率，后者往往具有更加均衡的发展模式，因为不平等程度会直接影响到发展过程中穷人的获益比例。

势，从而形成"马太效应"，使富人更富，穷人更穷，贫困程度无法经由经济发展自发缓解。究其原因可能是，包括经济环境、文化风俗习惯、制度安排等一系列因素，都可能具有堵塞"涓滴效应"的作用，而其中以收入差别扩大对贫困变动的作用最为显著（Adelman and Morris，1973；Chenery et al.，1974；Ferreira and Barros，1998；Ravallion，2001）。由此很多学者开始探讨"经济增长质量"这一概念，即如果在经济增长过程中收入分配更为合理，收入分配效应更偏向穷人，增长的减贫效果将会更好（World Bank，1990；Balisacan and Arsenio，2004）；将此观点进一步扩展并融合后期出现的多维贫困理念，一些新的增长理论先后出现，如考察一定分配差别条件下收入增长与减贫效应的"亲贫困增长理论"（Pro-poor Growth），[①] 讨论如何在经济增长中实现机会平等的"包容性增长"（inclusive growth）等理论概念应运而生（White and Anderson，2000；Kakwani and Pernia，2000；Ravallion and Chen，2003；Kakwani and Son，2008；周华，2008）。依据上述观点，许多学者们建议各国政府在扶贫工作中，应同时更多的关注经济增长中的收入分配差别，采取措施适度缩小贫富差距。

我国国内学者对此也做了较多的研究，许多研究印证了涓滴效应的存在，得出了较为一致的结论，即我国经济增长有利于减少贫困。但另外也发现不平等的扩大恶化了贫困状况（陈绍华和王燕，2001；林伯强，2003；万广华和张茵，2003；胡兵等，2005；张建华和陈立中，2006；胡鞍钢，2006；张全红和张建华，2007b；万广华和张藕香，2008；夏庆杰等，2010）。在探讨经济发展与收入分配之间关系过程中，有学者根据中国经济社会制度的特点提出了"公有经济收入分配倒U曲线"理论，其支持者们认为，收入分配差距会首先因经济的增长而扩大（如陈宗胜，1991，1999；陈宗胜和周云波，2002），故经济发展初期阶段本身便不利于减少贫困。除此之外，有学者对一些可能影响贫困的因素进行了分析，如人口构成、家庭居住区域及地貌特征、非农就业以及家庭中的未成年人口数量（魏众和B. 古斯塔夫森，1998，2000）、人力资本（陈绍华和王燕，2001）、扶贫方式（徐月宾等，2007；方黎明和张秀兰，2007）、经济增长质量与收入获取机会（胡鞍钢等，2006）、城乡人口流动（张全红和张建华，2007a）、健康程度等等，也得出了不同的相应理论观点。

（3）洛伦兹曲线中增长、分配与贫困变动之间"三角关系"理论。结合以上分析可知，从理论层面探讨收入增长和差别变动对贫困的影响，具有重要实践

---

① 对亲贫性增长的研究始于1974年Chenery和Ahluwalia建立的增长再分配模型（redistribution with growth）；1990年世界银行在"伴随增长的再分配"一文中提出普遍增长（broad-based Growth）的类似概念（World Bank，1990）；直到1999年，亚洲发展银行（ADB，1999）在一份报告中使用"亲贫困"（pro-poor）这一名词，亲贫困增长（pro-poor growth）概念开始逐渐流行。该报告还提出，亲贫困具有"Inclusive Economic Growth"的性质，而这正是现今我国"包容性增长"概念名称上的来源。

和意义理论价值。通常，我们将收入作为贫困的最主要度量依据，那么低水平收入便是与贫困同等的概念。在研究收入增长和分配格局发生的变化时，可经由洛伦兹曲线考察收入增长和收入差别变动两个要素对贫困的影响。其中，增长对贫困程度的影响可理解为在各收入变量离中趋势（即洛伦兹曲线形态）不变的条件下，其均值发生变化而形成的效应；而收入差别引起的贫困变动则是在保持均值不变条件下，其离中趋势发生变动造成的效应。鉴于此，有学者提出了贫困—增长—不平等三角形关系理论（Bourguignon and Morrisson，1995）。按此三角形理论内容，当居民的收入分配格局发生变动，收入差别必然会对贫困产生影响。夏洛克斯（Shorrocks，1995）据此提出了著名的 Datt - Ravallion 贫困分解法和 Shapley 值分解法，将贫困跨期变动分解为经济增长效应和分配差别变动效应，从而可研究两项效应因素对贫困的影响程度和作用方向。但 Datt - Ravallion 的分解方法具有残差项，并可能因期初、期末参照点选取方面的差异而导致分解结果的不同。针对这项不足，夏洛克斯提出了另一种贫困分解方式——Shapley 值贫困分解方法。[1] 此方法建立在合作博弈理论基础上，具有对称性（不具有路径依赖性）和完整性（没有残差），从而成为一段时期国内外学者常用的分解方式。本章将介绍并采用 Shapley 值方法分解测算收入差别对贫困的影响程度。

第二节　收入差别、经济增长对农村贫困变动影响的测度

下面我们将利用 Shapley 分解方法探讨经济增长、收入差别与贫困变动之间的关系，对改革开放以来我国农村经济增长、收入分配变动对农村居民贫困状况进行分析，定量测度改革开放以来收入增长和分配格局变化对我国农村贫困变动的影响，并为后面的政策建议提供理论支撑。

一、测算方法：Shapley 值分解公式

从洛伦兹曲线角度，贫困程度变动受到收入增长及收入差别变动因素的影响。假设收入为 Y，时期 t_0 到 t_n 的贫困率变动 ΔP 可表示为 $\Delta P = P(Y_T; z) - P(Y_0; z)$。其中，贫困率变化中的提高部分 E，是在保持收入增长变量 Y 的离中趋势（dispersion）（即伦兹曲线 L）不变的条件下，由收入增长均值 μ 变化引起，此为

---

[1]　Shapley 值（Shapley value）分解的核心思想是，参与人所承担的成本或所应获得收益等于参与人对每一个他所参与的联盟的边际贡献的平均值，夏洛克斯（1995）后期在一篇工作论文中提出，可将此种方法运用于贫困的分解当中，并建立了一个基于概率分布的分解框架。

收入增长效应；收入分配差别的变动部分 D，是在保持收入均值不变的条例下，由洛伦兹曲线形态变化引起，此为分配差别效应。于是，贫困率变化的提高部分可表示为：

$$\Delta E = P(L_0; \mu_T) - P(Y_0; z) \qquad (9-9)$$

或者

$$\Delta E = P(L_T; z) - P(L_T; \mu_0) \qquad (9-10)$$

引起贫困率变化的分配差别变动部分可表示为：

$$\Delta D = P(L_T; \mu_0) - P(Y_0; z) \qquad (9-11)$$

或者

$$\Delta D = P(Y_T; z) - P(L_0; \mu_T) \qquad (9-12)$$

使用式（9-6）到式（9-9）的不同组合能够得到不同的分解结果。其中，式（9-6）与式（9-8）、式（9-7）与式（9-9）的结合分别表达了以时期 0 和时期 T 为参照点的组合，但由于二者之和不等于 ΔP，分解结果并不完全；式（9-6）和式（9-9），或者式（9-7）和式（9-8）的组合可以完全分解 ΔP，因为：

$$\begin{aligned}
P(Y_T; z) - P(Y_0; z) &= [\text{分配差别效应}] + [\text{收入增长效应}] \\
&= [P(Y_T; z) - P(L_0, \mu_T)] + [P(L_0, \mu_T) - P(Y_0; z)] \\
&= [P(L_T; \mu_0) - P(Y_0; z)] + [P(Y_T; z) - P(L_T, \mu_0)]
\end{aligned}$$
$$(9-13)$$

但式（9-10）存在分配差别效应和收入增长效应的参照点不同的问题。为实现完全分解并规避参照点选取的随意性，万广华和张茵（2006）提出，可以对上式取平均值，变成：

$$\Delta P = \frac{1}{2}\underbrace{\{[P(Y_{t_n}; z) - P(Y_{t_0}, \mu_{t_n})] + [P(L_{t_n}; \mu_{t_0}) - P(Y_{t_0}, z)]\}}_{\text{分配差别效应}}$$

$$+ \frac{1}{2}\underbrace{\{[P(L_{t_0}; \mu_{t_0}) - P(Y_{t_0}, z)] + [P(Y_{t_n}; z) - P(L_{t_n}, \mu_{t_0})]\}}_{\text{收入增长效应}} \qquad (9-14)$$

式（9-11）与夏洛克斯（1995）使用 Shapley 值推导的结果完全相同，而后者的推导是完全建立在合作博弈理论的坚实基础之上的，故而依此测度的结果应当是可行并可靠的。

二、改革开放中初期农村减贫的增长效应大于差别扩大负效应

表9-1列出了改革开放头20年农村贫困指数的分解情况，可据此分析增长和差别变动对于贫困的影响。整体上讲，尽管收入差别拉大阻碍了贫困的减少，但经济增长的减贫效应很高，最终促成贫困程度显著降低。其中，改革开放初期

的头 10 年里，经济增长的减贫效应显著超过差别扩大的增贫效用，收入增长具有绝对的惠贫效果。但随着时间推移，经济增长的惠贫效应发生了绝对和相对的衰减，收入差距拉大的增贫效应不断增强。

表 9 - 1　1980 ~ 2000 年中国农村三种整体贫困指数按不同贫困线标准的分解

H 指数	农村绝对贫困线			农村低收入线			联合国"1 天 1 美元"		
	ΔH	ΔE	ΔD	ΔH	ΔE	ΔD	ΔH	ΔE	ΔD
1980 ~ 1985 年	− 0.420	− 0.434	0.015	− 0.288	− 0.284	− 0.005	− 0.059	− 0.053	− 0.006
1985 ~ 1990 年	− 0.250	− 0.280	0.031	− 0.377	− 0.414	0.037	− 0.246	− 0.253	0.008
1990 ~ 1995 年	− 0.024	− 0.065	0.041	− 0.107	− 0.153	0.047	− 0.172	− 0.184	0.013
1995 ~ 2000 年	− 0.038	− 0.055	0.018	− 0.087	− 0.110	0.023	− 0.189	− 0.199	0.010
PG 指数	ΔPG	ΔE	ΔD	ΔPG	ΔE	ΔD	ΔPG	ΔE	ΔD
1980 ~ 1985 年	− 0.135	− 0.146	0.011	− 0.285	− 0.292	0.007	− 0.228	− 0.231	0.002
1985 ~ 1990 年	− 0.080	− 0.085	0.005	− 0.167	− 0.181	0.015	− 0.232	− 0.249	0.018
1990 ~ 1995 年	− 0.001	− 0.016	0.016	− 0.023	− 0.048	0.026	− 0.074	− 0.103	0.029
1995 ~ 2000 年	− 0.008	− 0.015	0.007	− 0.023	− 0.034	0.011	− 0.072	− 0.086	0.013
SPG 指数	ΔSPG	ΔE	ΔD	ΔSPG	ΔE	ΔD	ΔSPG	ΔE	ΔD
1980 ~ 1985 年	− 0.058	− 0.067	0.009	− 0.206	− 0.216	0.010	− 0.240	− 0.246	0.006
1985 ~ 1990 年	− 0.036	− 0.036	0.000	− 0.088	− 0.094	0.006	− 0.168	− 0.182	0.014
1990 ~ 1995 年	0.002	− 0.006	0.009	− 0.005	− 0.021	0.016	− 0.035	− 0.060	0.024
1995 ~ 2000 年	− 0.003	− 0.006	0.004	− 0.009	− 0.015	0.006	− 0.035	− 0.045	0.011

注：构造数据的检验结果均通过5%显著性水平的检验。
资料来源：笔者根据历年《中国农村住户调查年鉴》计算整理。

以表 9 - 1 中所列示的农村绝对贫困线条件下的贫困率变动为例分析：1980 ~ 1985 年经济增长使收入增加对 H 指数的减贫作用 ΔE 高达 0.434，但受到收入差别扩大的负向影响，H 指数实际减少程度略小于经济增长的减贫效用，最终仅减少 0.420。随后的五年中，H 指数的增长效应 ΔE 为 0.28；分配效应的绝对水平较前期有所增强，ΔD 由 1980 ~ 1985 年的 0.015 上升至 1985 ~ 1990 年的 0.031，两种作用力最终令 H 指数减少 0.25。1990 年开始，农村居民扶贫工件的减贫幅度开始放缓，其中经济增长的减贫效应显著降低，而差距拉大的增贫影响有所扩大。1990 ~ 1995 年绝对贫困线下 H 指数的经济增长效应 ΔE 为 − 0.065，分配负效应 ΔD 为 0.041，最终仅令 ΔH 减少 0.024。1995 ~ 2000 年的变动趋势与之类似。

另外，按 PG 指数测度的结果更加明显，经济增长与收入差别两项因子的变动效应，势均力敌地影响着 PG 指数的变动，最终仅令 PG 指数减少 0.001；而以 SPG 指数为标准的测度结果则表明，收入差别的负向作用力甚至超过了经济增长的正向效果，最终造成 SPG 指数扩大。

三、2000 年后至今农村减贫的增长效应与分配负效应此下彼上

再考察 2000 ~ 2020 年农村贫困指数的分解情况（见表 9 - 2）。无论选用哪种贫困指数，ΔE 始终为负，说明经济增长有利于减贫；ΔD 在多数年份为正，表明收入差别扩大增加了贫困率。

表 9 - 2 2000 ~ 2020 年中国农村三种整体贫困指数按不同贫困线标准的分解

H 指数	农村绝对贫困线			农村低收入线			联合国 "1 天 1 美元"		
	ΔH	ΔE	ΔD	ΔH	ΔE	ΔD	ΔH	ΔE	ΔD
2000 ~ 2001 年	− 0.003	− 0.005	0.003	− 0.006	− 0.011	0.005	− 0.016	− 0.023	0.008
2001 ~ 2002 年	− 0.005	− 0.007	0.002	− 0.007	− 0.015	0.009	− 0.016	− 0.032	0.016
2002 ~ 2003 年	0.001	− 0.004	0.005	− 0.005	− 0.009	0.005	− 0.015	− 0.018	0.004
2003 ~ 2004 年	− 0.011	− 0.006	− 0.005	− 0.020	− 0.014	− 0.006	− 0.049	− 0.031	− 0.018
2004 ~ 2005 年	− 0.002	− 0.007	0.005	− 0.011	− 0.015	0.004	− 0.029	− 0.037	0.008
2005 ~ 2006 年	− 0.005	− 0.006	0.001	− 0.010	− 0.012	0.002	− 0.029	− 0.031	0.002
2006 ~ 2007 年	− 0.005	− 0.006	0.002	− 0.010	− 0.011	0.001	− 0.029	− 0.030	0.001
2007 ~ 2008 年	—	—	—	− 0.007	− 0.008	0.001	− 0.021	− 0.024	0.003
2008 ~ 2009 年	—	—	—	− 0.004	− 0.008	0.004	− 0.011	− 0.021	0.010
2009 ~ 2010 年	—	—	—	− 0.007	− 0.007	0.000	− 0.022	− 0.022	0.000
2000 ~ 2005 年	− 0.0195	− 0.0283	0.009	− 0.047	− 0.060	0.013	− 0.123	− 0.140	0.017
2005 ~ 2010 年	− 0.002	− 0.002	0.001	− 0.037	− 0.046	0.009	− 0.112	− 0.126	0.014
2011 ~ 2015 年	− 0.003	− 0.1126	0.1822	—	—	—	0.0193	− 0.2089	0.2622
2016 ~ 2020 年	− 0.057	− 0.037	− 0.02	—	—	—	—	—	—
PG 指数	ΔPG	ΔE	ΔD	ΔPG	ΔE	ΔD	ΔPG	ΔE	ΔD
2000 ~ 2001 年	0.000	− 0.001	0.002	− 0.001	− 0.003	0.002	− 0.005	− 0.009	0.004
2001 ~ 2002 年	− 0.002	− 0.002	0.000	− 0.003	− 0.004	0.001	− 0.006	− 0.012	0.006
2002 ~ 2003 年	0.001	− 0.001	0.002	0.000	− 0.003	0.003	− 0.004	− 0.007	0.003
2003 ~ 2004 年	− 0.004	− 0.002	− 0.003	− 0.007	− 0.004	− 0.003	− 0.018	− 0.011	− 0.007
2004 ~ 2005 年	0.002	− 0.002	0.004	0.000	− 0.004	0.004	− 0.008	− 0.013	0.005

续表

PG 指数	农村绝对贫困线			农村低收入线			联合国"1 天 1 美元"		
	ΔPG	ΔE	ΔD	ΔPG	ΔE	ΔD	ΔPG	ΔE	ΔD
2005~2006 年	-0.003	-0.001	-0.001	-0.004	-0.003	-0.001	-0.010	-0.010	0.000
2006~2007 年	-0.001	-0.002	0.001	-0.002	-0.003	0.001	-0.009	-0.010	0.001
2007~2008 年	—	—	—	-0.001	-0.002	0.001	-0.006	-0.008	0.002
2008~2009 年	—	—	—	-0.001	-0.002	0.001	-0.003	-0.007	0.004
2009~2010 年	—	—	—	-0.002	-0.002	0.000	-0.007	-0.007	0.000
2000~2005 年	-0.003	-0.008	0.005	-0.01101	-0.018	0.007	-0.041	-0.051	0.010
2005~2010 年	-0.004	-0.005	0.001	-0.01	-0.013	0.003	-0.035	-0.041	0.007
2011~2015 年	0.1211	-0.4498	0.2073	—	—	—	0.0766	-0.4416	0.8238
2016~2020 年	0.0211	-0.006	0.053				0.065	-0.3006	0.0038
SPG 指数	ΔSPG	ΔE	ΔD	ΔSPG	ΔE	ΔD	ΔSPG	ΔE	ΔD
2000~2001 年	0.001	-0.001	0.002	0.000	-0.001	0.002	-0.002	-0.004	0.003
2001~2002 年	-0.001	-0.001	-0.001	-0.002	-0.002	0.000	-0.004	-0.006	0.003
2002~2003 年	0.001	0.000	0.002	0.001	-0.001	0.002	-0.001	-0.004	0.003
2003~2004 年	-0.003	-0.001	-0.002	-0.004	-0.002	-0.002	-0.010	-0.006	-0.004
2004~2005 年	0.003	-0.001	0.004	0.002	-0.002	0.004	-0.002	-0.006	0.004
2005~2006 年	-0.002	-0.001	-0.002	-0.003	-0.001	-0.001	-0.005	-0.005	-0.001
2006~2007 年	0.000	-0.001	0.000	-0.001	-0.001	0.000	-0.004	-0.005	0.001
2007~2008 年	—	—	—	0.000	-0.001	0.001	-0.002	-0.004	0.002
2008~2009 年	—	—	—	0.000	-0.001	0.001	-0.001	-0.003	0.002
2009~2010 年	—	—	—	-0.001	-0.001	0.000	-0.003	-0.003	0.000
2000~2005 年	0.001	-0.003	0.004	-0.003	-0.008	0.005	-0.018	-0.025	0.007
2005~2010 年	-0.002	-0.002	0.001	-0.004	-0.006	0.001	-0.016	-0.020	0.004
2011~2015 年	0.1279	-0.2795	2.0106	—	—	—	-0.0853	-0.2829	0.965
2016~2020 年	0.0079	-0.0005	1.0004				-0.035	-0.0290	0.005

注:(1)关于 2011~2015 年的指标变迁有三个方面需要说明:一是分析表中 2011~2015 年的指标变动发现,贫困的各阶测量指标的总效应变动并不等于增长效应和分配效应之和,原因在于,孙巍等(2019)将总效应分解为三部分,除增长效应和分配效应外,还有异质效应;二是孙巍等(2019)未明确区分城乡样本,而分为东、中、西三部分进行分析,本章中选取贫困程度最深的西部地区作为代表,根据其测算,三个地区间的增长效应、分配效应的变动方向是完全一致的,所以选用西部地区的变动可以说明基本的变动情况;三是本章中 2011~2015 年"一天一美元"下的指标采用的是孙巍等(2019)文中国际贫困线下的情况,但孙巍等(2019)并未明确说明国际贫困线的参考标准。(2)数据的检验结果均通过 5% 显著性水平的检验。

资料来源:2000~2010 年各指标笔者根据历年《中国农村住户调查年鉴》计算整理;2011~2015 年指标借鉴孙巍等(2019)的相关测算,2015~2020 年情况为笔者估算。

与上述变动例外的几个变动情况，是以 H 指数为标准的 2003～2004 年、2009～2010 年，以 PG 为标准的 2005～2006 年，以及以 SPG 指数为标准的 2001～2002 年、2003～2004 年、2005～2006 年和 2009～2010 年。对比图 9－1 中 1980～2010 年中国农村人口、贫困人口收入分配的基尼系数情况，可以发现，这几个例外的年度区间恰好对应了农村贫困人口基尼系数下降区间（2001～2002 年、2003～2004 年、2005～2006 年），以及农村整体基尼系数的主要下降区间（2003～2004 年、2005～2006 年）。结合我国贫困线偏低的事实，我们推测，贫困人口收入差别的扩大可能是由贫困人口内部最穷人口的相对或绝对收入变得更低，以及相对或绝对人口数量变得更多等因素造成的，致使在贫困人口日益减少的情况下贫困深度却在加深。

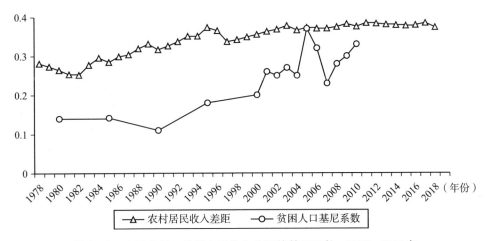

图 9－1　中国农村、贫困人口收入分配的基尼系数：1978～2018 年

资料来源：贫困人口收入分配的基尼系数由作者根据历年《中国住户调查年鉴》中的数据整理，农村人口基尼系数由陈宗胜等测算，该数据的部分数值在文章《中国居民收入差别进入全面下降阶段——公有经济收入分配倒 U 理论初步得到证实》中使用。

分析一下表中不同贫困线下的 H 指数分解结果。伴随着贫困标准的提高，经济增长和收入差别对贫困指数的影响程度均在增大。但两种因子的作用力并不一致：以较低的贫困标准计算并分解 H 指数，则经济增长与发展的惠贫力量略高于差别扩大对贫困状况的恶化作用；如若选取较高的贫困标准测算，则经济增长在缓解贫困方面的贡献显著增大。上述特点与万广华和张茵（2006）的结论基本一致，但也有一处不尽相同：他们认为使用不同贫困指标对经济增长和分配差别的相对大小没有影响，多数情况下分解结果对贫困线的选取也不十分敏感。本章的研究则发现不同贫困线所引致的结果差异是显著的，不同时期随着（官方/绝对）贫困线的变动，增长效应和分配效应的主导作用并不一致。

正如表9-2所示，2010年前，收入差别因子大小及其变动方向没有随贫困线提高而发生显著变化，但经济增长因子则不同，伴随贫困标准的显著提高，则经济增长的惠贫效用随之提高。这说明经济发展的惠贫效果主要局限于"相对富裕"的贫困人口，而最为贫困的人口部分从经济发展中受益较少，即经济增长在改善最为贫穷人口的收入状况方面的作用力较小（陈宗胜等，2013）。2011～2015年，随着官方贫困线的大幅提高，我们发现，不同扶贫标准下的增长效应出现了趋同，而收入差别效应差异性则变大，而且数值均为正。这表明在绝对贫困程度改善的情况下，相对贫困程度况则出现恶化，而且随着贫困标准的不断提高，相对贫困状况恶化程度越大，可能的原因仍是扶贫更加有利于"相对富裕"的贫困群体。

再考察官方贫困线下三种贫困指数的分解结果：（1）绝大多数时期，经济增长对H指数的影响程度最大，对PG指数的影响次之，对SPG指数的影响最小（2007～2008年和2011～2015年除外），这证明以贫困人口减少程度度量的贫困指数变动程度较大，从而令在此基础上求得的分解结果的变动趋势较为明显，如果以扶贫资金量的减少程度，或者贫困人口内部收入差别的缩小程度作为考察对象，收入增长的影响程度将不再那么明显。（2）收入差别抑制了FGT指数的降低，但影响效果较为稳定，不随FGT指数不同而产生很大程度变化。（3）伴随α取值的增大，经济增长的惠贫效果将会降低，甚至在部分年份被收入差别因子抵消，造成贫困指数的扩大。[1] 我们推测，尽管经济发展起到了积极的惠贫作用，但更多惠及的是贫困人口中较富裕的阶层，如若细分考察到贫困人口中最为贫穷的阶层，则经济增长的惠贫效果可能更低一些。

第三节　中国农村在增长与差别扩大中实现持续减贫至归零

改革开放以来，伴随经济的发展，农民收入得到了普遍提高，我国减贫事业取得了巨大成就，在上一章中已经指出，截至2020年11月23日，按照官方最新的扶贫标准（2010年不变价格2300元），我国农村地区在历史上第一次消除了区域性整体贫困，到年底将消灭包括各种零散贫困在内的全部绝对贫困。

---

[1]　有关经济增长惠贫效果随FGT指数中α值加大而减少的结论在其他贫困线的计算结果中也能得到支持。但随着贫困线的提高，纳入更多较富裕贫困人口进入贫困指数计算与分解之后，会发现无论以哪种贫困指数进行计算，经济增长的惠贫效果始终可以超越收入差距造成的负面影响，贫困指数呈现持续下降的态势。篇幅所限，我们不提供其他贫困线下的计算图形。

上述分析表明，在这40多年里，前20多年中农村减贫的增长效应大于差别扩大负效应，后20年至今农村减贫的增长效应与分配负效应此下彼上。这就是说40多年中国农村中的扶贫脱贫工作，始终是在保持经济增长与分配差别扩大中推进的。经济增长始终产生着减贫效应，只是前期农村经济增长更快，产生的减贫效应更大，后期增长减速因而减贫效应略微下降一些；收入分配差别则多数情况下产生着增加贫困的负效应，即增加贫困程度，因此抵消了增长的减贫效应，其中前期分配差别的负效应虽然较大，但小于增长的减贫效应，所以前期农村贫困的下降幅度较大；而后期的分配差别效应有时是负的，有时则是正的即也是减贫效应，但因为后期农村经济增长速度减缓从而减贫效应下降，所以总体比较2000年后农村中贫困的经济增长与分配差别效应相当，且都比前期小，因此减贫效果变小。然而由于前期贫困率较高，故增长与分配两效应相互抵消后的贫困程度下降仍较明显；后期则因贫困程度已经越来越小，所以即使分配差别有时与经济增长共同产生减贫效应，其共同降低的贫困程度也较小，从而也比较不明显。但结果却是在经济增长与收入差别变动中实现了农村贫困率的归零（见图9-2）。

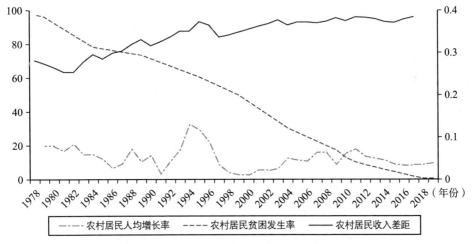

图9-2　中国农村收入增长、贫困及收入差距状况：1978～2019

资料来源：农村居民收入差距数据同图9-1，其他数据来自《中国农村贫困监测报告2019》及历年《中国统计年鉴》。

这种分析是为了理解各种影响因素对贫困降低的具体作用程度，即使结合上面的表格及文字说明也不容易分析清楚。但如果将农村居民收入差别基尼系数、农村居民人均收入增长率曲线，同上章最后的农村居民贫困率变动线叠加在一起，即很容易发现，在2000年稍后期，三条线的变动速度都先后不同程度地减缓了，其中收入差别变动几乎是保持平行，[①] 收入水平曲线则是增速减缓，而贫困率则是在降速减缓中归零。简而言之，中国农村中扶贫脱贫工作是在经济增长与差别扩大中实现了持续减贫，并最终至归零。

以上分解分析说明，如果把经济增长对贫困的减低效应理解为"涓滴效应"，则中国农村扶贫脱贫实践证明，"涓滴效应"在经济增长与发展中始终是存在的，虽然有时大些有时小些，真正的效应自始至终都在发挥着作用，都在降低中国农村居民的贫困程度。这就是我国社会各界总结的道理，发展是硬道理；发展是解决一切问题的基础。

上述分析也说明，中国农村经济增长的涓滴效应本应更多更大些，但实际上的确并未同步缓解农村贫困程度，减少贫困现象，这说明一定有其他因素阻碍或者减小了我国经济发展对农村贫困产生的涓滴效应的规模或程度。这些因素或者直接阻碍了涓滴效应的产生，或者反而对减少贫困产生了负效应。

首先，一些学者已经发现了若干阻碍涓滴效应的因素。

（1）在经济发展与增长中农户就业渠道受阻。有学者（胡鞍钢等，2006）曾指出，近年来我国经济增长的宏观环境和制度安排致使贫困人口无法从经济增长中获得好处，具体的原因包括：①农村中乡镇企业在转型中发展缓慢，农村就业机会减少；②农村产业结构转型导致农业部门产值占 GDP 比重下降、农业劳动生产率较全国平均劳动率水平下降、农民人均收入占人均 GDP 比重下降，三种"占比下降"导致农民收入增长受到限制；③农村包干到户体制导致贫困人口风险承受能力较低，在遭遇重大自然灾害或其他经济冲击的时候，其生存状况会迅速恶化；④二元分割的城乡体系以及农村居民社会保障不完善或缺少等，阻碍农民从农村向城镇流转。总之，贫困农户在经济增长过程中寻求就业的渠道十分不畅。

（2）农村居民中贫困人口的发展资源缺乏。改革开放促成公社制度解体家庭承包责任制，促进了农村贫困快速下降，但相应的公共服务供给相关制度安排变化严重滞后，加剧了农村家庭支出负担，致使许多家庭用于教育支出的资金占家庭总支出的比例从 1.0% 上升到 8.3%，健康支出比例也从同期的 1.6% 上升到 5.1%。这说明，中国农村中贫困人口的发展资源严重缺失，这极有可能造成贫困人口陷入世代传递的贫困陷阱。

---

①　中国改革开放后中国居民收入差别在经济发展显示的时间轨迹或关于发展水平的回归模拟结果，都充分证实了公有经济收入分配倒 U 理论的客观性和有效性（陈宗胜，1991、2018），我国总体基尼系数从 1978 年的 0.3431 上升到 2008 年的最高 0.491 后，近年来已经跨过了收入分配"公有倒 U"的拐点，城镇内部和城乡间差别也显示了相同的趋势。其中只有农村内部差别的拐点不明显，似乎仍在上升，但是自从 2010 年后上升幅度大幅下降，仅基本保持了平稳中略升。从理论上分析在城镇化推进中农村内部差别的平稳变动是规律的反映。而城镇内部的差别明显下降则需要仔细分析，因通常其应当呈略扩大趋势才符合规律。

（3）政府对贫困人口的转移再分配渠道受阻。一是前期官方扶贫标准相对较低，不利于最优扶贫范围的确定，也大大削弱扶贫工作的效果，毕竟仅能保证穷人维持生计同为穷人提供发展机会是差异较大的两个不同目标，这种差异在一国经济快速发展、贫富差距持续拉大的情况下尤为明显。二是扶贫政策实施过程中出现了一些不利于贫困家庭增收的因素，如扶贫资金惠及不到最贫困的家庭，多数贫困农户获取贷款难等。

（4）扶贫脱贫考核激励制度有待完善。从合理分配扶贫资源的角度考察，扶贫转移支付应当重点向最为贫困人群适度倾斜。但我国扶贫政绩的评价长期基于贫困发生率 H 指数即贫困人头数，参照该指标最"有效"的扶贫方式是优先补贴贫困人口中相对收入较高的人群，因为这部分人群的收入水平最靠近贫困线，较易实现"跨线式脱贫"。在扶贫政策与地方官员政绩挂钩的情况下，自然形成了一种"政府主导，标准粗糙"的政绩取向，致使政府主动的"涓滴效应"止步于收入较多的穷人，而无法下达至全部最贫困人群。

其次，上述分析中已经明确展示了收入分配差别扩大对减低贫困的负效应。20 世纪 80 年代初改革开放起始时，农村人民公社制度中的集体经济是以平均主义分配为特征的，这是改革发动的起点也是改革启动的原因。消除平均激励发展是改革的动力所在，因为自此农村经济发展便在农户内部收入差别拉大中推进，同期农村贫困大幅下降。没有差别扩大即没有增长也便没有贫困的减少，但是就减贫与分配差别的直接关系来看，差别扩大总是减贫的负效应。因此，从整个改革开放 40 多年的过程中，农村中居民间分配差别由前期扩大较多较快到后期减缓，必然会导致贫困减低程度的下降，即经济增长本应更大的涓滴效应，的确是被差别扩大抵消了一部分。并且通过测算各种贫困指数我们还发现了新问题。2001～2010 年，除了贫困发生率持续降低，其余几类贫困测度指标均呈现升降交替的不规则变动态势，且综合贫困状况有所恶化。借助人口收入分布图我们发现，农村贫困人口的绝对收入增长速度缓慢，相对收入分布状况并没有随经济发展而改善，反而呈现恶化态势。

总之，通过对经济增长与贫困、收入差别与贫困之间的关系进行研究，我们发现经济增长不是影响贫困变动的唯一和绝对动力。一方面，尽管经济发展能够起到增加农户整体收入水平，帮助一些穷人摆脱贫困，但经济发展过程中也确实存在着诸多不利于贫困减少的要素，如城乡二元经济体制、尚未健全的社会保障体系等，故此下力量改革这些因素，令经济增长带来的涓滴好处（公共资源、就业机会、保障基金）更为合理地流向贫困人口，有效实现农村贫困人口在发展中脱离贫困。另一方面，经济理论和事实的分析均表明，在整个发展时期，同等幅度的经济增长所产生的正向减贫效果有所减弱，相当程度上是收入分配差距拉大的负面影响有所提高，与收入差别状况有着千丝万缕的联系。这进一步提醒我们，在彻底消除绝对贫困后，下一阶段缓解（相对）贫困的当务之急是要千方百计抑制收入差距进一步拉大，这在一定程度上可能是比提高居民收入水平更为有效的反贫困政策。当然，这实际上就是转向了相对贫困的研究方向。

本章附录：公有经济中减低贫困的理论与实践[①]

笔者近年一直致力于经济发展中的收入分配这一课题的研究，集中考察在公有经济不同发展阶段上收入分配差别的变动趋势，侧重点主要放在相对收入差别的变动规律上，关于公有经济中绝对收入差别与经济发展的相互关系涉及较少。[1]本文将主要讨论后一问题——公有经济发展中收入分配绝对差别的变动状况。所谓收入分配的绝对差别，这里是指经济中各收入阶层的富裕程度的不同。由于通常经济学家们把注意力只集中于贫困阶层，所以研究绝对差别实际上也就是对贫困问题的研究。如何减低以致消除贫困是人类面临的一大难题，也是发展经济学界研究的重要课题。自第二次世界大战以来已经积累了大量文献，其中世界银行自 1980 年以来的年度报告就有两期专门讨论贫困问题。[2]但是，在现实中贫困问题远未解决，在一些国家中有所改善，在另一些国家中甚至日趋恶化。在公有经济中也是如此。本文主要讨论公有经济中减低贫困的理论与实践，特别是以中国经济为例，探讨中国经济中的贫困状况、变动趋势以及减低贫困的途径与对策等。

一、公有经济收入贫困线理论

讨论贫困线先要知道什么是贫困。世界银行在其报告中给贫困下的定义是：缺少达到最低生活水准的能力。[2a]这个定义一般地说是可以接受的，但需要具体化。比如，什么是最低生活水准？我认为所谓最低生活水准，从理论上看就是笔者在以往的论著中所解释的与"生计剩余"相对应的"生计收入"，[1a,1c]即为维持生存所必需的收入。于是，贫困的定义可表述为：不能维持生计的生活状态。但这样仍未最终解决问题，因为生计收入是一个很有弹性的概念，在不同的经济制度中、不同的经济发展阶段上，都有不同的标准，也受价值观念、生活习俗等

---

① 陈宗胜：《公有经济中减低贫困的理论与实践》，载《南开经济研究》1993 年第 6 期。此文是本书作者陈宗胜 20 世纪 90 年代初在耶鲁大学作博士后研究期间所作论文之一，文中所论公有经济多系指 80 年代苏东各国的情况。虽然时间已经过去 30 多年，但其基本理论观点与当前讨论扶贫脱贫很相关，故将原文收集在这里作为附录供参考。以下为原文。

等的影响。就是说生计收入是一个社会的、历史的概念。因此，必须把贫困、生计收入等概念放在具体环境中考察，然后才能得出某些一般性结论。

显然，要做具体考察，有必要讨论一下测度指标。比如要确定生计收入水平，就有个如何测度生活水平的问题。通常如果家庭平均收入或人均收入能够包括家庭或个人所得到的全部福利，那么，以其直接衡量收入水平即可。但现实证明这一指标有一些局限性，它不能把医疗卫生等其他公共服务福利包括在内。在我国由于商品化和货币化的程度不高，有相当一部分物品是以实物形式或以补贴形式分配的。所以仅以家庭或个人所得的货币收入难以全面反映实际生活水平。鉴于此，在必要时以预期寿命，5 岁以下儿童死亡率以及入学率等指标作为以收入为基础对贫困进行考察的补充。

以收入为基础对贫困进行考察的第一步就是量化生计收入水平，即确定贫困线。为使贫困线的确定持之有据，符合实际，首先必须探讨影响生计收入的某些主要因素。前文已指出，生计收入水平即贫困线的确定受多种因素的影响，而且这些因素在不同国家、不同时期的作用程度也是不同的。本文不可能对所有因素进行全面讨论，只尝试客观地集中研究经济制度、经济发展水平与贫困线的关系。

先看经济制度与贫困线的关系。与私有经济相比公有经济属于低收入差别类型的经济，追求共同富裕。虽然，自改革开放以来我国的收入差别不断扩大（90年代后苏东各国已成为非公有经济），但同私有经济相比仍然较低。经济制度制约着人们更多地关心贫困阶层人民的生活。因此，一般地说，在同样的经济发展水平或阶段上，公有经济倾向于规定更高的贫困线。这绝不是否认现存公有经济需要改革或改造，而只是对 20 世纪出现的公有经济的实证性概括，这在比较中可以看得很清楚（见附表 9 - 1）。附表 9 - 1 中列示了三个公有经济国家与 8 个私有经济国家贫困线的比较。数据表明，公有经济的平均贫困线是私有经济的 2 倍，贫困线占人均收入的比重比私有经济的高 26.4%。

附表 9 - 1　　　　公有经济与私有经济在相同发展水平上的贫困线比较

经济制度	国家数	平均的人均收入[a]	平均的贫困线[a]	贫困线占人均收入（%）
公有经济	3	2230	1286	55.2
私有经济	8	2229	641	28.8

注：a. 按 1985 年购买力平价计算（美元）。

资料来源：公有经济的资料取自 Milanovic B. Poverty in Eastern Europe in the years of crisis, 1978 to 1987：Poland, Hungary, and Yugoslavia [J]. *The world bank economic review*, 1991, 5 (2)：187 - 205. 三个公有经济国家的人均收入分别为 1850 美元、2460 美元、2650 美元，相应的贫困线分别为 1075 美元、1507 美元、1326 美元。私有经济的资料取自世界银行：《世界发展报告（1990）》。8 个国家的人均收入大约分别为 1810 美元、1900 美元、1950 美元、2010 美元、2300 美元、2350 美元、2710 美元、2800 美元，相应的贫困线分别为 280 美元、500 美元、700 美元、900 美元、600 美元、650 美元、1050 美元、450 美元。由于是从图上读出的，数值不很精确。

公有经济的贫困线通常会高一些，这在西方一些经济学者的著述中也有提及，但他们往往作出错误的解释。[3] 比如，他们通常的理由有二：其一，较低收入水平的国家一般有较高的贫困线，因为贫困线通常是以低于平均收入的比例而增加的。这种说法很容易混淆视听，因为公有经济国家的收入水平一般较低，当把处于较低发展水平的公有经济的贫困线同处于较高阶段的私有经济的贫困线相比较时，易于做出这种不正确的判断。贫困线的高低的确与经济发展水平相关，但是，如果在同样的发展水平上，两种制度中的贫困线仍有较大差别，这就不能不归结为经济发展水平以外的制度等因素。比如附表9-1中所选取的资料就是经过认真斟酌的，特别注意了经济发展水平的一致性：三个公有经济国家的人均收入平均为2230美元，8个私有经济国家平均为2229美元。显然，在这种比较的基础上公有经济中较高的贫困线不可能由经济发展水平较低来解释，而只能归因于经济制度的差异所决定。其二，在公有经济中，贫困线只有统计上的意义，低于贫困线的家庭是否真正得到福利补助与贫困线的高低无关，因而统计上往往把贫困线慷慨地定得较高。这种解释也站不住脚。在西方一些发达社会中，低于贫困线的家庭通常大多数能够通过食品券和其他补助形式得到相当的福利，有的甚至能通过福利措施而上升到贫困线以上。然而，在大多数发展中的私有制国家并非如此。比如在非洲撒哈拉以南的一些国家中，在南亚的孟加拉国和印度等贫穷的国家中，虽然贫困线较低，也不能保证低于贫困线的家庭都能得到适当的福利。此外，在发达国家的早期阶段也没有实现这些。另外，在中国，虽然经济发展水平还较低，不能使全部贫困人口都得到补助，但每年总有相当部分能够享受政府发放的救济金，其余人口也能不同程度地得到低价或免费返销粮，同时政府还投入相当大的人力、财力、物力致力于各种扶贫项目的开发。[5] 可见，至少在中国贫困线绝不是只有象征性，而是有着实实在在的政策含义。

再看经济发展水平与贫困线的关系。易于理解，经济发展水平越高就越能负担得起较高的贫困线。但是，一般而言，贫困线不可能与发展水平同步提高。可能的情况是，在经济发展的初级阶段，虽然经济发展速度较快，但总体水平仍较低，因而贫困线相对稳定，或增加较慢；在较高发展阶段，虽然发展速度可能不快，但总发展水平较高，因而贫困线可能有较大提高。很明显，这里关于经济发展与贫困线的关系的分析，涉及笔者以往关于生计收入在经济发展各阶段的变动趋势的讨论，[1a,1c] 因为这里正是用生计收入来解释贫困线的。

为了具有可比性，经济发展水平与贫困线的关系的检验，必须使用同样经济制度但不同发展水平的国家的资料。关于公有经济的这种资料不可得，所以这里只能利用关于私有经济的资料（见附图9-1）。附图9-1中曲线的变动趋势在相当程度上恰好证明了前文的理论假设。即一般地说，当国家越来越富的时候，它们可接受的最低消费水平——贫困线就会发生相应的变化。但是，在较低的平均收入水平上，贫困线缓慢上移，而在较高收入水平上，则上移较快。[2a]用数学语言表述就是，贫困线关于收入水平的弹性值，在经济发展水平较低时较小，在经济发展水平较高时则较大。换言之，上述资料证明：（1）贫困线总是以低于经济发展水平的速度变动；（2）比较而言，高收入阶段的变化比低收入阶段要大一些。一些学者注意到了第一点，如他们测算出贫困线关于收入水平的弹性值是0.6、0.5 或 0.54。[3]但他们没有针对不同的收入阶段来研究，说明他们没有注意到第二点，没有认识到不同发展阶段的不同收入水平与贫困线可能有不同的相关关系。所以这类研究所得出的数据结果是不确切的，理论上是错误的，因为这类研究抹杀了两个发展阶段的区别，从而对实践的指导意义也很有限。

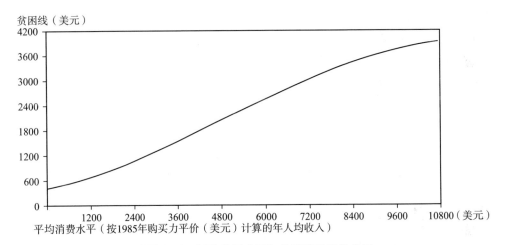

附图9-1　经济发展水平与贫困线的相关关系

资料来源：世界银行：《世界发展报告（1990）》。

概括起来，上文已经讨论了制约贫困线的最重要的因素：经济制度和经济发展水平，为公有经济中确定贫困线提供了一些理论依据。

二、中国的贫困状况考察

1986 年我国国务院专门成立了"贫困地区经济开发领导小组"，经过若干年的努力，贫困状况已有很大改进。扶贫工作不仅得到国内人民的肯定，而且引起了国际社会的关注，认为中国是亚洲甚至全世界发展中国家贫困发生率最低的国家之一。但是，在中国关于贫困问题的理论研究还很少，许多人认为消除贫困只是政府的政策问题，这是错误的。实际上如何正确估价我国的贫困状况，就很值得分析。比如我国有关人士认为农村贫困人口现已降为大约3500 万人，[5]而一些国外学者则估计为 1.4 亿人。[4]哪种估计较切合实际呢？

究竟怎样估价中国的贫困率，显然与选定的贫困线有关。我国政府首次公布的贫困线是由国务院"贫困地区经济开发小组"在其报告《中国贫困地区经济发展概览》中提出的。该报告把 1985 年农村人均每年净名义收入低于 200 元人民币的居民定为贫困，低于 150 元定为赤贫。这个数字显然没有包括口粮以及其他实物收入和社会福利。考虑到这一点，再根据当时的价格水平，那么，农村地区每人月均 17 元（200÷12）主要用于购买一些衣物、油、盐、酱醋等生活中最基本的必需品，是可以维持生计的。所以，将这样的收入定为贫困线大致是适当的。此外，1985 年人均 200 元相当于农村总平均收入的 50%，这样的比例大大高于同样发展水平的私有制国家，比东欧各公有制国家的稍低，因为中国的经济发展水平也较低。当然，就 200 元这个绝对水平来说，不能用于国际比较，因为这并不是贫困户的全部收入。进一步看，这种名义收入贫困线在用作时序比较时，必须把价格变动因素剔除（否则贫困线就失去稳定性，从而压低贫困率）。不过现行的零售价格指数，并不能确切反映农村居民的消费物价变动，因为其中包括了相当部分的农用生产资料。但因没有更好的指标，故用之也差强人意。本文即以消除了价格影响的 1985 年人均 200 元收入作为农村地区的收入贫困线（见附表 9-2）。

附表 9-2　　　　　　中国城、乡收入贫困线经价格调整后的年度数值　　　　　　单位：元/人

	1978 年	1980 年	1981 年	1982 年	1983 年	1984 年	1985 年	1986 年	1987 年	1988 年	1989 年	1990 年
农村												
1985 年国务院规定的贫困线：a												
贫困线：200 元	181	181	183	186	188	194	200	206	216	249	296	309
赤贫线：150 元	(156)c	—	(169)	(176)	(179)	(183)	(200)	(212)	(228)	(270)	—	—
	135	136	137	140	141	145	150	155	162	187	221	231
	(117)	—	(127)	(132)	(134)	(138)	(150)	(159)	(171)	(225)	—	—
城市												
1985 年平均收入的 50%：b												
贫困线：375 元：	280	—	314	320	326	335	375	401	437	527	613	621
	(279)	—	(314)	(320)	(327)	(335)	(375)	(401)	(436)	(526)	—	—

注：（1）以农村工业品零售物价指数调整之（1985＝100）；（2）以职工生活费指数调整（1985＝100）；（3）括号内数据取自 Ahmad E，Wang Y. Inequality and poverty in China：institutional change and public policy，1978 to 1988 [J]. *The World Bank Economic Review*，1991，5（2）：231-257.，据称与笔者在这里使用的方法相同，但测算数值差别较大（特别是农村的），故列出作为参考。

资料来源：笔者根据有关年份的《中国统计年鉴》中的有关数据测算，价格指数见 1991 年《中国统计年鉴》。

我国政府没有公布关于城市居民的收入贫困线，这意味着政府认为贫困在中国主要是一个农村现象。这当然取决于以什么标准衡量。如果城乡使用同样的贫困线，那么中国城市里的贫困状况可能的确很轻微。一般认为城市应当有不同于农村的贫困线。需要说明的是，虽然中国政府没有公开公布城市贫困线，实际上却没有完全否定或忽视城市贫困人口的生活。救济金与补助的发放情况可以说明这一点。比如，从1985～1990年城市中有2%左右的人口得到救济和补贴（含定期、定量救济和补助）。[5]可以推测，由于我国经济发展水平不高，救济金的发放率一定低于实际的贫困率。但贫困率究竟是多少，仍需从确定贫困线开始。

有两方面资料可为确定城市贫困线提供依据：其一，《中国统计年鉴》中每年公布的"困难户"情况。国家统计局每年从所调查的家户中截取收入最低的5%的家庭作为"困难户"。比较这种"困难户"的人均收入变动也是很有意义的。比如按可比价计算（1981＝100），1981年困难户人均收入269.88元，1985年330元，1990年348元。由此可看出困难户收入的变化状况。但这种比较是以困难户比率不变为前提的（人口比率约为6%），因而与我们这里要考察的目的恰巧相反，我们是以贫困线不变而考察贫困率的变动。不过统计局的资料也提供了有用的信息，即比较一下"困难户"的人均收入与总人均收入，前者大致为后者的45%～65%，贫困线可能应当取在这个范围内。但是贫困线是否可以采用相对标准呢？比如将每年平均收入的45%规定为贫困线。笔者认为这是不妥当的。因为，第一，这样的贫困线实际上每年都是不同的，不能做纵向比较；第二，违反了前述贫困线与经济发展水平的关系的一般规律（贫困线不可能与经济发展水平同比提高），因为这种相对贫困线实际上假定贫困线是与收入水平严格同比例变动的（这种贫困线无疑将夸大中国的贫困人口比重）。

其二，国外一些学者的研究。有的学者比照着1985年城市居民平均收入的50%来设定贫困线，理由也只是因为我国国务院规定的1985年农村地区贫困线是农民平均收入的50%。[4]这一规定恰好落在上文提到的45%～65%的范围之内，而且这一比例比私有经济中贫困线占平均收入的比重高得多，与公有经济中的这一比例比较接近（见附表9－1和附图9－1）。所以，按此标准规定贫困线可能大致相当。不过，无论如何，这里总包含着一些任意性。实际上许多学者同意用营养水平作为划分贫困线的依据，但这需要居民消费格局的资料，也需要居民据以购买消费品的价格的全部信息，而这些资料又是不可得的。据估计，如果以营养水平为准，1985年城市平均收入的50%，即人均年收入375元（31元/月），大致上与生计收入水平是相当的。因为虽然按当时价格水平人均收入31元可能不足以维持生存，但是正像农村人均200元的贫困线后包含着未计入收入之内的口粮等实物收入一样，城市居民月收入31元是以政府提供大量低价食品配额和其他消费品（据统计曾多达77种，如面粉、食油、火柴、肥皂等）以及补贴（如房租、交通、托幼、医疗保险、职工劳保等）为前提的。这些都使城市居民的生活水平要高于只按货币收入所计算的水准。总而言之，本文假定将1985年人均收入375元作为城市贫困线是恰当的。当然将此线用于其他年份也必须进行价格调整（见附表9-3）。

附表9-3　　中国城乡及全国贫困率估计（1978～1990年）

	1978年	1980年	1981年	1982年	1983年	1984年	1985年	1986年	1987年	1988年	1989年	1990年
农村												
贫困线以下（1985年200元以下）												
家户（%）	—	51.3	48.7	32.7	25.0	18.1	16.1	15.3	12.8	15.7	15.0	14.4
	(65.1)	—	(44.3)	(19.1)	(14.9)	(16.0)	(12.3)	(13.9)	(13.1)	(14.8)	—	—
人口（%）	—	—	52.0	36.0	28.2	20.9	18.0	17.8	14.9	18.1	15.7	15.1
							(13.6)	—	(14.4)	(16.2)		
人口（亿）	—	—	4.15	2.89	2.28	1.68	1.45	1.44	1.22	1.49	1.31	1.27
	—	—	—	—	—	—	(0.91)	—	(0.84)	(0.90)		
赤贫线以下（1985年150元以下）												
家户（%）	—	27.6	26.3	16.5	12	8.2	7.6	7.5	5.9	6.0	6.9	6.5
	(44.1)	—	(22.6)	(7.9)	(5.6)	(7.5)	(4.4)	(5.6)	(5.3)	(5.7)	—	—
人口（%）	—	—	28.2	18.3	13.6	9.6	8.9	8.8	7.1	7.1	7.9	7.5
							(5.0)	—	(6.0)	(6.3)		
人口（亿）	—	—	2.25	1.47	1.10	0.77	0.72	0.71	0.58	0.58	0.66	0.63
	—	—	—	—	—	—	(0.90)	—	(0.87)	(0.92)		
城市：												
贫困线以下（1985年375元以下）												
家户（%）	—	—	10.7	9.7	7.6	4.8	8.6	9.0	8.3	8.3	8.3	6.4
	—	—	(11.2)	(8.9)	(8.1)	(4.7)	(9.9)	(5.4)	(5.3)	(7.3)	—	—
人口（%）	—	—	[12.2]	[11.2]	[9.1]	[6.3]	10.1	10.4	9.7	9.8	9.6	7.5
							(13.0)	—	(6.2)	(8.6)		
人口（亿）	—	—	[0.25]	[0.24]	[0.30]	[0.15]	0.25	0.27	0.26	0.28	0.28	0.23
	—	—	—	—	—	—	(0.40)	—	(0.21)	(0.37)		

续表

	1978 年	1980 年	1981 年	1982 年	1983 年	1984 年	1985 年	1986 年	1987 年	1988 年	1989 年	1990 年
全国：												
人口（％）	—	—	44.0	30.8	24.1	17.5	16.1	15.9	13.5	15.9	14.1	13.1
人口（亿）	—	—	4.40	3.13	2.48	1.83	1.70	1.71	1.48	1.77	1.59	1.50

注：（1）依据统计局公布的城乡家计调查分组资料，使用简单内插法估算；当有些资料在最贫穷一端的分组过粗时（比如家户比重超过 20％）时，即改用其他分组更细的资料，否则估计的失误较大；（2）凡带"—"号者均为资料不可得；（3）方括号内数据系笔者根据 1985～1990 年城市人口比重通常大于家户比重 1.5％的情况估计的，是先估算相对人口比重，然后测算绝对人口数。但全国的数据估计则相反。

资料来源：笔者根据《中国统计年鉴》《"六五"期间我国城镇居民家庭收支调查资料》及《经济发展中的收入分配》中的有关数据测算；圆括号内数据来源于 Ahmad E，Wang Y. Inequality and poverty in China：institutional change and public policy，1978 to 1988 ［J］. The World Bank Economic Review，1991，5（2）：231－257；但方括号内为估计数。

将附表 9－2 中设定的贫困线应用于统计局公布的城乡家计调查分组资料，运用简单内插法估计中国的贫困率如附表 9－3 所示。数据表明，中国的贫困程度自 1978 年到 1985 年有很大下降，之后基本处于稳定状态，或下降速度放慢（见附图 9－2）。

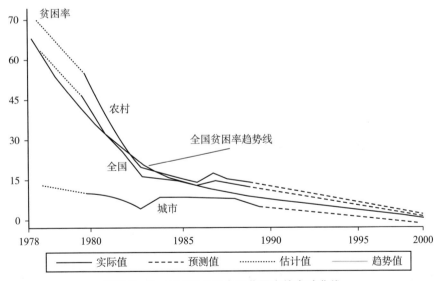

附图 9－2　中国城乡及全国贫困率的变动曲线

资料来源：笔者根据《中国统计年鉴》《"六五"期间我国城镇居民家庭收支调查资料》及《经济发展中的收入分配》中的有关数据测算；圆括号内数据来源于 Ahmad E，Wang Y. Inequality and poverty in China：institutional change and public policy，1978 to 1988 ［J］. The World Bank Economic Review，1991，5（2）：231－257。

其中，农村的家户贫困率从 1978 年的 65.1% 迅速下降为 1985 年的 16.1%，然后到 1990 年缓慢下降至 14.4%；人口贫困率从 1981 年的 52.0% 迅速下降为 1985 年的 18%，然后到 1990 年降为 15.1%；家户赤贫率从 1978 年的 44.1% 下降为 1984 年的 8.2%，然后基本保持在 7%，人口赤贫率从 1981 年的 28.2% 下降为 1984 年的 9.6%，然后维持在 8%。城市里的家户贫困率从 1981 年的 10.7% 下降为 1984 年的 4.8%，然后又回升并保持在 8% 左右；人口贫困率在 1985~1990 年这个时期里从 10.1% 下降到 7.5%。

总的来看，在 10 年左右的时间里，贫困率的下降是相当迅速的（见附图 9-2）。从绝对数看，1990 年农村有 1.27 亿贫困人口，其中一半为赤贫人口，城市里有 2270 万贫困人口。农村的贫困人口高于国务院有关人士估计的 3500 万人（这类估计很可能是用未消除价格因素的 1985 年 200 元为标准的），低于某些国外学者用相对贫困线估计的 1.4 亿人。概而言之，中国 20 世纪 80 年代的贫困程度已有很大的改善，目前全国总的贫困率大致为 13.1%，但进一步改善的任务也很艰巨，全国总计仍有近 1.5 亿人口生活于贫困线以下。

三、中国贫困状况的国际比较

世界银行在 1990 年以贫困为主题的专题报告中，按照统一的贫困线对世界许多国家的贫困状况进行估测，它们规定贫困线为年人均 370 美元（1985 年购买力评价），赤贫线为 275 美元。按它们的估计，中国 1985 年有贫困人口 2 亿多人，贫困率为 20%；其中赤贫人口 8000 万人，赤贫率为 8%。这一估计大大高于我国政府的估计，也高于本文的估计。这可能与它们使用的贫困线较高有关（他们反复申明，这种估计是不精确的）。无论如何，它们采用了统一的标准，因而其数据是可比的，笔者用这些数据做如下一些比较。

中国与前东欧公有经济国家的比较。中国与前东欧公有经济国家经济制度相同，但发展阶段不同，大致可认为中国处于中下收入阶段，东欧公有经济国家处于中上收入阶段。[1a,1c]因此，这一比较可以看出不同的经济发展水平对各社会的贫困状况的影响。见附表 9-4 中第三行数据，中国的贫困人口比东欧公有经济国家要多，这是由于中国的总人口大于东欧各国。更重要的是贫困率的比较说明，我国的贫困人口比例要大于东欧 1.5 倍，赤贫率大于东欧 1 倍，5 岁以下儿童死亡率大 1 倍多，预期寿命小 2 岁，唯有净小学入学率比东欧各国略大 3%。这些指标的比较表明，中国由于经济发展水平相对落后，因此贫困率也更高一些。这种比较表明，贫困是经济发展水平的减函数。要减低以致消除贫困，就必须推动经济发展，加速增长，提高总的人均收入水平。

附表 9 – 4　　　　　　　　　　中国贫困状况的国际比较（1985 年）

	穷人数（百万）	贫困率（%）	赤贫人数（百万）	赤贫率（%）	5 岁以下儿童死亡率（‰）	预期寿命（岁）	净小学入学率（%）
①中国	210	20	80	8	58	69	93
②东欧	6	8	3	4	23	71	90
③ = ① – ②	204	12	77	4	25	– 2	3
④印度	420	55	250	33	199	57	81
⑤ = ④ – ①	210	35	170	25	141	– 12	– 12
⑥所有发展中国家	1116	33	633	18	121	62	83
⑦ = ⑥ – ①	—	13	—	10	63	– 7	– 10
⑧ = ① ÷ ⑥	18.8		12.6		—	—	—

注：贫困线为每年人均 370 美元（按 1985 年购买力平价美元计算），赤贫线为 275 美元。

资料来源：笔者根据《世界发展报告（1980）》的有关资料整理、计算。

中国与印度的比较。中国与印度的国情较为相似，同是发展中国家，同是人口大国，唯经济制度不同。因此，这一比较将显示出不同社会经济类型对社会贫困状况的影响。附表 9 – 4 中第 5 行数据表明，虽然印度的总人口比中国少约 1/4，但贫困人口却比我国大 1 倍，贫困率高 35%。就是说，印度一半以上的人生活在贫困线以下；甚至印度的赤贫人口比我国的总贫困人口还要多 3000 万，赤贫率高达 33%，是中国赤贫率的 4 倍多；5 岁以下儿童死亡率比中国高近 2 倍，预期寿命少 12 岁，小学净入学率低 12%。可见，无论以哪个指标衡量，印度的贫困状况均比我国要严重得多。这种比较表明制度是制约困状况的重要因素，即低收入差别类型的经济制度，在同样的经济发展水平上，比高收入差别的经济制度，更有利于降低和消除贫困。

中国与发展中国家的总体的或一般情况的比较。中国与发展中国家的总体比较，是一种混合比较，除了发展水平外，实际上包含着许多不可比的因素，特别是发展中国家的总体数据中也包含了中国的情况，但是这种比较仍是很有意义的。这一比较可以考察出我国各种贫困指标在发展中国家中的位次。附表 9 – 4 中第 7 ~ 8 行数据表明，中国的贫困人口占所有发展中国家总贫困人口的 18.8%，即近 1/5，赤贫人口占 12.6%，这基本上仍是由于我国总人口数量大的缘故。其他一些指标，都显示了中国较发展中国家一般情况更好的态势：贫困率较一般情况低 13%，赤贫率低 10%。5 岁以下儿童死亡率低 63‰，预期寿命大 7 岁，净小学入学率高 10%。这一比较表明，中国作为一个发展中的社会主义大国，在降低贫困方面虽仍有很艰苦的工作要做，但总的来说，已经做出了可以聊以自慰的努力，走在了第三世界国家的前列。以上国际比较，比出了中国已经取得的成就，也比出了中国与一些国家的差距，还比出了减低差距的途径：（1）经济增长；
（2）低收入差别的经济类型。

四、减低贫困的途径的理论说明与统计检验

贫困率与经济增长和经济制度的关系，或者说贫困率与人均收入水平和收入
差别水平的关系，可以通过附图9-3中的几何图形进一步从理论上加以说明。
该图中横轴均为人均收入，纵轴均为人口百分比，图中曲线是作为人均收入的函
数的人口百分比，但是为了与贫困线相配合，这里的人口百分比是收入的累积分
布函数，即不超过某一收入水平的总人口的百分比（不是这一收入水平上的百分
比）。显然，这条曲线的斜率就标志着一定的收入分配差别状况，斜率越大，意
味着收入差别越小；反之，斜率越小，收入差别就越大。图中竖线为贫困线，假
定其不变。

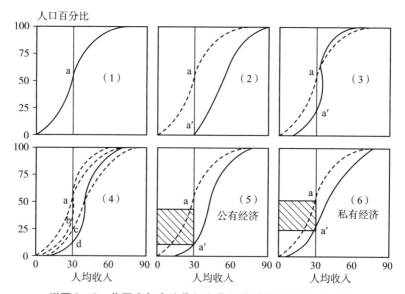

附图9-3 贫困率与人均收入和收入差别的关系的几何分析

资料来源：笔者自己设计。

贫困线与人口分布线的交点决定贫困率。附图9-3（1）中a点标志着的贫
困率为50%。现在假定收入差别不变，即曲线斜率与形状不变，由于经济增长，
曲线右移到附图9-3（2）中的位置，那么贫困点a'就落在了横轴上，贫困率为
0。可见，贫困率是经济增长的减函数。再假定收入水平不变，曲线位置大致不
变，但形状改变了，斜率提高，即收入差别下降，变为附图9-3（3）中的位

置，那么贫困点就下降到 a′的位置，贫困率下降为 25% 。可见贫困率又是收入差别的增函数。假定经济在增长过程中伴随着收入差别下降，这将使贫困率的下降幅度比只有经济增长或只有收入差别下降时还要大，见附图 9 – 3（4）：当只有收入差别下降时，贫困点从 a 下降到 b；当只有收入水平提高时，贫困点从 a 下降到 c；而当经济增长与收入差别下降同时发生时，贫困点从 a 下降到 d；d 点所对应的贫困率低于 c 点，也低于 b 点。也可假定两社会的制度一定，即收入差别基本格局一定（公有经济格局—低收入差别；私有经济格局—高收入差别。这两种格局的不同在公有经济和私有经济收入差别倒 U 曲线的比较中，可以清楚地发现[1a,1c]），那么同样的经济增长水平，在公有经济中将使贫困率下降更大些。因为在那里贫困点处的斜率较陡，即收入差别较小，大批人口集中在稍低于贫困线的地方，收入的增加使许多人移到贫困线以上，因而贫困率下降较大；相反在私有经济中，贫困点处的斜率不陡，即收入差别较大，只有少数人处在略低于贫困线之处，那么，同样的收入增加就只能使较少的穷人移到贫困线以上，因而贫困率下降较小。见附图 9 – 3（5）和附图 9 – 3（6）的比较，这直接说明了经济制度对减低贫困率的影响。

贫困率与人均收入和收入差别的关系，可进一步通过统计分析来验证。比如把贫困率（P）作为人均实际收入（I）和收入分配差别（D）的函数：

$$P = f(I, D) \qquad\qquad (附 9 – 1)$$

使用半对数方程估计各变量的影响程度（参数）：

$$P = c + a_1 \log(I) + a_2 \log(D) \qquad\qquad (附 9 – 2)$$

预计人均实际收入与贫困率负相关，收入分配差别（以基尼系数表示）与贫困率正相关。附表 9 – 5 中列示了使用中国、波兰、南斯拉夫三国的资料估计的结果。数据表明，贫困率关于人均收入的弹性值，波兰为 0.52，中国为 0.49，南斯拉夫为 0.43；即为减少 1% 的贫困率，在其他条件不变的情况下，实际人均收入在波、中、南三国分别需增加 1.92% 、2.04% 和 2.33% 。贫困率关于收入差别的弹性值三国分别为 0.09、0.11、0.46；即要减少 1% 的贫困率，在其他条件不变时，收入分配基尼系数在三国中需分别下降 11.1% 、9.1% 和 2.2% 。回归分析表明，在不同国家中人均收入和收入差别对贫困率的影响是不同的，在南斯拉夫这两个因素的影响差不多，在中国和波兰人均收入的影响要比收入差别的影响大近 5 倍。就是说，贫困率的变动主要由人均收入的变动来解释，是经济发展的结果。无论如何，在各个国家中这两个变量都是影响贫困率的重要因素。当然，作为政策工具，如何运用人均收入和收入差别来减低贫困，各个国家则应根据国情以及经济发展阶段做具体分析。

附表 9-5　　　　　中国、波兰、南斯拉夫贫困率的决定因素的估计

国别	常数项（c）	收入（I）	分配（D）	$\overline{R^2}(F)$	标准差
中国	315.48 （0.075）	-49.44 （0.032）	10.568 （0.809）	0.7657 （9.810）	10.25
波兰	391.55 （0.07）	-52.23 （0.00）	9.105 （0.04）	0.777 （51.50）	4.44
南斯拉夫	293.39 （0.016）	-42.98 （0.0）	46.405 （0.014）	0.890 （45.6）	4.05

注：（1）中国的资料是 1981~1989 年、1990 年的，南斯拉夫、波兰为 1978~1987 年的；（2）中国的观察点为 9，波兰为 30，南斯拉夫为 12；（3）圆括号内数据为 T 统计检验。

资料来源：中国的资源取自《经济发展中的收入分配》和《中国统计年鉴（1991）》，由胡鞍钢博士协助测算。波兰、南斯拉夫的资料取自 Milanovic B. Poverty in Eastern Europe in the years of crisis, 1978 to 1987: Poland, Hungary, and Yugoslavia ［J］. *The world bank economic review*, 1991, 5（2）: 187-205。

五、中国今后的贫困状况预测及减低贫困的战略

在减低贫困方面，中国虽然走在发展中国家的前列，但中国的贫困人口几乎占发展中国家总贫困人口的 1/5，这就决定，中国今后的扶贫工作仍是很艰巨的。下面在对我国 2000 年贫困状况预测的基础上，对今后如何进一步消除贫困做些初步分析。

附表 9-6 中列出了世界银行关于近期世界贫困状况的测预。其中对东欧各国的预测值与 1985 年相同，这主要是考虑社会动荡的严重程度以及各种社会改革发挥促进生产率提高的作用所需要的时间。关于中国的预测是相当乐观的，它们预测中国的贫困率将下降至 2.9%，这是"以其内部改革仍将继续进行这一假设为前提的。"[2a]这一估计是很乐观的。从目前中国改革开放的趋势看，我国改革是肯定会不间断地进行下去的，经济发展也将有较大的提高。这是减低贫困的基础。从前面附表 9-4 中的数据看，农村的家户贫困率从 1978~1990 年年均下降 4.23%，人口贫困率年均下降 4.1%；城市家户贫困率从 1981~1990 年年均下降 0.47%，人口贫困率年均下降 0.5%；全国总的贫困率年均下降 3.4%。按这样的速度，到 2000 年达到全国总的贫困率下降至 2.9% 是完全有可能的。但问题是自 1985 年以后，贫困率的下降速度大大放慢了，或基本未变，有的甚至略有上升（比如城市的贫困率可能就上升了几个百分点），全国总的贫困率平均每年只下降 0.6%，所以实际上贫困率的下降主要发生在 1978~1985 这一期间内，这期间农村贫困率年均下降 7%，全国贫困率从 1981~1985 年也平均每年下降 7%。1991~2000 年即使能够突破 1985 年后的几近停滞状态，但却很难保持 1978~1985 年的速度。所以，要达到世界银行所预计的目标还是存在一些困难

的。按世界银行的预测，从 1985 年的 20% 下降到 2000 年的 2.9%，要求每年下降 1.14%；按本文前面的估计，从 1990 年的 13.1% 下降到 2000 年的 2.9%，要求每年下降 1.02%，均高于 1985～1990 年的实际下降速度。然而，这样的目标经过努力仍有可能达到，因为 1985～1990 年的贫困率变动很可能受这期间宏观调整的影响较大，20 世纪 90 年代初完成调整任务，经济转入正常发展，贫困率的下降速度有可能提高。所以，我们将 3% 作为中国 2000 年时总贫困率的预测值的最低限，把按 1985～1990 年速度推测的 7% 作为最高限。就是说预测 2000 年时中国总的贫困率约为 5%（取 3% 和 7% 的中值）。若以那时总人口 13 亿人计，总贫困人口约为 6500 万人。

附表 9 - 6　　　　　中国及其他发展中国家 2000 年贫困状况预测

地区	贫困率		贫困人口（百万）		净小学入学率		5 岁以下儿童死亡率	
	1985 年	2000 年	1985 年	2000 年	1985 年	2000 年	1985 年	2000 年
中国	20	2.9	210	35	93	95	44	25
东欧	7.8	7.9	5	5	90	92	25	16
印度	55	25.4	420	255	81	96	148	94
发展中国家总计	32.7	18.0	1125	825	84	91	102	67

资料来源：世界银行：《世界发展报告（1990）》和《世界发展报告（1980）》。

如何实现这样的预测值，进一步减低贫困率呢？前面笔者已经从一般的理论意义上推荐了两条主要途径，即推动经济增长和降低收入差别。将此运用于中国目前的情况，则必须做具体的分析。我国经济制度已经规定了收入差别的基本格局。从历史上看，通过降低收入差别来降低贫困率，过去已经走到了极限：平均主义加普遍贫穷。20 世纪 80 年代以来，我国经济已逐步进入发展水平和收入差别同向提高的阶段，正如笔者以往所论述的，收入差别进入了公有经济倒 U 曲线的前半段——上升段；[1a,1b] 另一方面，改革中对市场机制的引进，私有经济的发展，国有经济的股份化，也都必然要促使收入差别扩大。所以，在我国目前的情况下，企图以降低收入差别来降低贫困率是不现实的。当然，防止某些领域里收入差别过大仍是必需的。由此可见，中国目前降低贫困率的主要途径，就是集中精力，推动经济发展，通过总收入水平的提高，来降低贫困率。由于要抵销因收入差别扩大而引致的贫困率上升，所以，现阶段经济增长的幅度和速率必须较收入差别不变时要更大，才能促使贫困率有较大幅度的下降。从理论上看，当我国经济进入较高收入阶段，即进入收入差别倒 U 曲线的后半段——下降阶段时，贫困率将以更快速度下降，因为那时收入差别和经济增长将同时同方向地促使贫困率降低。

总而言之，现阶段我国降低贫困发生率的根本途径就是推动经济增长，千方百计地发展经济，此外，抑制人口的增长（人口增长的主要部分来自贫困阶层）具有同样的意义（缩小分母）。从我国政府近年来所实施的大政方针看，与这里的理论分析是一致的。通过改革与开放，中国政府正在调动全国各个方面的积极因素，专注于经济建设，大力发展经济，其目的就在于提高总的人均收入水平，经过十几年的努力，已经取得了举世公认的成就。这是我国近10年来贫困率大幅度下降的根本基础。同时就扶贫工作而言，已经实现了第一个战略转移，即在"七五"期间实现了由过去的单纯生活救济向经济开发转变（所谓由"输血"变为"造血"）；目前已经开始了第二个战略转移，即把扶贫工作重点转到依靠科技进步和提高劳动者的素质上来，实行"科技扶贫"。为此也制定了一系列措施，如将扶贫资金向科技进步倾斜，将科技进步落实到改善生态环境和发展主导产业；采取多种教育形式提高劳动者素质（如"三加一"教育：三年普通教育加一年职业教育）；鼓励扶贫科技科研；重视扶贫决策科学化等。从总体上看，这些战略与措施同理论建议是完全吻合的。持之以恒的贯彻落实，到20世纪末实现贫困率下降至5%的目标是有希望的。应当注意的是，在90年代中后期中国应当同时重视和解决城市贫困问题，因为国有制的股份化和市场机制的大规模引进，有可能使一部分城市居民和流动人口在新旧体制转换过程中加入贫困阶层。

本附录参考文献

［1］笔者近年的部分著作和论文：a.《经济发展中的收入分配》，上海三联书店出版社1991年版；b.《收入分配差别与二元经济发展》，载《经济学家》1990年第3期；c.《公有经济发展中的收入分配差别理论模型与假说》，载《南开经济研究》1991年第3期和第4期。

［2］世界银行：a.《世界发展报告（1990）》；b.《世界发展报告（1980）》。

［3］Milanovic B. Poverty in Eastern Europe in the years of crisis, 1978 to 1987：Poland, Hungary, and Yugoslavia ［J］. *The World Bank Economic Review*, 1991, 5（2）：187-205.

［4］Ahmad E, Wang Y. Inequality and poverty in China：institutional change and public policy, 1978 to 1988 ［J］. *The World Bank Economic Review*, 1991, 5（2）：231-257.

［5］《人民日报》（海外版），1991年10月28日，第3版。

第十章 中国农村的相对贫困线 与减低贫困长期任务

本章将探讨相对贫困线的变动及其对农村贫困状况的影响。[①] 随着经济发展水平的不断提高，相对贫困问题日益凸显。通过绘制农村低收入人口的收入分布图，观察分布曲线的动态变化，可以清晰发现：农村贫困人口的绝对贫困问题在逐步得到缓解的同时，其相对收入分布差别却随经济发展而扩大；最贫困人口（处于最低分位）的数量时有上升趋势；原有扶贫标准即以温饱标准制定的贫困线已无法适应全面建设小康社会这个新阶段的客观要求。本章提出在进一步适当提高绝对贫困线的前提下，应当专门制定相对收入标准贫困线，以凭借其推动新时期的更高水平的减贫扶贫工作。

第一节 关于相对贫困的理论观点及其演变

通过现有文献，关于如何研究和治理经济发展中的绝对贫困和相对贫困现象，理论界有多种观点。

（一）相对剥夺理论与相对贫困的理论关系

绝对贫困是人类社会首先关注的经济现象。但是随着经济社会的不断发展，人们试图找到一种既可维持贫困人口生存，又能够维持其基本发展的客观条件，并将其作为贫困标准。然而，是否存在这样一些客观标准？伴随各国经济及各国家内部的不均衡发展，许多学者逐渐认识到贫困不仅意味着吃不饱穿不暖，还意味着遭受相对排斥和相对剥夺（relative deprivation）。所谓相对剥夺（relative deprivation）意指人们通过与参照群体（reference group）比较而产生的一种自身利益被其他群体剥夺的内心感受。贫困人口的参照群体为广大非贫困人群，其相

---

① 陈宗胜、沈扬扬、周云波：《中国农村贫困状况的绝对与相对变化——兼论贫困线的设定》，载《管理世界》2013 年第 1 期，第 7～77 页。

对剥夺感主要来自于收入差别拉大情况下的贫富差距。这种感受一般与穷人若干权利遭到剥夺等外在化经济现实相关，这也就是相对贫困现象。严重的相对剥夺会导致贫困人口可行发展能力受到限制，甚至转化成绝对剥夺造成绝对贫困现象。上述过程可以理解为，相对剥夺现象往往由收入差别拉大及相对剥夺状况恶化引发。

依据相对剥夺理论，自然导致人们由此提出了相对贫困理论，即那些在物质和生活条件上相对于他人匮乏的状态即为相对贫困。这一概念具有如下特点（叶普万，2006）：一是动态性，扶贫标准随着经济发展、居民收入水平以及社会环境的变化而变化；二是不平等性，其展现了不同社会成员之间的分配关系；三是相对性，它处于一个变化着的参照系之中，比较对象是处于相同社会经济环境下的其他社会成员；四是主观性，其设定依赖于研究人员对不同国家或地区的主观判断。考虑到相对贫困定义的特性，相对贫困可能与绝对贫困并存；物质资源匮乏的社会中必然存在绝对贫困现象；而物质充裕条件下绝对贫困可能消失或转型，但相对贫困问题却又可能出现。

（二）"基本可行能力"的概念与相对贫困

著名发展经济学家阿玛蒂亚·森首先提出了"基本可行能力"的概念，意指一个人所拥有的、享受自己有理由珍视的那种生活，包括免受困苦，比如饥饿、营养不良、可避免的疾病、过早死亡之类的基本可行能力，以及能够识字算数、享受政治参与等的自由（substantive freedom）。[①] 故基本可行能力这一概念实际上涉及政治、经济、社会发展等多维度，[②] 因而是相对的。世界银行（2001）据此将贫困定义为"不仅意味着低收入和低消费，还意味着缺少受教育机会、营养不良、健康状况差，同时包括风险和面临风险时的脆弱性，以及不能表达自身需求和缺乏影响力"。这标志着国际上对贫困的界定开始由绝对贫困向相对贫困转变。容易明白，这种对贫困认识的转变其实说明了一个最基本的道理，仅维持贫困人口能够吃上饭、穿上衣不等于帮助贫困人口永久脱贫。社会救济在重大灾害疾病面前，往往使穷人显得捉襟见肘，甚至有可能失去生存的希望；而如果贫困群体支付不起子女及自身的教育和培训费用，就无法使穷人通过知识改变命运，从而极易造成世代贫困。基于上述理由，在快速发展的经济环境下，贫困标准应该确定为能够实现贫困人口最基本的可行能力，故应该是相对的和发展着的。

以上几种理论，不论是相对剥夺理论、可行能力理论，或是前面讨论生计剩余模型理论，都讨论了单一绝对贫困标准的局限性，讨论了贫困与相对贫困的关系，讨论了绝对贫困与持续发展的关系，以及绝对贫困与收入差别的关系。正如

---

① 阿玛蒂亚·森，任赜、于真译：《以自由看待发展》，中国人民大学出版社 2002 年版。

② 阿玛蒂亚·森（1980，1984，1985）最早提出了关注人类发展的可行能力贫困概念，并由此引申出多维贫困标准，且在近些年中已成为国际上测度贫困状况的重要依据（UNDP，1997，2010）。

上一章已经从贫困问题出发，讨论并考察了经济增长、收入差别以及贫困三个变量之间的关系：绝对贫困与收入水平低下相关，提高贫困人口的收入水平有助于他们摆脱绝对贫困；相对收入与收入差别程度相关，即便收入增长有利于绝对贫困的减少，但如果在此过程中收入差别水平不断拉大，必然产生大批相对贫困人群。从这个意义上讲，本章重点讨论的相对贫困问题，就是一个与收入不平等紧密相关的概念，甚至在某种程度上讲，相对贫困与收入分配讨论的是同一类问题，是一枚硬币的两面。

（三）相对贫困理论适合中国当前特别是今后发展新阶段

不少研究认为，在经济发展的初级阶段或者是低收入阶段，主要使用绝对贫困线是可行的，因为较低收入水平时经济发展的主要任务是解决温饱。但是在经济加速发展时期，单纯使用绝对贫困线就容易掩盖相对贫困的加剧。适当的做法是不断提高绝对贫困标准（更为合理的），同时又在收入提高中逐步建立起相对贫困标准。

我国政府已经逐步提高绝对贫困标准。数据显示，1980~2007年，我国农村扶贫标准年均提高大约25元。[1] 考虑到经济的快速增长，按此标准测度所显示的贫困率大幅度降低就要有所折扣。如果辅之以相对贫困标准，即使是简单的比较分析，也更易看得清楚。比如，由于绝对贫困线过低，使得扶贫标准与农村平均纯收入水平（以下简称"平均收入水平"）之间的差别逐步扩大，二者差别由1980年的1.47倍扩大到2007年的5.27倍，上升了258.35%；扶贫标准与农村上五分位人口（农村富裕阶层）平均纯收入水平间的差别，由1980年的2.56倍提高到2007年的12.47倍，[2] 上升了387.68%；扶贫标准与城镇人均可支配收入间的差别，由1980年的3.67倍提高到2007年的17.56倍，上升了378.01%。可见，如果同时使用绝对和相对标准衡量，[3] 则近十余年间我国农村的贫困状况，并没有取得如同只用绝对贫困标准所下降的那么巨大（Ravallion and Chen, 2003；Chen and Ravallion, 2008）。

上面的比较启示我们，应对贫困线进行调整，确保更多"潜在贫困人口"被纳入扶贫范围。考虑到国家所处发展阶段以及新时期农村贫困所面临的新问题，2011年，国家大幅度调整了官方扶贫标准，将既有贫困线从2010年的1274元调整至2300元（2010年不变价，约合361美元），相应的农村贫困人口从2688万

---

① 此段的计算结果采用数据均未剔除物价指数影响。

② 由于1980年我国尚未公布五分组数据信息，我们利用20分组数据信息进行的估算。

③ 关于收入差别拉大不可避免要恶化相对贫困状况的观点论述，可参见 Adelman and Morris, 1973；Chenery et al., 1974；Ravallion and Chen, 2003；万广华和张茵, 2006；张全红和张建华, 2007b；万广华和张藕香, 2008；夏庆杰等, 2010。

人增至1.28亿人。这正是我国现在执行的国家农村贫困线标准。但2300元或按现行物价因素约3900元的标准仍是一条绝对贫困线。根据我国现今经济发展程度情况，以及世界银行还制定了"1天1.25美元"和"1天1.9美元"的绝对贫困标准，这意味着我国贫困线的绝对水平实际上是可以更高一些的。贫困线的大幅提高体现出政府对农村贫困现象认知的深入，显示出其更为坚定的反贫困决心。从国家这次大幅提高农村贫困线后的精准扶贫实践来看，充分证明了适时适当的贫困线水平调整，能够激励全党、全国人民同心同德，举全国之力努力奋斗，所以才有2020年中国农村消除绝对收入差别辉煌壮举，巨大成就。

更重要的是，我国经济发展水平已经从低收入阶段初步进入中等收入的初期阶段，或者很快进入中上收入阶段。这个阶段扶助贫困人群的民生目标，已经不是仅限于达至温饱，而是由完成全面小康社会后向实现共同富裕的目标推进。这正是我国在近十多年来（2011年）扶贫工作会议中提出大幅度提高扶贫标准的最根本动因。[①] 在这样的环境条件下，仅有提高的绝对贫困标准线仍不能够解决问题。本文认为，在2020年底我国消灭现行标准下的农村贫困，即前几年提出的固定贫困线的绝对贫困之后，农村扶贫领域应该转入相对贫困阶段。换言之，我国在未来新时期（2020~2030）扶贫工作中，仅是再次较大幅度提高绝对贫困线是不够的，应当对症下药，辅以相对贫困线的设立。我们建议，至少从2021年起应当研究尽快设立一定的相对贫困线标准，作为测度贫困程度的另一把尺子，以全面反映我国贫困人口收入状况。

所以根据前述各种理念，本书建议采用相对贫困线作为新时期度量发展中贫困问题的新标尺。具体方法是将现行的中国农村居民贫困收入水平标准，由绝对数转化成相对数，将绝对贫困线转化为"相对贫困线"，即将绝对标准贫困线占农村居民平均收入一定比例的份额数（％）作为标准，凡此标准以下者均划归相对贫困人口。这种数据处理方式是以相对比例为线，故在经济不断发展增长的条件下，相对贫困线便充分考虑了发展因素对贫困产生的影响，解决了单纯使用绝对标准而产生的忽略农村人口相对差别的问题。当然，相对贫困线这种方式也忽略了居民绝对收入的变动信息，故本书建议中国今后在过渡阶段，应当确定和保持绝对贫困和相对贫困两种标准收入线，以进行全面分析。

具体来讲，中国农村今后可将居民平均收入的35%~40%即0.35~0.4的指数均值，作为界定下阶段中国处于"相对贫困"的标准。之所以选用这一标准，重要的是针对上文分析的我国前期及当下贫困治理中存在的问题，另外考虑了我国经济发展阶段已经从维持温饱、全面小康转向共同富裕的新时代，更参照了国

---

① 2011年11月29日召开中央扶贫开发工作会议决定将农民人均纯收入2300元（2010年不变价）作为新的国家扶贫标准，将更多低收入人口纳入扶贫范围。

际上与我国经济发展阶段差不多的各个经济体中的相对贫困线水平及设定方式，还考虑了我国作为一个社会主义国家其制度安排设计中所内含的公平目标追求。实际上贫困线的绝对标准与相对标准是相通的。当前中国农村绝对贫困线大致相当于农村居民平均收入的 40% 左右，所以中国政府可将 0.4 作为相对贫困线的下限，[①] 则 0.5 可以作为较高的扶贫标准。未来在经济发展水平进一步提高的情况下，还可以考虑进一步提升相对贫困线。

本章以下部分以农村居民中低收入 20% 人口为例，通过几何图形和数据表格，进一步研究和分析中国农村贫困人口绝对和相对收入分布的动态变化，评价现有扶贫战略的成效，指出今后扶贫脱贫工作应当向相对贫困转变的可能方向，并提出相应的政策建议。

第二节　比较不同贫困线影响效应的方法及数据

为方便观察我国农村 20% 相对贫困阶层的人口与收入分布的演进态势，本章借用人口收入分布图和核密度估计法，尝试采用无量纲相对收入标准线，从居民收入分布差别的视角切入，从而发掘出一些有助于理解贫困人口收入变动的信息，特别集中在对相对贫困问题的重点关注。

（一）采用人口—收入分布几何图

要形象地考察贫困线的变动对有关社会阶层的影响，比如对贫困阶层的影响，显然不能使用单一的指数法，最好是通过分布图来描绘，以反映贫困层内部的变动，因为同样的贫困指数（及其变动水平）可能对应着几种内部分布形态，而不同分布形态中隐含的贫困人口收入变动信息及其所需要采取的行动政策是完全不同的。比如，图 10 - 1 绘制了几种贫困线以下人口的收入分布情形。在情形 1 中，随着收入的提高，人口密度也在提高；情形 2 与之相反，穷人的分布密度随收入的增加而降低；情形 3 中，贫困人口多集中于较高收入水平区间内，几乎没有人的收入低于 150 元；情形 4 与情形 3 相反，穷人的收入状况极其恶劣，贫困人口全部集中于收入小于 150 的区间。计算这四种情形的 H 指数和 I 指数会发现，[②] 情形

[①] 1990～1995 年是我国贫困线绝对值和相对值走低的初始阶段，这段时期的相对贫困线由 0.44 下降至 0.34，将其加以综合，可粗略测算出我国相对贫困线在 0.4 左右。

[②] 贫困发生率指数（Head-count Ratio，以下简称"H 指数"），定义为收入水平低于贫困线的人口占总人口的百分比，体现了贫困的广度；贫困缺口指数（Poverty Gap，PG 指数）测量了贫困者收入与贫困线的差额，体现了贫困的深度；在 PG 指数基础上还可得到反映贫困缺口相对大小的贫困缺口率指数，下文称之为 I 指数。

1 和情形 2 的 H 指数相同；情形 3 和情形 4 的 H 指数相同；情形 1 和情形 3、情形 2 和情形 4 的 I 指数有可能相同，但相互间却可能有着实质上的内在差异。

由此可见，探究农村贫困人口的具体分布情况亦十分重要和必要（赵耀辉等，2005；刘靖等，2009；武鹏等，2010）。通过绘制人口收入分布图形，可以揭示同一贫困指数下可能存在的内在差异性；可以通过观察分布曲线位置（position）、延展性（stretch）以及形态（modality）方面的变化，帮助掌握贫困变动状况的更多信息。仍以图 10-1 为例，若贫困线左面的分布曲线整体向右侧移动，表示贫困人口收入水平在整体提升，扶贫资金使用量会减少，反之则相反；若贫困线左面的分布曲线整体地或部分地向下移动，则表示相应区间贫困人口数量的减少，反之则相反；若贫困线左面的分布曲线变得平缓，则表示贫困人口内部收入差别降低，反之则相反。所以，在计算贫困指数基础上，进一步从图上考察贫困人口收入分布状况，就能够形象地考察贫困线的变动对有关社会阶层的影响，比如对贫困阶层的影响。

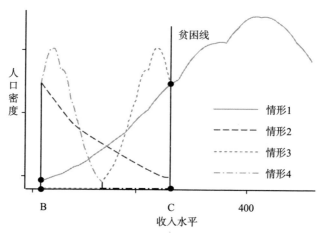

图 10-1　在同样相对差别条件下最低收入阶层收入分布的几种不同情况

（二）核密度估计法

而绘制人口收入分布图形的方法有多种，[①] 本章选用核心密度估计方法进行绘图。核密度估计方法（kernel density estimation）基本思路，就是用一定形式的核函数去平滑粗糙分布数据进而得到密度曲线。这种方法源自对直方图法的改进

---

① 主要有洛伦兹曲线方法（林伯强，2003）、基于特定分布形态的参数绘图方法，以及核密度方法（刘靖等，2009）。

（Rosenblatt，1956），① 后经帕塞克（Parzen，1962）的扩充和修正，形成现今流行的非参数核密度方法，又称为 Parzen Windows 方法。其基本原理是：

假定收入的密度函数为 $f(x)$，令 $f_n(x)$ 为核密度估计，则任意收入水平 x 上的核密度估计公式为：

$$f_n(x) = \frac{1}{nh_n}\sum_{i=1}^{n}K\left(\frac{x-X_i}{h_n}\right) \qquad (10-1)$$

其中，$K(\cdot)$ 是一个核函数，其作用是在给定光滑参数 $h_n > 0$ 内平滑数据分布形态，一般而言需要满足如下条件：

$$\sup_{-\infty < u < +\infty}|K(u)| < +\infty,\ K(u) + K(-u) \qquad (10-2)$$

$$\int_{-\infty}^{+\infty}K(u)du < +\infty \qquad (10-3)$$

$$\lim_{|u|\mapsto\infty}|uK(u)| = 0 \qquad (10-4)$$

光滑参数 h_n 是一个与样本量 n 有关的常数（也被称作窗宽或者带宽），用于确定核函数估算区间的宽度。一个适当的 h_n 对于获得最优拟合结果至关重要，理论上，最佳光滑参数的选择需要在核估计的偏差和方差之间作权衡，以使渐进积分均方误差（Asymptotic Mean Integrated Squared Error，AMISE）达到最小。本章采用交错鉴定法（cross-validation）来选取最优光滑参数。

用图形表达非参数核心密度的估计思想如图 10 - 2 所示。

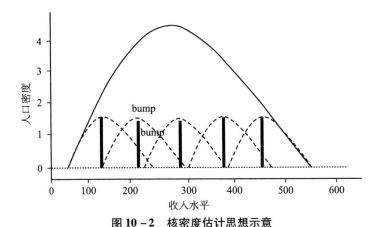

图 10 - 2　核密度估计思想示意

在每一个收入点 x 附近，以 x 为核（kernel）进行一次平滑粗糙收入数据分

_____

① 作为居民收入密度函数最原始的估计方法，直方图的估计和测算都简单易行，且在样本量较大且分组较多的情况下能够较好表达收入密度的基本特征，但缺点是由于估计为阶梯函数导致图形不光滑，虽对每一收入区间中心部分密度估计较准，但边缘部分较差，故不能满足严格统计分析需要。

布的核密度估计，各邻近收入点之间的核密度估计形成系列"碰撞"（bump），这些碰撞之和就构成了整体估计结果。故各区间光滑参数 h_n 及区间内用于平滑数据分布形态的核函数 $K(\cdot)$，共同确定了整体收入密度函数的估计形态。

值得一提的是，核密度估计方法对样本量有一定要求，样本过小会影响绘图精度。或许正是基于这种原因，很少有学者将核密度方法应用于贫困研究。[1] 另外，我国全国及省级统计年鉴中都没有给出农村贫困户人口收入分组信息。对此，一个好的解决办法是，使用非分组（Ungrouping）方法在现有大数据组基础上生成大样本模拟数据，再利用核密度方法进行绘图。

（三）非分组（Ungrouping）方法

考察贫困人口收入分布状况最好使用个体或家计观测值（万广华，2008）。由于国家统计局尚未公布我国农村微观调查数据，现阶段可获取的只有以宏观分组形式给出的全国汇总数据。如果能基于现有分组数据模拟出较为接近真实情况的大样本微观数据，则是一个不错的办法（Shorrocks and Wan，2008；万广华，2008）。

依照这一思路，夏洛克斯和王（Shorrocks and Wan，2008）提出了 Ungrouping Income Distribution 方法。数据模拟过程分为两个阶段：第一阶段，根据预先设定的分布函数形式构造模拟数据；[2] 第二阶段，不断调整模拟数据，使模拟数据精确契合原始数据。利用美国 2000 年人口调查（CPS）微观数据，夏洛克斯和王（2008）对 Ungrouping 方法的精确度进行了检验。检验分为两方面：（1）计算模拟数据和真实分布之间的差别，用绝对误差（absolute deviation）作为考核标准；（2）分别计算并对比利用模拟数据和 CPS 微观数据所测得的不平等指数，发现二者之间的误差在 5% 以内，从而证明模拟数据方法的可靠性。基于 SM 分布（Singh – Maddala，1976），我们对农村 20 分组数据[3]进行了大样本构造，由于无法与微观数据对比，只能对构造数据进行第二类检验：我们计算了农村 Gini 系数和 H 指数，发现利用 Ungrouping 方法得到数据计算出的指数，结果

---

[1] 相关研究可以参考陈云和王浩（2011）使用中国健康营养调查（China Health Nutrition Survey，CHNS）的微观数据对农村贫困问题进行了研究；陈娟（2010）使用省级城镇分组数据，扩充了样本量，研究了城镇贫困问题。但微观数据不具有年度连续性，其方法也难以照搬到农村贫困问题研究中。

[2] 这一阶段中可选分布形式有：LN（Lognormal）、GQ（General Quadratic）、Beta、广义 Bate（Generalized Bata）、和 SM（Singh – Maddala）分布。

[3] 现今可获取的农村人口收入分组数据分别有：《中国统计年鉴》中提供的五分组数据，以及《中国农村住户调查年鉴》中提供的 20 分组数据。考虑到 20 分组数据较多涵盖了贫困人口收入信息，数据模拟时选用的是这一分组形式。

与国家统计局给出的结果吻合度很高。[①]

（四）均值化处理确定相对贫困线[②]

均值化的基本过程为：设农村收入户可细分为 m 个收入组，各收入户内部人均年纯收入为 x_1，x_2，$\cdots$，x_m；考察年份为 n 个，$x_{ij}(i = 1，2，\cdots，m；j = 1，2，\cdots，n)$ 表示第 i 个收入组第 j 年的人均纯收入情况。令 y_{ij} 表示第 i 个收入组第 j 年的人均收入相对情况：

$$y_{ij} = \frac{x_{ij}}{x_j} \tag{10-5}$$

这里，以平均收入 $\bar{x}_j$ 为分母的均值化处理方式，即各组收入水平由绝对数转化成了平均收入的相对比重数，[③] 在后面图形中横坐标单位由"绝对收入"变成"相对比重"。相应地，绝对贫困线也变为相对贫困线，即变为贫困收入标准占人均纯收入的比重。显然采用相对贫困标准，可以充分考虑发展因素对贫困变动的影响，可以解决单纯使用绝对收入标准会出现忽略农村人口间的相对差别问题。

（五）数据选取与处理说明

我们选取历年《中国农村住户调查年鉴》中提供的 20 分组收入数据作为研究的基础样本，[④] 并对数据做出进一步处理：（1）利用户均人口信息将以家户为单位的收入数据转换成人均收入数据；（2）为满足核心密度估计需在大样本下讨论的需求，用 Ungrouping 方法构造大样本；（3）为与研究目标更为契合，截取最低 20% 人口及对应收入数据作为研究对象；[⑤]（4）为全面进行研究，对收入数据以 1980 年为基期剔除物价影响得到历年实际的绝对收入。

[①] Gini 系数的测算有助于考察模拟数据对全部农村人口分布的拟合效果，H 指数是否精确则更能说明问题：由于贫困人口占农村人口比重较小，能基于分组大数估算准确一个较为精细的结果是十分不易的。鉴于篇幅所限，具体的 Ungrouping 数值结果及指数测算结果不专门列出，感兴趣的读者可向笔者索要。

[②] 武鹏等（2010）提出，使用绝对收入绘制分布曲线存在如下问题：（1）随着经济的发展，密度函数有逐年右移的趋势，从而导致无法考察分布延展性的变化；（2）密度函数宽度加大的同时可能导致收入差距不变乃至缩小，从而导致无法进行跨年度差距比较。

[③] 历年官方贫困线、农村居民总年均纯收入及其均值倍数计算方法参见下文，结果如附表 10-1 所示。此外应当明确，对贫困线进行无量纲化处理令绝对贫困线带有相对概念，这与部分发达国家使用的"相对贫困标准"在定义上有本质的区别。前者可称为特定年份的"绝对贫困线的相对水平"，以收入水平为参照系；后者以总人口为基准，定义低于总人口数量的某一百分比以下的人口即为贫困人口，只与人口比重相关，与收入差距程度相关，不受经济增长影响。

[④] 需要说明的是，《中国农村住户调查年鉴》在 2010 年变为《中国住户调查年鉴》，其中统计口径也发生了变化。

[⑤] 由于我国贫困线水平很低，贫困人口数量远低于最低 20% 收入户的人口数量，故贫困人口群体是选取样本的真子集。

第三节 中国农村相对贫困变动不同阶段比较

按照以上非参数核密度方法和资料，本章将改革开放以来四十几年中国农村贫困的人口—收入变动状况，按照远粗近细、由略到详、绝对和相对标准兼顾但以相对标准为主的原则，分为四个时间段进行考察：即从 1980～2000 年按五年间隔，画出低收入阶层的绝对和相对标准人口收入分布图（见图 10 - 3、图 10 - 4）；从 2001～2007 年按两年的时间间隔画出；从 2008～2010 年按年度间隔画出；最后 1980～2019 年则按几个重点年份画出；而这期间的绝对标准分布图也是按相应年度间隔画出的。

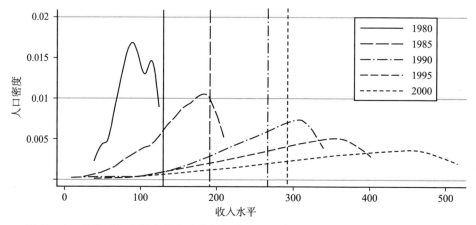

图 10 - 3　按绝对标准绘出的中国农村低收入阶层人口收入分布图 I　（1980～2000）

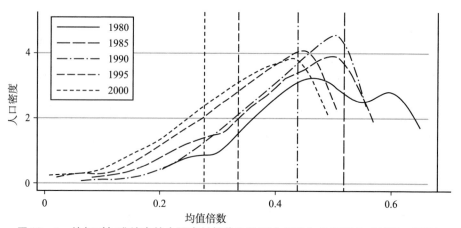

图 10 - 4　按相对标准绘出的中国农村低收入阶层人口收入分布图 II　（1980～2000）

这里再对相对贫困标准的核密度图的图例略作出说明：（1）相对收入比重分布图的横轴代表收入的相对比重累积程度，纵轴均表示人口密度；（2）垂直于横轴的竖线代表贫困线，"相对贫困线"向左移动，意味着贫困线的相对水平降低，这里即是绝对贫困标准与人均收入之间的差距越来越大，反之则相反；（3）收入密度曲线所处位置反映了一定阶层居民对应的相对收入比重状况，曲线向右方移动意味着居民收入水平的提高，反之则相反；（4）收入密度曲线的延展性反映了收入不平等状况，向右下方移动延展性越强，意味着收入差别扩大，收入不平等程度越高，反之则相反；（5）收入密度曲线的分布形态反映收入分布的极化程度（polarization），不同收入分布图可能呈现单峰乃至双峰的分布形态。让我们分析这些分布图。

一、改革开放初期到 20 世纪末的情况

考察从改革的前半阶段开始。1980～2000 年我国农村低收入阶层人口收入分布图，① 其中图 10－3 以绝对标准绘图，横轴表示收入水平，纵轴表示人口密度；图 10－4 则以相对标准绘图，横轴表示均值倍数，纵轴表示人口密度。图形中竖线及年份代表相应年份贫困线。由于国家只在某些年份变更实际贫困线，故在一些年份会出现剔除物价指数后贫困线不变的情况。图中的曲线是与一定人口比重对应的收入密度曲线，即表示相应年份的一定比率人口所占有的收入比重。曲线的位置越高越靠近左边，表示该收入阶层人口占比越大，收入水平越低；反之，曲线位置越低越靠近右边，就表示该收入阶层人口占比越低，收入水平越高。

第一，考察一下收入密度分布曲线的移动。图 10－3 显示，随年份推移，分布曲线的波峰不断向右移动。这表明我国农村 20% 低收入阶层包括贫困人口的绝对收入水平在不断增长。其中，1980～1985 年间曲线右移幅度较为明显，农村经济受到改革开放初期家庭联产承包责任制的激励，各个收入阶层包括贫困人口的纯收入增长较快；1995 年后，曲线右移速度趋缓，低收入阶层收入增长速度放缓，收入曲线左端尾部仿佛被固定住了（且似有左移趋势），收入增长的结果主要是不断地将收入分布曲线及其波峰向右推。这意味着，尽管一部分穷人的收入水平随经济发展而提高，但仍旧存在小部分最贫困人口，其绝对收入水平没有发生大的提升。对比从图 10－4 中看，同期相对收入分布曲线是逐步向左移动的，且移动幅度较大，表明比较居民的平均水平而言，贫困人口收入占比的增

① 改革开放以来，我国扶贫工作先后经历了四个阶段：体制改革阶段（1978～1985）、开发式扶贫探索阶段（1985～1994）、"八七扶贫攻坚计划"阶段（1994～2000）以及"新世纪扶贫计划"阶段（2000 年至今）。处于详近略远的考虑，将前三个阶段汇总在一起，后十年作为第二个考察阶段。

长速度在降低，表现为分布曲线左端尾部不断向左移动，对应横坐标无限接近于0值点。

第二，分布曲线间的垂直距离随收入水平提高而拉大。图10-3显示，绝对收入水平越高，曲线间垂直距离越大，这说明较富裕的贫困人口更容易摆脱贫困。图10-4与之道理相同，均值倍数越大，相应年份间曲线垂直距离越大。这一现象符合经济发展的客观规律，但却表明扶贫效果在降低，那些最贫困和次贫困人口并没有充分享受经济发展的成果。

第三，贫困线绝对水平增长缓慢，相对值不断降低。图10-3中，农村居民绝对贫困线在不断向右移动中提升，但间隔变窄表明提升幅度越来越小（由于1995年国家没有制定贫困线标准）。以图10-4相对贫困标准来看，相对贫困线不断向左移动的幅度变小，表明相对贫困线的提升幅度远低于平均收入的增长水平。另一方面，贫困线左移幅度显著快于分布曲线的左移幅度，说明我国扶贫水平的增长速度滞后于贫困人口的收入增长速度。

二、21世纪初期10年的情况

再看2000~2010年的情形，如图10-5~图10-7所示。这段期间，由于以相对收入表达的图形分布过密，则以2007年为界绘制两幅图形（见图10-6、图10-7）。

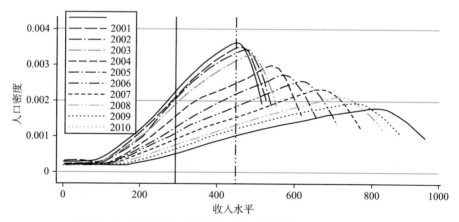

图10-5　中国低收入阶层人口收入分布图Ⅰ（2000~2010）

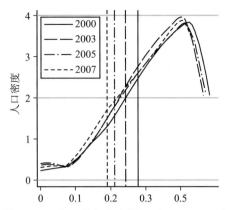

图 10 - 6　人口收入分布图 Ⅱ（2000 ~ 2007）

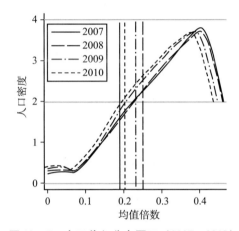

图 10 - 7　人口收入分布图 Ⅲ（2007 ~ 2010）

第一，考察收入密度分布曲线移动趋势。图 10 - 5 中分布曲线不断向右移动，但移动幅度很小，说明贫困人口收入增长速度缓慢；与平均收入增长水平相比，贫困人口收入的缓慢增长造成了其相对收入水平的持续下降，图 10 - 6 和图 10 - 7 分布曲线不断左移，证明了这一现象的存在。[①] 通常合理收入差别有益于经济增长，但过度的分化则会阻碍经济发展，一旦贫困人口相对收入水平过低，这种"相对差别"会扩大即不利于贫困人口的脱贫致富。[②]

第二，观察分布曲线的延展性及左侧尾部形态特征。在图 10 - 5 中这期间收

[①] 与用绝对收入处理结果不同的是，均值倍数方法绘制的分布曲线间横向移动程度所表达的内在经济含义不明显，因此，在这里不再单纯以考察相对收入分布曲线的横向位移幅度。

[②] 胡锦涛同志在"中央扶贫开发工作会议"（2011 - 11 - 29）上用"相对差距问题凸显"来形容中国现阶段经济快速发展的成果未能充分惠及各个社会阶层和群体的状况。

入密度曲线的波峰以左的曲线延展性进一步增强，尾部距纵轴的相对距离不变，且距横轴垂直距离增加，即尾部出现上翘趋势。这意味着贫困人口收入水平未能得到整体提升，出现了低收入水平固化现象；不仅最贫困人口的绝对及相对收入水平没能得到提高，贫困人口的数量还有所扩大。可以看到，尽管绝大多数贫困人口收入有所增长，很多穷人得以脱贫致富，却也存在一部分最贫穷人口的收入状况始终未能得到改善。可能的原因，一是部分贫困人口可能收入越过了官方贫困线，但仍旧处在较低生活水平，一旦遭遇重大自然灾害或重大疾病返贫率很高（世界银行，2006）；① 二是贫困人口不懂得如何从事开发项目，导致很难从扶贫开发项目中受益；三是随着农业银行商业化程度的提高和政策性淡化，其为贫困人口提供的贷款越来越少（世界银行，2001）；四是期间有近半数贫困人口完全得不到扶贫开发项目的帮助（世界银行，2006）。因此在今后的扶贫战略设计中，必须确保扶贫政策和资金更准确地使用到最需要帮助的贫困人口身上（targeting efficiency），最终实现分布曲线整体向右移动。

第三，分析贫困线的变动状况。由于 2000～2007 年国家没有重新制定贫困线标准，故图 10-5 中 2000～2007 年贫困线没有发生变化。但伴随着经济增长提升贫困人口收入的增长，曲线向右移动带来了贫困人口的持续减少，当然这实际是以相对贫困标准不断降低作为代价的。从图 10-6 中可以看到，2000～2007 年间贫困线均值倍数一路走低，2003 年下降到 0.24，2007 年更是降低到了 0.2 以下，相对差别达到 5 倍以上。如此扶贫标准甚至难以满足中等发达地区农村贫困人口的温饱需求，必然会弱化我国政策性扶贫的力度，也极易导致返贫。② 这些都凸显了相对贫困问题，即农村经济发展如何与贫困人口收入增长同步的问题。

再关注一下 2007～2010 年分布曲线变动状况，比较图 10-5 和图 10-7。2005 年初全国 28 个省份取消了农业税（西藏不征收农业税），该项举措是继 20 世纪 80 年代初家庭联产承包责任制之后，再一次促进中国农村农民增收的重大改革。但是以绝对收入标准表达的收入分布曲线依旧呈现右移速度缓慢、波峰以左延展性增强、尾部上翘且相对于横轴位置不变的形态。可见，取消农业税的惠贫功效并不显著。这可能是因为，取消农业税的政策效应本身无法直接惠及那些无法依靠农耕维持生存，或者无劳动能力的贫穷农民——这是当下我国贫困人口

---

① 在我国贫困地区，不仅贫困人口的脱贫速度较慢，且返贫率较高。世界银行指出，2001～2004 年我国农村有大约 1/3 人口曾经至少有一次陷入消费贫困状态，这一数字是当年贫困人口的 2 倍，其中 70% 的严重收入贫困以及 40% 的严重消费贫困是由各种风险造成的。再比如甘肃省返贫率一般为 20%～30%，灾年时可达 45% 左右（沙拜次力，2010）；青海返贫率高达 13%～25%（青海省扶贫办，2005）。

② 世界银行指出，2001～2004 年我国农村有大约 1/3 人口曾经至少有一次陷入消费贫困状态，这一数字是当年贫困人口的 2 倍，其中 70% 的严重收入贫困以及 40% 的严重消费贫困是由各种风险造成的。

的重要组成部分。期间发生的另一重要政策事件，是 2008 年国家实行了绝对贫困线和低收入线的"双线合并"政策，[①] 等于是较以前大幅提高了贫困线。新的扶贫标准涵盖了更多的贫困人口，表现为贫困线以左面积有所增加。但减贫成效也不明显。可能是新标准扶贫工作的展开和收效存在时滞；另外提高了的贫困线按 1196 元的贫困标准仍旧偏低，不及农村居民人均纯收入的 1/4，更不及城镇居民可支配收入的 1/13，因而减贫效果不可能很大。

三、基于 SST 指数分解的进一步说明——对图形分析的稳健性检验

鉴于以上各个几何图形虽然直观却不精确的特点，这里再使用相同数据测算出综合贫困指数 SST 及其分解结果，以检验图形分析结论的可靠性及稳健性。奥斯伯格和徐（Osberg and Xu，1997）的研究发现，通常的综合贫困指数 SST 指数具有可分解性，即综合性的 SST 指数的变动可被分解为贫困率、贫困距和分配差别变动的影响结果，从而在很大程度上促进了贫困指数的细化分析和政策分析，已被广泛应用于贫困状况的国际比较研究（Bishop et al.，1997；Rongve，1997；Xu，1998；Myles and Picot，2000；Osberg and Xu，1999，2000；Osberg，2000）。本章计算并分解 SST 指数，主要用于检验上述分布图形观测结果的稳健性，试图将核密度图形分析与 SST 分解结果结合起来，增强对贫困问题的理解和政策解释力。奥斯伯格和徐（1997）推导出 SST 指数的简化形式为：

$$SST = HI(1 + G) \qquad (10 - 6)$$

两边同时取对数为：

$$\ln SST = \ln H + \ln I + \Delta\ln(1 + G) \qquad (10 - 7)$$

提取变化率，可表示为：

$$\Delta\ln SST = \Delta\ln H + \Delta\ln I + \Delta\ln(1 + G) \qquad (10 - 8)$$

式（10 - 8）中，$\Delta\ln SST$ 表示对数 SST 指数的变动程度，$\Delta\ln H$、$\Delta\ln I$ 和 $\Delta\ln(1 + G)$ 分别表示对数形式的贫困发生率、贫困距和"1 + 贫困距基尼系数"的变动。这种含义的贫困模型将总的贫困状况，分解为三种具体贫困指标即贫困率、贫困距、贫困距差别的变动，同上述几何图形分析的含义完全一致，故非常适用于检验图 10 - 3 ~ 图 10 - 7 的结论，也同时弥补了图形分析结论在精度方面的不足。利用与上述分析相同的数据，据这里的分解公式进行测算，表 10 - 1 列出了各项贫困指数以及 SST 贫困指数的分解结果。[②]

---

① 为更好监测已达到温饱水平的较为贫穷的人的动向，并进行贫困的国际比较，1998 年国家统计局开始制定新的贫困标准，并从 2000 年起以低收入标准名义向社会公布，这便是低收入线。

② 对分组数据可能存在的问题，仍采用分组数据再构造方法（Shorrocks and Wan，2008）。该方法的最大优点在于适用于任何分组形式的数据，从而一定程度上弥补了高收入组分布模糊的缺陷。

表 10 – 1　　以官方贫困线为标准的 SST 指数及分解结果：1980 ~ 2010 年

年份	SST 指数	各贫困指数值分解			$\Delta\ln(SST)$	贫困指数变动分解		
		H	I	$G+1$		$\Delta\ln(H)$	$\Delta\ln(I)$	$\Delta\ln(G+1)$
1980	0.1141	0.2525	0.2432	1.8571				
1985	0.0791	0.1620	0.2563	1.9055	– 0.0731	– 0.0888	0.0105	0.0051
1990	0.0394	0.0940	0.2152	1.9463	– 0.1396	– 0.1089	– 0.0350	0.0042
1995	0.0384	0.0700	0.2801	1.9607	– 0.0048	– 0.0590	0.0527	0.0015
1998	0.0225	0.0420	0.2709	1.9772	– 0.5357	– 0.5108	– 0.0333	0.0084
2000	0.0322	0.0520	0.3139	1.9713	0.0048	0.0050	0.0215	– 0.0030
2002	0.0284	0.0445	0.3230	1.9768	– 0.0019	– 0.0038	0.0046	0.0028
2004	0.0223	0.0345	0.3266	1.9819	– 0.0030	– 0.0050	0.0018	0.0025
2006	0.0215	0.0280	0.3874	1.9849	– 0.0004	– 0.0033	0.0304	0.0015
2008	0.0319	0.0425	0.3801	1.9767	0.0052	0.0073	– 0.0036	– 0.0041
2009	0.0371	0.0515	0.3650	1.9724	0.1493	0.1921	– 0.0406	– 0.0022
2010（1）	0.0302	0.0380	0.4009	1.9794	– 0.2067	– 0.3040	0.0938	0.0035
2010（2）	0.0976	0.1525	0.3349	1.9104	0.0605	0.1010	– 0.0302	– 0.0620

资料来源：笔者根据历年《中国农村住户调查年鉴》相应数据计算整理。其中 2010 年（1）为按 2010 年前贫困线测算结果，（2）为按 2010 年调整提高的贫困线测算结果。

由于前面图形分析主要考察贫困指数变动程度，故在表 10 – 1 中重点考察后四列反映各种贫困指标变动情况的分解数据。反映综合贫困情况的，$\Delta\ln SST$ 在多数年份都为负值（1998 ~ 2000 年、2006 ~ 2009 年除外），说明在考察期内总体贫困程度是呈现降低趋势为主，这与图形分析结果一致。从其分解结果上看，总体贫困程度的下降主要来自 H 指数显示的减贫作用，即贫困人口绝对数量的减少；而以贫困距表示的贫困深度的减贫效应较小，甚至在个别年份加重了贫困状况的现象；另外，历年反映贫困群体内部差别的"G + 1"指数的年际变动，多数基本为正［1998 ~ 2000 年、2006 ~ 2009 年以及 2009 ~ 2010 年（2）除外］，这表明贫困人口组内部的收入差别呈扩大现象。这些数据同前面以图形分析时得出的结论是基本一致的，即认为考察期内部分最贫困人口的收入虽然没有绝对下降，但也没有多少增长，而次贫困人口收入水平虽然绝对和相对均有增长，但不及居民平均收入增长的更快更大，从而居民间收入分布差别是扩大的。再进一步对比，考察一下 $\Delta\ln(SST)$ 指数为正即贫困程度加深的个别年份，即 2000 年、2008 ~ 2009 年以及 2010 年（2）三个时期的具体原因，其中第一时期贫困程度的加深主要是受 1997 年金融危机的影响，农产品价格连续四年大幅度下跌，导致农村贫困人口数量增多；而后两个时期贫困程度的加深则归因于贫困线提高，使 H 指数上升致整体贫困指数增大。这些结论说明前述图形分析结果均得到佐证。

第四节 2010～2020 年精准扶贫时期的减贫成就及问题

2011 年 11 月 29 日，中共中央扶贫工作会议召开，会议中提出要大幅度提高扶贫标准，并重视相对贫困状况凸显的问题。随后公布了《中国农村扶贫开发纲要（2011—2020）》，扶贫标准线由前期的 1196 元提高到 2300 元（2010 年不变价）。按此提高的标准计算，2010 年我国农村贫困人口由 2688 万人增加为 12800 万人，贫困率从 4% 提高到 20%，近 1/4 农村人口成为贫困人群。然而仅经过十年的举国努力，到 2020 年底这些当年的贫困群体已经全部退出贫困范围，加入全面小康社会中。以下的分析旨在进一步证明这时期的这一成就，但同时指出了按更高标准可能存在的问题。

一、相对贫困线可能更好揭示扶贫工作中存在的问题

上述 SST 指数分解分析证明了图形分析的可靠性和稳定性，于是以下进一步从图形上形象观察和分析。实际上从上述各图的说明和对比，可以对代表贫困人口规模的图形"面积"的变动做一点分析，可以形象地发现一些新观察点，比如可以发现减少贫困人口数量即缩小图中面积的途径有多种。一是在贫困线水平不变时，推动经济增长使其左侧收入分布密度曲线垂直向下移动；二是贫困线水平不变，变革分配政策和推动增长使收入分布曲线左端尾部变短（或分布曲线整体右移）。这两种情况均代表了贫困线不变的情况下，经济发展促进贫困人口数量下降和收入水平提高，提高了扶贫成就（见图 10 - 8）。

但从图形上看，还存在第三种缩小图形面积的方式：即在分布曲线形态不变的情况下，相对贫困线左移。图 10 - 8 给出了相对收入图形中的面积缩小机制，即两种因素影响贫困规模的变动：区域 II 代表相对贫困收入线降低造成贫困人口规模的增加，区域 I 代表相对贫困线降低造成的贫困人口规模的减少，区域 II 的增量被区域 I 的减少量所抵消，故可能显示出相对标准的贫困人口规模的减少。这就是绝对贫困标准不变时与相对贫困量变动的关系。这当然并不否定在绝对贫困线不变的前提下，同样会使绝对贫困量实际减少，即在绝对收入度量标准下图形面积的缩小机制——绝对贫困线没发生位移，分布曲线因经济增长而向右移动减少了贫困人口规模。

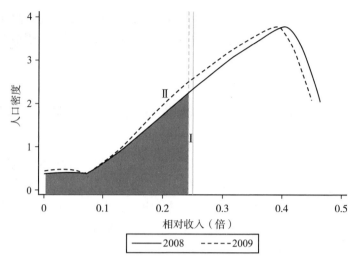

图 10 – 8 "相对贫困线"与贫困人口规模的减少

但反过来观察，问题的核心是贫困线稍有提高都可能造成贫困规模的上升，比如图 10 – 9 中假设贫困线从 A 提高到 B（贫困标准提高比如 50 元）的小幅提升，所带来的贫困人口的增加（区域Ⅱ）都可能显著超过区域Ⅰ带来的贫困人口减少效应。同理，图 10 – 8 中相对贫困标准向右移动，浅色区域Ⅱ面积会缩小，而浅色区域Ⅰ面积增大，当区域Ⅱ的减少无法抵消区域Ⅰ的增大，贫困人口就会增加。观察图 10 – 9 中贫困线 C 以及其左端与 2010 年分布曲线所围面积，可以看到，2010 年开始实施的现行贫困标准下围成的图形面积显著大于之前的年份，

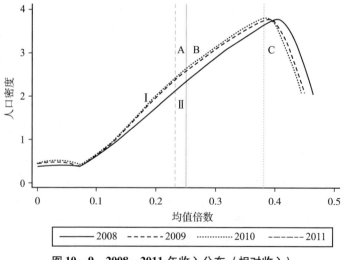

图 10 – 9 2008 ~ 2011 年收入分布（相对收入）

即贫困人口按新标准大大增加了。当然，这也从另外角度说明了围绕贫困线上下的贫困人口数量很大的事实。简言之，依照更高（或许是更为合理的）相对贫困标准，近十余年间我国的贫困状况的缓解程度可能降低，现行减少贫困成就的取得实质上是与以中国规定的低贫困标准有关。

二、2010～2020 年精准扶贫时期的减贫成就及问题

进一步考察 2010～2020 年精准扶贫时期的减贫状况可以得出同样的结论。图 10－10 中在这一时期加上了 1980 年的情况作为对比。此图从多个角度反映我国扶贫状况的变动。1980 年密度曲线的集中度呈现双峰分布，表明当时低收入人口规模较大但收入分配差别较小，大量分布在对应于总收入的 40%～60% 的区间，即横轴的 0.4～0.6 区间，即当时农村居民收入低分配较平均。2000 年情况出现了较大变化，低收入人口出现了集中，总体收入分布也出现了集中，更多分布在 0.3～0.45 之间，主要是在此期间农村经济快速发展及农村收入差距拉大，虽然整体平均收入水平有所提高，但是低收入群体的收入增速相对落后于平均情况。然而至 2019 年的情况出现明显好转，在绝对贫困线于 2010 年大幅上升的前提下，收入密度分布曲线出现右移，表明全体居民及低收入群体的绝对收入水平和相对收入比重都呈现增长。数据表明，2014～2018 年，农村低收入人口的可支配收入上升三倍多，其与贫困线的比值整体也较为稳定且呈上升趋势，从 0.988上升到 1.037（2019 年曲线分布状态同 2000 年的相似，表明低收入群体内部分配差别变化不大）。由此易于发现，实施精准扶贫以来中国推进扶贫工作的力度之大和广度之广，当然也表明了取得 2020 年底全部绝对贫困归零的成就的不易。

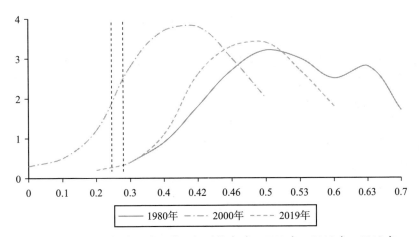

图 10－10　农村低收入阶层收入相对值变动：1980 年、2000 年、2019 年

资料来源：笔者根据历年《中国农村住户调查年鉴》计算整理，其中 2019 年曲线为最新估算。

再分析一下相对贫困线的变动。由于 1980 年的相对贫困标准较高（未在图 10 – 10 中标出），整个收入密度线都处在相对贫困标准的左侧，即都成为相对贫困救助的对象。但当经济发展到 2000 年，相对贫困线降低到 0.28 左右，虽然低收入群体的绝对贫困状况有改善，但相对贫困率却出现恶化。2019 年，低收入群体的收入水平有更大提高，绝对贫困状况进一步改善，但相对贫困状况进一步恶化，即相对贫困率进一步提高了。当然，从技术上看其问题就出在这里所使用的，那个即使按 2010 年实施的收入水平更高的绝对贫困标准为基础而计算的非官方相对贫困线，其形式上的变动只受物价的影响，即按物价指数调整农村绝对贫困标准同居民人均可支配收入的比值，所以在农村经济快速增长推动居民人均可支配收入快速提高时，并且提高幅度超过物价增长幅度时，就必然会出现相对贫困标准降低，以及相应的相对贫困人口增加的情况。换言之，这是相对贫困标准没有与经济增长同步同速同方向调整的必然结果。

以此期间的具体数据为例说明：一是低收入人口的人均可支配收入（人均纯收入）[①] 增速落后于农村经济整体增长及总体平均收入增长情况。比如 2000 ~ 2012 年农村居民的人均纯收入从 2253.4 元增长至 7919.6 元，增长了 3.51 倍，而其中农村居民低收入群体的收入从 802 元增长到 2316.2 元，增长了 2.89 倍；2013 ~ 2018 年农村居民的人均可支配收入从 9429.6 元增长至 14617 元，增长 1.55 倍，而农村低收入居民的对应数值从 2877.9 元增长至 3666.2 元，增长了 1.27 倍。很明显，农村低收入人口在两个阶段的两个指标的增幅都落后于农村整体经济增长的平均情况。二是农村低收入群体的平均收入增速，比较农村总体的平均收入增速表现得更不稳定，年度变化幅度高于其他群体分组。比如 2000 ~ 2012 年间，低收入组人均纯收入的增长率处在 1% ~ 20.7%，其他各组则处于 3.5% ~ 19.5%；而 2013 ~ 2018 年，低收入组的人均可支配收入有年份出现了负增长（2013 年及 2016 年），而其他各组中均一直是正增长。可见，低收入群体收入上升不稳定即呈现其更大的脆弱性。

总之，这些数据分析中使用的低收入组平均收入和总体平均收入两个指标，正是测度中国农村经济增长和相对贫困标准线的基础指标，其相互间的变动关系的分析进一步说明，中国农村的精准扶贫工作，按现行官方公布的绝对贫困标准的确取得归零的巨大成就，但是如果按照据此绝对收入标准为基础计算的相对贫困标准进行衡量，则仍然存在相对贫困的问题。这是前进中的问题，也是下阶段应当解决的问题。

---

① 2000 ~ 2012 年采用旧口径，收入指标为（低收入）农村居民人均纯收入；2013 ~ 2018 年采用新口径，收入指标为（低收入）农村居民人均可支配收入；数据均来自《2019 年中国住户调查年鉴》。

第五节　简短结论和政策建议

本章集中阐释我国农村贫困人口按不同标准的动态变化状况。主要通过使用核密度估计方法绘制人口—收入分布图；也使用 SST 指数分解结果对其进行了佐证和可靠性与稳健性检验。本章通过使用绝对标准和相对标准的不同收入贫困线，进行中国农村扶贫工作的不同阶段分析，得出的基本结论是，按现行官方公布的绝对贫困标准，中国的精准扶贫工作的确取得归零的巨大成就，但是如果按照据此绝对收入标准为基础计算的相对贫困标准进行衡量，则仍然存在相对贫困的问题。这是前进中的问题，也是下阶段应当解决的问题。

从更加宏观的角度考察，改革开放已经推动中国经济迈向中等收入国家，或很快上升到中上等收入经济体，也就是说经济基础也对我国的扶贫工作提供了更多可能性，对贫困的认识和安排都需要随之深化提升，"扶贫开发已经从以解决温饱为主要任务的阶段转入巩固温饱成果、加快脱贫致富、改善生态环境、提高发展能力、缩小发展差别的新阶段"（《纲要》，2011）。也就是说，我国正朝向关注贫困人口发展能力的扶贫目标迈进。

据此本章提出如下政策建议：第一，确定并公布中国农村的相对贫困线，可以与前期实行但应当再次提高的绝对贫困线并存。2011 年中央扶贫工作会议在决定提高当时的绝对贫困标准时，即提及相对贫困问题凸显。现在应当积极落实，可以用特定均值倍数作为"相对贫困线"的评价标准和判定思路。考虑到应当适度控制相对贫困程度，可将 0.35 ~ 0.4 的均值系数作为"相对贫困线"标准。以此标准折合的平均收入相对差别大概在 2.5 ~ 2.85，位于可接受的相对差别区间之中。在后续贫困线调整和制定过程中，也可直接将相对差别作为评判绝对贫困线的最低尺度，即均值系数（相对差别）一旦低于 0.35（相对差别大于 2.85），应当及时制定新一轮贫困线。

第二，对最贫困人口及其纯收入水平进行年度统计和专门关注。本章的历史阶段分析说明，最贫困人群的贫困状况极有可能是一种"贫困固化"。最贫困的人口因缺少发展能力，不能改善自身生活水平，始终处在最贫困阶层中。在市场化程度不断加深的条件下，试图通过市场力量促使最贫困群体（以及部分次贫困人口）收入提升的是不现实的，国家的资金投入和政策支持，以及无比坚定的扶贫信念和更大力度，才是帮助最贫困人口脱贫致富的根本之道。建议将贫困人口中最低 20% 收入户人口—收入统计，与地方官员政绩考核挂钩，认真考察各地方扶贫质量，包括扶贫资金使用方向、实际投入力度等。

第三，计算多维贫困指数。[①] 优化扶贫机制。联合国发展计划署（UNDP）在《1997 年人类发展报告》中提出过人类贫困指数（Human Poverty Index，HPI），并在《2010 年人类发展报告》中发布了多维贫困指数（Multidimensional Poverty Index，MPI），从健康、教育和生活标准三大类别中共选取了 10 个指标度量一国的贫困程度。[②] 我国许多学者最近若干年已经深入研究了多维贫困理论与方法，并提出若干与国际接轨的方案。本书作者认为，可考虑确定一个全国性的 MPI 指数，将其同相对贫困及绝对贫困指标一起用于全国扶贫成绩考核，也有益于国际贫困趋势的比较，以及更加确切地找寻根本解决农村贫困问题的途径。

以改革开放以来我国扶贫工作取得的巨大成就为基础，相信在 2021 年开始的新时代扶贫战略、理念以及扶贫政策的带动下，我国农村振兴与发展能够得到有力地推进，进一步取得跨越式发展成就，从而为城乡全体居民共同富裕目标的实现打下更为坚实的基础。

本 章 附 录

附表 10 - 1　　　　　　　中国农村基本贫困状况：1978～2020 年

年份	官方贫困线（A）		农村居民人均纯收入（B）	相对官方贫困线（A/B）	贫困人口数量（万人）	贫困发生率（%）	
	绝对贫困线（元/人年）	低收入线（元/人年）				绝对贫困线	低收入线
1978	100	—	133.6	0.75	25000	30.7	—
1980	130	—	191.3	0.68	22000	26.8	—
1981	142	—	223.44	0.64	15200	18.5	—
1982	164	—	266	0.62	14500	17.5	—
1983	179	—	310	0.58	13500	16.2	—
1984	200	—	355	0.56	12800	15.1	—
1985	206	—	397.6	0.52	12500	14.8	—

① 2011 年《中国农村扶贫开发纲要（2011～2020）》（简称"纲要"）中确立的扶贫开发总体目标是：稳定实现扶贫对象不愁吃、不愁穿，保障其义务教育、基本医疗和住房。贫困地区农民人均纯收入增长幅度高于全国平均水平，基本公共服务主要领域指标接近全国平均水平。在总体目标下提出了 12 项涵盖教育、医疗、住房等细项的主要任务，涵盖了多维贫困指标 MPI 的主要内容。

② 这 10 个指标分别是：学校教育及儿童入学、儿童死亡率和营养、电力、住房、饮水、卫生、做饭材料和资产。10 个指标中，缺少 3 个以上即可被列入贫困行列。

年份	官方贫困线（A）		农村居民人均纯收入（B）	相对官方贫困线（A/B）	贫困人口数量（万人）	贫困发生率（%）	
	绝对贫困线（元/人年）	低收入线（元/人年）				绝对贫困线	低收入线
1986	213	—	423.8	0.50	13100	15.5	—
1987	227	—	462.6	0.49	12200	14.3	—
1988	236	—	544.9	0.43	9600	11.1	—
1989	259	—	601.5	0.43	10200	12.1	—
1990	300	—	686.3	0.44	8500	9.4	—
1991	304	—	708.6	0.43	9400	10.4	—
1992	317	—	784	0.40	8000	8.8	—
1994	440	—	1221	0.36	7000	7.7	—
1995	530	—	1577.7	0.34	6500	7.1	—
1997	640	—	2090.1	0.31	4962	5.4	—
1998	635	—	2162	0.29	4210	4.6	—
1999	625	—	2210.3	0.28	3412	3.7	—
2000	625	865	2253.4	0.28	3209	3.5	10.2
2001	630	872	2366.4	0.27	2927	3.2	9.8
2002	627	869	2475.6	0.25	2820	3	9.3
2003	637	882	2622.2	0.24	2900	3.1	9.1
2004	668	924	2936.4	0.23	2610	2.8	8.1
2005	683	944	3254.93	0.21	2360	2.5	6.8
2006	693	958	3587.04	0.19	2148	2.3	6.0
2007	785	1067	4140	0.19	1479	1.6	4.6
2008	—	1196	4761	0.25	4007		4.2
2009	—	1196	5153	0.23	3597	—	3.8
2010	2300	—	6272.4	0.37	12800	17.20	19.1
2011	2454	—	7393.9	0.33	12238	12.70	—
2012	2515	—	8389.3	0.30	9899	10.20	—
2013	2548	—	9429.6	0.27	8249	8.50	—
2014	2800	—	10488.9	0.27	7017	7.20	—
2015	2968	—	11421.7	0.26	5575	5.70	—

续表

年份	官方贫困线（A）		农村居民人均纯收入（B）	相对官方贫困线（A/B）	贫困人口数量（万人）	贫困发生率（%）	
	绝对贫困线（元/人年）	低收入线（元/人年）				绝对贫困线	低收入线
2016	3146	—	12363.4	0.25	4335	4.50	—
2017	3335	—	13432.4	0.25	3046	3.10	—
2018	3535	—	14617	0.24	1660	1.70	—
2019	3747	—	16020.7	0.23	551	0.60	—
2020	3747	—	16500	0.22	100	0.10	—

　　注：①我国没有公布 1993 年和 1996 年的贫困线标准和贫困人口数量。因为 1994 年和 1997 年我国根据农户调查数据重新测算了贫困线，使得 1992 年和 1994 年，以及 1995 年和 1997 年的贫困线相差较大，不能用价格指数的变化来解释。②对"相对官方贫困线"一列进行说明，尽管从 2000 年起国家出台了两种贫困标准，即在绝对贫困线之外又参照当时"1 天 1 美元"的国际贫困标准出台了低收入线，但后者在 2000～2007 年间的主要是国际间贫困程度对比，对国内扶贫政策不起作用，故之前相对贫困线的分子 A 选用绝对贫困线；2008 年开始，国家正式提出低收入线和绝对贫困线的"双线合并"，将低收入线作为新的农村贫困标准，废除了原有绝对贫困标准，故分布 A 选用低收入线数值。③对"贫困人口数量"一列进行说明：与②道理类似，在测算农村贫困人口时，2000～2007 年以绝对贫困线计算贫困人口；2008 年后以低收入线为标准，故这一时期贫困人口数量急剧上升（见《中国农村贫困监测报告 2009》）。

　　资料来源：1978～2009 年数据来自 2001～2010 年《中国农村贫困监测报告》，2010～2019 年数据来自国家统计局网站，2020 年为作者估计数。

第十一章　中国精准扶贫中的多维扶贫实践及多维贫困测度

本章对近年来我国政府部门在精准贫困治理工作中如何体现多维治理思想进行总结，特别对中国理论界针对中国贫困问题展开多维贫困理论和方法的研究结果进行系统梳理，报告了中国各主要领域与国际可比的多维贫困程度。[①] 最近若干年多维贫困理论及测度方法在国际上比较流行。中国理论界及实际部门也进行了研究和借鉴。总体上看来，中国理论界在运用多维贫困理论和方法测度中国贫困多维程度方面，取得了很好的进展，不少成果可以与国际学界进行比较和交流，更重要的是中国政府扶贫实践部门虽然没有明确地宣布采用多维贫困的标准，但是在实践贫困治理中却在精准扶贫思想引导下自觉地运用了多维贫困的思想，并特别在贫困治理中实际采用了多维扶贫的战略和措施。中国在 2020 年消除绝对贫困后，贫困问题将呈现出新特征并需要结合新的标准，其中多维贫困理论与方法可能是恰当的新视角，可为新水平上更为全面的贫困监测、预防和扶助体系提供辅助参考。当然在维度与指标规范方面也存在一些值得改进的问题。

第一节　引言：从绝对贫困到多维贫困

本书前部分已经说明，改革开放以来，我国的脱贫攻坚工作取得了举世闻名的成就。到 2020 年底即"十三五"末，中国现行标准下已经解决区域性整体贫困问题，贫困县全部"摘帽"，农村贫困人口实现全面脱贫。为了实现这一目标，中央和地方政府投入了前所未有的力量，举全国之力集中资金和行政资源开展脱贫攻坚与精准扶贫，也确实取得了显著成效。贫困居民收入大幅提升，生产生活

① 本章作者陈宗胜、黄云、周云波。原文《多维贫困理论及测度方法在中国的应用研究与治理实践》发表于《国外社会科学》2020 年第 6 期。此文是南开大学重点科研项目的部分成果，也是国家社会科学基金重大项目（项目号：19ZDA052）和国家自然科学基金面上项目（项目号：71874089）的阶段性成果。

条件明显改善，实现了"两不愁"（不愁吃、不愁穿），"三保障"（义务教育、基本医疗和住房安全有保障），"上学难、就医难、行路难"等问题逐步缓解；同时生活质量、基础设施、社会公共服务、环境保护等方面也有了极大改善，[①]脱贫攻坚总体目标任务已经圆满完成。

诚然，作为发展中大国，中国现行标准的绝对贫困消除后，但另外标准的贫困问题仍会存在。随着中国经济发展和转型、社会主要矛盾的变化，贫困问题将呈现出新特征，贫困的表现形式更加多元化，教育、健康等问题会逐步凸显，而测度这些因素的影响需要新的标准，其中多维贫困理论与方法就是恰当的新视角（陈宗胜和于涛，2017）。现代发展经济学家阿玛蒂亚·森提出的可行能力理论，可以为多维贫困理念提供理论基础。实际上多维贫困理念同联合国可持续发展目标有着极大的关联度。自2010年以来联合国持续公布全球多维贫困指数，贫困的多维性特征备受世界各国关注。因此，在我国经济社会发展进入到新阶段，随着我国贫困表现形式、致贫因素的不断多样化，为巩固现有脱贫成果，实践联合国倡导的减贫脱贫与经济的可持续发展，也需要深入研究和运用多维贫困理念和测度方法，将我国2020年后的贫困治理工作提高到新的水平。因此，未来中国贫困问题中多维贫困可能是主导问题，是需要加强研究和采取的新方法和对策来源。

考察近年来中国理论界的动向，包括我们团队的不少学者，已经运用多维贫困理论对我国贫困问题展开了一系列研究。其中特别值得关注的是，大量研究证明我国政府多年推行的精准扶贫工作，虽未将多维贫困指数作为官方主要贫困标准予以公布和考核，但就实际扶贫目标和效果看绝不仅局限于收入贫困，即精准扶贫实践中已经体现了多维贫困的思想。因此，本章拟对多维贫困的理念、测度方法以及在中国的实践进行系统梳理，从而为2020年后建立新水平上更为全面的贫困监测、预防和扶助体系提供参考。

第二节　贫困内涵与测度的演变：从单一标准到多维视角

一、贫困内涵的演变：从绝对贫困、相对贫困到"能力贫困"

关于贫困问题的研究中首先要解决的是如何认识贫困，明确贫困的内涵是什么。国内外对贫困的整体认识经历了从绝对贫困到相对贫困、从单维贫困到多维

---

① 具体参见2019年《中国农村贫困监测报告》《国民经济和社会发展统计公报》《中国统计年鉴》。

贫困、从收入贫困到能力贫困的演变过程。① 在经济发展水平较低的时候，人们更加关注绝对贫困。最早对绝对贫困的界定源于 20 世纪初英国经济学家朗特里（Rowntree，1902），他将贫困定义为：总收入水平不足以获得维持身体正常功能所需的最低生活必需品，包括食品、衣服、住房等，这是最早对贫困的货币量化定义。

但随着经济的发展人们对贫困的理解也逐渐深入，福利的剥夺、风险及脆弱性的增加也是贫困概念的组成部分，贫困不仅意味着基本生活需求不能得到满足，还意味着遭受相对排斥和相对剥夺，由此提出了相对贫困理论（Townsend，1979）。再者，贫困与不平等概念密不可分，本身就带有相对含义。从概念而言，与独立于收入分配格局的绝对贫困不同的是，相对贫困主要反映相对"经济差距"，即在物质和生活条件上相对于他人的匮乏状态，从而相对贫困就具有动态性、相对性和主观性、不平等性等特点（陈宗胜等，2013；叶普万，2005），可以体现出在特定时间、空间下，对社会包容性和机会公平的重视（Menchini et al.，2012）。综合而言，在经济发展水平低的时候，绝对贫困问题突出；而随着经济发展水平的提高，相对贫困问题日益凸显。显然与绝对贫困相比，相对贫困问题则更为复杂，解决起来难度更大，所需要采取的政策措施可能更多。

进入 21 世纪后，人们对贫困的认知再次深化，阿玛蒂亚·森以"可行能力"理论为基础提出了"能力贫困"的概念。在《以自由看待发展》一书中他从可行能力的角度详细阐述了贫困的内涵，在贫困与发展之间建立了深刻联系，并详细阐明了为何以可行能力而非收入水平作为衡量贫困的尺度。森的能力贫困理念的提出在贫困理论的研究中具有里程碑的意义，它将贫困的根源从单一的经济因素扩展到政治、经济、文化和制度等各个方面。这一理论深化了我们对贫困的认识。② 能力贫困理念的提出，使得人们对贫困现象的认知从单一维度拓展到了多视角、多维度，因此也就产生了多维贫困的概念。

多维贫困（multidimensional poverty）是指个人由于多维可行性能力被剥夺而造成的自由选择权利的缺失。多维贫困的概念使我们对贫困与脱贫的认识更为深入，对贫困群体赋予了更多的伦理关怀，以《2010 年人类发展报告》为标志，多维贫困概念得以在全球范围内广为传播。国外关于多维贫困的研究成果主要集中于联合国发展计划署（UNDP）、世界银行（World Bank）以及牛津大学贫困与

---

① 阿玛蒂亚·森著，王宇、王文玉译：《贫困与饥荒》，商务印书馆 2001 年版；阿玛蒂亚·森著，任赜、于真译：《以自由看待发展》，中国人民大学出版社 2002 年版；Chambers R. *Poverty and Livelihoods: Whose Reality Counts?* [M]//Milestones and Turning Points in Development Thinking. Palgrave Macmillan UK, 2012.

② 参见 1995 年约翰内斯堡公约；另见周文文：《伦理·理性·自由：阿玛蒂亚·森的发展理论》，学林出版社 2006 年版。

人类发展研究中心（OPHI）三大研究机构。[①] 其中，UNDP – OPHI 联合发布的全球多维贫困指数（MPI）取代了联合国人类发展报告中的人类贫困指数（HPI），包括三个维度 10 个指标，[②] 既可以从微观层面测量多维贫困，反映多维贫困发生率、多维贫困深度，还能够进行多方面的分解，进一步了解贫困的构成。不少学者从不同角度也阐述了多维贫困概念的重要性（Araar and Duclos，2007）。

二、贫困识别标准的演变：从单一收入维度到"多维度测算"

按照贫困内涵的界定和认识，进一步的问题是采用什么标准把贫困人群识别出来，这就涉及贫困线的界定和贫困测度。不同的贫困内涵必有不同的测度标准和方法。学界和政府机构长期以来，一直从单一维度识别贫困人口，即沿用收入、支出或其他货币尺度来识别贫困人群，设立绝对贫困线和相对贫困线标准。

绝对贫困线标准度量的是维持最低基本生存（如食物、衣服、医疗保健、住房等）状态，是一种独立于收入分配差别格局的度量手段。该标准的测定最早由朗特里于 1901 年提出，被称作"标准预算法"，即家庭的可支配收入可支付家庭人口基本生存所需的最低费用（Rowntree，1902）。美国经济学家奥珊斯基（Orshansky）于 1965 年建立了"恩格尔系数法"，以不同家庭规模的最低食品费用除以相应的消费支出，由此得到的恩格尔系数作为贫困线（唐钧，1998）。世界银行曾经按 1985 年的购买力平价将 1 美元/天确定为贫困线，2008 年按 2005 年购买力平价将其上调至 1.25 美元/天，2015 年 9 月进一步上调至 1.90 美元/天。绝对贫困线标准的好处在于可以对贫困率的变动作纵向考察，从而进行贫困水平的动态追踪，同时也有利于进行贫困状况的国际比较。

相对贫困线标准被设定为收入/支出或平均收入/支出的某个比率（邢成举和李小云，2019；沈扬扬和李实，2020）。世界银行的标准是收入低于平均收入的 1/3 的社会成员便可以视为相对贫困人群；欧盟采用中位收入标准测度其成员的相对贫困水平，将收入水平位于 50% 以下的人口归类为相对贫困人口；此外还有收入等分定义法，即把各收入阶层按等分（五等分或十等分）进行划分，再结合收入差别基尼系数进行比较，最后确定全部人口中的一定比例为贫困人口。一般来讲，采用绝对贫困线标准测度出的贫困发生率低于采用相对标准测度出的贫困发生率，因此，相对标准的贫困人口中不仅包含了绝对贫困人口，还包括了一

---

① 具体参见：http：//www.ophi.org.uk/world – bank – multidimensional – poverty – measurement – workshop/，以及 http：//www.ophi.org.uk/ophi_stories/measuring – global – poverty – atkinson – report – launch – 4 – november – 2016 – characterised – by – honesty/。

② 具体指：（1）健康，包括营养状况、儿童死亡率；（2）教育，包括儿童入学率、受教育程度；（3）生活水平，包括家庭用电、卫生设备、饮用水、地板类型、做饭燃料、资产拥有状况。

部分处于绝对贫困边缘的人口。

显然，绝对贫困标准与相对贫困标准适用于不同的经济发展水平或发展阶段。经济发展水平低的发展中国家一般采用绝对标准，如撒哈拉以南的非洲国家、亚洲一些欠发达国家等。而多数经济发达国家或地区采用相对标准测度贫困，如多数欧盟和 OECD 国家常用标准是 50%（如欧盟）或 60%（如 OECD）的居民收入中位数（沈扬扬和李实，2020）。同时，相对贫困线也被 UNDP、UNICEF（联合国儿童基金会）作为重要贫困测度方式，也是欧盟国家度量社会包容性指数和"贫困陷入风险或遭受社会排斥"的重要指标。目前，使用相对贫困线的国家主要是高收入国家，如日本、韩国、澳大利亚；欧盟国家如英国、意大利、法国、德国、瑞典、奥地利、希腊、芬兰（例外的是，巴西也使用相对贫困线）。

但是，无论是绝对贫困还是相对贫困，都是从单一维度的视角看待贫困现象，衡量标准都是一维的，无法随着经济社会的多元化发展更全面地反映贫困的多样存在形式和演绎变化的多角度特征，难以全面刻画和反映除收入外的其他维度下人类的发展与贫困问题（Fisher，1992）。为此就需要从多个维度建立识别贫困的"多维贫困"标准（周云波和贺坤，2020），从多维度或多角度地定量测度一个人在哪些维度上被剥夺，进而造成其生活陷入贫困，并测量这些维度被剥夺的程度，以及这些维度对贫困程度的贡献度，来回答多维贫困程度有多大。

多维贫困理论及多维贫困测度和阿玛蒂亚·森的可行能力理论，极大地深化了人们对贫困的理解，但也使贫困测度和计算方法等复杂化，产生一些挑战与争议。多维贫困测度的基本框架包括三个方面：一是确定影响贫困的侧面和进行测度的维度，即从哪几方面进行指标选择；二是对各维度指标的权重进行赋值，即确定各个指标在测度体系中的重要程度；三是进行加总，将各个维度的信息加总集中并产生可以横向比较的指数。这其中每个方面都存在多样化的测度与计算，并且随着统计技术和测量工具的创新，国际学术界关于多维贫困测度和计算方法也在不断变动和改进。在一段时间内，多维贫困测度和计算方法按计算特点主要包括两大种类：一是使用加总数据的边际计算方法，包括仪表盘法和综合指数法；二是使用微观数据的联合分布法，包括韦恩图表法、随机占优方法、模糊集方法和公理化方法（Alkire et al.，2015）。具体的多维贫困测度指数，先后出现了 H - M 指数、CH - M 和 F - M 多维贫困指数、人类发展指数（HDI）、Watts 多维贫困指数、人类贫困指数（HPI）（张建华和陈立中，2006；Hagenaars，1987；Bourguignon and Chakravarty，2003；Tsui，2002；Chakravarty and Silber，2008；Lippit，2000）。

但是人们逐步发现，这两种测度和计算方法均未能产生综合性的指标，无法进行跨区比较和动态追踪，这促使阿尔基尔和福斯特（Alkire and Foster，2011）

基于阿玛蒂亚·森的可能能力理论，提出了一套集贫困识别、加总和分解于一体的多维贫困测度方法，简称为 AF 法；随后 UNDP 与 OPHI 联合发布的由 AF 法测度的全球多维贫困指数（MPI）（Alkire，2007），替代了之前 UNDP 的 HPI，涵盖了健康、教育和生活条件三个维度中 10 多个侧面（指标），如健康方面包括营养状况、儿童死亡率，教育方面包括儿童入学率、受教育程度，生活水平方面包括家庭用电、卫生设备、饮用水、地板类型、做饭燃料、资产拥有状况等，成为多维贫困研究与实践中的里程碑式标志（Alkire and Santos，2010）。该方法不仅体现了贫困的根源和本质还克服了其他多维贫困测度和计算方法的缺陷，能够比较精准辨识贫困人口，成为迄今为止国内外学者研究多维贫困的主要工具。也得到了众多国内外学者、组织、政府层面的认可（Alkire and Foster，2011）。

第三节　中国精准扶贫很好体现了多维贫困理念及方法

中国的扶贫脱贫实践工作是从 20 世纪改革开放后的 80 年代就开始了。结合中国国情中国政府制定了不同阶段的扶贫重点和中心任务，主要依据还是采用单一收入标准作为衡量贫困尺度。比如我国农村的贫困率从 1978 年的 77% 下降到现在的不足 1%，就是按不同收入标准测度的结果。而多维贫困理论及测算方法是 2000 年后在国际学术界兴起的，中国学术界也进行了跟踪研究和广泛推介、运用。但是，中国政府在推进贫困治理的规划中，在开展扶贫脱贫工作中，并没有直接采用多维贫困方法来衡量中国的贫困状况。然而，从中国的扶贫实践过程及其战略特征考察，中国的扶贫实践从一开始就体现了多维贫困理念，中国的扶贫攻坚战略与多维贫困理论的实质是一致的；多维贫困理论提出后实际上是对中国的扶贫工作产生了很大影响，甚至可以说已经融合为对中国的扶贫脱贫工作的指导。多维贫困理论的精髓是贫困并非由单一收入水平低而造成，而是由教育、健康、生活条件等多因素制约所致；如果能够从这诸多方面对贫困群体贫困人员进行扶助，则贫困状况必得到改善，进而降低贫困率。因此多维贫困理论运用到扶贫实践中，必定导致出多维扶贫战略政策，而不是仅侧重单一的收入支持和扶助。而近若干年来，中国的精准扶贫实践实际上就是"多维扶贫"。从多维贫困到"多维扶贫"，多维贫困理论在中国扶贫脱贫工作中变为活生生的实践。可以说，在国际学术界研究新的多维贫困理论和方法时，中国共产党和中国政府通过精准扶贫战略，已在实践中展开"多维扶贫"的崭新事业。这是改革开放后 40 多年来"中国故事"的基本内容之一。

换言之，虽然中国没有明确公布多维贫困官方标准，对外公布和宣传的精准扶贫标准还是单一收入标准，但在扶贫工作中已在多处体现着多维扶贫思想。在扶贫目标中包含收入和生活质量多维目标；扶贫方法中包含提高收入、均衡教育、住房供给、产业调整等多种渠道；扶贫主体包括财政、民政、卫生等多个政府相关部门；扶贫结果体现在总体生活质量多个侧面的改进，我国党和政府通过精准扶贫战略，已经于实践当中充分体现了多维贫困理论的核心思想。为了实现全体人民的永久彻底脱贫，至少是脱离绝对贫困，多年来我国政府在实际工作中做的都是以现代多维贫困理论指导的"多维扶贫"，而不是仅限于单纯的收入标准（陈宗胜等，2018）。

近十多年来中国提出精准扶贫理念和政策，对改革开放中推行多年的扶贫脱贫战略进行完善和充实，不仅对贫困户和贫困村精准识别、精准帮扶、精准管理和精准考核，引导各类扶贫资源优化配置，实现扶贫到村到户，逐步构建精准扶贫的长效机制，而且还全方位、多角度针对扶贫工作提出了一系列实际举措。所以，精准扶贫的内涵就是体现多维贫困理念并针对多维致贫因素，从而具有了多维性特征的扶贫战略。

一、中国的扶贫工作目标是包括收入提高在内的多维扶贫目标

1986 年，我国首次专门设立国务院扶贫开发领导小组办公室，标志着扶贫工作作为全国整体工作开始启动，其职能包括从提高收入、改进教育水平、提升卫生条件、增加财政收入等多个角度推进减贫。1994 年国家公布了《国家八七扶贫攻坚计划》，要求针对当时全国农村存在的 8000 万贫困人口，动员全国的人、物、财力及社会各界力量，力争用 7 年时间基本达到温饱标准外，同时加强基础设施建设并改变教育、文化、卫生的落后状况。2001 年国家发布了《中国农村扶贫开发纲要（2001—2010 年）》，要求继续提高贫困人口的生活质量和综合素质，改善生态环境和贫困地区的经济、社会、文化等落后状况，强调深入进行综合开发脱贫。2011 年国家颁布《中国农村扶贫开发纲要（2011—2020）》，规定目标为到 2020 年稳定实现扶贫对象不愁吃穿，保障义务教育、基本医疗和住房，贫困地区农民人均纯收入增长幅度高于全国平均水平，基本公共服务主要领域指标接近全国平均水平，扭转发展差距扩大趋势；并将扶贫类别划分为专项扶贫、行业扶贫和社会扶贫等多维一体，形成一套多维综合推进方案。2015 年国家印发《关于打赢脱贫攻坚战的决定》，按照扶贫开发"贵在精准，重在精准，成败之举在于精准"的思想，[①] 制定了精准扶贫顶层工作模式，包括从多个角度找准致贫原因、贫困表现及贫困结果，多维度开展脱贫攻坚，强调到 2020

---

① 习近平在湖南湘西和贵州省考察时提出，扶贫开发"贵在精准，重在精准，成败之举在于精准"。见中央办公厅 2014 年 1 月根据习近平同志近些年在湖南湘西和贵州省考察时讲话整理。

年稳定实现扶贫对象"两不愁、三保障",确保我国现行标准下农村贫困人口实现脱贫,贫困县全部"摘帽",解决区域性整体贫困,并提出了"六个精准、五个一批"的工作要求,将解决多维贫困制度化、规范化。可见,自国家"扶贫开发领导小组办公室"成立后推出的"八七扶贫攻坚计划"以来,到推进"精准扶贫"的新阶段,中国的扶贫工作目标都是多角度多维的,是"多维贫困"理论在中国的具体化。

二、中国的扶贫识别依据是以收入为主的多维贫困标准

中国近些年按照精准扶贫基本方略,从前期贫困率较高时的"漫灌"型扶贫,已经转变为现在的"滴灌"式,而实现精准滴灌的基础是精准识别、建档立卡,即通过准确识别贫困人口、贫困程度、致贫原因等,从而做到因户施策、因人施策,"靶向治疗"。因此,中国的精准扶贫内在要求建立反映贫困的多维识别机制,包括多维贫困标准以及多维贫困维度的分解。关于多维贫困识别标准,不仅包括识别贫困家庭户,也可以识别非贫困家庭户,以便于建立贫困户乃至贫困县的退出机制;关于多维贫困的分解方法,则可以更为精确地帮助确定贫困户和贫困村的"穷根",真正弄清贫困的原因,从而有针对性永久脱贫。很明显,这都体现了多维贫困治理的理念。

依据精准扶贫理念和标准,2014 年国家印发了《扶贫开发建档立卡指标体系》及通知,开展"以县为单位、规模控制、动态管理,对每个贫困村、贫困户建档立卡"的统一多维信息系统。对贫困村的识别基本是按收入标准,即贫困村农民人均纯收入低于全省平均水平60%、没有集体经济收入、贫困发生率高于全省贫困发生率 1 倍以上;但对贫困户的识别则是按收入为主的多维标准,即贫困户收入低于国家扶贫水平,综合考虑达不到"两不愁、三保障"的程度,而具体的多维标准则包括六大类 39 个指标,涉及贫困户家庭成员、收支、住房、生产、生活条件以及参与产业组织情况等,既测算农户收入、支出、债务、资产、务工所得等流量,也考察农户家庭面貌、生活质量、子女读书、成员健康,以及家电、农机、交通工具、水电路等生产生活设施,农田、山林、种养等发展基础等情况。这是相当丰富的多维识别标准和复杂的确定机制(陈宗胜等,2018)。

按照国家统一标准,各省地在具体落实工作中结合本地特点创造了很多简便可行的多维识别方法,设置一票否决条件并且入户查看考核。如贵州的"四看法":一看粮二看房,三看劳力强不强,四看家中有无读书郎;宁夏的"五看法":一看房、二看种植和牛羊、三看劳动力强不强、四看儿女上学堂、五看信用良不良;广西的五步法:"一进二看三算四比五议";河南的"一进二看三算四比五议六定"六步工作法等;云南省的"七评法":一评住房、二评生活、三

评生产、四评劳力、五评健康、六评教育、七评负债。还有的省地采用多维"负面清单"，设置一票否决条件，即凡是家庭成员中有财政供养人员、自费出国人员、担任村干部、得到工程拆迁补偿、工商注册企业法人或股东的，或在城镇拥有门市房、商品房、轿车、高档消费品，或者好吃懒做、游手好闲、偷鸡摸狗、打牌赌博、吸食毒品等且屡教不改的，都不得作为扶贫对象。总之，在精准扶贫理念提出之后1年多的时间里，全国组织80万人进村入户，识别12.8万个贫困村、2948万贫困户、8962万贫困人口，建起全国统一的多维扶贫开发信息系统；又经2015年、2016年两年，全国动员近200万人开展多维识别建档立卡"回头看"，补录贫困人口807万人，剔除识别不准人口929万人；2017年各地对2016年脱贫真实性开展自查自纠，其中245万人已标注脱贫人口被重新归为贫困人口。自此各地统一开展建档立卡动态调整，识别精准度进一步提高，基本摸清我国贫困人口分布信息。而这个识别过程只依靠收入水平一维标准是不准确的，只有将包括收入水平在内的健康情况、生活条件等综合考虑才能准确确定贫困农户及人员的数量。

三、中国的扶贫工作主体是相互支持共同配合的多部门多维协作整体

精准扶贫要求各种致贫因素都有专业部门负责，而多维贫困理论将贫困视为多种因素共同作用的结果，因此扶贫工作本身就要求社会各个部门的共同参与和彼此协调。比如解决教育维度的贫困问题需要教育部门的参与，而健康维度问题需要卫生部门的参与，融资缺乏维度的问题需要金融部门的参与，生活质量标准问题需要电力、水务、民政、工商、文化以及能源部门等更多相关部门参与。而集中力量、齐心协力办大事正是社会主义制度的优越性。我国举全国之力应对贫困，就必然是党政各有关部门在大范围、多层次的深入协作、广泛而有机的相互配合。我国早在1986年设置国务院扶贫开发领导小组办公室时，就将其内部机构设置为一个包括农业、教育、卫生、交通、水利、住建、能源、财政等多个不同政府部门的协调办事机构。而到2015年在精准扶贫思想的指导下，国务院扶贫开发领导小组成员单位共包括49个政府部门、金融机构和群团组织等，[①] 在中央政府统筹下，建立起各省（自治区、直辖市）负总责、市（地）县抓落实的扶贫开发行政工作机制，做到全国上下分工明确、责任清晰、任务到人、考核到位。《中共中央 国务院关于打赢脱贫攻坚战的决定》（简称《决定》）中更明确提出要动员社会参与，健全东西部扶贫协作和党政机关、部队、人民团体、国有企业定点扶贫机制，发挥军队武警部队优势支持脱贫攻坚。鼓励支持民营企业、

---

① 具体参见国务院扶贫办官方网站，http://www.cpad.gov.cn/col/col282/。

社会组织、个人参与脱贫攻坚。这些都体现了典型的"多维扶贫"思想和思路。

四、中国的扶贫工作方法是集中区域多渠道多侧面的多维举措

中国在精准扶贫战略指导下，近年来形成了多种积极有效的扶贫渠道与措施。针对扶贫工作中"扶持谁""谁来扶""怎么扶""如何退"等课题，国家在 2011 年 12 月制定的《中国农村扶贫开发纲要（2011—2020 年）》中，将扶贫范围在前期重点县和贫困村的基础上，明确划分出六盘山片区、秦巴山片区、武陵山片区、乌蒙山片区、滇桂黔石漠化片区等 14 个集中连片特殊困难地区和 680个连片区县，作为扶贫攻坚的主区域，实行动态管理，统筹资源，重点扶持；同时提出了"六个精准""五个一批"的扶贫基本方略："六个精准"是指在精准识别的前提下，实现扶贫对象精准、项目安排精准、资金使用精准、措施到户精准、因村派人精准、脱贫成效精准；"五个一批"是指把全部贫困人口分为五种方式脱贫，包括发展生产脱贫一批、异地搬迁脱贫一批、生态补偿脱贫一批、发展教育脱贫一批、社会保障兜底一批。正是按照这"六个精准"和"五个一批"的扶贫方略，中国近些年的助力脱贫攻坚取得了巨大成功，从产业、教育、社会保障、异地搬迁、生态等维度开展精准帮扶，并结合专项扶贫、行业扶贫和社会扶贫等于一体，充分利用了我国制度上的优势，有效调用了社会资源，开辟了中国特色减贫道路。

五、中国特色的多维扶贫实践，大幅度成功降低农村多维贫困度

中国的精准扶贫工作取得了瞩目的成就。首先，按中国的现行贫困标准，以2010 年不变价格计算的人均每年 2300 元贫困线衡量，精准扶贫政策实施以来，我国农村贫困人口由 2014 年底的 7017 万人，减少到 2019 年末的 551 万人，贫困发生率由 2014 年的 7.2% 下降至 2019 年的 0.6%。其次，按多维贫困方法测度中国的多维扶贫工作，同样取得了令人瞩目的成就。正如前面已经指出的，我国很多学者通过 AF 多维贫困测度法，并借鉴 UNDP - OPHI 开发的 MPI 指标设定，结合我国实际情况进行了实证研究，对精准扶贫的政策效果进行了评估（袁树卓等，2018；张全红和周强，2019；汪三贵，2020）。如前面引证过的张全红和周强的研究表明，多维视角的减贫效果好于单一收入视角下的减贫效果，1991 ~2011 年，我国农村多维贫困发生率由 62.92% 下降到 9.15%，20 年间下降了 54个百分点，平均每年下降近 2.7 个百分点；与收入贫困测度情况相比，1991 年我国农村多维贫困发生率比收入贫困发生率高 8.89 个百分点，而 2011 年则比收入贫困发生率低 4.87 个百分点（张全红和周强，2015）。

综上所述，在国际学术界把多维贫困作为测度和评判贫困状况的现代新标准进行研究时，中国在"精准扶贫"实践中早已经包含了以多维贫困理论为依据的多维贫困治理即多维扶贫。虽然中国政府官方公布并坚持的是传统的单一消除收入贫困的标准，然而在举国推动的精准扶贫实际工作中，早已体现和包含了多维扶贫的崭新理念，并且取得了走在世界前列的骄人成就，为研究和应用多维贫困理论和方法提供了丰富多样的实践经验，值得认真分析和总结。

第四节　结合中国实践研究并测度了中国的多维贫困状况

我国国内经济学者关于多维贫困的相关研究几乎与国际学界同步。文献考察表明，在测算多维贫困程度的 AF 法出现之前，国内学者就已经开始了多维贫困问题的探索，如吴保国从农户的受教育程度、健康状况、家庭财产、饮用水、热量摄取、住房条件、时间利用和社会联系等方面分析了贫困群体的多维特征。[①]尚卫平和姚智谋总结了多维贫困测度指标的性质，论证了指标的可分解性，并利用人类发展指数 HDI 中使用的预期寿命、成人识字率和人均 GDP 三个指标，设置相等权重，对非洲、亚洲、北美洲、大洋洲、南美洲、欧洲 1998～2000 年的贫困程度进行了测度和比较（尚卫平和姚智谋，2005）。李小云等通过自调研数据构建了 3 类 8 个指标的参与式贫困指数（李小云等，2005）。陈立中采用 Watts多维度贫困指数，从收入、知识和健康三个维度对我国 1990～2003 年的多维度贫困进行了测算，并进行了 Shapley 分解（陈立中，2008）。上述研究是我国多维贫困领域的探索先锋，但在具体分析时采用的是宏观层面的加总数据而非微观个体数据，未能体现个体的多维贫困特征。

自多维贫困测度方法 AF 法提出以来，中国国内形成了一批以 AF 测量方法为基础的研究，[②] 主要集中在建立不同对象的测度指标体系以及对多维贫困测量方法，以及与收入贫困进行比较研究等方面；从所涉及的范围看，有针对中国全

---

① 吴国宝：《贫困农户的特征》，引自刘文璞、吴国宝编：《地区经济增长和减缓贫困》，山西经济出版社 1997 年版。

② 对 CNKI 中 CSSCI 索引以关键词中包含"多维贫困""数据"或"测算"，时间跨度为 2009～2020年作为检索条件，共检索出 183 篇论文，此外，还对 Web of Science 核心数据进行了检索，以标题或摘要、关键词中含有"Multidimensional Poverty"且标题或摘要中含有"China"为检索条件，对 2009～2020 年的文献进行检索，共得到 17 篇论文。采用 CiteSpace 软件对检索的中文文献进行关键词聚类分析，可以看出多维贫困、精准扶贫出现的频次最高，表明多维贫困和精准扶贫之间存在密不可分的关联度，其次还有收入贫困、农民工、农村贫困、连片特困地区等；采用热点图谱聚类分析结果可知，近 10 年来多维贫困相关研究的热点主要集中在对农村家庭、精准扶贫、减贫效应、连片特困地区以及多维贫困影响因素等多个方面。

国及城市、农村，也有针对不同地区及不同群体、不同时期的细分研究；所使用资料包括中国国家统计部门公布的权威数据、中国权威科研机构公布的微观个体调研数据、自调研数据等。为了比较方便，以下主要介绍中国国内以 AF 方法进行的研究成果。

一、AF 方法下多维贫困指数（MPI）的计算公式及说明

中国学界根据 AF 测算方法，通常取用如下有关计算公式。设定不同部门或机构在一定时期的调查数据中包含 n 个目标个体、d 个维度，则由 AF 法测得的某个个体 $i(i=1, 2, \cdots, n)$ 在 $t(t=1, 2, \cdots, T)$ 时期的 MPI 为：

$$MPI(x_{ij}, w_j, z_j, k) = \frac{1}{n} \sum_{i=1}^{n} \left[I(c_i \geq k) \sum_{j=1}^{d} w_j g_{ij}(z) \right]$$

$$= \frac{1}{n} \times \sum_{i=1}^{n} c_i(k) = \frac{q}{n} \times \frac{1}{q} \times \sum_{i=1}^{n} c_i(k) = H \times A \qquad (11-1)$$

式（11-1）中，x_{ij} 表示目标个体 i 在第 j 项维度的取值，w_j 表示维度 j 的权重，z_j 和 k 是临界值，g_{ij} 指目标个体 i 在维度 j 上处于贫困状态；c_i 指加权贫困维度数，$c_i(k)$ 是同多维贫困临界值 k 比较后新的加权贫困维度数（称为删减后的加权贫困维度数），q 是识别出的多维贫困个体，H 是多维贫困发生率，A 是多维贫困深度。

其中，MPI 维度分解公式：

$$MPI = \frac{1}{n} \sum_{i=1}^{n} \sum_{j=1}^{d} w_j g_{ij}(k) = \sum_{j=1}^{d} w_j \left[\frac{1}{n} \sum_{i=1}^{n} g_{ij}(k) \right] = \sum_{j=1}^{d} w_j h_j(k) \qquad (11-2)$$

式（11-2）中，$h_j(k) = \frac{1}{n} \sum_{i=1}^{n} g_{ij}(k)$ 是维度 j 删减发生率，表示既是多维贫困人口又在该维度处于贫困状态的人口比例。

另外，MPI 子群分解公式：

$$MPI = \sum_{l=1}^{m} \left[\frac{n_l}{n} \times MPI(n_l) \right] \qquad (11-3)$$

式（11-3）中，m 表示总目标个体分成彼此独立的群组的个数，l 是指 m 个群组中的某个特定群组，n_l 是指特定群组内的人口规模，$\frac{n_l}{n}$ 是指群组 l 人口占比。

依据上述有关公式，可遵循如下具体测算步骤。因为 AF 法测算 MPI 的核心是通过双临界值 z_j、k 识别多维贫困群体。因此，第一步是确定福利维度集 $X^{n,d} = [x_{ij}]$。第二步是每个维度的贫困识别。确定每个维度 j 的贫困临界值 $z_j \in z = (z_1, z_2, \cdots, z_d)$，得到不同个体在每个维度的贫困矩阵 $g = [g_{ij}]$，当 $x_{ij} < z_j$ 时，$g_{ij} =$

1，反之，$g_{ij} = 0$。第三步是对不同维度设定权重 w_j，$0 < w_j < 1$，$\sum_{j}^{d} w_j = 1$，对各个维度完成赋权过程，得到个体加权贫困得分列向量 $c = (c_1, c_2, \cdots, c_n)'$，其中个体 i 在 d 个维度上的加权贫困分数为 $c_i = \sum_{j=1}^{d} w_j g_{ij}$。第四步是识别多维度贫困。比较加权贫困得分 c_i 和多维贫困临界值 k（即多维贫困线）的关系，确定目标个体 i 是否陷入多维贫困。得到新的贫困矩阵 $g(k) = [g_{ij}(k)]$，其中，新的加权得分向量为 $c(k)$，且 $c_i(k) = \sum_{j=1}^{d} w_j g_{ij}(k)$。第五步是识别出各个维度的贫困状态之后，需要进行维度的加总，得到多维综合贫困指数 MPI，即 $MPI = \frac{1}{n} \times \sum_{i=1}^{n} c_i(k)$。以上过程可总结为式（11-1）中的指示函数内容，通过简化之后为等式后第二项、第三项是通过 MPI 性质拆分为贫困广度和深度，即对应等式第四项中 H、A。

二、维度及指标选取、权重设定及资料选择

中国学界进行多维贫困研究的维数及指标选择，通常是基于 UNDP-OPHI 的 3 个维度 10 个指标（不含收入），并结合中国的具体情况在此基础上进行了调整、扩充。一些研究在健康维度上根据中国的实际情况略做调整，比如去掉了儿童死亡率指标，将医疗保障、医疗服务等其他表征健康的变量加入健康维度中（沈扬扬等，2018；王小林和 Alkire，2009；张全红和周强，2015），还有一些研究将收入纳入多维指标体系中（于涛，2019；邹薇和方迎风，2011；高明和丽霞，2018），此外，有些研究还加入了就业、赋权、主观感受等方面的维度指标等（贺坤和周云波，2018；郑长德和单德朋，2016）。收入、健康、教育、医疗、生活质量指标使用最为广泛。

现有的研究中的权数设定大多与 AF 方法的权数规定一致，采用等权重法。比如，UNDP-OPHI 发布的 3 个维度 10 个指标的 MPI，各维度的权重均为 1/3，然后再细分至各个指标，健康维度下两个指标权重为 1/6，教育维度下的两个指标权重也均为 1/6，生活条件维度下 6 个指标权重均为 1/18。以此类推，当有 d 个维度，则在等权重下，每个维度的权重为 $\frac{1}{d}$，某个特定维度有 e 个指标，则该维度下指标权重为 $\frac{1}{de}$。

中国学界现有的多维贫困的研究所使用的数据来源大多相同，常用的数据库

包括中国营养与健康调查（CHNS）、中国家庭追踪调查（CFPS）、中国家庭收入调查（CHIP）、中国综合社会调查（CGSS）、中国流动人口动态监测调查（CMDS）数据，除此之外还有贫困县建档立卡数据、中国农村贫困监测数据（杨龙和汪三贵，2015）、国际扶贫中心家政女工调查（郭建宇和吴国宝，2012）、国家统计局城镇住户抽样调查、年鉴数据以及某省/地区自调研数据等。

三、全国总体多维贫困程度测算及结果

为使研究结果更具国际比较性，中国学界已有研究严格按照健康、教育、生活水平3个维度为主的研究较多，但各维度的细分指标略有不同。比如，在采用CFPS数据进行指标选取时，由于CFPS数据缺乏地板类型等表征住房条件的相关变量，相比于全球MPI，有研究未纳入"地板材料"变量最终确定了健康、教育、生活水平3个维度，儿童营养、儿童死亡率等9个指标的指标体系，并采用各维度等权重赋权法，同时还对部分指标贫困阈值进行了调整，并对数据进行了重新赋权处理，让不同年份的样本更具全国代表性（沈扬扬等，2018）；也有研究采用住房困难等情况替代了MPI中"地板材料"变量，而在维度、指标数量和权重设置、其他指标贫困阈值和全球MPI完全一致（徐文奇等，2017）；此外，在采用CHNS数据时有研究也设定了3个维度10个指标，但将全球MPI中的健康维度中的指标调整为健康状况和医疗保险，生活水平维度中，用人均住房面积进行了替代了地板材料指标，生活耐用品替代了资产指标等（张全红，2015），有为了评估经济发展和反贫困政策的效应，弥补MPI仅限于非货币指标的不足，将收入纳入了指标体系当中，构建了收入、教育、生活水平3个维度或是教育、健康、生活水平、收入4个维度的指标体系，又或是把资产指标作为一个单独的维度，形成了教育、健康、资产、生活水平4个维度（邹薇和方迎风，2014；王素霞和王小林，2013）；也有为了反映家庭中贫困代际传递性和就业对家庭福利的影响，有研究在指标体系中加入了就业和儿童和青少年条件指标，构建了教育、健康、生活条件、就业和儿童/青少年条件5个维度等（张全红和周强，2015）。不同研究测得的全国整体情况的多维贫困发生率如图11－1所示。

由图11－1可以直观看出，采用同样年份的相同数据测得的多维贫困发生率存在若干差异，但除个别年份多维贫困发生率存在较小程度的波动外，总体上我国多维贫困发生率呈下降趋势。尤其是自2009年以来我国多维贫困发生率较低，下降幅度也略微加快。其中以在维度和指标选取上均严格参照国际标准的研究测算结果为例，从20世纪80年代末到21世纪初叶，我国多维贫困发生率从1989年的27.01%下降到2009年的12.25%，年均下降近1%；然后又从2010年的

8.2%下降到 2014 年的 4.0%，年均下降超过 1%，下降幅度加快。这些研究均采用 CFPS 数据，选取了教育、健康、生活水平 3 个维度 9 个指标，[①] 各指标的贫困阈值和所有维度的多维贫困阈值严格按照国际标准，即具备国际可比性。将此关于中国的测度结果与 2017 年全球 MPI 测算结果相比，在全球 103 个发展中的落后国家中，我国的多维贫困水平排在 27 位，没有进入先进行列，而与同水平国家的比较也并不乐观（沈扬扬等，2018）。而由于指标体系设计的不同，则在原有指标体系中加入就业方面的指标之后，多维贫困发生率整体上都更高。

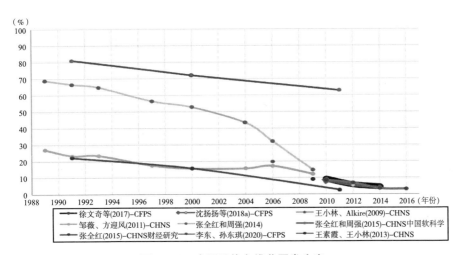

图 11 - 1 全国总体多维贫困发生率

资料来源：笔者结合已有典型研究测算结果绘制所得。

另外，近年来我国的多维贫困发生率虽然随时间推移持续下降，多维贫困发生率不高，但测算结果表明多维贫困的程度较深，且多维贫困和收入贫困共存（徐文奇等，2017；沈扬扬等，2018）。例如，2011 ~ 2014 年我国多维贫困深度分别为 42.4%、43%、41.3%，下降幅度很小，而且通过维度、指标或是区域、不同群体等分解方式深入分析多维贫困致因，发现我国农村、西部地区的多维贫困较为严重，不同群体多维贫困程度存在显著差异；对多维贫困和收入贫困的比较分析发现，二者之间的重合度并不高，且在不同时期的交叠程度呈现递减趋势。此外，还有研究指出教育和健康贫困是多维贫困的主要原因（王素霞和王小林，2013；张全红，2015；沈扬扬等，2018）；主要表现在教育资源分配不均和基础设施建设不完备（徐文奇等，2017），卫生设施公共政策重视不够等（王小

---

① 由于数据限制，CFPS 缺乏"地板材料"变量，因此生活条件维度未纳入该指标。其他维度和指标选取均和全球 MPI 选取相同。

林和 Alkire，2009）。不同时期多维贫困不同指标的贡献度结构存在差异，这可能主要与政策实施力度有关（张全红和周强，2014）。

四、中国农村的多维贫困程度测算及结果

在对农村地区的相关研究中，采用的数据除全国性的 CFPS 数据外，还包括CHNS 数据、CHIP 数据、建档立卡数据、农村贫困监测数据、各地贫困县官方数据、深度贫困地区数据等。在维度和指标选取上，除主要采用 UNDP – OPHI 的 3维度 10 个指标的设定标准，结合联合国千年发展目标（MGDs）、《中国农村扶贫开发纲要》等，还纳入了主观福利维度，反映心理状况对多维贫困的影响（侯亚景，2017）；纳入收入维度对应"两不愁"标准，体现收入导向扶贫政策的减贫成效；纳入就业维度考察农村劳动力就业对改善农户贫困的作用；或是从机会与风险视角重新构建指标体系，进一步体现提升贫困人口风险规避能力的重要性，考察农户自身能力提升等多元化致贫原因及个体返贫能力差异（沈扬扬等，2018；张昭等，2016；郑长德和单德朋，2016；贾兴梅，2018）。但不同指标体系在权重设计上依然以等权重为主。不同研究测得的不同年份中国农村多维贫困发生率如图 11 –2 所示。

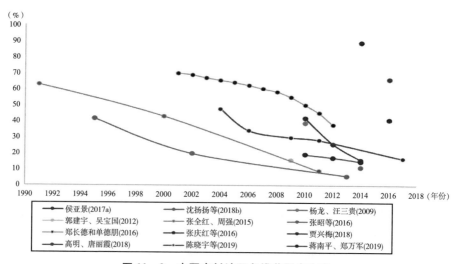

图 11 –2 中国农村地区多维贫困发生率
资料来源：笔者根据已有关于农村地区典型研究测算结果绘制所得。

由图 11 –2 可以看出，不同研究测得的我国农村地区的多维贫困发生率均是呈下降趋势的。其中以类似国际标准的 5 维度 10 指标为例，其使用 CHIP 数据，

以"两不愁、三保障"为中心选取了教育（受教育程度、儿童入学）、健康（身体健康状况、医疗费用支出）、居住条件（安全饮水、住房面积）、财产和收入（资产、收入）、就业（失业、工作环境），测得 1995 年（"八七"扶贫攻坚起始期）、2002 年（"八七"扶贫攻坚结束期、第一个十年扶贫开发纲要起点）及 2013 年（第一个十年扶贫纲要结束期与第二个扶贫纲要开展期），三个政策关键节点年份的多维贫困发生率分别为 41.6%、19.8%、5.9%，而且无论是 MPI、多维贫困深度都是在不断下降，这证明在不同扶贫政策演进下，我国农村地区包括收入维度的多维扶贫已经取得明显成效（沈扬扬等，2018）。随着多维贫困测量方式的不断完善和更多调查数据的可及性，在对农村贫困问题的研究中，相关研究除着眼于整个农村群体外，也有不少研究选取贫困县、集中连片特困地区、"三区三州"等深度贫困地区，进行了更加专门和深入的研究（郭建宇和吴国宝，2012；郑长德和单德朋，2016；张庆红和阿迪力·努尔，2016）。当然如同推知的这些地区的贫困发生率均偏高些。

五、中国城镇的多维贫困程度测算及结果

近年来中国学界专门针对城镇多维贫困的研究较少，多数是从整体角度测量中国多维贫困并进行城乡及地区分解。这与按中国现行标准的贫困现象主要集中在农村地区有关。然而贫困问题在城市地区也是重要议题（陈宗胜和文雯，2015），一些现有研究主要从健康、教育、生活保障、收入、生活条件等维度，测算了中国城镇的多维贫困状况，指标体系和 UNDP – OPHI 的全球 MPI 有所差异，但维度权重设定基本是遵循 AF 法的标准，不同研究测得的城镇多维贫困发生率如图 11 – 3 所示。

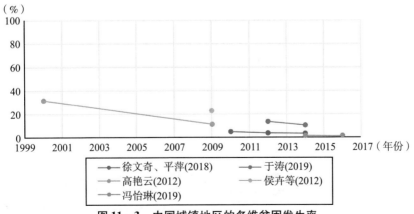

图 11 – 3 中国城镇地区的多维贫困发生率

资料来源：笔者根据已有关于城镇地区典型研究测算结果绘制所得。

图 11 -3 表明，在相同年份，相比于农村多维贫困发生率而言，城镇多维贫困发生率要低很多，农村和城镇多维贫困发生率差距较大，表现出了明显的城乡差异。例如其中一些参照了全球 MPI 指标构造以及联合国千年发展目标（MDGs）的研究，采用了 CHNS 数据，并结合中国实际情况和数据质量，选取了教育（受教育年限、适龄儿童入学情况）、健康（医疗保险）、生活水准（电、卫生设施、饮用水、做饭燃料、电器资产、住房）3 个维度 9 个指标，测得 2000 年我国农村和城镇多维贫困发生率分别为 64.7%、31.3%，而 2009 年分别为 23.4%、11.1%。对比可见，这两个时点上农村多维贫困发生率均为城镇的 2 倍以上（高艳云，2012）。

关于城镇多维贫困的研究，有的是针对城镇最低生活保障制度的效果进行的。城镇低保制度是我国城镇主要的扶贫政策，有研究通过分别测算城镇人口的多维贫困和收入贫困状况，对城镇低保制度的减贫效果进行了评估，发现城镇低保政策的收入扶贫效果显著大于多维贫困，而且随着多维贫困程度加深，多维贫困的减贫效果越弱，这更加说明了多维扶贫较单一收入扶贫的重要性（徐文奇和平萍，2018）。还有研究指出收入、教育、健康、生活条件四个维度的多维贫困测度体系，便于解决城市多维贫困研究的内卷化问题[①]即停滞问题，为理论落到实践提供了可能。

六、中国不同特殊群体的多维贫困程度

在多维贫困的研究中，也有一些不同特殊群体的多维贫困状况，引起学者们的高度关注，如农民工、儿童、老年人、妇女、少数民族等（周云波，2018；王小林，2012；李小云和许汉泽，2018）。这些群体的社会地位具有脆弱性，容易遭受外在风险的冲击，其致贫因素表现不一，他们的多维贫困程度如何，贫困状况能否得到有效缓解，不仅影响家庭贫困地位，还关系到社会和谐稳定。

[①] "内卷化"源于美国人类学家吉尔茨（Chilfford Geertz）的《农业内卷化》（*Agricultural Involution*），指一种社会或文化模式在某一发展阶段达到一种确定的形式后，便停滞不前或者无法转化为另一种高级模式的现象。在多维贫困的相关研究中，国内已有研究对如何确定多维贫困指标莫衷一是，无法深入推进有学者将其称之为多维贫困研究的内卷化。可参见：李飞、唐丽霞、于乐荣：《走出多维贫困研究的"内卷化"与"学徒陷阱"——文献述评的视角》，载《中国农业大学学报》（社会科学版）2013 年第 3 期，第 147~153 页。

（一）中国农民工群体的多维贫困程度估算结果

农民工作为二元结构条件下中国经济社会发展特定历史阶段出现的特殊群体，处于城镇经济和社会生活的边缘，既脱离了国家在农村地区扶贫减贫的政策范围，又因为非市民化的身份无法纳入城镇扶贫政策的范畴，既极大地影响着农村贫困问题的解决，也加剧了城镇贫困问题（贺坤和周云波，2018；叶普万等，2008；蔡昉，2014）。因此，以农民工作为一个特殊群体成为城市贫困研究的主要对象，一些研究采用 CHIP、CHNS、CMDS、CGSS、城镇住户抽样调查等数据，结合当下我国农民工面临的生存现状，从收入、教育、健康、社会保障、住房、就业、社会融入等多方面，并选用多种指标，对农民工的多维贫困进行了测算，不同研究测得的农民工多维贫困发生率如图 11-4 所示。图 11-4 表明，农民工的多维贫困状况较为严重，例如 2016 年农民工的非收入多维贫困发生率高达 90.46%（周云波和贺坤，2020），并且其多维贫困发生率并不完全呈下降趋势，有些研究结果呈下降趋势较为明显，如有的研究采用 CHNS 数据，从收入、健康、教育、医保 4 个维度 5 个指标，测得 2000 年、2004 年、2006 年、2009 年农民工多维贫困发生率分别为 26.8%、21.2%、12.6%、2.7%，存在明显的下降趋势（王春超和叶琴，2014）。但也有的研究结果中则出现了反弹上升趋势，如有研究采用 CMDS 数据，选取收入、教育、社会保障、住房、就业、健康、社会融入 7 个维度 20 个指标，测得 2002 年、2007 年、2013 年农民工多维贫困率分别为 96.83%、78.32%、80.53%，其中 2013 年就较前有略微的反弹（贺坤，2019）。而且农民工的贫困不仅包括收入贫困，即使在多维贫困指标体系中农民工都面临严重的多维贫困，而且都明显高于城镇户籍流动人口（贺坤和周云波，2018）。如 2002 年、2007 年、2013 年城镇户籍流动人口的多维贫困发生率分别为 31.82%、20.48%、26.55%，均比同年农民工的多维贫困发生率低。可见，多维贫困能够弥补收入贫困的单一性问题，而将收入维度纳入多维指标测度体系中能有效提升农民工多维贫困识别覆盖率，从而降低仅按收入标准测度贫困可能发生的错漏率（周云波和贺坤，2020）。

（二）儿童群体的多维贫困状况及测算结果

一些研究采用 CFPS、CHNS 数据或是自调研数据等，从代际传递和生命周期等视角选取维度、指标，测算了中国儿童多维贫困，选取维度包括营养健康、教育成长、环境福利、社会保护等。不同研究测得的儿童多维贫困发生率如图 11-4 所示，整体而言儿童的多维贫困发生率也较高。其中一些研究采用 CHNS 数据，从教育、健康、生活条件、个体成长 4 个维度 11 个指标，测得

1989~2011年我国儿童的长期多维贫困发生率高达49.55%。[1] 另有研究发现农村儿童多维贫困是城镇儿童的2~3倍；学前教育不足、父母陪伴缺失等，是农村儿童早期陷入多维贫困的主要原因（周云波、黄云等，2019；尚纹玉，2019；Qi和Wu，2018）。

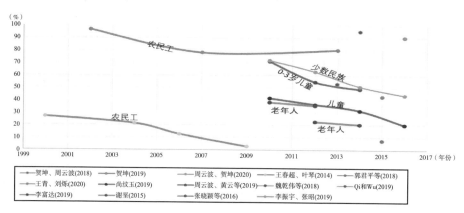

图11-4 中国不同特殊群体多维贫困发生率

资料来源：笔者根据已有关于不同人群多维贫困研究测算结果绘制所得。

（三）中国老年人多维贫困程度测算及结果

学界已有研究多采用CFPS等数据，从健康、主观感受和生活条件等方面，测算了中国老年人多维贫困程度。不同研究测得的老年人多维贫困发生率如图11-4所示。整体而言，老年人的多维贫困发生率呈现缓慢下降趋势。例如一些研究采用CFPS数据，从消费、健康、未来信心3个维度，测得2010年、2012年我国老年人多维贫困发生率分别为38.26%、35.56%，年均下降不足1%（解垩，2015）；还有研究指出营养状况、社会公平感、卫生设施是老年人多维贫困的主要致贫因子，而老年人健康贫困有所恶化，与子女同住能够显著降低老年人的多维贫困（李富达，2019；解垩，2015）。老年人处于生命周期末期，一旦退出劳动力市场，其收入来源减少极易陷入贫困，尤其是留守老人、"空巢"老人。由于"养儿防老"的传统模式难以持续，故虽然"社会养老"开始在一定程度

---

① 由于儿童多维贫困不同于成人贫困，不能直接采用UNDP-OPHI的多维贫困指标体系来分析儿童多维贫困问题，联合国儿童基金会专门针对儿童群体开发了儿童多维贫困测度方法——多重交叠剥夺分析法（MODA），该方法以AF法为基础并结合了生命周期法，考虑到了儿童的阶段性差异，对不同年龄段的儿童设置不同指标，最后对不同年龄段儿童的贫困状况进行加总，该方法在国际上也已被40多个低收入国家采用。可参见 Neubourg, C. D., Chai, J., Milliano, M. D., & Plavgo, I. (2013). Step-by-step guidelines to the multiple overlapping deprivation analysis (moda). Innocenti Working Papers.

替代"传统养老",但效果有限（张川川和陈斌开,2014）。

(四) 中国城乡中妇女家政从业者的多维贫困程度及结果

除了上述群体外,有些研究还进行了更多不同群体的分析,如有研究从收入、教育、健康、生活水平和社会融入 5 个维度,分析了 451 名在北京市从事家政服务业流动妇女的贫困状况,测得 2013 年北京市流动妇女的多维贫困发生率为 5.54%（张晓颖等,2016）。另有研究从健康、教育、生活状况、食物支出、收入水平 5 个维度考察了农村地区少数民族人口的多维贫困状况,测得我国某些少数民族的多维贫困发生率,从 2010 年的 72% 降至 2016 年的 44%,少数民族人口的多维贫困状况改善明显但依旧较高（李振宇和张昭,2019）。

总之,通过对中国不同特殊群体的多维贫困研究分析可知,不同群体多维贫困状况不同,其中农民工、儿童、老年人、妇女及部分少数民族等特殊群体的多维贫困状况并不乐观,农民工群体通过进城务工虽然基本能够摆脱现行标准下的收入贫困,但依然面临严重的多维贫困（贺坤和周云波,2018）;儿童群体,尤其是农村地区的留守儿童,他们在营养、早期教育和心理健康等多方面都有待改善（周云波、黄云等,2019;Qi 和 Wu,2018;田旭等,2018;宋扬和王暖盈,2019）。在人口老龄化和高龄化日趋严峻的情况下,老年人群体的养老问题可能面临贫困的更大困扰。今后的减贫政策应多关注这些群体。

综合以上关于中国全国、城、乡、地区,及一些特殊群体,如农民工、老人、儿童等研究结果表明:一是中国的多维贫困的变动趋势基本是呈下降趋势,全国层面、不同地区、不同群体的多维贫困程度都有所缓解,其中农村地区的多维贫困发生率下降幅度最大,而农民工、儿童、老年人等不同特殊群体的多维贫困发生率下降幅度则较小;二是农村地区的多维贫困程度远高于城市地区,其中农民工、留守儿童、老人等特殊群体的多维贫困状况更高些;三是进一步验证了中国贫困的多维性特征,导致贫困的因素涉及经济、制度、个体、家庭、社会和自然环境等多方面,在多维贫困测度中,不同维度都是重要的致贫因素,只是贡献程度不同;四是人们对贫困的认识愈发全面和深刻,贫困已经远远不止收入和物质资料的匮乏,还表现为身心健康、教育、工作机会等能力的不足以及表达自身权利的渠道缺乏等;五是同单一收入贫困标准比较,多维贫困和收入贫困识别存在差异,收入贫困的单一性存在局限,仅仅用收入和消费支出测度和识别贫困人群已经远远不够,必须由单一维度扩展到多维度。

另外,中国国内的现行研究也存在一些需要改进的问题,如时间跨度不一,有 1 年、3 年、5 年的,也有 10 年以上的,这些研究分别从静态、比较静态或是动态视角关注多维贫困的变化程度,不能简单比较。而更重要的问题是,维度和指标不统一。在 UNDP – OPHI 开发的指标体系基础上,根据中国实际情况和背景不同，对实际研究数据和研究对象进行适当的调整是可行的，但还是应当尽可能统一、一致，否则影响比较及结论。伴随着我国经济发展水平的提高，尤其是在绝对贫困消除以后，我国的贫困问题面临新特征，由此必须从多个视角，依托能力贫困和多维贫困理论，借用多维贫困的测度方法和指标体系，对我国 2020 年后相对贫困人口进行识别与测度，分析其陷入贫困的根源，设计预防贫困和反贫困的新政策体系。

第五节 中国在今后新阶段应用多维贫困理论与方法的方向和重点

2020 年底中国已经完成全部人口的脱贫任务，即按现行的标准消除农村的绝对贫困，实现全面小康水平。中国的贫困状况将转变为另外的形式，即很可能用新的相对贫困标准，呈现为新的相对贫困现象。换言之，随着现行标准下的绝对贫困消除，未来我国的贫困治理工作将转向应对和缓解发展不平衡、不充分的多维相对贫困转变。这可能为多维贫困理论和方法在中国的进一步运用提供更好的条件，因为相对贫困更需要从多维进行测度和治理。因此，在新时期的贫困治理工作中，中国应尽快确定并公布多维贫困标准，制定、公布并应用多维贫困理论、方法和举措，结合收入贫困理论和多维贫困理论，构建适合中国国情的多维相对贫困指标体系。

首先，中国应当同时采用多维贫困方法进行测度和考核，并指导新时期贫困治理工作。多维贫困理论、方法和举措的内在长处，可以更加提升全面建成小康社会后中国脱贫理论内涵，有利于校正单一收入贫困标准的不足；与单一收入标准相比更易于发现扶贫工作中存在的问题；对致贫维度进行分解有利于明确各个维度对贫困家户的贫困影响程度从而更加精准帮扶，即可以更好地满足进入新阶段对相对贫困现象的更加精准识别，以及精确帮扶与精确管理的更大需求和要求。

（1）多维贫困理论和思想能够丰富我国的扶贫理论研究内涵。中国关于贫困的思想中"贫"和"困"的组合词，包含了双重的内涵，在经济不发达阶段，"贫困"现象多突出其"贫"的一面，收入和消费水平较之发达国家差距明显；但伴随我国经济上升到中等收入阶段，就会更多地突出"困"的因素，例如医疗保障之困、环境污染之困、教育失衡之困等，即"贫困"一词既包含了一维的收入或消费贫困，也包含了多维贫困的理念。正是因为如此，我们的扶贫理论也需要明确引入多维贫困的思想和方法。

（2）多维贫困方法有利于校正单一收入贫困标准的不足。如果单纯采取收入或消费贫困测度法，不能保证精准测度贫困状况，从而也很难达到精准扶贫。对于同一组人口进行关于收入贫困和多维贫困程度的比较研究发现，收入贫困和多维贫困的重合度为30.62%，或者说如果只按单一收入贫困概念衡量可能要遗漏69.38%的多维贫困户（冯贺霞等，2015），推及到我们国家当前的扶贫工作中来，则有可能把近70%的多维贫困标准户不作为扶贫对象。可见，唯有多维贫困方法才能真正弄清楚贫困人口的真实数量。

（3）采用多维贫困方法测度比单一收入标准更易于发现存在的问题。比如1991～2011年期间我国农村贫困家户的收入贫困有很大改进，但用多维贫困方法计算发现这些贫困家庭户的多维贫困深度只有轻微下降，从1991年的51.21%仅下降到2011年的40.46%，贫困程度仍然较深，从而仍应予以高度关注（张全红和周强，2015）。

（4）采用多维贫困方法可以通过致贫维度分解，利于通过分解找到"穷根"。我国2009年多维贫困指数为0.034。其中，生活标准维度中卫生设施指标对多维贫困贡献程度最大，为24.0%；健康维度中的医疗保险指标的贡献程度次之，为17.3%；生活标准维度中耐用消费品的贡献程度为12.4%，而现代燃料指标的贡献程度为12.3%；教育维度中成年人受教育年限的贡献程度为7.8%（王素霞和王小林，2013）。如此等等，可见通过多维贫困指数的多维度分解，可明确扶贫靶向，进而易于做到因户施策、因人施策的精准扶贫。

（5）公布多维贫困标准会非常有利于中国向全球宣传中国扶贫的"中国故事"，即中国实践中早已推进着的多维扶贫，有研究多维贫困理论最肥沃的土壤，可提升我国关于发展经济学反贫困理论研究的话语权，而且可使扶贫"中国方案"成为他国之借鉴。

因此，中国应尽快研究并明确、公开宣布多维贫困标准和办法，将已经采取的多维扶贫手段制度化、政策化、公开化。国家统计部门应该制订相应的统计计划，建立权威的数据库，发布专门的统计数据，以供学术界和政府部门使用和应用。当然，在实践中中国可以保持两种测度体系，收入贫困方法和多维贫困方法同时使用，可以相互印证、相得益彰，而且可以保持我国贫困治理工作有历史延续性和可比性。

中国可以保留相互比较的两种指标体系，这即意味着应当不把收入水平纳入多维贫困指标体系。多维贫困理论得到发展是基于以收入或支出为标准的单维测度存在诸多不足，但在多维贫困指标体系中如何处置收入因素，却存在矛盾的尴尬情况。理论上如果将收入纳入多维贫困指标体系，可以全面考察低收入群体的生活状况，但会导致多维贫困发生率大概率高于收入贫困发生率，从而导致在MPI框架下多维贫困和收入贫困二者之间比较失去了意义。如果不纳入收入则其的确又是影响贫困程度的重要一维因素，似乎也不妥，因而全球多维贫困指数将收入维度彻底摒弃便引起很大争议。牛津多维贫困发展研究中心（OPHI）指出全球多维贫困指数 MPI 未将收入纳入指标体系当中，是因为各国的收入数据获取难度大，统计口径存在差异。为了弥补收入维度的缺失，王小林和阿尔基尔（Alkire，2009）引入了家庭资产维度；李佳路（2010）将脆弱性单独作为一个维度从而考察了低收入群体的抗风险能力；刘和徐（Liu and Xu，2016）在引入脆弱性维度的同时还引入了金融资本、人力资本、自然资本、有形资本和社会资本来衡量贫困群体的生活状况和发展能力。

鉴于此，中国下一步可以根据国情保留两种指标体系，即收入的单一维度贫困程度测度方法与多维贫困程度测度方法（可以引入收入替代指标），同时进行相互校正，既可与以往的单一收入指标体系相比较，考察其变动情况，又可取得多维贫困程度的测算指标，以考察未来的多维贫困状况，还可做两指标体系间的比较。

其次，中国今后运用多维贫困理论与方法时，必须克服前期应用中存在的主要问题。前期已经非常丰富的多维贫困测度研究中，[1] 存在的问题主要表现在维度类别及方向的选取、权重的设定以及多维贫困指标体系构建统一性等方面。

一是要尽可能在维度指标的选取上形成统一共识。多维贫困的测度在具体操作中，需要在避免维度之间的共线性和重复计算的条件下，统一结合数据确定最优维度种类及个数，并且即使维度选取一致而考虑数据限制各维度下的次级指标也需要相对统一，但是学界对此还缺少统一的辨识标准，从而导致不同的研究之间缺乏一致性和可比性。这也是多维贫困方法相比单一维度方法的最大缺陷。[2]目前国际学术界大多以全球多维贫困指数的三大维度 10 个指标或千年发展目标作为参考标准，以确保维度和指标的相对稳定性。中国可以借鉴这一做法，以相对保证多维贫困维度和指标在不同时间、不同区域或不同人口子群之间有基本的可比性。

二是要争取各指标权重有统一的设计。构建多维贫困测度指标，在确定了维度和指标之后，关键的就是维度权重的设定。确定权重常用的方法有等权重法、统计法（主成分分析、因子分析法、层次分析法）、频率法（Kim，2012）和社会选择法（李小云等，2005），不同方法各有优势，迄今为止对于权重如何选择也未达成共识（霍萱，2017）。其中，等权重法在已有研究中最为常见。但很多学者认为这种确定权重的方式过于随意，存在明显的价值判断倾向。因此有的研

---

[1] 现阶段已有包括中国等 65 个国家以及国际机构加入多维贫困的探索队伍当中。具体参见 http：// www. mppn. org。

[2] 关于维度和指标的选取以及是否存在一套固定而又权威的多维贫困维度和指标清单，学者们持有不同的观点。确有一些人认为没有必要统一，也没有必要具有可比性，因为各种情况下贫困原因就是不同的。

究采用主成分分析法（张全红和周强，2014）、一般线性模型法（Qi and Wu，2015）、加权秩相关分析（Liu and Xu，2016）等对各维度赋权，从而实现维度权重的非等权设计。但这些方法也有缺陷，如采用主成分分析法设置权重时，权重会出现负值，其中的含义难以解释；而简单加权又存在高估或低估贫困程度或发生率的可能性，依然没有找到一种绝对优于等权赋权的方法。迄今为止，现有大多研究依然沿用等权赋权，人类贫困指数（HPI）、全球多维贫困指数 MPI 采用的都是等权重法。[1] 中国今后在运用多维贫困方法时，也可以尝试等权法赋权，因其虽然有一定有缺陷，但符合大多数研究的做法，而且该方法简单易行，清晰明了。

三是要保持多维贫困测量指标体系大致统一。在多维贫困测算中，针对城市和农村、不同群体的多维贫困指标体系在设计上往往存在差异，即指标体系构建存在不同。很难针对城乡和不同群体去设计统一的多维指标测度体系；即使相同的研究对象或范围，因数据可及性和数据差异，贫困维度和指标选取及权重设置往往都不完全相同。由此，导致多维贫困的测算结果之间往往缺乏可比性，这是一个重要问题。的确，多维贫困由于多个维度而涉及的指标众多，要在一个数据集中同时获得所有指标并非易事，不同的数据集虽然可能有类似指标，但由于调查目的不同，提出问题的机理不一，也限制了它们之间的可比性。研究角度不同，最终的政策含义也存在差异。比如，侯亚景（2017）、蒋南平和郑万军（2019）都采用了 CFPS 2010—2014 年数据分析农村人口的多维贫困状况，但侯亚景从主客观多维贫困测量框架考察了农村长期多维贫困状况及其影响因素，选取了教育、健康、生活条件、主观福利四个维度，而蒋南平和郑万军主要关注农村人口的脱贫和返贫，因研究对象的教育年限变动不大而没有选择教育维度，最终选取了收入、健康、生活质量和医疗服务 4 个维度。由此可见，使用同样的数据，但出于不同的研究目的和视角，结论也都各具意义和价值。然而它们之间是不可比的。中国在今后的运用中可视情况而定，学术界研究多维贫困问题仍可根据研究目的而自由选取维度和指标，但如果是国家用于考核各地多维贫困进展，则宁可在简化的前提下必须力求统一测度指标体系，否则无法进行比较。

---

[1]　在多维贫困的研究中不同的指标选取和权重设定都会对多维贫困测量结果产生重大影响，其政策含义也完全不同，因此，维度和权重的设定依然是多维贫困研究领域的重点和难点之一。参见 Brandolini, A. On Synthetic Indices of Multidimensional Well – Being：Health and Income Inequalities in France, Germany, Italy and the United Kingdom. CHILD Working Papers, 2007；郭建宇、吴国宝：《基于不同指标及权重选择的多维贫困测量——以山西省贫困县为例》，载《中国农村经济》2012 年第 2 期，第 12~20 页。

第三篇　未来方向：在相对及多维贫困治理中实现共同富裕

党的十九届五中全会通过的《关于制定国民经济和社会发展第十四个五年规划和二〇三五年远景目标的建议》，对 2021～2025 年的第 14 个五年计划以及 2035 年远景目标做了清晰的描绘，其中明确指出在中国进入全面小康社会阶段，要努力使"人民生活更加美好，人的全面发展、全体人民共同富裕取得更为明显的实质性进展"。这样的五年计划和远景规划昭示着，在中国社会中消灭绝对贫困和改善收入分配状况都是为了实现共同富裕。在解决现行标准的绝对贫困问题，在今后中国经济社会进入新阶段后，可能提出更高标准的贫困标准，更可能提出与经济发展水平相适应的相对贫困标准，或者提出不包括收入水平的多维贫困标准等，总之要将低收入阶层的生活水平提高，一定程度上同改善收入分配状况高度融合。2020 年我国"脱贫攻坚"取得了决定性胜利，经济发展水平进入中上收入阶段，中国居民的总体收入差别已经跨越"公有经济倒 U 曲线顶点"，但是低收入阶层的比重还比较大，农村脱贫人口收入水平还比较低并且仍然面临返贫的可能风险，相对贫困问题依然突出，中等收入阶层还比较小，葫芦形格局还在持续，城乡区域差别也比较大，从而总体差别还比较大，即中国社会还处在共同富裕之路的初级阶段，距离橄榄形的共同富裕目标还较远。因此，还需要更深入的体制机制改革、需要更加全面的政策举措调整。

因此，在前两篇分别总结"精准扶贫"经验做法，以及梳理精准扶贫工作过程和成效的前提下，本篇着重探讨在今后的经济社会发展新阶段，如何一方面持续推进经济稳定发展，继续做大经济总量的"馅饼"，提高城镇与乡村全体居民的人均收入水平，使之逐步更加接近当代发达国家的水平；同时另一方面，如何在更加合理分配不断增大的"馅饼"方面下功夫，在治理相对贫困及多维贫困的过程中，让更多低收入居民享受到改革开放发展的成果，缩小低收入群体的人口比重，扩大中等阶层人群至橄榄形，完成二元经济一体化，缩小城乡区域差别，真正实现一个人不少、一个群体不少、一个阶层不少、一个行业不少、一个区域不少的全体人民的共同富裕。要完成这样的任务，比前一阶段可能更加艰难，困难也可能更多。需要在更高水平的新起点上，采取更多目标导向和问题导向的政策和举措。这将作为本书第三篇的中心内容和主要任务。

第十二章 新时代的贫困治理 与共同富裕总目标

经过40多年的改革开放，我国社会生产力取得很大发展，经济总量稳定地占到全球第二位；我国稳定解决了十几亿人的温饱问题，已经总体全面建成小康社会，在此基础上我国社会的基本矛盾已经发生变化，中国特色社会主义进入新时代，围绕"共同富裕"展现一系列新特征。

新时代我国社会主要矛盾，是人民日益增长的美好生活需要和不平衡不充分的发展之间的矛盾，包括低收入阶层的比重还比较大，农村脱贫人口收入水平还比较低并且仍然面临返贫的可能风险，相对贫困问题依然突出，中等收入阶层还比较小，葫芦形格局还在持续，城乡区域差别及总体差别还比较大等问题，必须坚持以人民为中心的发展思想，全国各族人民团结奋斗，不断创造美好生活，不断促进人的全面发展。新时代的经济社会总目标，是逐步实现全体人民共同富裕。

新时代的基本方略，是坚持在经济持续发展中保障和改善民生，多谋民生之利、多解民生之忧，在发展中补齐民生短板、促进社会公平正义，保证全体人民在共建共享和公平分享发展成果中有更多获得感，不断促进全面发展、全体人民共同富裕。

新时代第一个阶段的任务，是基本实现社会主义现代化，共同富裕迈出坚实步伐，即我国经济实力、科技实力将大幅跃升；人民平等参与、平等发展权利得到充分保障；人民生活更为宽裕，中等收入群体比例明显提高，城乡区域发展差距和居民生活水平差距显著缩小，公共服务均等化基本实现。

新时代第二个阶段的任务，是建成富强、民主、文明、和谐美丽的社会主义现代化强国，共同富裕基本实现，即我国物质文明、政治文明、精神文明、社会文明、生态文明将全面提升，实现国家治理体系和治理能力现代化，成为综合国力和国际影响力领先的国家，全体人民将享有更加幸福安康的生活。

第一节 在经济发展中治理相对贫困，
缩小收入差距，实现共同富裕

"千里之行，始于足下"。要实现中国社会在新时代美好、宏伟且激动人心的共同富裕目标，完成近期及远景目标任务，必须从眼下的工作扎扎实实地做起，要从两个方面推进才能真正逐步实现共同富裕大目标。这也是共同富裕大目标中"共同"和"富裕"两个部分的具体内涵。①

一、共同富裕大目标中"富裕"的内涵

要实现共同富裕，首先必须在"富裕"两字上做足文章，要切实提升富裕水平，继续抓住科学发展是硬道理这个根本，坚持高质量发展是解决我国一切问题的基础和关键，使我国经济真正进入富裕阶段，加入富裕行列，成为一个富裕的发达国家。"贫穷不是社会主义"，邓小平同志的著名论断言犹在耳。我们通过40多年的改革开放，把中国经济从低收入水平经济体提升到中等水平经济体，经济总量上升到世界第二，这是使我国从站起来，富起到强起来，对世界经济增长贡献率超过30%的物质基础。按照"三步走"的战略规划，解决人民温饱问题、人民生活总体上达到小康水平这两个目标已提前实现，人民获得感显著增强；6000多万贫困人口稳定脱贫，贫困发生率从10.2%下降到趋近于0，脱贫攻坚战已经取得决定性胜利；中西部和农村地区教育明显加强，城镇新增就业年均1300万人以上。城乡居民收入增速超过经济增速，覆盖城乡居民的社会保障体系基本建立。这是我国社会大局保持稳定、国家安全全面加强的物质基础，是唯物主义原理的胜利。

但我国仍是世界最大发展中国家的国际地位没有变，仍处于并将长期处于社会主义初级阶段的基本国情没有变。我们必须要牢牢把握这个基本国情，牢牢立足社会主义初级阶段这个最大实际，牢牢坚持党的基本路线这个党和国家的生命线、人民的幸福线，以经济建设为中心和发展的硬道理，坚持四项基本原则，坚持改革开放，自力更生，艰苦创业，坚定不移贯彻创新、协调、绿色、开放、共享的新发展理念，为把我国建设成为富强、民主、文明、和谐美丽的社会主义现代化强国而奋斗。

---

① 本节内容改编自陈宗胜的论文《做好"富裕"和"共同"两篇大文章》，载《人民日报》2018年3月1日理论版《大家手笔》专栏。

　　我国新时代的社会主要矛盾的一个矛盾方面，仍然是"不平衡不充分的发展"，我国人均发展水平距离发达国家还有很大差距；发展质量和效益还不高，创新能力不够强，实体经济水平有待提高，生态环境保护任重道远；民生领域还有不少短板，治理相对贫困、多维贫困的任务还很艰巨。

　　因此，我们必须按照全面建成小康社会各项要求，紧扣我国社会主要矛盾变化，统筹推进经济建设及其他各项建设，保持高质量中高速稳定增长，继续推进供给侧结构性改革，振兴新经济改造旧产业，去产能、减成本、提质量，坚定实施科教兴国战略、人才强国战略、创新驱动发展战略、乡村振兴战略、区域协调发展战略、可持续发展战略，全面建成得到人民认可、经得起历史检验的小康社会。即在"两个一百年"奋斗目标的历史交汇期，既要全面建成小康社会、实现第一个百年奋斗目标，又要乘势而上向第二个百年奋斗目标进军，开启全面建设社会主义现代化强国新征程，通过两个阶段的努力进入发达的富裕国家行列。

二、共同富裕大目标中"共同"的内涵

　　要实现共同富裕，还必须在"共同"两字上做足文章，要在消除绝对贫困后持续治理相对贫困，切实缩小收入差别及各种差别，要使全体人民"一个都不能少"地共同迈向富裕水平，共同进入富裕社会。改革开放之后，按照邓小平同志"允许一部分人一部分地区先富起来，带动全体人民逐步实现共同富裕"的思想，伴随着我国经济的快速发展和提高，居民收入差别及城乡和区域差别都先后不同程度地逐步扩大，从而也带来了一系列社会矛盾，并一定程度上影响了社会安定。党和政府在发现问题后遵循公有制度中有关收入分配差别的经济规律，及时将发展策略从"效率优先兼顾公平"调整为"兼顾公平与效率"。经过多年的持续努力，城乡区域收入分配差别已经缩小，基尼系数开始下降，中等收入群体持续扩大，贫困人口大规模减少，人民健康和医疗卫生水平大幅提高，保障性住房建设稳步推进。

　　国家统计局的资料显示（见图 12 - 1），从 2008 年前后我国各主要侧面的居民收入差别，均先后越过拐点即最高点，全面进入"公有经济收入差别倒 U 曲线"的下降阶段：[①] 比如，全国居民总的收入差别基尼系数从 1978 年的 0.343 逐

[①]　关于公有经济收入分配"倒 U 曲线"理论，其主要内容是在公有经济基础上建立了收入分配差别与经济发展水平之间的关系，说明公有经济中制约收入差别的主要因素如劳动差别、公有积累、社会保障制度与经济结构转变、经济增长量的增加等，将制约收入分配差别首先逐步扩大，在经济发展水平达到一定程度和阶段，然后又转而逐步下降，总体上呈现一种类似倒"U"形的曲线轨迹。可参见陈宗胜《经济发展中的收入分配》一书，上海三联书店、格致出版社及上海人民出版社 1991 年版、1994 年版、2014 年版，以及《中国居民收入分配通论》，上海三联书店、格致出版社及上海人民出版社 2018 年版。

渐增长到 2008 年的最高值 0.491，年均上升 0.14%；之后持续下降到 2015 年，2017 年略回升到 0.467，2018～2019 年再下降为 0.427 和 0.423，比拐点值低 0.068，下降 14%。城镇居民收入差别从 1978 年的 0.175，经 1986 年、1993 年和 2002 年的几个"阶梯"上升到 2005 年的高峰值 0.342，之后下降至 2017 年的 0.276，而 2018 年略升到 0.339，比高峰值低约 0.8%。农村居民收入差别出现转折较晚，而且唯一目前还在上升的，从 1978 年的 0.281 曲折上升到 2011 年的最高点 0.384（年均上升约 1%），然后逐步下降到 2016 年的 0.379，但 2017 年又回升到 0.384，2018 年则更突破到 0.392，上升 0.008，达 2%。看来农村差别的高点还在持续。城乡之间的收入差别以城乡收入比表示，从 1985 年的 1.89 上升到 2010 年的顶点 3.23，然后基本是持续下降到 2018 年的 2.69。与此对照以基尼系数表示的城乡差别转折最早，从 1978 年 0.180 的低起点上升到 2003 年即达拐点 0.282，然后至 2018 年下降为 0.203。15 年持续下降 0.009，达 3.2%。行业收入差别的最高值出现在 2008 年为 0.195，之前基本处于不断上升期，到 2017 年则缓慢下降至 0.175。中国的地区差别扩大始于 1984 年，以泰尔指数计（图中右纵轴）到 2009 年达到最大为 0.176，之后逐步下降，到 2017 年低至 0.139。大致来说，各种收入差别指标的拐点都出现在 2008 年前后，收入差别开始下降，与"公有经济收入差别倒 U 模型"的预期完全相符，从而证明邓小平同志"先富后富"的思想是成功的。

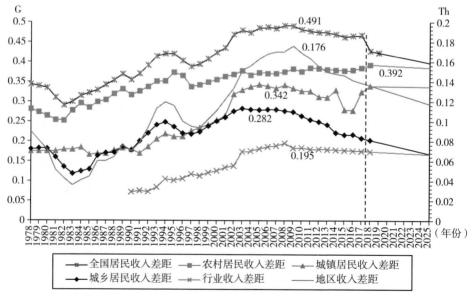

图 12 - 1　1978～2025 年中国居民收入分配差别（基尼系数）变动

资料来源：国家统计局历年《中国统计年鉴》，2019～2025 年为笔者预测值。

　　然而，从下降幅度和总的差别程度看来，各种收入差别的变动还是初步的。总的判断是，虽然各种差别已经进入下降通道，但是下降幅度还较小，城乡间、区域间、行业间差别及城乡内部收入分配差距依然较大，民生领域还有不少短板，群众在就业、教育、医疗、居住、养老等方面面临不少难题；社会矛盾和问题交织叠加。这些问题都必须着力加以解决。其中从基本方面看来，之所以收入差别仍然较大，主要是从收入分配的横向格局考察，中等收入群体比重还较小，即我国居民收入分配格局从改革开放初期的"过度平均"转变为"金字塔形"后，没有直接转变为"橄榄形"，而是逐步演变为类似"葫芦形"，即相对于低收入群体和富裕群体而言，中等收入群体较小。这种"葫芦形"分配格局，是二元经济结构、二元户籍制度、城乡差别较大的直接结果，从而也是总收入差别下降幅度较小，总差别程度仍然较高的主要原因，因为城乡差别是我国居民收入差别的主体部分。

　　因此，必须认真落实党的十九届五中全会精神，实施农村振兴战略，优先发展农村农业经济，发展小城镇群，改革户籍制度，加速农民市民化，加速城镇化，缩小城乡区域差别；扩大中等收入群体，增加低收入者收入，调节过高收入，取缔非法收入。同时要坚持按劳分配原则，鼓励勤劳守法致富，完善按要素分配的体制机制，促进收入分配更合理、更有序；加强社会保障体系建设，兜底线、织密网，建立全国统一的社会保险公共服务体系，完善最低生活保障制度。

　　应当指出，共同富裕不是同步富裕、平均富裕，否则很可能要重走普遍贫穷的平均主义老路，陷入"低水平陷阱"；共同富裕应当是有先有后、分步骤分层次地逐步走向富裕。只有在适度缩小并保持适度差别的前提下，保持经济发展效率从而推动经济发展提高，才能超越"中等收入陷阱"达到富裕阶段，才会有共同的富裕。唯此，才能在2020年消除绝对贫穷达到全面小康水平以后，到2035年基本实现社会主义现代化，"人民生活更加美好、人的全面发展、全体人民共同富裕取得更为明显的实质性进展"，到2050年把我国建成富强、民主、文明、和谐美丽的社会主义现代化强国，实现中华民族复兴的中国梦。

第二节　收入分配公平及相对贫困治理与共同富裕目标

　　第一节的讨论说明，实现共同富裕的大目标，实际上涉及经济发展与缩小相对贫困与分配差别，或者更概括地说，涉及经济效率与收入分配公平的结合。也就是说，从共同富裕目标的内涵本质上分析，涉及公平与效率的内在逻辑关系。所以本节试图从公平和效率两个方面，就收入分配、发展成果共享、层际分配、经济产出水平和资源投入构成几个层面，多层次多角度全方位刻画居民收入分配公平与共同富裕的目标。①

从分配公平与经济效率关系的角度上看,共同富裕就是社会收入分配比较公平与社会经济发展水平的效率比较高的组合。这是最理想的组合,即最优组合。但是如果从逻辑关系特别是从世界各国的实践过程看来,公平与效率的组合模式或者说是构成模式就有多种。表 12 – 1 反映的是收入分配与经济效率的各种关系组合,横轴为经济效率高低,分为低、中、高三种;纵轴为收入分配公平程度,也分为低、中、高三种。所以,二者组合最终形成九种关系模式。

表 12 – 1   收入分配差距与经济效率高低的关系模式

收入分配差距程度	Ⅶ(低差距、低效率)(1949 年至 1978 年)	Ⅷ(低差距、中效率)	Ⅸ(低差距、高效率)(共同富裕社会)	低
	Ⅳ(中差距、低效率)	Ⅴ(中差距、中效率)改革开放至今	Ⅵ(中差距、高效率)	中
	Ⅰ(高差距、低效率)(1949 年新中国成立以前)	Ⅱ(高差距、中效率)	Ⅲ(高差距、高效率)	高

经济效率高低:低   中   高

注:Ⅰ表示高度扭曲(高差距、低效率),Ⅱ表示中度扭曲(偏差距),Ⅲ表示较高扭曲(高差距、高效率);Ⅳ表示中度扭曲(偏差距),Ⅴ表示中度匹配(中差距、中效率),Ⅵ表示较高匹配(偏效率);Ⅶ表示低度匹配(低差距、低效率),Ⅷ表示较高匹配(偏效率),Ⅸ表示高度匹配(低差距、高效率),即共同富裕。

社会收入分配公平程度与经济发展效率的关系模式的变化,具有以下几个特征:第一,涉及人民的广泛性,关系到广大人民的根本利益,关系到广大人民群众积极性、主动性、创造性的充分发挥,关系到全面建设小康社会、实现中国特色社会主义共同富裕目标;第二,涉及社会领域的综合性,是一个综合性概念,是人类社会生产、分配、制度、价值取向等多方面的综合反映;第三,涉及社会生活的层次性,是由多层次构成的,既包括经济产出与收入增长、劳动收入分配,也包括发展成果共享、层际分配以及税收和公共产品,以及社会成员对收入分配差距的承受力等;第四,涉及社会发展的过程性,始终贯穿于人类文明和经济发展的全过程,即发展的每个阶段都存在着分配公平与经济效率如何匹配、怎样兼顾等问题。

社会收入分配公平程度与经济发展效率的关系模式的变化,可以通过统计指标体系来反映。当然,究竟应该选取哪些指标,建立什么样的统计监测指标体

① 本节由南开大学经济学院教授钟茂初撰写。

系，值得深入研讨。大致看来，综合反映分配公平与经济效率组合模式的指标体系，应当遵循以下 6 项原则：第一，客观性原则。评价指标的设置能够真实地反映出分配公平与经济效率的组合变化状况的现实特征和规律性。第二，完备性和独立性相结合原则。反映分配公平与经济效率的关系变化具有复杂性。因此需要选择能反映分配公平与经济效率各个方面的指标，且具有代表性和独立性较强的指标，才能够建立简化而有效的指标体系。第三，科学性原则。任何指标体系必须以客观存在的事实为基础，公正、全面、科学地反映分配公平与经济效率和谐运行关系的本质和规律性。第四，系统性原则。分配公平与经济效率的各种组合模式是一个有机整体，而且是动态发展变化的，选择和确定具体指标要综合考虑其整体性、动态性和系统性，既要选择反映和衡量系统内部各个子系统和总体发展状况的指标，又要包含反映各个系统质量改善和数量提升的动态指标。第五，可比性原则。应当采用可比性较强的相对量指标，每个指标的含义、统计口径和范围要明确，以确保时空上的可比性。第六，实用性原则。应该从实际出发，尽可能选择可以取得资料的指标，指标尽可能完整、简单，不宜过多、过细、过于庞杂，以减少资料的收集、整理和定量化中的困难。

根据社会收入分配公平程度与经济发展效率的关系模式，以及建立综合反映各种组合模式的指标选择的基本原则，可以建立如下指标体系，总体反映公平与效率两个方面，包括五个一级指标：反映收入分配公平的三个一级指标是劳动收入分配、发展成果共享和层际分配；反映效率的两个一级指标是系统经济产出和系统资源投入。其中劳动收入分配用居民收入占 GDP 比重、人均收入增长弹性系数和劳动报酬弹性系数来衡量；发展成果共享用中等收入人口比重、中低收入群体占全社会收入比重和城乡人均资源消费比来表示；层际分配用基尼系数、城乡人均收入之比、城乡收入增长率之比和城乡贫困人口比重来衡量；经济产出用某地区国内生产总值或国民收入表示，资源投入则包括物质资本投入、劳动力投入、人力资本投入、矿产等能源消耗量以及技术进步。在此基础上，可进一步将收入分配公平的三个一级指标和经济效率高低的两个一级指标及相关的衡量指标，化为具体的可计算代理变量（参见附表 12 - 1），然后运用相关方法即计算出分配公平指数和经济效率指数，[①] 并据此可以判断收入分配与经济效率的关系模式种类。

具体而言，公平方面的三个一级指标：一是在劳动收入分配指标体系中，居民收入占 GDP 的比重可以用人均收入同人均 GDP 比值表示，其比值越大反映居民收入在 GDP 中份额越大；人均收入增长弹性系数和劳动报酬弹性系数，可以

---

① 其中公平指数计算方法主要有两类：一是主观赋权法，根据人们主观上对各指标的重视程度来决定权重的方法，如评分法、德尔菲法、层次分析法等；二是客观赋权法，依据各指标标准化后的数据，按照一定的规律或规则进行自动赋权的方法，如主成分分析法、熵值法、多目标规划法等。经济效率指数计算方法要更多些，有基于 DEA 的 Malmquist 生产指数法、随机前沿法等，不一一介绍。

分别用人均收入增长率与人均国内生产总值增长率的比值和劳动报酬增长率与国内生产总值增长率比值表示，当弹性系数为1时，分别反映两组指标协调发展，当大于1时，说明（人均）收入增速快于（人均）经济产出增速，当小于1时，则反映（人均）收入增速慢于（人均）经济产出增速。二是在发展成果共享指标体系中，中等收入人口比重是中等收入人数占总人口的比重，当该值为1时，表示完全平均的社会；现实中其往往不为1，当其取值越大时，反映出中等收入群体规模越大，社会的收入分配格局更接近"橄榄形"；中低收入群体收入占全社会收入比重是指用于中低收入群体分配的国民收入占国内生产总值的份额，该数值越大，说明分配给中低收入群体的社会财富越多，表明越多的中低收入群体能够享受经济发展的成果，反之亦反；"城乡人均资源消费比"可以用城镇居民人均公共品消费量同农村居民人均公共品消费量的比值表示，当该值为1时，说明城乡居民享有同等的公共资源，当大于1时，说明城市人均公共资源消费量大于农村居民，小于1时，情况则相反。三是在层际分配指标体系中选用的基尼系数、城乡人均收入比都是反映（城乡）居民收入分配的常用指标，一般情况下，取值越大说明（城乡）居民收入差别越大，收入分配越不平等；城乡人均居民收入增长率之比也是反映城乡居民收入差距的指标，其用城镇居民人均收入增长率同农村居民人均收入增长率之比表示，当该值为1时，说明城乡居民人均收入增幅一致，当大于1时，说明城镇居民人均收入增速快于农村居民，城乡收入差距有扩大的趋势，反之，当该值小于1时，说明城镇居民人均收入增速比农村慢，城乡收入差距呈现出缩小趋势；城乡贫困人口比重是城乡贫困人口数量占总人口数量的比例，该指标实际上是整个社会的贫困发生率，该数值越大，表明贫困率越高，反映出更多的群体处于贫困状态，也从侧面说明经济社会发展没有更好地惠及贫困群体。

效率方面的一级指标中，系统经济产出可以用国内生产总值或者国民收入等的总量指标或者人均指标来代理，其数值越大，往往反映经济产出效率越高；系统资源投入指标体系包含了物质资本投入、劳动力投入、人力资本投入、矿产等能源消耗量和技术进步等，若单位产出的资源投入越高，往往反映该系统的效率越低（关于公平和效率指标体系更加详细的介绍参见附表12-1）。

据上述分析，进一步就是如何判断，当今中国的收入分配公平程度和经济发展效率高低及其关系模式，以为下一步的更高目标提供基础。我国当前的经济效率状况，在前面已经反复提到过，较之改革开放前我国经济发生了翻天覆地的奇迹变化，有各种指标反映这一变化。但是从国际比较看来，我国仍是一个发展中国家的经济体，按人均水平我国已经摆脱了贫困落后国家的特征，但还是处在中等水平至多是中上等水平的经济体，即我国还不是发达国家，不是富裕国家，但我们是正在向发达的富裕经济体靠近的国家。这就是我国在经济增长效率坐标上的位置，是明确的，较少争议的。

比较而言，需要进一步讨论一下中国经济社会发展在收入分配公平坐标上的位置。这是本篇的主题，也是近些年来学术界争论较大的问题。为简化起见，可以从上述指标体系中归纳出如下四个判断标准：

第一，相对贫困程度如何，居民收入分配格局是否形成一个以中等收入群体为主的"橄榄形"。理论与实践表明，以中等收入群体为主的收入分配格局具有相对合理性，因为这种格局一方面有利于社会稳定；另一方面有利于形成以消费为主的宏观经济结构。同时，中等收入群体的扩大是一个国家现代化进程的伴生物，他们是改革开放和市场化进程的主要受益者，也是社会稳定的中流砥柱。日益扩大的中等收入群体，对于采取渐进式的经济和政治体制改革，对于政府在面临种种难以预料的经济、政治动荡时稳健的安排社会生活，无疑是有益的。

由于各国发展水平不同，对中等收入群体的界定也有所差别，但各主要发达国家的中等收入阶层总人口的比重均超过50%。其中，美国在20世纪50~60年代中产阶级占社会总人口的比重在60%左右；日本中产阶级占总人口的比重为60%以上；欧洲中产阶级的比重在60%~70%；而一些福利水平较高的国家，如瑞典和芬兰的中产阶级的比重达到了80%以上。我们国家当前显然中等阶层还太小。我们研究发现，中国目前收入分配格局是类似的"葫芦形"，按学界通用的标准2015年中等阶层人口只有约36%，最大的收入阶层还是低收入层，占47%多。[①] 这就是相对贫困的概念，即相对贫困在中国当前及今后一个阶段，还是一个重要社会问题。当然采用不同的标准会有不同的结论，比如将人均可支配收入介于22000~65000元（以2010年为基期）算作中等收入者，按照这一标准，2010年我国中等收入群体占社会总人口的比重更低，仅为21.25%。从而相对贫困的人口比重就会更大。因此，我国今后在经济发展中的收入分配改革的目标之一就是要使得真正意义的"中等收入群体"占社会总人口的比重超过50%，甚至达到70%，从而变"葫芦形"为"橄榄形"。无须细说，这里真正意义上的中等收入群体是指，收入水平要达到具备发达经济体中的中等收入阶层的抗风险能力。

第二，居民收入差别是否处于合理区间。上面已经依据国家统计局公布的数据指出，中国居民收入分配差距已经超过最高点，扩大的势头得到遏制，总体基尼系数保持在0.4~0.5。国际上似乎有比较公认的标准，视基尼系数0.4为收入差距警戒线，在0.4~0.5间属于差距过大，超过0.5则属于两极分化。以几个已经属于发达经济体的国家为例，2010年日本、韩国、瑞士、英国的基尼系数分别为0.33、0.31、0.30、0.34，但美国又出现例外，基尼系数相对较大为0.58，已经越过警戒线（数据来源：OECD数据库）。这样比较看来，即使按国

---

① 参考陈宗胜在《中国居民收入分配通论：由贫穷迈向共同富裕的中国道路与经验》（上海格致出版社、上海三联书店和上海人民出版社，2018年版）第一篇中的分析说明。

家统计局资料计算2018年我国居民收入基尼系数为0.468,虽然比2008年0.491的最高点要低些,但显然仍旧过大。考虑到我国地域辽阔,人口众多,各地区之间、城乡之间极不均衡,可适当放松衡量标准,比如将基尼系数上限控制在0.45,与此比较则现行分配差别大致相当,似乎只是略大。

第三,居民收入在整体国民经济中的占比如何。数据表明,中国近些年来居民收入占国民收入比重下降趋势已经得到扭转,呈现出逐步提高,并接近达到60%左右,逐步呈现"藏富于民"。从国际横向比较来看,20世纪90年代以来,美国居民最终分配比率一直稳定在73%左右,日本居民分配比率也在75%上下(安体富、蒋震,2009)。考虑到我国正在从小康社会向富裕经济推进,所以应当力争在中远期提升到或突破70%,从而确保大部分国民收入分配给居民个人,使广大国民得以更多的享受经济发展成果。

第四,居民收入分配秩序是否正常合法。近些年我国全社会努力形成良好的收入分配秩序,消除某些领域存在的收入分配不公现象。所谓良好的收入分配秩序包含两层含义:第一层含义是指在经济发展与收入分配的起点,每个经济主体的机会相对均等,比如为广大国民提供相对均等的教育、就业、创业的机会等;第二层含义是指收入分配的过程中程序和做法合理、合法,减少乃至消除经济主体利用各种渠道、特权"寻租"的现象。毫无疑问,在这些方面中国近年来下了大的功夫和力量进行治理,在清除腐败、打击非法、违法及各种灰色收入等方面进行了大力度的整顿,同时建章立制、制法治法、知法执法,收入分配领域的法制化秩序化大见成效。

总体而言,上述四个标准不是相互独立、互不相干的,而是相辅相成、互为条件的,四个标准需同时兼顾、缺一不可。据此,可以反映我国收入分配公平程度,并测评我国40多年改革开放是否成功。也就是说,虽然由于权数问题的确定比较复杂,这里还不易准确给出总体的收入分配与经济效率匹配与否的和谐程度数值,但是依据上述的这些标准,考虑中国当前还属发展中经济体的现实情况,则对中国社会收入分配公平与经济效率高低在人类社会发展长河坐标系中的位置,其相互关系模式属于哪种类型,可以作一大致的评判,即可以说大致是处于上面表12-1坐标表格中的V型或II型的位置的。即中差别、中效率或高差别、中效率型,分配公平程度和效率高低水平,较前期都有很大提高,但较未来的理想程度还差不少,距离真正的共同富裕还较远(习近平,2017)。

这就说明,要实现我国为新阶段确定的共同富裕的大目标,首先必须解决效率即发展方面的一些问题,要继续推进经济发展水平的持续提高,否则没有富裕的基础;同时要继续提高城乡全体居民的收入水平,特别要提高相对贫困阶层的收入标准、扩大中等收入阶层的比重,跨越"中等收入陷阱"并实现"橄榄形"分配格局,缩小居民相对收入分配差别等。

本章附录

附表 12-1　反映中国居民收入分配公平与经济效率高低的指标体系框架

一级指标	二级指标	指标解释	测量方法	指标意义
公平指数 劳动收入分配	居民收入占GDP比重	一个区域内生产总值与社会成员人均收入的比例系数，反映一个区域居民收入与经济增长的协调关系	居民收入占GDP比重＝报告期人均收入/报告期人均国内生产总值	居民收入占GDP比重一般＜1，其值越大，说明居民收入在GDP中的份额越大；值越小，说明居民收入在GDP中的份额越小
	人均收入增长弹性系数	一个区域报告期人均国内生产总值增长率与人均收入增长率的比例系数，反映社会成员增长与经济增长之间的协调关系	人均收入增长弹性系数＝报告期人均收入增长率/报告期人均国内生产总值增长率	人均收入弹性系数＝1，说明人均收入与人均经济产出增长同步，人均收入增长、劳动收入分配相互协调；弹性系数＞1，说明人均收入增长，快于人均经济产出增长；人均收入弹性系数＜1，说明人均收入增长速度慢于人均经济产出增长
	劳动报酬弹性系数	一个区域报告期全部社会成员的劳动报酬增长率的比率系数，反映一个区域社会成员劳动报酬收入与其创造国民财富增长之间的协调关系	劳动报酬弹性系数＝报告期全部社会成员的劳动报酬增长率/报告期国内生产总值增长率	劳动报酬弹性系数＝1，说明社会成员与经济增长同步，劳动报酬增长分配相互协调；劳动报酬弹性系数＞1，说明社会成员劳动报酬收入增长速度快于经济增长，说明社会财富增长快于经济增长；劳动报酬弹性系数＜1，说明社会成员劳动报酬收入增长速度慢于经济增长

续表

一级指标	二级指标	指标解释	测量方法	指标意义
发展成果共享	中等收入人口比重	一个区域报告期拥有中等收入的人数占总人口的比重，反映一个区域总人口中有多少比例的人达到中等收入	中等收入人口比重 = 报告期拥有中等收入的人数/总人口×100%	中等收入人口比重＝1，说明社会成员收入分配完全平均的；中等收入人口比重＜1，说明社会成员收入是完全平均的，其值越大，收入分配的平均程度越强，其值越小，收入分配的平均程度越弱
	中低收入群体占全社会收入比重	一个区域报告期中低收入群体的全部收入与国内生产总值总量的比率，反映一个区域所创造的国民财富中有多少份额用于中低收入人群体	中低收入群体占全社会收入比重 = 报告期用于中低收入人群体分配的国内生产总值总量/报告期国内生产总值总量×100%	中低收入人群占全社会收入比重越大，意味着分配给中低收入人群体的社会财富相对越多，中低收入人群享有较多发展的成果；中低收入人群占全社会收入比重越小，意味着分配给中低收入人群体的社会财富相对越少，说明中低收入人群较少享受到经济发展的成果
公平指数	城乡人均资源消费比	一个区域报告期城镇居民人均公共品消费量与农村居民人均公共品消费量的比率，反映一个区域内公共品消耗资源消费的差异程度，包括城乡人均用水资源、城乡人均用电比等	城乡公共品消费比 = 报告期城镇居民人均公共品消费量/报告期农村居民人均公共品消费量	城乡公共品消费比＝1，说明资源在城乡公共品分配完全公平；城乡公共品消费比＞1，说明城市居民对资源的占有有大于农村居民的人均占有；城乡公共品消费比＜1，说明城市居民人均占有的人均资源对资源的占有有小于农村居民的人均占有
层际分配	基尼系数	一个区域报告期在全部居民收入中用于进行不平均分配的那部分居民收入的百分比，反映社会成员人均分配的差异状况		基尼系数的实际数值介于0～1之间。收入分配越小，基尼系数越大，收入分配越趋向平等；基尼系数越大，收入分配越趋向不平等。联合国有关组织规定：若低于0.2表示收入绝对平均；0.2～0.3表示比较平均；0.3～0.4表示相对合理；0.4～0.5表示收入差距较大；0.6以上表示收入高度不平均

续表

一级指标	二级指标	指标解释	测量方法	指标意义
公平指数 层际分配	城乡人均收入之比	一个区域报告期城镇居民人均收入与农村居民人均收入的比率，反映城镇居民人均收入与农村居民人均收入之间的倍数关系	城乡人均收入之比＝报告期城镇居民人均收入/报告期农村居民人均收入×100%	城乡收入之比＝1，说明城乡居民人均收入相等，层际之间收入分配也就越和谐；城乡收入比＜1，说明城镇居民收入小于农村居民收入，差距越小、城乡收入分配也就越小、城乡收入分配也就越不和谐；城乡收入比＞1，说明城镇居民收入大于农村居民收入，其值越大，城乡收入差距越大，层际之间收入分配也就越不和谐
	城乡人均收入增长率之比	一个区域报告期城乡居民人均收入增长率之比，反映一个区域内城乡居民人均收入增幅大小，也反映城乡收入差距的变化趋势	城乡人均收入增长率之比＝报告期城镇居民人均收入增长率/报告期农村居民人均收入增长率	城乡人均收入增长率之比＝1，说明城乡居民人均收入增幅一致；城乡人均收入增长率之比＞1，说明城市居民收入增长快于农村居民收入增长势，两者之间有扩大趋势；城乡人均收入增长率之比＜1，说明城市居民收入增长慢于农村居民收入增长，两者之间的差距有减小趋势
	城乡贫困人口比重	一个区域报告期城乡贫困人口数量占全部人口数量的百分比，反映处于贫困线以下城市和乡村人口的严重程度	城乡贫困人口占比＝报告期城乡贫困人口数量/报告期城乡人口数量×100%	城乡贫困人口占比的数值越高，说明城乡贫困人口占比的覆盖面也就越大，对社会稳定的负面影响也就越大。城乡贫困人口占比的数值越低，说明城乡贫困人口占比的覆盖面越小，对社会稳定的负面影响也就越小，层际之间收入分配也就越和谐

续表

一级指标	二级指标	指标解释	测量方法	指标意义
系统经济产出	国内生产总值或国民收入	生产效率是生产可能性边界联系紧密的一个概念。生产可能性边界指的是在一定技术水平和要素投入条件下所能达到的最大产出，形成的曲线就是生产可能性曲线。然而并不是最大产出单位的产出都能达到在给出（最小投入）。生产效率用来表示在给定技术水平和要素投入下，实际产出与可能达到的最大产出之间的距离，距离越近，效率越高	生产效率的测算有两种方法：非参数方法和参数方法。在计量经济学范畴内，分析生产效率的非参数前沿方法主要有以数据包络分析为基础的前沿模型（DEA模型），确定性函数前沿模型以及随机前沿模型以	由于随机前沿面方法主要适用于只有一个产出的情形，各投入要素都要通过相关检验以及回归残差分析形态的假设，且考虑投入的要素稍有不同，随机前沿模型形式就会发生很大变化。而进而生产效率的测算结果也不同。而基于生产前沿数形式和可以使用投入、产出不同量纲数据等法具有无须预先假定生产函数形式和可以使用投入、产出不同量纲数据等特点。因此，该方法具有相当高的灵活性
系统资源投入	物质资本投入			
	劳动力投入			
	人力资本投入			
	矿产等能源消耗量			
效率指数	技术进步			

第十三章 在经济增长和收入提高中治理相对贫困及多维贫困

前面讨论的消除城乡相对贫困、扩大中等收入阶层、提高消费需求水平等战略性建议，都离不开城乡居民收入水平的提高，从而也都与继续推动经济发展有关。只要我国仍是发展中国家，经济发展水平处于中低阶段，或者说长期陷入中等收入陷阱，以上这些问题也都是解决不了的。或者说，只有推动经济发展和增长，不断提高城乡居民的收入水平，才有条件从根本上解决今后仍可能存在的相对贫困问题，以及收入分配差别各个层面的问题。也就是要在推进经济发展与增长中，继续提高居民收入比重，继续提高城乡居民的收入水平，推动居民生活从小康上升到富裕水平，进入表 12 - 1 的右上角所描述的状态。这实际上是一个效率提高与公平上升的统一过程。

第一节 持续推动经济增长并提高城乡居民收入水平

我国在 2020 年前后已经进入中上等发展中经济体的行列，居民生活实现全面小康。所以，新时期最主要的是在经济持续增长中扩大居民收入分配的比重，同时实现城乡居民收入的稳步上升。① 这里从城乡看，提高居民收入的具体的举措有多方面。

一、增加城镇居民收入的主要举措

（1）贯彻按劳分配，加强城镇企业职工工资分配指导。充分发挥工资指导线对企业收入分配的引导和调节作用，引导各类企业严格执行政府公布的工资指导线标准。加大劳动保障执法力度。强化工资支付劳动监察执法，畅通和拓展投诉

---

① 从根本上说，居民收入的提高取决于经济发展的推进，但这是属于经济发展政策与增长政策；因此这里主要是直接讨论与城乡居民收入有关的政策措施。

举报渠道，健全企业欠薪报告制度，严厉打击企业经营者恶意欠薪行为，依法追究相关法律责任。完善工资支付保证金制度，逐步扩大保证金制度适用对象。全面构建工资支付应急保障机制，切实保护职工取得相应劳动报酬。把工资纠纷作为劳动争议处理工作的重点，构筑劳动报酬争议快速处理绿色通道，切实保障劳动者的合法利益。

（2）全面推行工资集体协商制度。大力推动企业依法普遍建立工会组织，充分发挥工会在维护职工合法权益中的重要作用。出台推进工资集体协商的政策文件，引导和激励所有企业依法建立工资集体协商制度，建立和完善工资集体协商指导员队伍。探索成立由政府有关部门、企业和职工代表组成的工资协调工作委员会，研究制定工资指导价位，定期向社会公布，让用人单位参照执行。

（3）提升居民就业能力。第一，实施积极的就业政策。完善经济发展与扩大就业的良性互动机制，在经济转型升级过程中，突出增加就业容量，优化就业结构。第二，继续落实促进就业的岗位和社保补贴等制度，多渠道增加就业岗位。第三，加大就业再就业培训力度，全面提高劳动者职业素质和技能水平。第四，加强对困难群体的就业援助。大力开发公益性岗位，解决困难人员就业，按照不低于当地最低工资标准的 1.2 倍给付工资，财政按一定比例予以补贴。第五，鼓励和扶持发展福利企业，集中安置残疾人就业。第六，鼓励企事业单位吸收本地劳动力就业，对安置本地困难人员就业达到一定比例的企事业单位，给予政策扶持。

（4）拓宽城镇居民收入渠道。研究表明，城镇居民收入中工资性收入和转移性收入仍占主导地位，财产性、经营性收入占比仍然较低，因此必须采取相应措施切实拓宽城镇居民获得财产性收入和经营性收入的渠道。第一，增加城镇居民经营性净收入。政府应加大减税力度，实行结构性减税措施，鼓励个人创业，降低企业税负，增加居民就业机会，尤其是进一步做好低收入居民家庭就业。第二，增加城镇居民财产性收入，完善投资入股、房屋租赁、产权交易等制度性建设，保护和促进居民取得合法的财产性收入。第三，加大对民生领域的直接投入，提高城镇居民的转移性收入。

（5）加大创业帮扶力度。建设创业型国家，全面整合各类创业政策、资金和信息资源，推进创业带动就业体系建设，实现各级创业指导机构和扶持政策全覆盖，打造一流创业公共服务综合基地。充分发挥创业投资、小额担保贷款和创业孵化基地的作用，有效提升创业成功率。

二、增加农村居民收入水平的主要举措

（1）大力实施乡村振兴战略，提高农民收入，使得农村居民的收入比城市居

民的收入以更快的速度增长，从而缩小城乡差别。主要包括：优化农业生产结构，推动农业产业化，提高农业的劳动生产率；实施科教兴农，普及推广农业科技知识，提高农民知识水平和对农业科技的重视程度；鼓励农户开展非种植业的多种经营，发展家庭牧场、养鱼场等；政府要增加对农村地区的基础教育投资，提高农村地区的人力资本存量，为缩小贫富差别打下基础；各级政府有责任通过财政措施，在农村地区稳步推进公路、桥梁、铁路、电力、水利等基础设施的建设，以此来推动农村经济发展。

（2）鼓励与大城市附近类似的都市农村地区，依据自身资源特点，率先加快非农业的发展，吸引更多劳动转移，同时也加快都市型农业投入，促进传统农业向现代农业的转型。

（3）支持全国特别是中西地区持续发展非农产业，特别鼓励东部发达地区及外资进入当地，建立与农业生产关系密切、成熟度相对较高、形式多样的现代农村非农经济部门，将外出打工农村居民吸引回本地，并吸纳农村剩余劳动力，在本地获得非农收入。如此一些战略举措的持续实施，必将助推农村内部居民收入差距，加快通过"倒 U 曲线"的缩小阶段。

（4）打破城乡壁垒，进一步促进农村人口向城镇的流动，加速我国的城市化进程；同时鼓励城镇资金、技术、人才流向农村地区。具体包括：逐步废除城乡分割的二元户籍制度，取消限制劳动力流动的制度障碍；切实落实农村土地承包流转的有关政策，向规模化、联合化、集约化方向推进；大力发展农村的非农产业，推进农村城镇化，促进农村剩余劳动力的转移；推进城乡一体化，推动农村新型国有—集体混合型经济的试验与发展等。

第二节　着力治理相对贫困及多维贫困以缩小低收入群体

据官方数据，截至 2020 年底前我国全面建成小康社会，中国的贫困治理取得了举世瞩目的巨大成就。消除绝对贫困作为"十三五"期间我国社会经济发展的重要任务，已经完成。因此，我国下一阶段的贫困治理，主要重点是治理相对贫困，即努力减少低收入人口，缩小低收入阶层比重，降低居民收入分配差别。这是今后努力的基本方向。

一、中国式扶贫道路及贫困治理特色

本书在第一篇就以案例形式总结了我国扶贫工作中的经验做法及成就，在第二篇也从宏观上梳理了改革开放以来的贫困治理战略。为了今后更好治理相对贫

困的现象，切实缩小低收入阶层，这里再从总体上总结一下具有中国特色的贫困治理道路。甚至可以说，这不仅可以为我国未来的扶贫工作提供值得参考的经验，而且对广大发展中国家的脱贫事业都有重要借鉴意义。①

由中国社会科学院和国务院扶贫办联合编辑出版的《中国扶贫开发报告2016》中就总结中国扶贫的经验为五条：其一，坚持通过发展减贫。其二，坚持把提升贫困地区和贫困人口自我发展能力，摆在扶贫开发的中心位置。其三，坚持精准扶贫，不断探索精准扶贫有效实现的制度和形式。其四，坚持"政府领导、群众主体、社会参与"的扶贫运行机制。其五，坚持扶贫创新。贫困治理的这些经验主要集中在贫困治理的责任分担机制上面，主要包括市场调节、政府责任、个体意识、社会组织等多个方面。正是这些经验做法保证了"十三五"扶贫开发目标到2020年成功完成，即稳定实现了农村贫困人口不愁吃、不愁穿，义务教育、基本医疗和住房安全有保障。实现了贫困地区农民人均可支配收入增长幅度高于全国平均水平，基本公共服务主要领域指标接近全国平均水平。确保现行标准下农村贫困人口实现脱贫，贫困县全部"摘帽"，解决区域性整体贫困，为全面实现小康社会奠定一个稳固的基础。

我国实行的社会主义制度的本质要求就是消除贫困，实现共同富裕。改革开放以来，我国持续推进各项扶贫开发事业，大体上经历了救济式扶贫、开发式扶贫、综合性扶贫、脱贫攻坚及"精准扶贫"五个主要阶段。我国的反贫困工作之所以能够长期坚持，持续推进，并取得如此巨大的成就，最根本的一条是，在中国共产党的领导下，有社会主义公有经济制度的保证。基于这些认识和成就，本书进一步总结出以下五点有中国特色的贫困治理道路：公有制是中国贫困治理的基本保障；中国贫困治理是以收入标准为主而践行了多维扶贫举措；经济增长战略的涓滴效应是中国解决贫困问题的重要途径；实施低水平的全面保障制度是贫困治理的屏障；中国特色的户籍制度也制约了一些保障制度不完善带来的问题。

（一）公有制是中国贫困治理的根本制度保障

中国特色社会主义市场经济实行的是以公有制为主、多种所有制共同发展的基本经济制度，这就为解决我国绝对贫困问题提供了根本制度保障。国内外城市贫困治理存在着诸多差异，其中尤以制度背景和发展阶段差异最显著。即在贫困治理背景上，中外一个很大差异就是基本经济制度的差异，国外基本都是生产资料的资本主义私人占有制度，而中国实行的是以公有制为主体的多种所有制并存的混合所有制。有外国学者指出（Piketty，2014，《21世纪资本论》的中文版自

---

① 本部分笔者为于涛，由笔者改编自其博士论文《经济发展与改革中的城镇贫困问题研究》，南开大学，2017年。

序），中国的公共资本占国民资本的一半左右，在实现平等上的重大作用。本书部分作者研究认为（陈宗胜和高玉伟，2015），包含经营性资产、资源性资产以及公共性或公益性资产在内的公有经济，在国民经济中占比为80.6%，这种公共资本或公有经济的巨大体量为中国解决贫困问题提供了根本的制度保障。这种体制性差异也决定了，中国在解决贫困问题方面能走出一条不同于欧洲模式或美国模式的具有社会主义性质的道路。

（二）中国贫困治理是以收入标准为主而践行了多维扶贫举措

这一点在前一篇的最后一章中已经较详细地分析过。也就是就，在总结我国的反贫困经验和特色时，不难发现，我国的反贫困工作之所以能够取得如此巨大的成就，最根本的一条，是在中国共产党的领导下，在社会主义公有制度的保证下，我们虽然公布和宣传的都是传统单一的收入贫困标准，但实际工作中却实实在在做的都是现代意义"多维扶贫"举措。改革开放后我国推行的扶贫解困战略和工作举措，真正体现了社会主义公有制度的优越性，体现了党和国家为人民服务的根本宗旨，正是现代"多维扶贫"理论的成功实践：扶贫目标中包含收入和生活质量多维目标；扶贫方法中包含提高收入、均衡教育、医疗保障、住房供给、产业调整等多种渠道；扶贫主体包括财政、民政、教育、卫生、住建、发改等多个政府相关部门；扶贫结果体现在总体生活质量改进的多个侧面。可以说，在国际学术界研究新的多维贫困理论和方法时，中国共产党和中国政府已在实践中开展着"多维扶贫"的崭新事业。

（三）经济增长战略的涓滴效应是中国贫困治理的重要途径

在经济发展过程中，中国政府全力推动经济增长战略，从增长优先到增长与分配兼顾。诸多研究表明，改革开放以来的中国经济增长都是有利于贫困减少的，并且中国贫困人口的减少主要是依赖经济增长的收入效应。在新常态下中国经济增速发生转换的当前，这种局面的出现就对收入分配格局的改善提出了新的要求。从经济增长战略来看，中国当前实行的也是经济增长和再分配并重的发展战略。

（四）实施低水平的保障制度是解决贫困的屏障

我国农村长期以来结合当地的经济发展情况以及国家贫困线标准，一直实行着低水平的保障制度。虽然中国城市贫困治理没有公布绝对贫困线，但也实施了低水平的保障制度。中国城市贫困治理制度建立较晚、保障水平较低，但覆盖面广。中国通过城市低保制度建立起基本的城市扶贫制度，用不到10年时间就实现了制度的基本建立和规模的迅速扩大。虽然中国的城市低保标准还较低，保障水平较有限，但按此标准城镇贫困基本解决。当然，放到全国范围来看中国城市贫困治理的低水平，与中国还有大量的农村低收入人口的国情是相一致的，由于显著的城乡差异，农村低收入人口一直以来成为政府的救助重点，农村的保障制度水平虽更低些，但也更全面广泛一些。

（五）户籍制度也制约了收入不平等带来的社会问题

户籍制度是指中国一直以来都实施严格分省和城乡户籍制度。改革开放之后，随着改革的推进，对人口流动的限制逐步减少，流动人口逐渐成为城市常住人口的重要组成部分。中国贫困治理带有显著的制度约束特征，即户籍制度是贫困问题的重要制度因素。在户籍制度变动的情况下，城市贫困人口一方面有所增加；另一方面部分常住在城市的流动人口可以在城乡之间自由流动，在遇到进一步的困难之后有退路可走。这种状况表明没有将常住流动人口纳入城市社会保障制度的缺陷，却由于这部分人群的随时退回农村而有所缓解，因而也是没有引发进一步的社会矛盾和冲突等的一个原因。当然，随着经济社会发展、流动人口特征的新变化和农村土地流转制度的改革，户籍制度的弊端将日益明显，其约束性将越来越弱。应当根据形势及时改革户籍制度，促进低收入人口在流动中取得更高收入，摆脱相对贫困。

二、制定相对贫困与多维扶贫标准的客观必要性

在全面建成小康社会的现阶段，社会对相对贫困现象的精准识别，以及精确帮扶与精确管理的方法，都产生了前所未有的需求，这都表明了在我国的治理贫困实践中在保持收入贫困标准的同时，产生了制定、公布并应用相对贫困及多维贫困理论、方法和举措的极大需求和要求。

（1）我国的扶贫理论研究内涵，有利于引进多维贫困理论和思想。有学者指出，中文"贫困"一词的内涵丰富程度远比英文"poverty"一词要广泛。中文"贫困"是"贫"和"困"的组合词，包含了双重的内涵，而英文"poverty"多指收入领域的贫困。在经济不发达阶段，"贫困"现象多突出其"贫"的一面，例如改革开放前期我国农村社会生产力低下，人们的收入和消费水平较之发达国家差距明显。但是伴随我国经济上升到中等收入阶段，"困"的因素更多地突出，例如我国正在经历的医疗保障之困、环境污染之困、教育失衡之困等。可以说，中文"贫困"一词既包含了一维的收入或消费贫困，也包含了多维贫困的理念。正是基于这一文化背景，我国在制定扶贫开发政策和具体操作的时候，往往不局限于只提升贫困人口的收入，也正是因为如此，我们的扶贫理论也需要明确引入多维贫困的思想和方法。

（2）多维贫困方法有利于校正单一收入贫困标准的不足。关于这两种思路的比较研究表明，如果单纯采取关于贫困现象的收入或消费测度法，不能保证精准测度贫困状况。比如对于同一组人口进行关于收入贫困和多维贫困程度的比较研究发现，收入贫困和多维贫困的重合度为 30.62%，或者说如果只按单一收入贫困概念衡量可能要遗漏 69.38% 的多维贫困户。[①] 我们的贫困治理工作实践，应当采用多维贫困的思想和理论指导，因为唯有多维贫困方法才能真正弄清楚贫困人口的真实数量。

（3）采用多维贫困方法来测度我们已经确定的收入贫困家庭，则测度的贫困结果变动可能与单一收入标准有差异，从而更易于发现存在的问题。比如上面已经说明，1991～2011 年我国农村贫困家户的收入贫困有很大改进，扶贫工作取得较大成效。但是如果用多维贫困方法计算这些贫困家庭所遭受的平均剥夺维度数量，发现这些贫困家庭户的平均剥夺维度数量只有轻微下降，从 1991 年的 4.3 个仅下降到 2011 年的 3.8 个。[②] 反映这一期间农村贫困家庭所遭受的贫困程度虽然按单一收入标准有大的降低，但按多维标准则下降不够明显。

（4）采用多维贫困方法可以对致贫维度进行分解，有利于明确各个维度对贫困家庭的贫困程度的致贫贡献率及精准扶贫。按照精准扶贫理论和方法，要确保把真正的贫困人口弄清楚，把贫困程度、致贫原因等搞清楚，找对"穷根"，从而才能明确靶向，做到扶真贫、真扶贫，做到因户施策、因人施策。而多维贫困方法中的贫困维度分解方法正好有利于通过分解找到"穷根"。一些研究介绍说，按照国际通行规则如果以 k 代表贫困维度，则通常以 k≥1/3 来定义多维贫困。比如研究采用教育、健康、资产和生活标准 4 个维度，且 k 取值为 3，即当某个家庭有 3 个维度被剥夺时，则该家庭即被识别为贫困家庭户。一些学者计算发现，我国 2009 年多维贫困指数为 0.034。其中，生活标准维度中卫生设施指标对多维贫困贡献程度最大，为 24.0%；健康维度中的医疗保险指标的贡献程度次之，为 17.3%；生活标准维度中耐用消费品的贡献程度为 12.4%，而现代燃料指标的贡献程度为 12.3%；教育维度中成年人受教育年限的贡献程度为 7.8%。[③] 如此等等，可见通过多维贫困指数的多维度分解，可明确扶贫靶向，进而易于做到因户施策、因人施策的精准扶贫。

三、尽快制定并公布相对贫困多维扶贫政策以指导今后工作

总而言之，从相对收入贫困到多维贫困，标志着我们对人类社会发展规律理解和把握的深化，也体现了中国共产党人认识新事物、接受新规律、实践新思路

---

①②③　王小林等：《贫困测量：理论与方法》（第二版），社会科学文献出版社 2017 年版。

的广阔胸襟。为此，为了更好地实践精准扶贫精神和思想，增加政策制定和执行的科学性与有效性，建议我国应尽快研究并公开宣布多维贫困标准和办法，将已经采取的多维扶贫手段制度化、政策化、公开化。当然，多维贫困标准的应用和深入研究依赖于丰富的精准扶贫实践，也需要具备大容量、长时序、多维度的数据库。因此，国家统计部门应该制订相应的统计计划，建立权威的数据库，发布专门的统计数据，以供学术界和政府部门使用和应用。

（1）在继续执行相对收入贫困标准的同时，制定并公布多维贫困理论和标准对我国继续巩固脱贫攻坚成果有着十分重要的意义，采用多维贫困指数可能弥补以往收入贫困测量对福祉衡量的不足，其维度分解也有助于制定反贫困公共政策干预的优先级和优先顺序，从而为我国反贫困战略和政策提供明确的指向。

（2）通过建立包括收入和非收入多个维度和指标的综合贫困指数，纳入对收入贫困和多维贫困的综合考量，可以增强政策制定的科学性，弥补收入贫困程度测度的偏颇，更好地反映贫困的全面性和复杂性，帮扶责任部门更有效率地实践精准帮扶，从而使困难群众在收入、教育、健康、资产和生活质量等诸多方面得到真正改善。

（3）最后，尽快确定并公布多维贫困标准，会非常有利于我们向全球宣传我国扶贫的"中国故事"，即我们早已实践着的多维扶贫事业所取得的骄人成就。我们拥有研究多维贫困理论最肥沃的土壤，这不仅利于形成我国关于发展经济学反贫困理论研究的话语权，而且可以使扶贫的"中国方案"成为他国之借鉴。

第十四章 扩大中等阶层、缩小相对贫困以加快从"葫芦形"转向"橄榄形"

培育和壮大中等收入阶层、提高中等收入者比重，在中高经济发展阶段，是一项有着集合性意义的宏观经济政策，对于治理相对贫困现象，减少低收入群体比重，减小收入差距，宏观经济稳定、产业经济和金融稳定以及社会稳定，跨越中等收入陷阱都有重要的作用。那么，"培育和壮大中等收入阶层、提高中等收入者比重"的主要努力方向是什么，应协调好哪些利益关系？本章对此进行分析探讨，并提出相应的政策主张。[1]

第一节 壮大中等阶层减小低收入比重以稳定跨越"中等陷阱"

社会学家认为，中等收入阶层的扩大以至成为主体或众数组，相应的处于相对贫困的低收入分层减少，则社会的收入分配差距就会相应缩小，这是扩大中等阶层的结果之一。在推动中等阶层扩大的过程中，中等收入者的增多还会对经济稳定发挥很大的作用。因为中等阶层（或称中产阶级、中产阶层，本章视为相同含义的概念），具有相近的自我评价、价值取向、生活方式和心理特征，也是有消费能力的社会阶层和群体，因此，这个阶层的扩大在社会秩序稳定方面，是社会贫富矛盾的"缓冲器"和社会秩序的"稳定器"，也是经济与社会发展的"助推器"和"加速器"。因为，贫富两极分化的金字塔形结构社会，低收入者占了社会的大多数，而获取的国民收入和拥有的社会财富比例却很低；"葫芦形"社会中低收入者减少了，高收入者增加了，唯独中等收入者还不是众数组，这样的

---

[1] 本节部分内容由笔者改编自陈宗胜、高玉伟：《论我国居民收入分配格局变动及橄榄形格局的实现条件》，载《经济学家》2015年第1期，第30~41页；宋树仁：《中国居民收入分配格局的阶层变动》，载《当代财经》2010年第11期；宋树仁：《扩大中等收入阶层，构建橄榄形收入分配格局》，南开大学博士论文，2011年。

社会结构长期存在，既不利于社会稳定，也不利于经济和社会的发展。而中产阶层占主体的橄榄形结构社会，中等收入者占了社会的大多数、获取的国民收入和拥有的社会财富也占全社会的大部分，这样的社会结构、收入结构和财富结构就是社会稳定的基础。同时，中等收入者稳定的收入和稳定的财富，也是引导消费、市场、金融等经济领域稳定的基础，所以中等收入者占主体也有利于经济和社会的发展。这可以从以下方面来进一步加深认识。

（1）经济政策的有效实施，有赖于其与中等收入者群体行为方向是否一致，是否具有契合性。无论是从宏观统计意义上来说，还是从整个社会的从众性而言，中等收入者的群体行为取向代表整个社会一般的行为方向。低收入群体，是整个社会应着力扶持的阶层，其行为方向不可能也不应该是整个社会的代表性方向；高收入群体的行为方向，在某种意义上可能对整个社会未来的发展方向起到一定的引领作用，但不在当前阶段。因此，当中等收入者比重越大，整个社会的发展目标越趋于一致，以中等收入群体为主要对象的政策也就越能够有效实施。

（2）经济的稳定运行和稳定增长，依赖于中等收入群体的稳定需求。中等收入群体，由于其收入水平及其增长水平较为稳定，会形成其较为稳定的消费结构，从而形成较为稳定的需求结构，进而对宏观经济以及产业经济的增长起到稳定的作用。而高收入群体的需求，对于经济增长的确有明显的刺激作用，但其需求并不稳定。由于其需求并非是必需品，所以经济景气时可能带来大量的需求而形成需求旺盛的态势，而一旦经济不景气，其需求会迅速减少甚至还会卖出其既有固定消费品，从而造成市场低迷态势。高收入群体的需求，容易加剧宏观经济和产业经济的大起大落。部分高收入群体，往往需要从宏观经济的大起大落过程中获取短期性收益，如金融衍生品产业的收益、奢侈性消费品产业的收益、投机性股票、投机性的房地产交易、收藏品炒作获利等，都寄生于宏观经济的波动和相关产业的波动。所以，如果把经济发展寄托于高收入群体，势必会加剧整体经济的不稳定性和高风险性。

（3）培育和壮大中等收入阶层、提高中等收入者比重，有利于国家财政收入的稳定来源，从而才能有稳定的财源来保障和改善民生，保障低收入群体。中等收入群体，构成了整个国民经济中的纳税主体，虽然单一个体的税收贡献较小，但加总起来的税收贡献是全社会中最大的，也是最稳定的。而高收入群体的税收相对可能贡献较大，但通常并不稳定。

（4）中等收入群体的扩大，有利于宏观经济及金融的稳定。中等阶层通常有稳定的收入水平和稳定的消费结构，从而有助于形成稳定的存款水平和消费信贷水平，从而具有风险规避性，有利于金融市场的稳定。中等收入群体的消费行为受通货膨胀的影响相对较小。高收入群体由于其消费产品多为需求价格弹性较大的产品，所以当市场价格波动较大时其需求会出现较明显的反应；低收入群体由于受制于其收入，伴随着食品等基本需求品的价格上涨，对于市场价格的反应也极其敏感。因此，只有提高中等收入者比重，才能提高全社会分担通货膨胀等宏观经济波动的能力。

第二节　壮大中等阶层减小低收入相对贫困比重的政策方向

培育和壮大中等收入阶层、提高中等收入者比重，相应地缩小低收入相对贫困人口比重，是当前阶段缩小居民收入差别、改善国民收入分配的重要路径。因此，提高居民收入在国民收入分配中的比重，劳动者收入较快增长（至少不低于GDP 增长速度和财政收入增长速度），让居民更多拥有财产性收入，创造公平就业机会和公平投资机会，农村土地长期受益权和农产品价格稳定增长机制等，都可以落实到"提高中等收入者比重"这一主题上来。具体可从以下方面着力推进。

（1）培育和壮大中等收入阶层，缩小低收入相对贫困人口，应制定出中长期的具体目标。如确定到 2025 年、2035 年，中等收入群体占全社会人口比重、中等收入群体占全社会的收入比重、中等收入群体占全社会财产比重等具体目标。政策目标方面，应确定到各个时期中等收入群体的税收负担比重、中等收入群体社会保障的覆盖程度和完善程度应达到的水平，总体上应确立中等收入群体的低税负、中等收入群体社会保障全覆盖的中长期目标。提高中等收入者比重的目标群体，一要稳定既有的中等收入群体，二要培育潜在的中等收入群体，要把整个经济结构中"需求稳定"的从业者发展成为中等收入者。

（2）稳定既有的中等收入群体。即对大中型企业的就业职工、中小民营企业主和管理人员、公务员、农村先富群体等，应当采取稳定发展的政策：其一，政策应保障相关领域的稳定发展以及对于宏观景气变化的自我调适能力，进而使这些领域的就业是稳定的；其二，要形成相关领域工资水平的稳定增长机制，不因宏观经济景气变化而大起大落；其三，要形成进入这些领域机会平等的机制，并且使其收入来源及增长具有社会合理性；其四，要规范和引导这些群体成员的行为，使之符合社会期待，不要使之成为社会矛盾集中针对的对象。

（3）从低收入相对贫困人群中培育潜在的中等收入阶层。中等收入阶层的兴起，既需要自然的发育，也需要积极的培育。培育潜在的中等收入群体，就是要把整个经济结构中"需求稳定"的从业者发展成为中等收入者。除了要把城镇中的创业者和城市化作为培育中等收入者的主要途径外，也应当把拥有稳定的土地承包权收益权的农民、在稳定需求领域就业的员工（包括农民工）、在稳定需求的服务行业就业的员工（包括中小企业经营者）中的低收入群体，作为潜在的中等收入群体加以培育。过去后三类群体长期都是低收入群体和社会底层群体，是相对贫困人口的主体，但这不是经济发展的必然。现在将其作为中等收入潜在群体，只要政策得当，将他们培育成为中等收入群体是可能的（日本"国民收入倍增计划"的重要内容就是提高工人和农民的购买力，使之形成中产阶层），而对社会经济稳定也具有重要作用。当然，所谓培育，不仅要有提高其收入水平和财富水平的政策措施，而且要通过体制改革来提高他们的政治地位和社会声望，并且还应着力提高其教育水平、社会保障水平、休闲和生活质量水平。

（4）培育农村现有低收入群体成为中等收入阶层。农村居民的土地长期承包权，是重要的生产要素，也是农民成为稳定收入者的基本保障。在各种形式农村土地承包权的流转过程中，必须有效地保障原承包土地农民的利益，使其长期受益权（非一次性的受益权）得到切实保障，使其未来生活及其家庭成员未来生活得到稳定的保障。在这一制度保障的基础上，辅之以保障农产品价格稳中有升、改变"农民增产不增收"不合理状况的长期政策（农产品价格的上涨，是经济发展的必然过程，不应采取非市场手段限制农产品价格的上涨，而应建立必要的维护农产品价格稳中有升的制度，并保障农产品价格上升利益主要由农民获得），有稳定土地收益的低收入农民就不难成为中等收入者和社会中坚群体。这样也有利于国家粮食安全，有利于农村社会的稳定。而单纯依靠城镇化的方式，只能使农民从低收入农村居民转化为低收入城镇居民，要想使之再转化为中等收入者是一条极其漫长的路，也许不是一两代人能够完成的。

（5）培育服务行业的低收入者成为中等收入阶层。要适当提高劳动密集型服务行业员工（包括个体经营者）的收入水平，把服务业员工培育成为中等收入群体，并促进服务业比重的提高。服务业的发展对改善分配结构有重要作用。发达国家的发展经验表明：随着产业结构不断升级，服务业比重不断提高，劳动者报酬在初次分配中比重也随之同步提高。服务业的作用还体现为：一是这些服务业吸纳劳动力较多，有利于促进劳动者报酬占 GDP 比重的提高；二是随着发展水平的提高，服务业从主要为高收入阶层提供服务，转而向为一般社会成员提供服务，因而其员工收入水平也应从低于服务对象的平均工资转而与之水平相当。因此，把服务业员工培育成为中等收入群体，核心问题是解决服务业员工与服务对象的收入水平差距，这也是服务业良性发展的必要前提。

（6）培育资产收益稳定的中等收入阶层。提高中等收入者比重，收入增长的目标来源，不仅仅是劳动收入增长，而也应包括投资收益的增长，如投资者的股票收益应主要来自企业的红利收益，而不应主要来自股票市场中的投机性交易。为此应当致力于建设投资性的证券市场以及其他资本市场，实行和执行强制性分红政策，树立起大众对整体资本市场的信心，并形成良好的预期，让投资者得到实实在在的利益回报，才能使之确定投资的真实价值（在国际上规范的资本市场，上市公司一般倾向于派发股息，而不是配股或送股。上市公司有能力持续分红，表明了公司经营管理水平及其在市场的地位，预示着公司的发展前景良好，同时也表明了上市公司对于投资者的重视，这原本是最基本的道理。但中国的上市公司存在严重的不分配倾向，这显然与规范市场原则相悖。这必然导致所有股票投资者都成为投机获利的追求者。）如果没有强制性分红政策，最终，中等收入者或者远离资本市场而无法获得投资收益，或者投身于投机性炒作之中而造成高风险财富损失。

第三节　培育中等阶层减少低收入群体须着力处理好几组关系

培育和壮大中等收入阶层、提高中等收入者比重，相应地减少低收入相对贫困群体，还应有效地协调相关的关系，应着力处理好以下几组关系。

（1）要处理好与保障低收入群体基本需求的关系。培育和壮大中等收入阶层、提高中等收入者比重的同时，要遵循罗尔斯公正原则，即首先关照处于社会最低收入阶层的利益。就是说，不仅不能忽略低收入群体利益，而且如前文所述，要下更大力量提升底层居民收入水平，因为部分中等收入者就是从底层收入中上升而成的。也可以说，支持低收入阶层与发展中等阶层是一致的。毋庸讳言，通常对于低收入群体来说，经济增长和社会发展的成果总是最后、最少分享到，而通货膨胀等经济波动的后果则总是最先、最多的承受。解决这一问题，就是在提高中等收入者比重的过程中，相关政策要协调一致。

（2）要处理好与既得利益阶层的关系。培育和壮大中等收入阶层、提高中等收入者比重，要遵循帕累托改进原则。即不是以损害全社会多数人利益的方式实现的。例如，国有垄断企业员工的工资福利水平，不应高于同等效益水平的企业（效益的核算应扣除垄断收益）。如果国有垄断企业员工工资福利水平超过了这一准则，那么就意味着，国有垄断企业员工的工资福利水平，是以损害国有资产所有人（全社会多数人）利益的方式实现的。同时也会对"社会公平"的氛围造成不良的影响、起到不好的示范作用。又如，中国的高收入群体，有相当一部分是基于国家资源的不公平占用而实现的，如大量的煤老板、矿老板，这些高收入者在实现财富累积的过程中，事实上也损害了社会大众的利益。再如，中国的高收入群体中，金融衍生领域的人员占有相当比例，他们的财富获取方式是通过对中低收入参与者财富的吸纳而实现的，客观上也是以损害全社会多数人利益的方式而实现的。所以，国家应当对国有垄断企业的高收入、国家资源低价占用、过度炒作获利等情形，形成有效的调控政策和遏制政策。

（3）要处理好收入增长与幸福指数同步提升的关系。亦即，在提高中等收入者比重的同时，要让中等收入阶层特别是潜在的中等阶层的幸福指数有希望提高并稳定在一个较高水平。不能让中等收入者在获得中等收入的同时，税负负担加重、住房等基本生活品价格不断上涨、医疗等社会保障水平不高、教育等公共服务各方面不足，生活压力没有降低甚至还在上升。如果是这种状况的"中等收入者比重提高"，那么对社会稳定、经济稳定并不会起到应有的作用。所以，"提高中等收入者比重"要辅之以相应的政策：一要降低其税负水平，以个人所得税为例，不能因为中等收入群体收入稳定、便于征收，就把中等收入群体作为最主要的税源，反而放松对高收入群体的征收；二要完善社会保障制度，对于中等收入群体要做到全覆盖，且保障水平应逐步提高；三应限制房地产等涉及民众基本生活的商品成为投机性炒作的投资品；四应要求国有资本对经济稳定社会稳定承担社会责任。如国企通过自身资源平抑过快增长的基本生活品价格，国企利润部分转化为民众的社保资金，国有金融企业重点支持那些有稳定的高就业水平的企业发展等。

（4）要处理好收入增长与财产性收入的关系。中等收入群体普遍有一定的财富积累，政策应当引导和鼓励他们通过实业来增加财富，而不应如目前所做，以鼓励中等收入者普遍参与理财活动作为提高财产性收入的手段，因为，高风险的理财产品，根本不可能增加全民财富，而只是财富的重新分配，而中等收入群体在其中处于相对弱势地位，往往会成为高收入阶层的强势投资者"做局"的诱导对象，最终成为"最后的接棒者"而蒙受损失。但是如果整个社会都处于"投机图利"的氛围之中，中等收入者的财富必将被高收入阶层的各种"投资活动"而吸走。这样的社会氛围，有利于高收入的食利阶层形成，而不利于中等收入群体的形成。因此，宏观政策对过度的投机性炒作活动，应有相应的抑制政策手段，防止资本无序扩张。国家对居民财产性收入的支持政策，必须保障民众财产性收入主要来自实体经济的利润分成。

第十五章 完善收入分配及再分配制度的政策建议

上述分析表明，在改革开放与经济发展的双重推进过程中，我国居民的绝对和相对贫困状况、收入分配差别程度、分配格局已经开始逐步得到改善，同时经济发展和增长也得到较快推进，上升到了中等偏上的收入阶段，因此公平与效率的和谐程度进入到了当下的"中差距、中效率"的关系模型状态。但是，距离进入到公平与效率高度和谐共同富裕模型还有较远的路程。前面我们提出一些战略性的解决问题的建议，如消除相对贫困、减少低收入群体比重，扩大中等收入阶层、提高城乡全体居民收入等战略性建议。在这个推进过程中，同时也要不断完善各种分配政策（其中有些政策也是与发展政策相结合的）。

第一节 坚定贯彻社会主义按劳分配为主的基本原则

这是在初次分配的环节强化机制的措施。具体措施在前面已经有建议：

一是建立与企业或地区经济发展直接挂钩的工资增长机制，即与劳动生产率或经济增长速度相同步的机制，在一定时期甚至要高于经济增长速度；

二是建立最低工资机制，使其与消费品价格相挂钩，通常应当高于当地食品价格指数，并作为企事业单位工资增长机制的底线要求，即最低工资增长率的底线，以保证居民不因价格变动而影响生活水平；

三是建立劳动报酬谈判机制，使劳资双方通过协商以市场机制解决企业发展与劳动收入之间的关系；

四是在某些领域、产业和企业，根据劳动生产率或全员工资水平，适度限制某些阶层的收入水平，坚定落实现在已经实施的限薪政策，以及消除"小金库"，打击灰色甚至不合法的收入，[①] 使经济发展的一线岗位上初次分配秩序得以规范，回归按劳分配的本质原则。

第二节　以提高劳动报酬比例为导向制定产业政策

笔者在《中国居民收入分配通论：由贫穷迈向共同富裕的中国道路与经验》（以下简称《收入分配通论》）有关章节中详尽讨论过劳动报酬变动与产业结构的关系。得出大力发展"累积效应"较高，并且对其他产业劳动报酬有较高"溢出效应"的产业，才能尽快推动劳动报酬占比下降的中国经济沿着公有经济收入分配"倒 U 曲线"转入下降阶段，进一步完善初次分配结构。要落实这一创新性的"分配—产业结构结合战略"的具体政策，比较复杂。[②] 大致来看有如下若干方面：

（1）优先发展高溢出效应的具有比较优势的传统制造业、建筑业及住宿餐饮业，继续保持其经济核心地位，可以通过自身"累积效应"和较高的"溢出效应"使得整个经济体的劳动报酬得以提升。因为，当前我国劳动者报酬的主要来源仍然集中在上述传统劳动密集型产业。此外，发展租赁和商务服务业等现代服务业，提高人力资本水平，从而有助于提升劳动报酬分配份额。

（2）继续推进高"累积效应"的综合技术服务业、研究与试验发展业及文化、体育和娱乐业等现代服务业，教育、卫生、社会保障和社会福利业、公共管理和社会组织等公共服务业的发展。特别地，进一步改革邮政业、金融业的行政性垄断体制，进一步引入市场竞争机制，规范竞争秩序，提高经营效率，改善邮政产品和金融产品不能满足市场需求的现状。这些方面供给的上升也有助于降低金融业对其他产业的高"汲取效应"，减少金融业发展带来的初次分配的产业差距的扩大。

（3）谨慎发展"低溢出效应""低累积效应"的产业，降低其占经济的比重，特别要警惕自然垄断型产业（石油开采业、金属矿、非金属矿、电力、热力），因其会通过高"汲取效应"大量攫取其他产业的劳动者报酬、企业资本所得，以便转化为自身的劳动报酬、企业利润和生产税净额，加剧整个经济体对劳

---

① 本书没有专门讨论非法非正常收入的影响以及如何打击非法非正常收入的政策。主要考虑近年来我国开展了前所未有的广泛和力度的反腐倡廉、打击腐败、打击各种非法非正常收入，而且目前仍在进行中。预期这种广泛和有效的制度会长期进行下去，这对中国居民的收入分配差别的正常化会起到重大作用。读者可参见陈宗胜专著《经济发展中的收入分配》《再论改革与发展中的收入分配》《中国居民收入分配通论：由贫穷迈向共同富裕的中国道路与经验》中的有关章节的专门讨论。

② 另参见吴婷论文《沙漏型初次分配产业结构的形成及演进趋势》，南开大学博士论文，2015 年。

动报酬的侵占。另外，对于行政垄断性的信息传输业、房地产业，必须降低行政门槛，引入竞争机制，使其走出"低溢出效应"的困境，从而上升到"高溢出效应"的行列。

当然，我们此前的研究表明，从长远看来，不应也不能仅以提高劳动报酬分配份额为目标制定产业政策，产业结构调整的最终目标应该是适应社会需求，并能够实现最优的初次分配的产业结构。不存在固定不变的最优的初次分配格局，因此产业结构必须并应当与经济发展阶段相适应的。中国经济在可预见的未来一定是朝向消费主导型转变。由此可预测，集中在"高累积效应""低溢出效应"的范围的现代服务业（金融业、综合技术服务业），具有巨大发展潜力，理应成为未来经济发展的主体。当然，我国未来的产业发展仍然要注重产业高度化，不断提高"高累积效应""高溢出效应"产业的数量及其经济地位，这样才有助于最终实现劳动报酬比例提高的理想的初次分配产业结构。

第三节　强化均等化公共服务的公平效应
——以义务教育为例

均等化公共服务是政府的重要职能之一，是维护社会公平的重要侧面。均等化公共服务的特点是指向符合一定条件的人群提供免费的或者低价（低于成本）的服务或者提供津贴以获得相应的服务。获得均等化公共服务的对象与其自身的收入无关，而仅与特定的需要有关。我国当前均等化公共服务的典型做法有义务教育和社区基本公共卫生服务多个方面。这里仅就义务教育对收入不平等影响进行分析。

一、教育均等化公共服务有助于缩小收入差别

首先应当要区分，这里研究侧重于作为均等化基本公共服务的义务教育支出，对居民收入差距的直接影响上，而不是分析教育对初次分配不平等的影响。[1]

---

[1]　教育对收入不平等的影响，在现有文献中多作为解释形成初次分配不平等的因素。这种影响是通过接受不同教育水平与相应收入之间的关系进行分析的。人力资本理论认为，教育通过提高个人的知识和技能而提高劳动生产率，从而增加个人收入并导致不同教育水平的人之间收入水平的差异，经验分析也证实了这一点。但是，收入不平等与整体教育水平之间的关系如何，则有不同的经验分析结论。周金燕和钟宇平（2010）的研究认为，中国在1991~2006年，教育水平的提高对收入不平等的影响经历了"扩大—缩小"的变化，而且缩小的强度增加，但是教育收益率对收入不平等则呈现"缩小—扩大"的变化，但是扩大的强度在缩小，因此，要发挥教育缩小收入不平等的作用，应当提高低收入者的教育水平，减少教育本身的群体不平等。

假定全国义务教育财政支出为 M，全国人口为 N，收入分布为 Y_i（$i=1$，2，3，…，N），接受义务教育在学的学生为 Q，则接受义务教育学生的人均经费为 M/Q。这项政府支出将相应减少有接受义务教育学生的家庭负担。假定有接受义务教育学生的家庭与家庭收入水平是不相关的，则政府义务教育支出相对于为每一个人减少了 $m=M/N$ 的负担，我们将其视为增加任何一个居民的收入。显然，由于上述估计是按照随机概率分布的，政府的义务教育支出并不改变居民的绝对收入差距，但是会缩小相对收入差距。

教育均等化公共服务有助于缩小收入差别的调节机制，是由于对低收入者和高收入者进行了相同的支付，于是会缩小以相对指标衡量的收入差距（绝对差距不会缩小）。假定 A、B 两人的初始分配收入的倍率为：

$$\frac{y_A}{y_B} > 1 \qquad (15-1)$$

进行均等化转移支付（y_{TR}）之后，则会在保持初始分配顺序的前提下，降低收入差距。即：

$$1 < \frac{y_A + y_{TR}}{y_B + y_{TR}} < \frac{y_A}{y_B} \qquad (15-2)$$

比如两个家庭年收入分别为 20000 元和 100000 元，各自有一个孩子获得免费的义务教育，其价值为 20000 元。这样，相当于使两个家庭的实际可支配收入分配提高到了 40000 元和 120000 元，收入差距由起初的 5 倍缩小到 3 倍。显然，均等化公共服务价值越高，越有利于缩小收入差距。[①]

以下使用两种方法评估政府均等化义务教育支出的改进再分配的效果。第一种方法为基尼系数比较法。根据基尼系数的定义式，比较义务教育支出前后的居民可支配收入的基尼系数变化：

$$G = \frac{1}{2\mu} \sum_{i=1}^{N} \sum_{j=1, j\neq i}^{N} |Y_i - Y_j| \qquad (15-4)$$

其中，μ 为平均收入。经过政府均等化的义务教育支出（m）后，居民实际可支配收入的基尼系数变为：

---

① 如果将个人均等化转移支付数额相同（y_{TR}）的收入全部以社会救济金（y_{SA}）的形式支付给低收入家庭，$y_{SA}=2y_{TR}$，与社会救济相比，均等化转移支付的收入分配调节力度相对弱，因为社会救济将全部收入转移支付给低收入家庭，即

$$1 < \frac{y_A}{y_B + 2y_{TR}} < \frac{y_A + y_{TR}}{y_B + y_{TR}} < \frac{y_A}{y_B}（只要 2y_{TR} < y_A - y_B） \qquad (15-3)$$

但是，政府的均等化公共服务还与促进机会均等、满足基本需要有关，还会对长期的收入差距产生影响。例如教育的均等化转移支付促进了低收入者家庭子女获得人力资本和收入的能力。因此，不能简单以当前直接调节力度的大小评价各种政府再分配能力。

$$G_E = \frac{1}{2(\mu+m)} \sum_{i=1}^{N}\sum_{j=1}^{N} |(Y_i+m)-(Y_j+m)| = \frac{\mu G}{\mu+m} = \frac{1}{1+m/\mu}G \quad (15-5)$$

那么，居民收入分配状况的变动可表示为：

$$RE_E = G_E - G \quad\quad\quad (15-6)$$

进一步地，义务教育均等化对居民收入分配的调节力度即为：

$$RE_E\% = \frac{G_E-G}{G} \times 100\% = -\frac{1}{1+\mu/m} \quad\quad (15-7)$$

显然，在平均收入固定的情况下，义务教育均等化对居民收入分配的调节力度仅取决于 m：m 越大，调节力度越大；m 越小，调节力度越小；当人均义务教育支出远小于平均收入时，调节力度接近于 0。[①] 假定人均年收入为 50000 元，义务教育人均年支出为 2000 元，义务教育支出占收入的 4%，则基尼系数将降低 3.8%。如果义务教育年人均支出为 4000 元，占收入的 8%，则基尼系数将降低 7.4%。根据该方法进行估计的时候，只需要人均收入和人均义务教育支出的数据，测算容易进行。

接下来，我们根据我国 2019 年的相关数据对义务教育均等化对收入分配状况的改善情况进行测算。2019 年，全国小学在校学生 10561.24 万人，初中在校学生 4827.14 万人。[②] 小学生均公共财政预算教育经费支出 11197.33 元，初中生均公共财政预算教育经费支出 16009.43 元。[③] 按照该口径核算义务教育支出总经费 195537449 万元。根据《2019 年国民经济和社会发展统计公报》，2019 年底我国人口总数为 140005 万人，[④] 那么，人均义务教育经费支出则为 1396.65 元。全国居民人均可支配收入 2019 年的数据为 30733 元。据此，计算 2019 年义务教育均等化支出的调节力度为：

$$RE_E\% = -\frac{1}{1+\dfrac{30733}{1396.65}} \times 100\% = -4.35\% \quad\quad (15-8)$$

也就是说，如果义务教育支出是完全均等化的，那么，在 2019 年可以缩小全国居民收入差距 4.35%。

第二种方法为收入倍率变动比较法。该方法分别以义务教育支出前后居民最高收入组和最低收入组的收入倍率变动，来估计义务教育对收入分配的影响。假定居民最高收入组和最低收入组的可支配收入分别为 Y_H 和 Y_L，倍率为 $R=Y_H/Y_L$，经过政府义务教育支出（m）后，倍率变为 $R_E=(Y_H+m)/(Y_L+m)$。为此，

① 应该注意的是，式（15-7）的最终结果中，"-"规定了变动的方向，并不反映变动的大小，即实际的调节力度在平均收入既定的情况下，仍然由经政府均等化的义务教育支出 m 决定。

② 资料来源：教育部：《2019 年全国教育事业发展统计公报》，2020 年。

③ 资料来源：教育部：《2019 年全国教育经费执行情况统计公告》，2020 年。

④ 资料来源：国家统计局：《中华人民共和国 2019 年国民经济和社会发展统计公报》，2020 年。

我们将义务教育支出对收入差距的影响估计为：

$$RE_E\% = \frac{R_E - R}{R} \times 100\% \qquad (15-9)$$

我们按照该方法计算了 2019 年均等化义务教育支出分别对城镇、农村及全国的收入差距的改善程度。根据《中国统计年鉴 2020》的数据，2019 年按收入五等份的情况下，城镇居民最低收入组（20%）的人均可支配收入为 15549.4 元，最高收入组（20%）的人均可支配收入为 91682.2 元；农村和全国对应的数据分别为 4262.6 元和 36049.4 元及 7380.4 元和 76400.7 元。假定义务教育支出是完全均等化的，可以计算出城镇、农村及全国在获得相同义务教育支付前后的收入差距分别为：5.9 和 5.49、8.46 和 6.62 及 10.35 和 8.86，则对城镇、农村及全国的调节力度 $RE_{UE}\%$、$RE_{RE}\%$ 及 $RE_E\%$ 分别为：

$$RE_{UE}\% = \frac{R_{UE} - R_U}{R_U} \times 100\% = \frac{5.49 - 5.90}{5.90} \times 100\% = -7.35\% \qquad (15-10)$$

$$RE_{RE}\% = \frac{R_{RE} - R_R}{R_R} \times 100\% = \frac{6.62 - 8.46}{8.46} \times 100\% = -21.76\% \qquad (15-11)$$

$$RE_E\% = \frac{R_E - R}{R} \times 100\% = \frac{8.86 - 10.35}{10.35} \times 100\% = -14.37\% \qquad (15-12)$$

通过上述三式可知，义务教育支出在全国居民间的完全均等化，对改善按照收入倍率计算的收入差距具有明显效果，对城镇、农村和全国的改善程度分别为 7.35%、21.76% 和 14.37%。其中，对农村的改善程度大大高于全国和城镇的程度，这至少反映出两个需要持续关注的问题：一是相较于城镇收入，农村收入具有很大的提高空间。因为形成这一结果的一个原因是农村人均收入普遍低于城市，同样的补贴能够对农村收入差距的改善带来更大的边际效果。二是实施义务教育均等化意义重大且十分紧迫，较大的改善力度实际上反映出均等化义务教育服务对于改善农村及全国的收入分配状况的巨大潜力，能够成为我国改善城乡收入差距的一个切入点；此外，城乡间在义务教育方面的差距对于人力资本的形成及整个经济社会的发展产生长期影响，所以提高义务教育在城乡间的均等化十分紧要。

二、必须加强教育均等化程度，以缩小收入差别

很显然，如果义务教育支出并非完全均等化，这将影响收入分配调节效果。因此，在一定意义上，以上估计实际上是现在条件下均等化义务教育支出调节收入分配的潜力。但现实中，真正实现各种服务完全均等化的难度很大，反而可能出现更大程度的失衡。由于城乡、区域间的人均义务教育支出不均衡，可能导致经济落后地区、人均收入低的地区获得的义务教育支出更低，人均收入高的地区获得的义务教育支出更高，这样义务教育的支出就有可能起不到缩小收入差距的

作用，反而可能扩大了收入差距。

比如说，城乡之间的义务教育经费就是不均等的。2019 年，全国普通小学生均公共财政预算经费为 11949.08 元，但是其中农村普通小学则为 11126.64 元，是全国平均数的 93.12%；全国普通初中生均公共财政预算经费为 17319.04 元，但是其中农村普通初中则为 15196.86 元，是全国平均数的 87.75%。[①] 由于这种城乡义务教育支出不均等的程度远小于城乡居民收入差别，不会产生扩大城乡居民收入差距的作用，但是会使均等化教育支出缩小整体居民收入差距的作用减弱。

实际上，农村内部和城镇内部的各个区域之间也存在很大的不均衡，都会使义务教育支出缩小居民实际可支配收入差距的作用减弱。区域之间义务教育经费是不均等的，经济发达地区的生均经费高，经济落后地区的生均经费少，严重制约了义务教育支出的收入差距调节作用。

因此，以上分析表明，当前我国的义务教育支出规模具有很大的收入分配调节潜力，但是由于实际存在的城乡之间、区域之间的义务教育支出的实际不均等，越是经济发达地区的义务教育支出越高，越是落后地区的义务教育支出越少，调节作用受到严重制约，甚至出现扩大居民收入差距的情况。因此，今后在中国社会的新发展阶段，要重视义务教育支出的规模均等化，推进义务教育的真正均等化，以及其他若干方面的社会服务和公共基础设施的均等化，这是实现城乡居民机会均等的迫切要求，也是改善农村低收入状态，消除相对贫困的重要举措。

第四节 逐步统一二元保障制度以减小城乡收入差距

中国城乡各自的社会保障制度，通过再分配效应，对城乡居民的收入产生了相应的影响。但是，整体的社会保障制度对城乡收入差距产生了什么样的影响呢？随着我国社会保障制度在城镇和农村的建立和发展，社会保障对城乡收入差距的影响也引起了关注。荣燕（2007）、严斌（2007）认为，我国的社会保障制度城乡并不统一，存在很大差异，理论上的定性分析可以得出社会保障将扩大城乡收入差距的结论，经验分析也显示了社会保障制度对城乡收入差距影响显著。有研究用转移性收入替代社会保障收入指标，认为转移性收入（主要是社会保障收入）不但没有缩小收入差距，即没有使农村居民收入以比城镇居民更快幅度提高，反而使其更低了，从而使本来已经很大的城乡收入差距进一步扩大。胡宝

---

① 资料来源：教育部：《2019 年全国教育经费执行情况统计公告》，2020 年。

娣、刘伟和刘新（2011）分析了政府预算中的社会保障支出与城乡收入差距的相关关系，也得出了社会保障扩大城乡收入差距的结论。香伶（2008）认为，我国养老保险制度中存在"累退效应"，是一种逆向收入再分配，农村享用退休金的老年人比例远远低于城镇，且农村老龄化高于城镇，养老保险成为城乡差距扩大的重要因素。就城乡最低生活保障制度而言，梁城城（2019）认为，城乡低保制度的二元化和各级政府城乡低保支出比例没有制度化，很容易导致低保标准在城市内部、农村内部和城乡之间产生差距。

我们的研究证明城乡居民收入差距长期处于较大的状态，表明了城乡收入差距在全国居民收入总体差距中的主体作用，并且从生产率、社会差别（生育率、人力资本）、经济差别（金融、基础设施）、综合因素（城市化、非农收入）等经济发展因素解释了城乡差别扩大的原因。有学者指出了城乡收入差距扩大与各种财政政策因素的关联关系。缩小城乡差别是发展中国家发展的关键战略之一，而缩小城乡居民收入差距是这个发展过程的重要组成部分，是收入分配制度改革的重要内容。我国很长一段时间内采取城市优先发展战略，社会主义市场经济体制下的社会保障制度也首先在城镇建立和实施，城乡之间社会保障制度延续了传统的城乡二元性，农村社会保障制度供给不足，城乡之间社会保障资源严重不平衡，使本来较大的城乡差别在二元社会保障制度下更加扩大。研究这个问题有助于完善我国社会保障制度，有助于深化对政府收入再分配的认识，也有助于认识和解决城乡差别这个发展中国家面临的长期课题，也指出了社会保障的城乡二元化是导致社会保障扩大城乡收入差距的制度根源。

在现有研究的基础上，我们主要进行三个方面的研究。第一，利用微观调查数据，深化社会保障影响城乡收入差距的经验分析。现有文献关于社会保障对全国城乡居民收入差距影响的经验分析中，多使用宏观分组数据，分析社会保障收入对城乡收入差距的影响，存在一定的局限性。我们根据 2018 年中国家庭追踪调查（China Family Panel Studies，CFPS）数据进行经验分析，以期更加准确、全面地分析社会保障对城乡收入差距的影响。第二，强调城乡差别和社会保障的城乡二元性对城乡居民收入差距的共同影响。现有研究强调了社会保障制度城乡二元性对城乡收入差距的影响，但是没有指出城乡差别本身对于相同社会保障制度的不同反应而产生的效果。在分析社会保障制度城乡二元性影响的同时，也分析城乡一致的社会保障制度在城乡差别之下产生的扩大城乡收入差距的效果。第三，提出以发挥城乡收入分配调节作用为目标的社会保障制度改进方向。要使社会保障缩小城乡收入差距，就不仅要消除城乡社会保障制度的二元性，而且还应当使社会保障资源向农村低收入群体倾斜，也就是说，社会保障制度不仅不能依据现行客观存在的城乡差别，而且要努力使社会保障发挥缩小城乡差别的作用，使社会保障成为缩小城乡居民收入差别的制度。

从制度根源上看，我国社会保障对城乡居民收入差距的影响来自两个方面。第一个方面是城镇和农村居民间现存的城乡差别制约社会保障制度，结果是扩大了城乡收入差距；第二个方面是社会保障制度本身呈现城乡二元性，也扩大了城乡收入差距。

一、现有城乡差别制约社会保障制度的差别

城乡差别是客观存在的。与城镇相比，我国的农村以农业生产为主体，并实行家庭联产承办责任制，社会公共基础设施落后，政府规模小而公共机构少，公共服务薄弱，生产力落后，金融和信用缺乏。社会保障制度（假定这种社会保障制度是城乡一致的）实施之后，一些城乡差别因素会导致社会保障在城乡不同的实施效果，从而导致城乡居民收入差距的扩大。

社会保障对于城乡差别的不同反应主要体现在城乡住户对于机关事业单位养老制度的反映上。机关事业单位集中在城镇，相应地，领取养老金和离退休金的居民主要是城镇住户，机关事业单位人员的养老金由政府财政保障，农村住户领取的离退休金必然远远小于城镇住户，导致机关事业单位职工的养老收入大幅度地倾向城镇。尽管这种差距随着新农保、城乡居保及商业保险的兴起得以缩小，但从中国家庭追踪调查（2018）的数据来看，2018年，城乡之间的离退休金或养老金差距仍然超过5倍。农村住户的职工养老金实际很少，这是城乡社会保险的二元性导致的。城乡住户的机关事业单位的离退休金制度则是相同的，离退休工资规模的城乡差别是城乡差别导致的，而不是社会保障城乡二元性导致的。

因此，在城乡差别客观存在的背景之下，即使城乡社会保障制度相同，但是财政用于社会保障的支出在城乡之间实际存在巨大的差异，财政资金构筑的社会保障资源存在城乡之间的巨大不平衡，这是社会保障扩大城乡居民收入差距的重要因素。

二、二元社会保障制度加深了城乡差别

我国社会保障制度的建立和发展，并未努力克服和改变客观存在的城乡差别，而是依据已经存在的城乡差别，建立城乡不同的社会保障制度，形成社会保障制度的城乡二元性，其结果是造成更大的城乡收入差距扩大。

城乡社会保障二元分治体制由来已久。新中国成立初期到改革开放时期，我国的社会保障就已经表现出城乡差异。城镇职工实行国家保障（即使名义上是企业、事业单位保障，其实质也是国家保障）。而农村只有自然灾害救助、五保制

度和合作医疗，并没有与城镇一致的社会保障。改革开放后建立与社会主义市场经济体制相适应的社会保障制度，也是从建立城镇职工的基本养老保险和基本医疗保险开始的。这个制度明确规定是针对城镇职工的，尽管在农村也存在诸如乡镇企业这样的企业以及与城镇企业职工相同的职工，但并不适用城镇职工养老保险和医疗保险制度。之后，失业保险、工伤保险、生育保险和最低生活保障等社会保障制度也面向城镇居民或者实质上是面向城镇居民建立的。进入 21 世纪后，农村居民最低生活保障、新型农村合作医疗、新型农村养老保险逐渐建立，医疗救助实行城乡统筹，标志着农村社会保障制度逐渐建立。但是，比较而言，农村的社会保障和城镇的社会保障采取不同的制度，基于不同的法律法规或者政策文件，农村社会保障水平低，统筹力度小，覆盖面没有保障（农村的社会保险采取自愿参保），是一种城乡二元性的社会保障制度。这种二元性社会保障制度起到了扩大城乡收入差距的作用。

（一）社会保险的城乡差别

企业职工社会保险实质是城镇职工社会保险，并不包括农村企业职工，导致社会保险的城乡二元化，城镇逐渐积累其规模的社会保险资源，而农村社会保险资源缺乏。国务院《关于企业职工养老保险制度改革的决定》提出建立企业职工社会养老保险制度时明确规定："国家机关、事业单位和农村（含乡镇企业）的养老保险制度改革，分别由人事部、民政部负责，具体办法另行制定"。《国务院关于建立统一的企业职工基本养老保险制度的决定》提出："要基本建立起适应社会主义市场经济体制要求，适用城镇各类企业职工和个体劳动者，资金来源多渠道、保障方式多层次、社会统筹与个人账户相结合、权利与义务相对应、管理服务社会化的养老保险体系"，都是将农村排除在外的。养老保险收入是居民社会保障收入的主体，而城镇实行企业职工养老保险制度，农村实行新型养老保险，保险水平差异非常之大，导致城乡居民从社会保险获得的养老收入存在很大差异。再加上城乡差别导致的城乡住户领取离退休金的差异，决定了"领取养老金和离退休金"的城乡之间的巨大差异。

（二）最低生活保障制度的城乡差别

城乡最低生活保障制度分别实施，农村低保救助水平低于城镇，过去长期构成扩大城乡收入差距的一个因素。自从党的十八大以来，通过逐步完善城乡低保制度，两者的差距有所缩小。相关数据表明，从 2013 年到 2017 年，省级、市级和县级的城乡低保水平比率从 2.3、2.48 和 2.6 分别降至 1.4、1.49 和 1.52，[①]

[①] 该数据来自梁城城《我国城乡低保区域性差距及收入分配效果研究》，2019 年。

2019 年全国层面的城乡低保水平比率降低为 1.41。这一比值已经小于对应年份城乡可支配收入比（同样小于扣除转移性收入的城乡可支配收入比），这表明城乡最低生活保障制度虽然仍有较大差别，但已经起到缩小以城乡收入比来表征的城乡收入差距。当然这是就相对比率而言，若就城乡绝对水平而论，则现有差别程度的城乡低保制度，则仍然是扩大城乡居民绝对收入差距的。因此，方向仍是继续以适度更高速度提高乡村最低社保水平。

（三）住房保障的城乡二元性

目前，我国城镇进行较大规模的保障性住房建设，其中廉租房建设基本由政府财政投入，而农村居民这方面的财政投入很少。随着农村经济和社会发展，农村居民住房脱离了传统的建造方式，住房建造也需要较大规模的资金，使农村低收入家庭的住房保障严重落后于城镇。

（四）农村居民的社会保障倾斜政策

城乡二元性的社会保障制度中向农村倾斜的财政投入有助于缩小城乡收入差距。在社会主义新农村建设和其他"三农"政策的推动下，国家开始重视对农村社会保障建设的财政投入，农村住户社会保障收入中的"扶贫和扶持款""报销医疗费"是来自政府财政投入的收入，是这些政策的体现。实施新型农村养老保险和新型合作医疗保险制度都包括政府的财政投入，这是社会保障制度中有利于改变城乡收入差距的因素。

三、城乡二元社会保障加剧城乡收入差距的测算

第二部分针对社会保障对城乡居民收入差距的影响进行了定性分析，接下来我们使用 2018 年中国家庭追踪调查（China Family Panel Studies，CFPS）数据，通过对调查中 2017 年数据的定量分析，来研究社会保障对城乡居民收入差距的影响。分析的基本思路是，比较社会保障实施前后的城乡居民收入差距的变动，以分析社会保障对城乡居民收入差距的影响。这里需要核算三个收入指标：第一个指标是社会保障实施前的收入。根据我国城乡住户调查方案及统计年鉴的常规统计指标，该收入由城乡居民工资性收入、经营性收入（家庭经营收入）、财产性收入构成。第二个指标为社会保障收入。[①] 对于城镇住户来说，包括转移性收

[①] 应该注意的是，居民获得社会保险待遇的同时，还要缴纳社会保险费。如果全面评估社会保障的影响，应该将居民的社会保障支出考虑进去；也即社会保障收支的结果是形成"家庭社会保障净收入"。但是，在问卷中，"转移性支出"没有明确定义，而且数值范围很大，所以在此不考虑支出项，将"社会保障收入"或者"社会保障净收入"当成同一指标进行处理。

入中的三个项目，即养老金或离退休金、社会救济收入和失业保险金。对于农村住户来说，包括转移性收入中的 6 个项目，即离退休金或养老金、救济金、抚恤金、灾款、报销医药费、无偿扶贫或扶持款。但是，考虑到"中国家庭追踪调查"（2018）数据的统计指标及社保中养老金占绝大多数的情况，本部分的城乡社保由两部分构成，即"领取的离退休金或养老金金额"及"政府补助"。第三个指标为社会保障实施后的收入。该收入是社会保障实施前的收入加社会保障收入。

我们根据"中国家庭追踪调查"（2018）数据测算了 2017 年全国社会保障实施前后的城乡住户平均收入、社会保障收入及社会保障实施前后的城乡收入差距（通过城乡收入倍数表示），如表 15 - 1 所示。测算结果表明，社会保障收入扩大了城乡收入差距。社会保障实施前，城镇住户年平均收入是农村的 1.70 倍；社会保障实施后，城乡差距扩大到 1.97 倍，扩大了 15.88%。

表 15 - 1　　　　　城乡社会保障制度对居民收入差距的影响（2017 年）

项目	城镇住户年均收入（元）	农村住户年均收入（元）	城乡收入倍数
社会保障实施前	74597.62	43760.53	1.70
社会保障收入*	21270.37	4940.35	4.31
社会保障实施后	95868.00	48700.88	1.97

注：*此处的城乡社会保障为社会保障总和除以样本总数得出，并非仅为领取社保的人数，表 15 - 2 中的养老金及政府补助均作同样处理。

资料来源：根据"中国家庭追踪调查"（2018）数据核算。

究其原因，可以发现以下三点：

（1）城乡社会保障资源不平衡。城镇住户比农村的社会保障收入规模大得多，城镇住户年均社会保障净收入 21270.37 元，农村仅为 4940.35 元，城镇是农村的 4.31 倍，这种社会保障资源的不平衡已经比城乡客观差别（可以用社会保障实施前的城乡收入差距反映）还要大，必然使包含了社会保障收入的城乡收入差距进一步扩大。

（2）养老收入是城乡社会保障收入差异的最主要因素。表 15 - 2 给出了 2017 年全国城镇和农村住户社会保障收入中离退休金或养老金以及政府补助这两个重要项目的平均数额。从中可以发现，"离退休金或养老金"一项收入占社会保障收入极高，城镇住户的占比为 96.31%，农村住户的占比为 74.10%，且城镇居民户均养老收入是农村居民的 6 倍之多。因此，养老收入（离退休金或养老金）的差别是社会保障扩大城乡收入差距的最主要因素。

表 15-2　　　　　城镇和农村住户社会保障收入项目比较（2017 年）

城镇住户	离退休金或养老金	政府补助
平均每户年收入（元）	20486.07	784.31
农村住户	离退休金或养老金	政府补助
平均每户年收入（元）	3660.90	1279.46

资料来源：根据"中国家庭追踪调查"（2018）数据核算。

（3）通过除养老金以外的其他社会保障项目来缩小城乡收入差距的空间较小。相较于离退休金或养老金的巨大体量及差距，养老收入之外的政府补助的城乡之间相差较小，且城镇住户小于农村住户，城镇住户年均收入为 784.31 元，农村住户为 1279.46 元，因此是缩小城乡收入差距的因素。出现这种情况的原因之一是，一些专门面向农村居民的社会保障项目，例如报销医疗费、无偿扶贫或者扶持款，是缩小城乡收入差距的因素。但是，这部分收入占总体社会保障收入的比重很小，作用也就很小，并不能决定城乡收入差距的方向。

总而言之，我国城乡居民收入差距较大，一方面，来自城乡之间原已存在的经济差别，比如劳动生产率差别等，这是城乡居民收入差距形成的基础；另一方面，城乡社会制度因素差别也形成城乡居民收入差距，社会保障制度城乡分治就是典型，导致城乡居民收入差距进一步扩大。我国社会保障制度优先在城镇建立，即使后来城乡都存在社会保障制度，城镇居民社会保障水平也明显高于农村，不能降低已经客观存在的城乡居民收入差距，反而进一步扩大城乡居民收入差距。以"中国家庭追踪调查"（2018）数据来看，社会保障资源城乡不平衡情况极其严重，城镇住户年均社会保障收入是农村的 4.31 倍，其中又以养老收入为主体，最终使城乡居民收入差距从 1.7 倍扩大到 1.97 倍。我们注意到，社会保障资源总体上是向城镇住户倾斜的，同时也存在一些向农村住户倾斜的社会保障资源（如政府救助等），这些方面会有助于缩小城乡居民收入差距，但是向农村住户倾斜的社会保障资源总体规模比较小，从而并不能扭转客观存在的城乡居民收入差距，社会保障仍然总体上起到了扩大城乡居民收入差距的作用。

缩小城乡居民收入差距是缩小我国居民收入差距的关键之一，而社会保障当前的逆调节作用必须改变，这就需要逐步加大社会保障资源向农村的倾斜力度，切实更大幅度提高农村居民的保障水平，逐步建立城乡统一的社会保障制度，更好发挥社会保障制度缩小居民收入差距的作用。

第五节 重点大力度地完善财税再分配政策

本书在前一篇中特别研究了再分配政策和再分配效果，即关注初次分配的变动、再分配调节初次分配的效果以及可支配收入的分配差距变动，关心再分配政策是否有效调节初次分配差距的扩大。[①] 研究发现我国政府的再分配政策的效果是明显的，当然也需要进一步改进。因此，我国的收入分配制度改革，应当在继续加强经济发展政策（比如对城乡差别应当重点采用发展政策）的同时，强化政府再分配职能、健全政府再分配调节机制，以及加大政府再分配对治理相对贫困、减少低收入群体比重、缩小一些方面的收入差距、形成更合理收入分配格局的作用。

当前，我国收入分配差距虽然开始下降但程度仍然很大，这是一个共识。从我国改革开放以来的政策实践看，我国前期强调经济建设为中心、强调发展、强调GDP、强调收入分配的贡献原则，重视政府财政的资源配置职能（经济发展职能）和宏观调控职能，而公平长期处于所谓"兼顾之"的位置，财政再分配职能并不大，这必然导致日益扩大的初次分配收入差距不能得到更大力度的调节。但从21世纪以来我国政策已经开始转变重点，开始重视再分配政策的力度，因此导致最终收入分配差距由扩大转而缩小；但是，力度还不够大、步伐还不够快。因此，从现在起，以公平为目标的政府财政再分配职能，应当加强以纠正市场机制实现的收入分配差别拉大。

我国在最近几年出台的关于深化收入分配制度改革的一系列意见，除了提出收入分配制度改革的目标和工作部署之外，着重提出了收入分配制度改革的四个领域，即继续完善初次分配机制、加快健全再分配调节机制、建立健全农民收入较快增长的长效机制、推动建立公开透明、公正合理的收入分配秩序。同时提出再分配、政府干预、社会福利是收入分配制度（主要是再分配制度）建立、发展和改革的主线，政府再分配是重要环节，加大再分配调节力度是重要举措。

我国处于社会主义初级阶段，除了在公有制主体经济中实行按劳分配为主的分配体制外，在非公有经济的范围内，还要长期实行"按要素贡献分配"的辅助

---

① 最近的研究显示，20世纪80年代以来，西方发达国家的可支配收入分配差距并没有进一步下降，甚至出现了轻微的扩大。1994～2004年，美国初次分配基尼系数从0.47扩大到0.5，政府再分配的调节效果从32.8%下降到31.7%，可支配收入分配基尼系数从0.32扩大到0.34。政府财政再分配政策调节能力下降，最终收入差距扩大。Immervoll和Richardson（2011）分析了1985年到2005年OECD国家的政府再分配政策调节收入不平等的效果。他们发现，多数国家的最终收入不平等扩大了，收入不平等缩小只是一些插曲而且没有改变扩大的总趋势。

原则，因此收入分配制度改革的确比西方发达国家复杂①，其中初次分配制度也需要进一步改革，初次分配关系需要进一步理顺，要真正体现贡献原则、同工同酬、促进就业，完善最低工资制度和工资集体协商制度。但是，初次分配不能解决困难家庭、老年人福利的问题、医疗问题以及没有工作的人的收入问题。这些问题本质是再分配问题，其基本要求就是强化再分配调节力度。

我国个人所得税制度调节的实际效果是有的，但很弱，一方面受个人所得税规模的客观制约；另一方面也与个人所得税制度缺乏有助于调节收入分配的政策机制有关。个人所得税作为税收调节收入分配的主力手段，迫切需要以提高收入分配调节能力、以公平为导向的税制改革。② 我国的一些研究者很早就提出改革和完善个人所得税税制；我国的个人所得税制度也一直在改革和完善中。

总之，从建立共同富裕的大目标来看，我国这样的社会主义制度国家，必须对社会中的相对贫困群体即低收入阶层（低收入群体等），要遵循罗尔斯公正原则，给予其特别关照，同时支持其中有能力者逐步上升到中等收入阶层。在此基础上，再去稳定和壮大中等收入阶层。而对中等收入阶层特别是潜在的中等阶层，税收负担压力较轻、收入稳定、社会保障完善，维持"中等生活需求"，应成为其基本特征。只有这样，才能使之成为促进社会稳定的力量。因此，在各项相关政策制定过程中，对相对贫困阶层即低收入阶层予以充分保障，与维护中等收入阶层的上述特征，都应当作为政策的重要目标。为此建议有如下一些具体的财税和社保方面的政策建议。

第一，对相对贫困群体、低收入阶层及中等收入边缘群体实行免税机制。中等收入阶层之中的中等偏下及低收入阶层成员应承受较少的税收负担，以保障其中下等稳定收入，保障其维持中产生活水平的"中等生活需求"，或由低收入上升到中等水平。建议中等收入边缘群体的及低于该收入水平的成员，应为个人所得税免征群体。以家庭收入作为考察对象，以各地价格水平来估算，凡当地人均食物消费支出低于家庭成员人均可支配收入的30%的家庭，可确定为当地的个人所得税起征点。在计算征收个人所得税的过程中，家庭所担负的基本教育支出、基本医疗支出，应不计入家庭可支配收入。否则，中下等收入阶层可能在担负沉重的教育支出和医疗支出的状况下，依然不合理地承受税负。换言之，即凡当地人均食物消费支出高于家庭成员人均可支配收入的30%的家庭，免征个人

---

① 《深化收入分配制度改革的若干意见》指出，收入分配领域仍存在一些亟待解决的突出问题，主要是城乡区域发展差距和居民收入分配差距依然较大，收入分配秩序不规范，隐性收入、非法收入问题比较突出，部分群众生活比较困难，宏观收入分配格局有待优化。

② 具体的研究参见胡鞍钢：《加强对高收入者个人所得税征收，调节居民贫富收入差距》，载《财政研究》2002年第10期；彭海艳：《我国个人所得税再分配效应及国际比较》，载《华东经济管理》2011年第11期；万莹：《个人所得税对收入分配的影响：由税收累进性和平均税率观察》，载《改革》2011年第3期。

所得税。

第二，更好地发挥社会保障制度在收入分配调节中的作用。我国的社会保障制度在城乡、不同地区、不同人群之间不统一、不统筹、不衔接，导致了虽然在城镇内部、农村内部缩小了收入差距，但是却扩大了城乡差距、扩大了不同社会群体之间的收入差距，并总体上扩大了居民收入差距。[1] 因此，必须重点改革和完善社会保障制度，建立统筹统一的社会保障制度，通过再分配缩小初次分配差距应是重中之重。[2]

第三，养老保险等社会保障制度应有利于农村居民等相对贫困阶层，即有利于减少低收入阶层，并利于稳定中等收入阶层。以养老保险为例，养老保险社会保障制度，应保障农村居民低收入群体老有所养，中等收入阶层在退休之后，其收入水平不至于明显低于中等收入水平。否则，这个群体将难以维持其中产生活需求水平，不利于社会稳定。国家在确定养老金投入和调整各阶层的养老金水平，应把稳定中等收入阶层作为重要的目标。

第四，应当保障低收入群体有足够廉租房居住，其他各种保障性住房均应以中等收入阶层边缘群体为保障对象，而中等偏上收入群体及高收入群体不应享受保障性住房。在保障性住房的配置过程中，由于与可比商品房存在价格差，最容易形成寻租，使得中高收入者有可能通过不正当手段获得保障性住房，而使真正应该获得保障的人群无法获得保障。最重要的手段就是要通过有效的机制消除保障性住房与商品房的价格差。可行的方法是：保障性住房为非完全产权，即保障性住房的补贴部分转为国家产权，使用权由购买者享有，受益权和处置权由产权拥有者（购买者产权与国家产权）共同享有。亦即，保障性住房的总价值采用可比商品房价格核算，购买者实际支付房款部分界定为购买者产权，与可比商品房的差价部分界定为国家产权。实施这一政策，可更好地保障中等收入阶层边缘群体获得住房保障，使之更为稳固地处于中等收入阶层。

第五，未来设计和开征物业税（房产税）、赠与税和遗产税的过程中，应当有利于低收入阶层，有利于稳定和培育中等收入阶层，同时限制高收入阶层。物业税（房产税）设计中，应综合考虑房产物业所有人家庭成员收入状况。按房产物业价值折算为该家庭的年度收入。如果某家庭成员可支配收入加上房产物业折

---

[1] 具体的研究参见黄祖辉、王敏、万广华：《我国居民收入不平等问题：基于转移性收入角度的分析》，载《管理世界》2003 年第 3 期；张晓芳：《关于我国居民收入分配再分配的实证研究》，吉林大学博士学位论文，2011 年；胡鞍钢：《加强对高收入者个人所得税征收，调节居民贫富收入差距》，载《财政研究》2002 年第 10 期；彭海艳：《我国个人所得税再分配效应及国际比较》，载《华东经济管理》2011 年第 11 期；万莹：《个人所得税对收入分配的影响：由税收累进性和平均税率观察》，载《改革》2011 年第 3 期。

[2] 胡鞍钢则具体提出了建立全国统一社会保障制度的建议，见胡鞍钢：《利国利民、长治久安的奠基石——关于建立全国统一基本社会保障制度、开征社会保障税的建议》，载《改革》2001 年第 4 期。

算的年度收入，低于前述的个人所得税起征点，则该房产物业免征物业税（房产税）。赠与税和遗产税设计中，应综合考虑赠与物、遗产物受益人家庭成员收入状况。按受让赠与物、遗产物价值折算为该家庭的年度收入。如果某家庭成员可支配收入加上受让物折算的年度收入，低于前述的个人所得税起征点，则针对该家庭免征该项受让的赠与税、遗产税。当然，这同时就意味着，对高收入阶层可能要提高其物业税、赠与税，以及特别是遗产税等，以体现限高扶低的政策作用。

参 考 文 献

［1］阿玛蒂亚·森著，任赜、于真译：《以自由看待发展》，中国人民大学出版社 2002 年版。

［2］阿玛蒂亚·森著，王宇、王文玉译：《贫困与饥荒》，商务印书馆 2001 年版。

［3］安体富、蒋震：《对调整我国国民收入分配格局、提高居民分配份额的研究》，载《经济研究参考》2009 年第 25 期。

［4］白永秀、刘盼：《全面建成小康社会后我国城乡反贫困的特点、难点与重点》，载《改革》2019 年第 5 期。

［5］蔡昉：《农民工市民化：立竿见影的改革红利》，载《中国党政干部论坛》2014 年第 6 期。

［6］曹桂全、任国强：《个人所得税再分配效应及累进性的分解分析——以天津市 2008 年城镇住户为样本》，载《南开经济研究》2014 年第 4 期。

［7］曹桂全：《政府再分配调节的国际经验及其对我国的启示》，载《华东经济管理》2013 年第 7 期。

［8］陈建东、马骁、秦芹：《最低生活保障制度是否缩小了居民收入差距》，载《财政研究》2010 年第 4 期。

［9］陈娟：《我国城镇贫困变动及影响因素研究——基于收入分布拟合及分解模型研究》，载《数学的实践与认识》2010 年第 19 期。

［10］陈立中：《转型时期我国多维度贫困测算及其分解》，载《经济评论》2008 年第 5 期。

［11］陈绍华、王燕：《中国经济的增长和贫困的减少——1990～1999 年趋势研究》，载《财经研究》2001 年第 9 期。

［12］陈志钢、毕洁颖、吴国宝、何晓军、王子妹一：《中国扶贫现状与演进以及 2020 年后的扶贫愿景和战略重点》，载《中国农村经济》2019 年第 1 期。

［13］陈宗胜、陈岑：《城镇居民收入差异及其若干关联因素：一个直辖市例证》，载《改革》2014 年第 5 期。

［14］陈宗胜等：《中国居民收入分配通论：由贫穷迈向共同富裕的中国道路与经验》，格致出版社、上海人民出版社、上海三联书店 2018 年版。

［15］陈宗胜、高玉伟：《论我国居民收入分配格局变动及橄榄形格局的实现条件》，载《经济学家》2015 年第 1 期。

［16］陈宗胜：《公有经济中减低贫困的理论与实践》，载《南开经济研究》1993 年第 6 期。

［17］陈宗胜：《经济发展中的收入分配》，上海三联书店与上海人民出版社1991 年版；上海三联书店与上海人民出版社 1994 年版；上海格致出版社、上海三联书店与上海人民出版社 2014 年版。

［18］陈宗胜、康健：《中国居民收入分配"葫芦型"格局的理论解释——基于城乡二元经济体制和结构的视角》，载《经济学动态》2019 年第 1 期。

［19］陈宗胜、任重、周云波：《中国经济发展奇迹的本质和特征研究——基于改革开放 30 年的路径演化分析》，载《财经研究》2009 年第 5 期。

［20］陈宗胜、沈扬扬、周云波：《中国农村贫困状况的绝对与相对变动——兼论相对贫困线的设定》，载《管理世界》2013 年第 1 期。

［21］陈宗胜、文雯、任重：《城镇低保政策的再分配效应——基于中国家庭收入调查的实证分析》，载《经济学动态》2016 年第 3 期。

［22］陈宗胜、文雯：《中国城市低保制度的减贫效应研究——基于"中国家庭收入调查 2002 和 2007"的实证分析》，载《产业经济评论（山东大学）》2015 年第 3 期。

［23］陈宗胜、杨思飞、张伟：《"精准扶贫"的精髓是"多维扶贫"和彻底脱贫——建议尽快明确公布中国的"多维扶贫"标准和思路》，载《全球化》2018 年第 2 期。

［24］陈宗胜、于涛：《中国城镇贫困线、贫困率及存在的问题》，载《经济社会体制比较》2017 年第 6 期。

［25］陈宗胜：《中国多维扶贫走在世界前列》，载《人民日报》2017 年 8月 16 日。

［26］陈宗胜、周云波：《城镇居民收入差别及制约其变动的某些因素——就天津市城镇居民家户特征的影响进行的一些讨论》，载《经济学（季刊）》2002 年第 2 期。

［27］陈宗胜、周云波：《非法非正常收入对居民收入差别的影响及其经济学解释》，载《经济研究》2001 年第 4 期。

［28］陈宗胜、周云波：《体制改革对城镇居民收入差别的影响——天津市城镇居民收入分配差别再研究》，载《中国社会科学》2001 年第 6 期。

［29］陈宗胜、周云波：《文化程度等人口特征对城镇居民收入及收入差别的影响——三论经济发展对收入分配的影响》，载《南开经济研究》2001 年第 4 期。

［30］陈宗胜、周云波：《再论改革与发展中的收入分配》，经济科学出版社

2002 年版。

[31] 陈宗胜:《做好"富裕"和"共同"两篇大文章》,载《太原日报》2018 年 3 月 8 日。

[32] 程恩富、刘伟:《社会主义共同富裕的理论解读与实践剖析》,载《马克思主义研究》2012 年第 6 期。

[33] 程恩富、张建刚:《坚持公有制经济为主体与促进共同富裕》,载《求是学刊》2013 年第 1 期。

[34] 池振合、杨宜勇:《贫困线研究综述》,载《经济理论与经济管理》2012 年第 7 期。

[35] 都阳、Albert Park:《中国的城市贫困:社会救助及其效应》,载《经济研究》2007 年第 12 期。

[36] 方黎明、张秀兰:《中国农村扶贫的政策效应分析——基于能力贫困理论的考察》,载《财经研究》2007 年第 12 期。

[37] 方迎风、张芬:《多维贫困视角下的区域性扶贫政策选择》,武汉大学出版社 2015 年版。

[38] 冯贺霞、王小林、夏庆杰:《收入贫困与多维贫困关系分析》,载《劳动经济研究》2015 年第 6 期。

[39] 高明、唐丽霞:《多维贫困的精准识别——基于修正的 FGT 多维贫困测量方法》,载《经济评论》2018 年第 2 期。

[40] 高艳云:《中国城乡多维贫困的测度及比较》,载《统计研究》2012 年第 11 期。

[41] 龚云:《论邓小平共同富裕理论》,载《马克思主义研究》2012 年第 1 期。

[42] 顾昕:《贫困度量的国际探索与中国贫困线的确定》,载《天津社会科学》2011 年第 1 期。

[43] 郭建宇、吴国宝:《基于不同指标及权重选择的多维贫困测量——以山西省贫困县为例》,载《中国农村经济》2012 年第 2 期。

[44] 国家发展和改革委员会就业和收入分配司:《英国再分配调节措施的基本情况和效果评估》,载《就业·分配·保障简报》2006 年第 12 期。

[45] 国家统计局国民经济综合统计司:《新中国五十年统计资料汇编》,中国统计出版社 1999 年版。

[46] 国家统计局住户调查办公室:《2011 中国住户调查年鉴》,中国统计出版社 2011 年版。

[47] 贺坤:《中国农民工多维贫困问题研究——基于能力剥夺视角的定量分析》,南开大学,2019 年。

[48] 贺坤、周云波:《精准扶贫视角下中国农民工收入贫困与多维贫困比

较研究》，载《经济与管理研究》2018 年第 2 期。

[49] 洪大用：《机遇与风险：当前中国的社会政策议程》，载《理论前沿》2004 年第 1 期。

[50] 洪兴建、高鸿桢：《反贫困效果的模型分解法及中国农村反贫困的实证分析》，载《统计研究》2005 年第 3 期。

[51] 侯亚景：《中国农村长期多维贫困的测量、分解与影响因素分析》，载《统计研究》2017 年第 11 期。

[52] 胡鞍钢、胡琳琳、常志霄：《中国经济增长与减少贫困（1978—2004）》，载《清华大学学报（哲学社会科学版）》2006 年第 5 期。

[53] 胡鞍钢：《加强对高收入者个人所得税征收调节居民贫富收入差距》，载《财政研究》2002 年第 10 期。

[54] 胡宝娣、刘伟、刘新：《社会保障支出对城乡居民收入差距影响的实证分析——来自中国的经验证据（1978～2008）》，载《江西财经大学学报》2011 年第 2 期。

[55] 胡海林：《我省多措并举促进贫困户就业降低疫情影响，决战脱贫攻坚》，载《辽宁日报》2020 年 3 月 20 日。

[56] 黄俊毅：《脱贫攻坚各项工作进一步提速》，载《经济日报》2020 年 3 月 25 日。

[57] 黄仰玲：《中国国民收入分配差距及其对策》，载《改革与战略》2016 年第 4 期。

[58] 黄祖辉、王敏、万广华：《我国居民收入不平等问题：基于转移性收入角度的分析》，载《管理世界》2003 年第 3 期。

[59] 霍萱：《多维贫困理论及其测量研究综述》，载《社会福利（理论版）》2017 年第 1 期。

[60] 贾兴梅：《农村多维贫困测度与精准扶贫政策优化——基于安徽省 × 县 547 户贫困家庭的调查分析》，载《社会保障评论》2018 年第 2 期。

[61] 姜琨：《脱贫攻坚，十堰交出亮眼成绩单》，载《十堰日报》2010 年 10 月 17 日。

[62] 蒋和平、杨东群、郭超然：《新冠肺炎疫情对我国农业发展的影响与应对举措》，载《改革》2020 年第 3 期。

[63] 蒋南平、郑万军：《中国农村人口贫困变动研究——基于多维脱贫指数测度》，载《经济理论与经济管理》2019 年第 2 期。

[64] 景天魁：《用底线公平来推动社会保障的"制度整合"》，载《中国经济导报》2013 年第 8 期。

[65] 李春玲：《中国当代中产阶层的构成及比例》，载《中国人口科学》

2003 年第 6 期。

[66] 李富达：《居住方式对老年人多维贫困的影响》，南开大学，2019 年。

[67] 李佳路：《农户多维度贫困测量——以 S 省 30 个国家扶贫开发工作重点县为例》，载《财贸经济》2010 年第 10 期。

[68] 李静：《精准就业：可行能力视角下农村弱势群体的扶贫方略》，载《中国行政管理》2020 年第 1 期。

[69] 李绍荣、耿莹：《中国的税收结构、经济增长与收入分配》，载《经济研究》2005 年第 5 期。

[70] 李实、John Knight：《中国城市中的三种贫困类型》，载《经济研究》2002 年第 10 期。

[71] 李实、古斯塔夫·森：《八十年代末中国贫困规模和程度的估计》，载《中国社会科学》1996 年第 6 期。

[72] 李实、魏众、B. 古斯塔夫森：《中国城镇居民的财产分配》，载《经济研究》2000 年第 3 期。

[73] 李实：《中国个人收入分配研究回顾与展望》，载《经济学（季刊）》2003 年总第 6 期。

[74] 李小云：《把深度性贫困的治理作为精准扶贫的重中之重》，载 http：//theory. gmw. cn/2017 – 04/24/content_24284434. htm。

[75] 李小云、李周、唐丽霞、刘永功、王思斌、张春泰：《参与式贫困指数的开发与验证》，载《中国农村经济》2005 年第 5 期。

[76] 李小云、许汉泽：《2020 年后扶贫工作的若干思考》，载《国家行政学院学报》2018 年第 1 期。

[77] 李小云、苑军军、于乐荣：《论 2020 后农村减贫战略与政策：从"扶贫"向"防贫"的转变》，载《农业经济问题》2020 年第 2 期。

[78] 李勇辉、修泽睿：《我国城镇住房制度改革对收入分配影响分析》，载《当代经济研究》2005 年第 5 期。

[79] 李振宇、张昭：《少数民族人口多维贫困测度与分析》，载《西北师大学报（社会科学版）》2019 年第 5 期。

[80] 李铮、邓晓兰、金博涵：《精准扶贫视角下转移支付的吸收能力——来自贫困县的证据》，载《财贸研究》2017 年第 9 期。

[81] 梁汉媚、方创琳：《中国城市贫困人口动态变化与空间分异特征探讨》，载《经济地理》2011 年第 10 期。

[82] 林伯强：《中国的经济增长、贫困减少与政策选择》，载《经济研究》2003 年第 12 期。

[83] 林毅夫、蔡昉、李周：《中国经济转型时期的地区差距分析》，载《经

济研究》1998 年第 6 期。

[84] 刘国光：《是"国富优先"转向"民富优先"还是"一部分人先富起来"转向"共同富裕"?》，载《探索》2011 年第 4 期。

[85] 刘靖、张车伟、毛学峰：《中国 1991~2006 年收入分布的动态变化：基于核心密度函数的分解分析》，载《世界经济》2009 年第 10 期。

[86] 刘小珉：《多维贫困视角下的民族地区精准扶贫——基于 CHES 2011 数据的分析》，载《民族研究》2017 年第 1 期。

[87] 刘永富：《有条件有能力如期完成脱贫攻坚目标任务》，载《人民日报》2020 年 3 月 16 日。

[88] 陆学艺：《当代中国社会阶层研究报告》，社会科学文献出版社 2002 年版。

[89] 迈克尔·P. 托达罗、斯蒂芬·C. 史密斯著，聂巧平、程晶蓉译：《发展经济学》，机械工业出版社 2009 年版。

[90] 潘玲霞：《"共同富裕"与"成果共享"——中国特色社会主义理论体系中的民生思想》，载《社会主义研究》2009 年第 1 期。

[91] 彭海艳：《我国个人所得税的再分配效应及国际比较》，载《华东经济管理》2011 年第 11 期。

[92] 荣燕：《社会保障与收入公平分配的相关性分析》，载《学术论坛》2007 年第 2 期。

[93] 阮敬、詹婧：《亲贫困增长分析中的 Shapley 分解规则》，载《统计研究》2010 年第 5 期。

[94] 阮敬：《中国农村亲贫困增长测度及其分解》，载《统计研究》2007 年第 11 期。

[95] 尚卫平、姚智谋：《多维贫困测度方法研究》，载《财经研究》2005 年第 12 期。

[96] 尚纹玉：《我国儿童多维贫困研究：基于 Alkire-Foster 方法及其拓展的定量分析》，南开大学，2019 年。

[97] 沈扬扬、Alkire S、詹鹏：《中国多维贫困的测度与分解》，载《南开经济研究》2018 年第 5 期。

[98] 沈扬扬、李实：《如何确定相对贫困标准?——兼论"城乡统筹"相对贫困的可行方案》，载《华南师范大学学报（社会科学版）》2020 年第 2 期。

[99] 沈扬扬、詹鹏、李实：《扶贫政策演进下的中国农村多维贫困》，载《经济学动态》2018 年第 7 期。

[100] 宋树仁：《扩大中等收入阶层，构建橄榄形收入分配格局》，南开大学，2011 年。

［101］宋树仁：《中国居民收入分配格局的阶层变动》，载《当代财经》2010 年第 11 期。

［102］宋扬、王暖盈：《生命周期视角下收入主导型多维贫困的识别与成因分析》，载《经济理论与经济管理》2019 年第 3 期。

［103］宋玉兰、张梦醒、范宏民、林洪杰：《连片特困少数民族地区教育层次结构对农民收入增长的作用——以南疆三地州为例》，载《人口与经济》2017 年第 2 期。

［104］孙久文、夏添：《中国扶贫战略与 2020 年后相对贫困线划定——基于理论、政策和数据的分析》，载《中国农村经济》2019 年第 10 期。

［105］孙巍、冯星、徐彬：《异质性视角下区域式精准扶贫研究——基于收入分布变迁贫困分解》，载《河北经贸大学学报》2019 年第 5 期。

［106］唐钧：《中国城市居民贫困线研究》，上海社会科学院出版社 1998 年版。

［107］唐任伍：《习近平精准扶贫思想阐释》，载《人民论坛》2015 年第 30 期。

［108］田旭、黄莹莹、钟力、王辉：《中国农村留守儿童营养状况分析》，载《经济学（季刊）》2018 年第 1 期。

［109］托马斯·皮凯蒂著，巴曙松等译：《21 世纪资本论》，中信出版社 2014 年版。

［110］万广华：《不平等的度量与分解》，载《经济学（季刊)》2009 年第 8 期。

［111］万广华：《经济发展与收入不均等：方法和证据》，上海三联书店出版社 2006 年版。

［112］万广华、张茵：《收入增长与不平等对我国贫困的影响》，载《经济研究》2006 年第 6 期。

［113］万莹：《个人所得税对收入分配的影响：由税收累进性和平均税率观察》，载《改革》2011 年第 3 期。

［114］汪三贵：《中国扶贫绩效与精准扶贫》，载《政治经济学评论》2020 年第 1 期。

［115］王春超、叶琴：《中国农民工多维贫困的演进——基于收入与教育维度的考察》，载《经济研究》2014 年第 12 期。

［116］王宁、魏后凯、苏红键：《对新时期中国城市贫困标准的思考》，载《江淮论坛》2016 年第 4 期。

［117］王萍萍、方湖柳、李兴平：《中国贫困标准与国际贫困标准的比较》，载《中国农村经济》2016 年第 12 期。

［118］王素霞、王小林：《中国多维贫困测量》，载《中国农业大学学报

（社会科学版）》2013 年第 2 期。

[119] 王小林、Alkire S：《中国多维贫困测量：估计和政策含义》，载《中国农村经济》2009 年第 12 期。

[120] 王小林：《贫困测量：理论与方法》，社会科学文献出版社 2012 年版。

[121] 王有捐：《对城市居民最低生活保障政策执行情况的评价》，载《统计研究》2006 年第 10 期。

[122] 王瑜、汪三贵：《特殊类型贫困地区农户的贫困决定与收入增长》，载《贵州社会科学》2016 年第 5 期。

[123] 王祖祥、范传强、何耀：《中国农村贫困评估研究》，载《管理世界》2006 年第 3 期。

[124] 卫兴华：《论社会主义共同富裕》，载《经济纵横》2013 年第 1 期。

[125] 魏众、B. 古斯塔夫森：《中国转型时期的贫困变动分析》，载《经济研究》1998 年第 11 期。

[126] 吴国宝：《贫困农户的特征》，载刘文璞、吴国宝编：《地区经济增长和减缓贫困》，山西经济出版社 1997 年版。

[127] 吴志强：《城乡间的消费差别、消费水平与收入差别关系研究》，南开大学，2017 年。

[128] 武鹏、金相郁、马丽：《数值分布、空间分布视角下的中国区域经济发展差别（1952～2008)》，载《经济科学》2010 年第 5 期。

[129] 武鹏：《行业垄断对中国行业收入差距的影响》，载《中国工业经济》2011 年第 10 期。

[130] 夏庆杰、宋丽娜、Simon Appleton：《经济增长与农村反贫困》，载《经济学（季刊)》2010 年第 9 期。

[131] 夏庆杰、宋丽娜、Simon Appleton：《中国城镇贫困的变化趋势和模式：1988～2002》，载《经济研究》2007 年第 9 期。

[132] 香伶：《关于养老保险体制中再分配累退效应的几个问题》，载《福建论坛（人文社会科学版)》2007 年第 1 期。

[133] 解垩：《公共转移支付与老年人的多维贫困》，载《中国工业经济》2015 年第 11 期。

[134] 邢成举、李小云：《相对贫困与新时代贫困治理机制的构建》，载《改革》2019 年第 12 期。

[135] 徐文奇、周云波、平萍：《多维视角下的中国贫困问题研究——基于 MPI 指数的比较静态分析》，载《经济问题探索》2017 年第 12 期。

[136] 徐月宾、刘凤芹、张秀兰：《中国农村反贫困政策的反思——从社会救助向社会保护转变》，载《中国社会科学》2007 年第 3 期。

［137］严斌：《社会保障制度对中国城乡收入差距影响及对策研究》，山西财经大学，2007 年。

［138］杨菊华、陈志光：《绝对经济贫困的影响因素：一个定量和定性分析》，载《人口研究》2010 年第 5 期。

［139］杨俊、李晓羽、张宗益：《中国金融发展水平与居民收入分配的实证分析》，载《经济科学》2006 年第 2 期。

［140］杨立雄：《利益、博弈与养老金改革对养老金制度的政治社会学分析》，载《社会》2008 年第 4 期。

［141］杨立雄：《贫困线计算方法及调整机制比较研究》，载《经济社会体制比较》2010 年第 5 期。

［142］杨龙、汪三贵：《贫困地区农户的多维贫困测量与分解——基于 2010 年中国农村贫困监测的农户数据》，载《人口学刊》2015 年第 2 期。

［143］姚耀军：《金融发展与城乡收入差距关系的经验分析》，载《财经研究》2005 年第 2 期。

［144］叶普万：《贫困概念及其类型研究述评》，载《经济学动态》2006 年第 7 期。

［145］叶普万：《贫困经济学研究：一个文献综述》，载《世界经济》2005 年第 9 期。

［146］叶普万、周明：《农民工贫困：一个基于托达罗模型的分析框架》，载《管理世界》2008 年第 9 期。

［147］于涛：《经济发展与改革中的城镇贫困问题研究》，南开大学，2017 年。

［148］于涛：《中国城市贫困的多维测度及治理》，载《河北经贸大学学报》2019 年第 3 期。

［149］袁树卓、殷仲义、高宏伟等：《精准扶贫中贫困的瞄准偏离研究——基于内蒙古 Z 县建档立卡案例》，载《公共管理学报》2018 年第 4 期。

［150］岳希明、罗楚亮：《农村劳动力外出打工与缓解贫困》，载《世界经济》2010 年第 11 期。

［151］张车伟：《人力资本回报率变化与收入差距："马太效应"及其政策含义》，载《经济研究》2006 年第 12 期。

［152］张川川、陈斌开：《"社会养老"能否替代"家庭养老"？——来自中国新型农村社会养老保险的证据》，载《经济研究》2014 年第 11 期。

［153］张春斌、杨洪霞：《郧西"立体就业"摘穷帽，全年转移外出务工就业，16.09 万人次》，载《十堰日报》2020 年 1 月 21 日。

［154］张浩淼：《非营利组织参与社会救助的问题与对策探析》，载《黑龙江社会科学》2010 年第 2 期。

［155］张建华、陈立中：《总量贫困测度研究述评》，载《经济学（季刊）》2006 年第 2 期。

［156］张建军：《"三维资本"视阈下新疆民族乡贫困治理对策研究——以温宿县博孜墩柯尔克孜族乡为例》，载《西南民族大学学报（人文社科版）》2017 年第 6 期。

［157］张立军、湛泳：《金融发展影响城乡收入差距的三大效应分析及其检验》，载《数量经济技术经济研究》2006 年第 12 期。

［158］张琦、杨铭宇、孔梅：《2020 后相对贫困群体发生机制的探索与思考》，载《新视野》2020 年第 2 期。

［159］张庆红、阿迪力·努尔：《少数民族连片特困地区农户多维贫困分析——以新疆南疆三地州为例》，载《农业现代化研究》2016 年第 2 期。

［160］张全红：《对中国农村贫困线和贫困人口的再测算》，载《农村经济》2010 年第 2 期。

［161］张全红、张建华：《中国的经济增长、收入不平等与贫困的变动：1981—2001》，载《经济科学》2007 年第 4 期。

［162］张全红、张建华：《中国经济增长的减贫效果评估》，载《南方经济》2007 年第 5 期。

［163］张全红、张建华：《中国农村贫困变动：1981～2005——基于不同贫困线标准和指数的对比分析》，载《统计研究》2010 年第 2 期。

［164］张全红：《中国多维贫困的动态变化：1991～2011》，载《财经研究》2015 年第 4 期。

［165］张全红、周强：《精准扶贫政策效果评估——收入、消费、生活改善和外出务工》，载《统计研究》2019 年第 10 期。

［166］张全红、周强：《中国多维贫困的测度及分解：1989～2009 年》，载《数量经济技术经济研究》2014 年第 6 期。

［167］张全红、周强：《中国农村多维贫困的动态变化：1991～2011》，载《财贸研究》2015 年第 6 期。

［168］张全红、周强：《中国贫困测度的多维方法和实证应用》，载《中国软科学》2015 年第 7 期。

［169］张晓颖、冯贺霞、王小林：《流动妇女多维贫困分析——基于北京市 451 名家政服务从业人员的调查》，载《经济评论》2016 年第 3 期。

［170］张玄、岳希明、邵桂根：《个人所得税收入再分配效应的国际比较》，载《国际税收》2020 年第 7 期。

［171］张宇：《论公有制与市场经济的有机结合》，载《经济研究》2016 年第 6 期。

［172］张昭、杨澄宇、袁强：《收入导向型多维贫困测度的稳健性与敏感性》，载《劳动经济研究》2016 年第 5 期。

［173］赵人伟、李实：《收入差距扩大的原因和价值判断》，载《改革》1998 年第 6 期。

［174］赵皖平：《新冠肺炎疫情对全面脱贫的影响及政策建议》，载《农民日报》2020 年 3 月 5 日。

［175］赵耀辉、张俊森、万定山：《中国城市居民收入分布的变化：1988 ~ 1999》，载《经济学（季刊）》2005 年第 1 期。

［176］赵子乐、林建浩：《经济发展差距的文化假说：从基因到语言》，载《管理世界》2017 年第 1 期。

［177］周迪、王明哲：《返贫现象的内在逻辑：脆弱性脱贫理论及验证》，载《财经研究》2019 年第 11 期。

［178］周华：《益贫式增长的定义、度量与策略研究——文献回顾》，载《管理世界》2008 年第 4 期。

［179］周金燕、钟宇平：《教育对中国收入不平等变迁的作用：1991 ~ 2006》，载《北京大学教育评论》2010 年第 8 期。

［180］周云波、贺坤：《精准扶贫视角下收入贫困与多维贫困的瞄准性比较》，载《财经科学》2020 年第 1 期。

［181］周云波：《农民工群体多维减贫探究》，载《中国人口报》2018 年 12 月 28 日。

［182］周云波、覃晏：《中国居民收入分配差距实证分析》，南开大学出版社 2008 年版。

［183］周云波：《我国农村二元经济转换及其对居民收入差别的影响》，载《经济学家》2004 年第 1 期。

［184］邹薇、程波：《中国教育贫困"不降反升"现象研究》，载《中国人口科学》2017 年第 5 期。

［185］邹薇、方迎风：《关于中国贫困的动态多维度研究》，载《中国人口科学》2011 年第 6 期。

［186］Abdelkrim Araar, Jean – Yves Duclos. Poverty and Inequality: A Micro Framework ［J］. *Social Science Electronic Publishing*, 2007, 19 (3).

［187］Adelman I, Morris C T. *Economic growth and social equity in developing countries* ［M］//Stanford University Press, 1973.

［188］Ahluwalia M S, Carter N G, Chenery H B. Growth and poverty in developing countries ［J］. *Journal of Development Economics*, 1979, 6 (3): 299 –341.

［189］Alkire S, Foster J. Counting and multidimensional poverty measurement

[J]. *Journal of Public Economics*, 2011, 95 (7 – 8): 476 – 487.

[190] Alkire S, Foster J, Seth S, et al. *Multidimensional Poverty Measurement and Analysis* [M]//Oxford University Press, 2015.

[191] Alkire S, Santos M E. Acute Multidimensional Poverty: A New Index for Developing Countries [R]. OPHI Working Paper, 2010, No. 38.

[192] Atkinson A B. *Horizontal equity and the distribution of the tax burden* [M]//London School of Economics and Political Science, 1979.

[193] Balisacan A M. Averting Hunger and Food Insecurity in Asia [J]. *Asian Journal of Agriculture and Development*, 2004, 1 (1362 – 2016 – 107606): 36 – 55.

[194] Behrendt C. Do means-tested benefits alleviate poverty? Evidence on Germany, Sweden and the United Kingdom from the Luxembourg Income Study [J]. *Journal of European Social Policy*, 2000, 10 (1): 23 – 41.

[195] Ben – Shalom Y, Moffitt R A, Scholz J K. An assessment of the effectiveness of anti-poverty programs in the United States [R]. National Bureau of Economic Research, 2011.

[196] Bishop J A, Formby J P, Zheng B. Statistical inference and the Sen index of poverty [J]. *International Economic Review*, 1997: 381 – 387.

[197] Blackorby C, Donaldson D. Ethical social index numbers and the measurement of effective tax/benefit progressivity [J]. *Canadian Journal of Economics*, 1984: 683 – 694.

[198] Bourguignon F., Chakravarty S R. The Measurement of Multidimensional Poverty [J]. *Journal of Economic Inequality*, 2003, 1 (1): 25 – 49.

[199] Bourguignon F. The poverty-growth-inequality triangle [R]. Working Paper, 2004.

[200] Brunori P, Chiuri M C, Peragine V. The economic effects of a local minimum income support program [R]. SERIES Working Paper, 2009.

[201] Chakravarty S R, Silber J. *Measuring Multidimensional Poverty: The Axiomatic Approach* [M]//Quantitative Approaches to Multidimensional Poverty Measurement. Palgrave Macmillan UK, 2008.

[202] Chambers R. *Poverty and Livelihoods: Whose Reality Counts?* [M]//Milestones and Turning Points in Development Thinking. Palgrave Macmillan UK, 2012.

[203] Chenery H, Ahluwalia M S, Duloy J H, et al. *Redistribution with growth; policies to improve income distribution in developing countries in the context of economic growth* [M]//Oxford University Press, 1974.

[204] Chen S, Ravallion M. *China is poorer than we thought, but no less success-*

ful in the fight against poverty [M]//The World Bank, 2008.

[205] Davis R A, Lii K S, Politis D N. *Remarks on some nonparametric estimates of a density function* [M]//Selected Works of Murray Rosenblatt. Springer, New York, NY, 2011: 95 – 100.

[206] Deaton A, Heston A. Understanding PPPs and PPP – based national accounts [J]. *American Economic Journal: Macroeconomics*, 2010, 2 (4): 1 – 35.

[207] De Haan A. Livelihoods and poverty: The role of migration-a critical review of the migration literature [J]. *The Journal of Development Studies*, 1999, 36 (2): 1 – 47.

[208] Demery L, Squire L. Poverty in Africa: An emerging picture [J]. *Washington, DC: World Bank (mimeo)*, 1995.

[209] Dollar D, Kraay A. Growth is Good for the Poor [J]. *Journal of Economic Growth*, 2002, 7 (3): 195 – 225.

[210] Du Y, Gregory R, Meng X. *The impact of the guest-worker system on poverty and the well-being of migrant workers in urban China* [M]//The Turning Point in China's Economic Development, 2006.

[211] Ferreira F, de Barros R P. Climbing a moving mountain: explaining the decline in income inequality in Brazil from 1976 to 1996 [J]. *Inter-American Development Bank, Washington*, DC (typescript), 1998.

[212] Ferreira F H G, Messina J, Rigolini J, et al. *Economic mobility and the rise of the Latin American middle class* [M]//The World Bank, 2012.

[213] Fields G S. Employment, income distribution and economic growth in 7 small opening countries [J]. *Journal of Economics*, 1984 (3): 33.

[214] Fisher G M. The development and history of the poverty thresholds [J]. *Social Security Bulletin*, 1992, 55 (4): 3.

[215] Gao Q, Garfinkel I, Zhai F. Anti-poverty effectiveness of the minimum living standard assistance policy in urban China [J]. *Review of Income and Wealth*, 2009 (55): 630 – 655.

[216] Gouveia M, Rodrigues C F. The impact of a "Minimum Guaranteed Income Program" in Portugal [J]. *Working Papers Department of Economics*, 1999.

[217] Gustaffson B, Quheng D. Dibao receipt and its importance for combating poverty in urban China [J]. *Poverty & Public Policy*, 2011, 3 (1): 1 – 32.

[218] Hagenaars A J M. A Class of Poverty Indices [J]. *International Economic Review*, 1987, 28 (3): 583 – 607.

[219] Hussain A. *Urban poverty in China: Measurements, patterns and policies*

［M］//Geneva: ILO, 2003.

［220］Immervoll H, Richardson L. Redistribution Policy and Inequality Reduction in OECD Countries: What Has Changed in Two Decades? ［J］. *Social Science Electronic Publishing*, 2011.

［221］Kakwani N, Pernia E M. What is pro-poor growth? ［J］. *Asian Development Review*, 2000, 18 (1): 1 – 16.

［222］Khan A R. Growth, Poverty and Inequality in China: A Comparative Study of the Experience in the Periods Before and After the Asian Crisis ［J］. *International Labor Organization Issues in Employment and Poverty Discussion Paper*, 2004 (15).

［223］Kiefer D W. Distributional tax progressivity indexes ［J］. *National Tax Journal*, 1984: 497 – 513.

［224］Kim S G. Measuring Poverty as a Fuzzy and Multidimensional Concept: Theory and Evidence from the United Kingdom ［D］. University of Pittsburgh, 2012.

［225］Kuznets M. Economy growth and income inequality ［J］. *American Economic Review*, 1955 (45): 1 – 28.

［226］Liu Y, Xu Y. A geographic identification of multidimensional poverty in rural China under the framework of sustainable live-lihoods analysis ［J］. *Applied Geography*, 2016 (73): 62 – 76.

［227］Loayza N, Rigolini J, Llorente G. *Do middle classes bring institutional reforms?* ［M］//The World Bank, 2012.

［228］Menchini L, Chzhen Y, Main G, et al. Relative Income Poverty among Children in Rich Countries ［J］. *Papers*, 2012.

［229］Musgrave R A, Thin T. Income tax progression, 1929 – 48 ［J］. *Journal of Political Economy*, 1948, 56 (6): 498 – 514.

［230］Myles J, Picot G. Poverty indices and policy analysis ［J］. *Review of Income and Wealth*, 2000, 46 (2): 161 – 179.

［231］Nelson K. Counteracting material deprivation: The role of social assistance in Europe ［J］. *Journal of European Social Policy*, 2012, 22 (2): 148 – 163.

［232］Nelson K. Minimum Income Protection and Low-Income Standards: Is Social Assistance Enough for Poverty Alleviation? ［C］. Swedish Institute for Social Research, 2009.

［233］Osberg L. Poverty in Canada and the United States: Measurement, trends, and implications ［J］. *The Canadian Journal of Economics/Revue canadienne d'Economique*, 2000, 33 (4): 847 – 877.

［234］Osberg L, Xu K. International comparisons of poverty intensity: Index decomposition and bootstrap inference [J]. *Journal of Human Resources*, 2000: 51 – 81.

[235] Osberg L, Xu K. Poverty intensity: How well do Canadian provinces compare? [J]. *Canadian Public Policy/Analyse de Politiques*, 1999: 179 – 195.

[236] Park A, Wang D. Migration and urban poverty and inequality in China [J]. *China Economic Journal*, 2010, 3 (1): 49 – 67.

[237] Parzen E. On estimation of a probability density function and mode [J]. *The Annals of Mathematical Statistics*, 1962, 33 (3): 1065 – 1076.

[238] Qi, Di, Wu, Yichao. A multidimensional child poverty index in China [J]. *Children and Youth Services Review*, 2015 (57): 159 – 170.

[239] Qi, Di, Wu, Yichao. Comparing the Extent and Levels of Child Poverty by the Income and Multidimensional Deprivation Approach in China [J]. *Child Indicators Research*, 2018.

[240] Ravallion M. , Chen S. Measuring pro-poor growth [J]. *Economics letters*, 2003, 78 (1): 93 – 99.

[241] Ravallion M, Chen S, Sangraula P. *Dollar a day revisited* [M]//The World Bank, 2008.

[242] Ravallion M, Datt G, Van de Walle D. Quantifying absolute poverty in the developing world [J]. *Review of Income and Wealth*, 1991, 37 (4): 345 – 361.

[243] Ravallion M. On multidimensional indices of poverty [J]. *Policy Research Working Paper Series*, 2011, 9 (2): 235 – 248.

[244] Reynolds M, Smolensky E. An Assessment – Public Expenditures, Taxes, and the Distribution of Income – 7 [J]. *Public Expenditures Taxes & the Distribution of Income*, 1977, 31 (12): 91 – 96.

[245] Roemer M, Gugerty M K. *Does economic growth reduce poverty?* [M]// Cambridge, MA: Harvard Institute for International Development, 1997.

[246] Rongve I. Statistical inference for poverty indices with fixed poverty lines [J]. *Applied Economics*, 1997, 29 (3): 387 – 392.

[247] Rowntree, Benjamim Seebohm. *Poverty : a study of town life* [M]//Macmillan, 1902.

[248] Sainsbury D, Morissens A. Poverty in Europe in the mid – 1990s: The effectiveness of means-tested benefits [J]. *Journal of European Social Policy*, 2002, 12 (4): 307 – 327.

[249] Shorrocks A F. Revisiting the Sen poverty index [J]. *Econometrica*, 1995, 63 (5): 1225 – 1230.

[250] Shorrocks A, Wan G. Ungrouping income distributions: Synthesising sam-

ples for inequality and poverty analysis [R]. WIDER Research Paper, 2008.

[251] Son H H, Kakwani N. Global estimates of pro-poor growth [J]. *World Development*, 2008, 36 (6): 1048 – 1066.

[252] Szulc A. Checking The Efficiency of The Social Assistance System in Poland [J]. *Working Papers*, 2009.

[253] Tasseva I V. Evaluating the performance of means-tested benefits in Bulgaria [J]. *Journal of Comparative Economics*, 2016.

[254] Townsend P. Introduction: Concepts of Poverty and Deprivation [J]. *Journal of Social Policy*, 1979, 15 (4): 499 – 501.

[255] Tsui K Y. Multidimensional poverty indices [J]. *Social Choice and Welfare*, 2002, 19 (1): 69 – 93.

[256] Victor D. Lippit. Human Development Report, 1997 [J]. *Economic Development & Cultural Change*, 2000, 48 (4): 903 – 906.

[257] Wang C, Caminada K. Disentangling Income Inequality and the Redistributive Effect of Social Transfers and Taxes in 36 LIS Countries [J]. *Ssrn Electronic Journal*, 2011.

[258] Wang M. Emerging Urban Poverty and Effects of the Dibao, Program on Alleviating Poverty in China [J]. *China & World Economy*, 2007, 15 (2): 74 – 88.

[259] Wang Y, Chen S, Ravallion M. *Di Bao: a guaranteed minimum income in urban China?* [M]. The World Bank, 2006.

[260] Wong L. *Marginalization and social welfare in China* [M]//Routledge, 2005.

[261] Wooldridge J M. *Econometric analysis of cross section and panel data* [M]//MIT Press, 2010.

[262] World Bank. *World development Report* [M]//New York: Oxford University Press, 1990.

[263] Xu K. Statistical inference for the Sen – Shorrocks – Thon index of poverty intensity [J]. *Journal of Income Distribution*, 1998, 8 (1): 143 – 152.